# 屋顶
# 设计百科

历史·造型·材料·构造·节点·实例

〔日〕武者英二　吉田尚英　编著

马俊　里妍　译

中国建筑工业出版社

著作权合同登记图字：01-2000-1947号

**图书在版编目（CIP）数据**

屋顶设计百科 /（日）武者英二，吉田尚英编著；马俊，里妍译.
北京：中国建筑工业出版社，2006

ISBN 978-7-112-08702-0

I. 屋… II. ①武… ②吉… ③马… ④里… III. 屋顶－建筑设计 IV. TU231

中国版本图书馆CIP数据核字（2006）第133149号



责任编辑：白玉美 刘文昕
责任设计：董建平
责任校对：李志立 王金珠

**屋顶设计百科**
历史·造型·材料·构造·节点·实例
［日］武者英二 吉田尚英 编著
马俊 里妍 译
中国建筑工业出版社出版、发行（北京西郊百万庄）
各地新华书店、建筑书店经销
北京金海中达技术开发公司排版
北京富生印刷厂印刷
*
开本：880×1230毫米 1/16 印张：12 字数：368千字
2007年11月第一版 2007年11月第一次印刷
定价：**48.00**元

ISBN 978-7-112-08702-0
（15366）

## 前言

美丽的建筑、美丽的城市，必然是屋顶美丽、城市的天际线美丽。这种美丽跨越了人种的区别和国界的划分，感动着世界上的所有人。无论是多么简朴的住房，都是一样的美丽。例如，南非纳塔尔人的住宅，是用麻刀和小树枝做成的美丽的圆顶建筑；加拿大爱斯基摩人的雪屋，是用雪和冰做成的圆顶建筑，别有一番魅力。如此看来，还可以列举出很多的例子，僻如美国印第安人的帐篷，贝督印人的黑色帐篷等等。可以说，自从人类诞生以来，直至今日，一直没有间断过对屋顶造型的希求，这就是对建筑的美与功能的追求历史。

如果把目光转向村落和城市，这些地方的建筑将分别构成各自的集合体，集合体的个性取决于各自空中轮廓的造型。日本人引以自豪的奈良和京都之美丽，就是指鳞次栉比的黑色瓦屋顶建筑。意大利佛罗伦萨的红瓦屋顶建筑与圣玛丽亚·戴尔菲奥莱（佛罗伦萨大教堂）协调起来，形成了一道非常美丽的城市风景线。在巴黎也一样，历史城市卡尔卡松和科尔多瓦，也可以说是同样的美丽。

出版本书的目的，不仅要准确地诠释出建筑屋顶的魅力和秘密，同时还要从传统的屋顶材料开始，向读者介绍铺盖屋顶的方法，以及为了创造现代建筑的美丽屋顶而采用的最新材料和技术。

## 致读者

本书是一本划时代的资料集。它把设计屋顶时所必需的材料、工法等信息资料汇集成了一册。在序章中，从屋顶的历史和区域的特性开始，详细地说明了对屋顶的基本思路，指出了最适合屋顶设计的工法和材料的选择与方针。

在“应用篇”中，把屋顶材料分成了人造材料和天然材料两种，每种材料都按使用的历史、区域、种类、造型和名称，标准细部详图及代表性的实例等，进行了简明扼要的归纳整理。

本书主要列出了最新的屋顶材料和屋顶铺盖方法。但作为现在还在使用着的传统屋顶材料和铺盖方法，则从茅草屋顶开始，对木板屋顶、树皮屋顶、竹片屋顶、石板屋顶等各种屋顶的工法进行了详细的举例说明。

目录

# 屋顶设计百科

历史·造型·材料·构造·节点·实例

## I 屋顶的基础知识



## II 人造屋顶材料的应用

### 瓦屋顶→详细目录 p.20



### 金属屋顶→详细目录 p.52



### 水泥板屋顶→详细目录 p.88



### 沥青瓦屋顶→详细目录 p.102



### 塑料屋顶→详细目录 p.110



### 玻璃屋顶→详细目录 p.118



### 膜结构屋顶→详细目录 p.128



### 平屋顶·绿化屋顶→详细目录 p.136



## III 天然材料在屋顶上的应用

### 茅草屋顶→详细目录 p.148



### 木板屋顶·树皮屋顶·竹板屋顶→详细目录 p.156



### 石板屋顶→详细目录 p.172

# Ⅰ 屋顶的基础知识

屋顶是建筑外观中最重要的造型要素。正如古代人类的竖向穴居所表现出来的那样，屋顶的历史是从防风和遮挡雨雪等应对气象变化开始的，是作为防御外敌入侵和进行日常生活的基本住所。作为屋顶造型，正如住所本身所表现出来的那样，可以看出屋顶的早期特点。

日本是一个多岛的国家，从北部亚寒带的北海道开始，到南部亚热带的冲绳，南北跨越3000km，是世界上少有的气候变化差异很大的国家。在四季变化当中产生的高温多湿、台风、季风、降雪等，也因地域的不同而有很大差异，气候的多样性产生了不同地域的独特屋顶造型和屋顶铺盖材料。书中对如此产生出来的日本建筑的屋顶做出概括的介绍，将会成为发现在现代建筑中还有应用可能性的重要线索。

卷丹花前的茅草屋（福岛南会津郡桧枝岐村）
摄影：增田 正

## 1. 建筑始于屋顶

黑泽明导演的电影《罗生门》，首先映入人们眼帘的就是日渐开始腐朽的罗生门屋顶和倾盆大雨。在雨帘和街门屋檐下的空间里，人的说话声有时会被雨声搅得听不见，或像雨的气息一样，令人的心情起伏不定，动荡不安，甚至发生争吵纠纷。

如果没有罗生门的巨大屋顶，也就没有了这个故事和电影。对于日本人来说，雨就是神社里供的神体，是崇拜的对象，也是精神上的寄托。对于这一点，黑泽导演看得十分清楚。换句话来说，屋顶是日本建筑空间的象征，这一点在直觉上就可以感觉得到。看到屋顶隐没在令人多愁善感的雨幕之中，日本的风景就会油然浮现在脑海里。

电影《罗生门》的魅力就在于把日本的风土和日本人的感情或情感世界统一了起来，是一部非常优秀的作品，而且证明了屋顶在日本的风景当中，如何起着重要的作用。

### 雨和四季之国

日本是一个多雨的国家。雨给日本带来了好处，同时也捎来了灾难。屋顶的原型就是保护人身不受灾难的侵害。这不是在引用和辻哲郎的《风土——人类学考察》*[1]，而是日本属于季风地带，同时日本列岛还是在欧亚大陆板块的东侧边缘地带，从纬度上来说，又是在中间地段，所以，在日本有其他国家看不到的十分明显的四季变化。但这种变化决不优美。坦率地说，也可以说这种严酷而又丰富的环境变化，培育了日本人的民族性和感情。

冬季因有强劲的西北季风而寒冷。靠近太平洋的东侧区域，晴空万里，空气干燥；然而靠近日本海的西侧却又连日阴雨绵绵或下雪。春季，西北的季风减弱，南风开始多起来。俗话说，春季的天气说变就变，而且到了六月，梅雨又来了。当梅雨季节结束时，又有闷热的西南风刮来，并带来了大雨，夏季在高气压的笼罩之下，虽然连续晴天，但却很闷热；烈日晴空却电闪雷鸣下暴雨，台风也会乘季风赶来凑热闹。然后到了秋季，开始从大陆刮来西北风，翻来覆去地重复着晴爽和连绵的霪雨天，逐渐地朝着冬季靠过去。一年中的四季就这样匆匆忙忙地变化着。

这种季节变化的主角是风和雨。对雨的称呼也因地域不同而有所差异。例如树发芽、樱花漂落、冲洗竹笋、水晶花落、锅底破裂、鬼魂残暴、老太婆威胁、雨夹雪、牛毛细雨或春雨、梅雨、时雨等等，因季节和地域的不同而有很多不同的雨名。

风也一样，有东风、西风、南风、北风，这是全国的通用名称，除此之外，还有不同地方的独特叫法。如爱之风、初夏风、西北恶风、东南风、送风、山风、干风、阵风、树木枯萎风、台风、疾风、冬末春初的南风、春夏干燥风等，很多风的名称都用丰富的季节感表现出了不同季节的风的造型。

风的名称的多样性，源于日本处在世界上有数的季风地带，表明了日本有海、有山、有河流，地形十分复杂，从以种植水稻为主的农业劳作中，产生了对风和雨的敏锐感觉。假托风和雨，用短歌和俳句的形式，充分地表现出季节逐渐变化时产生的微妙变化，也可以说是对这种感觉的一种表现。另外，还不能把风和雨作为简单的自然现象来看待，要把它看作是肉眼看不到的神圣之物的来去。直到今天还在流传着的求雨仪式和祭祀风神雷神、举办盂兰盆会等活动，无需想像每个季节发生变化时产生的风和雨，会如何与人们的生活紧密相连，而且还给他们的居住带来很大的影响。

### 屋顶是建筑的象征

在洞穴或在树阴凉底下或在土穴中生活的时代，是人类不知道建造房屋的方法的时代，对此，我们姑且不论，但最早的建筑物肯定是用于居住。利用身边的材料构筑的简单小屋，大概至少是遮挡风雨和防御外敌侵袭吧。仅就这一点，也会因为地域和环境的不同而有很大差异。

从绳文时代的遗址可以看出，最早的日本建筑是竖穴居住。显然它是有屋顶构筑物的，建筑形式和构造均适宜日本的气候和风土条件。从造型来说，日本最初的建筑造型只是屋顶。不久之后，屋顶和外墙变成了一个整体形状的圆锥形构筑物被

JØRN UTZON. Sketch of a Japanese house. *Utzon has drawn only the roofs and platforms. He says, "This Japanese platform is like a table top, and you do not walk on a table top."*[2]

高举在空中，这时外墙就建造出来了。大概是在明治时期，在引进西洋建筑的平屋顶之前，可以说建筑的证据就是绳文时代的竖向穴居屋顶构造，也就是覆盖全部建筑空间的、有坡度的屋顶。

这种感觉不只是造型上的东西，而且空间要受屋顶限制，或者使受限制的建筑空间特性更加具有意义。日本的屋顶是限定空间的空间形式和支撑空间的构造，而且空间形式和空间构造的意识浑然成为一体而成立。坐落在柱子上的日本式屋顶和设置在坚固墙体上的欧式屋顶，在本质上有着截然的不同，是对空间限定的方式完全不同。可以说，日本建筑的第一个特性就在于此。巨大屋顶下面创造出的自由开放空间，与有牢固不动的墙体或有固定隔墙的空间相比，利用移动方便或可以拆卸的门窗或屏风，就像挂帘子一样，用轻柔的结构装饰内部空间才是最好的。对于这样的空间自由，也可以说是对于不确定的空间变化，屋顶的表现形式必须是严肃的，包括屋顶的功能和造型，以及屋顶的象征等。

西欧人是怎样形容日本建筑的屋顶呢？设计澳大利亚悉尼歌剧院的约恩·伍重在第一次访问日本时，是用台基和屋顶的写生画表现出了对日本古建筑的印象[2]。在他的眼中看到的是日本建筑既没有墙，也没有柱子，巨大的屋顶漂浮在空中，象征着建筑空间。

日本人对屋顶的偏爱，可以从京都茶叶店门前铺的红毯子，摆放的休息用长板凳和支起的红折伞等看出，支起一把伞就表明了茶叶店门前的空间得到了装饰。伞可以理解为象征着屋顶的意义。

**屋顶的水平特性和屋檐下的空间连续性**

赖特的草原住宅是“用水平而巨大的翅膀一样的屋顶覆盖起来的大而宽的空间。开放性的内部空间，从门窗开口到户外平台保持着有机的连续性。悬臂梁挑出之后形成的屋檐之下的空间，是一个新的空间，既不是室内空间，也不是室外空间，在人的心里感觉上非常宽阔，几乎达到了地平线的远方尽头。‘我呼吸到了大空间里的空气。东也好，西也好，都是我的空间；北也好，南也好，这也都是我的空间……，大地呀，向左向右扩展下去吧……’，美国诗人惠特曼的诗，把空间具体化了”[3]。

据说赖特承认他自己的作品完全受到了日本建筑的影响。的确，正如他向他的私塾学生所说的那样，“首先是向自然学习……你们的人生是创造理应有的东西的造型和决定这种东西的造型。你们是遵循造型的人，是知道造型的人。否则，你们就不是真正的建筑师”[3]（字上的圆点是本文作者所加），赖特指出，虽然是建筑师决定造型，但决定造型的因素应是在自然当中发现，从自然的力量当中学习造型本质应有的姿态和意义。

这种说法就是要在赖特的草原住宅水平上创造出而不是模仿出强有力的大屋顶。由此可以看出，自信是来自对建筑本质的构思。坦率地讲，赖特的大屋顶就像惠特曼的诗一样，适合美国的广阔而又无限扩展的空间，可以说，这种构思完全是遵循大自然的启发。

那么，日本的屋顶为什么不采用突出水平线的缓慢曲线呢？因为日本的古人认为，建筑是在自然灾害中保护人身安全的装置，决不是与自然对立、对抗的东西，建筑物本身也只能是自然当中的一部分。建筑用的材料，如木材和土、石材以及茅草等都是从自然环境借来的，不是从自然界中掠夺来的。对于这些材料所具有的特性和造型，我们要学习、不能损坏、要充分利用才对。建筑要与自然和谐、要融入到自然当中，要与自然共生存，这是古人对自然的态度，古人的建筑是美丽的建筑。

对于这样建筑的思考方法，像遗传基因一样，好像就隐藏在日本文化的底蕴里。据说日本建筑的设计是“从屋顶开始，又在屋顶上结束”，也许只有在绳文时代以后的建筑理念才能产生这样的技术。

---

＊1：和辻哲郎，『風土——人間学的考察——』，岩波書店，1935

＊2：S. Giedion, *Space, Time & Architecture*

＊3：ペーター・ブレイク（田中正雄・奥平耕造訳），『現代建築の巨匠—— 20 世紀の空間を創造した人びと——』，彰国社，1967

## 2. 屋顶造型的宗谱与历史

日本建筑的历史，可以说是一部创造美丽屋顶的历史。下面用图表按照时间先后排列出屋顶的造型和建筑物的用途。虽然这种排列未经严密的历史考证，也没有对屋架的结构发展、铺屋顶材料和施工方法进行过验证，但从神社寺院到一般民房住宅，经过这样的排列之后，在我们的脑海里就会浮现出前人传承而来的日本建筑的特征和屋顶造型。自从有了竖向穴居以来，我们日本人不就是把基本的建筑看作是屋顶吗？如果看一下屋顶的形状，就可以理解从建筑的用途到该建筑所处的地域风土和生活方式等。

〈屋顶造型的历史〉

| 绳文时代 | 弥生时代 | 古坟时代 | 飞鸟时代 | 奈良时代 | 平安时代 |
|---|---|---|---|---|---|
| | | | 538 | 710 | 794 |
| 竖向穴居遗迹 | 高架式房屋 | 出土屋形陶俑 | 压边筒瓦 | | 宫殿式正殿建筑 |
| 竖向穴居<br>铺茅草多坡斜脊屋顶 | 高仓式仓库<br>出现人字屋顶 | | 佛教传到日本(五三八年)<br>瓦传到日本(五八八年)<br>铺木板屋顶增多 | 铺日本瓦流行<br>开始出现金色的鱼尾形脊瓦<br>出现脊端兽头瓦 | 屋檐发达<br>宫殿式正殿建筑<br>出现琉璃瓦(釉药瓦的一种)<br>出现顶棚<br>草佛栿梁架成功<br>皇家住宅屋顶铺柏树皮<br>铺木板瓦屋顶<br>长排式前店后宅建筑 |

图版出处：〈筒瓦压边〉「传统的建筑细部」彰国社，1974年。〈东海道五十三驿站〉广重画等，日本建筑学会编「日本建筑史图集」彰国社

〈屋顶造型的宗谱〉

| 镰仓时代 | 室町时代 | 安土桃山时代 | 江户时代 | 明治时代 | 大正时代 | 昭和时代 |
|---|---|---|---|---|---|---|
| 1192 | 1336 | 1568 | 1603 | 1868 | 1912 | 1926 |
| 武士住宅 | 中世纪民房 | 城郭 | 东海道五十三驿站 | 东京站 | 丸大楼 | 国立室内综合体育场 |
| 大佛<br>禅宗传入日本<br>普及歇山形式<br>普及脊端兽头瓦<br>私塾书院式建筑<br>出现挑檐木 | 楼阁建筑<br>城堡建筑<br>草庵·茶室 | | 铜瓦<br>发布禁瓦令<br>发明波形瓦<br>废止禁瓦令<br>鼓励木框架泥土墙和铺瓦屋顶<br>铅瓦<br>地方民居个性化 | 引进洋瓦<br>引进铺镀锌钢板屋顶（一八八一）<br>引进铺石棉水泥瓦屋顶（一八八五）<br>发明波形挂瓦屋顶（一八八五） | 铺不锈钢板屋顶<br>铺铝板屋顶 | 开发彩色镀锌钢板（一九五四）<br>铺钛板屋顶 |

注：屋顶造型的宗谱表示日本建筑的屋顶多样性，不是在学术上表示历史的变迁。

## 3. 屋顶造型的地域特性

日本列岛全部加起来，也是一个很大的国家，仅次于中国和美国。对此，一定会有很多人认为，“这是胡说!”。然而，如果从北海道到冲绳沿着日本列岛测量一下纬度（北纬24°～45°30′)的长度，大约为3000km。而且国土周围均被海洋包围，属于从亚寒带到亚热带的范围。春天，北海道还是滑雪的季节时，而在冲绳早已开始海水浴了。北海道没有梅雨，冲绳没有春天和秋天、只有冬天和夏天，而且日本列岛是处在季风地带。冬天有从大陆刮来的强冷西北风和靠近日本海一侧的大雪，夏天有潮湿的南风和台风，面积狭小的日本列岛深受世界上少有的复杂气候的影响。和辻哲郎指出，日本人的潜意识里，屋顶的造型很好地表现出日本列岛的特色。由于有风、雨、雪、山和海，因此在农村和城市中产生了有不同风格的屋顶造型。

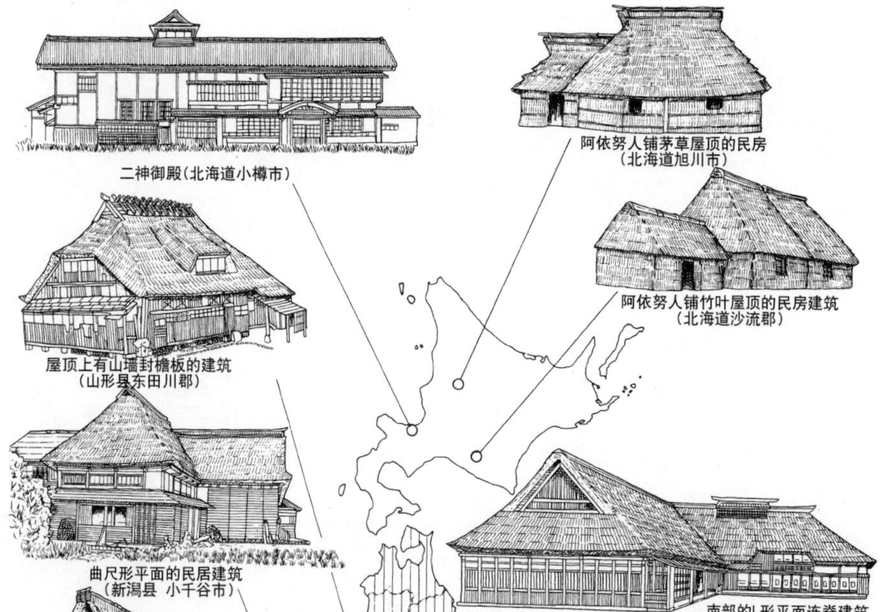

二神御殿（北海道小樽市）

阿依努人铺茅草屋顶的民房
（北海道旭川市）

阿依努人铺竹叶屋顶的民房建筑
（北海道沙流郡）

屋顶上有山墙封檐板的建筑
（山形县东田川郡）

曲尺形平面的民居建筑
（新潟县 小千谷市）

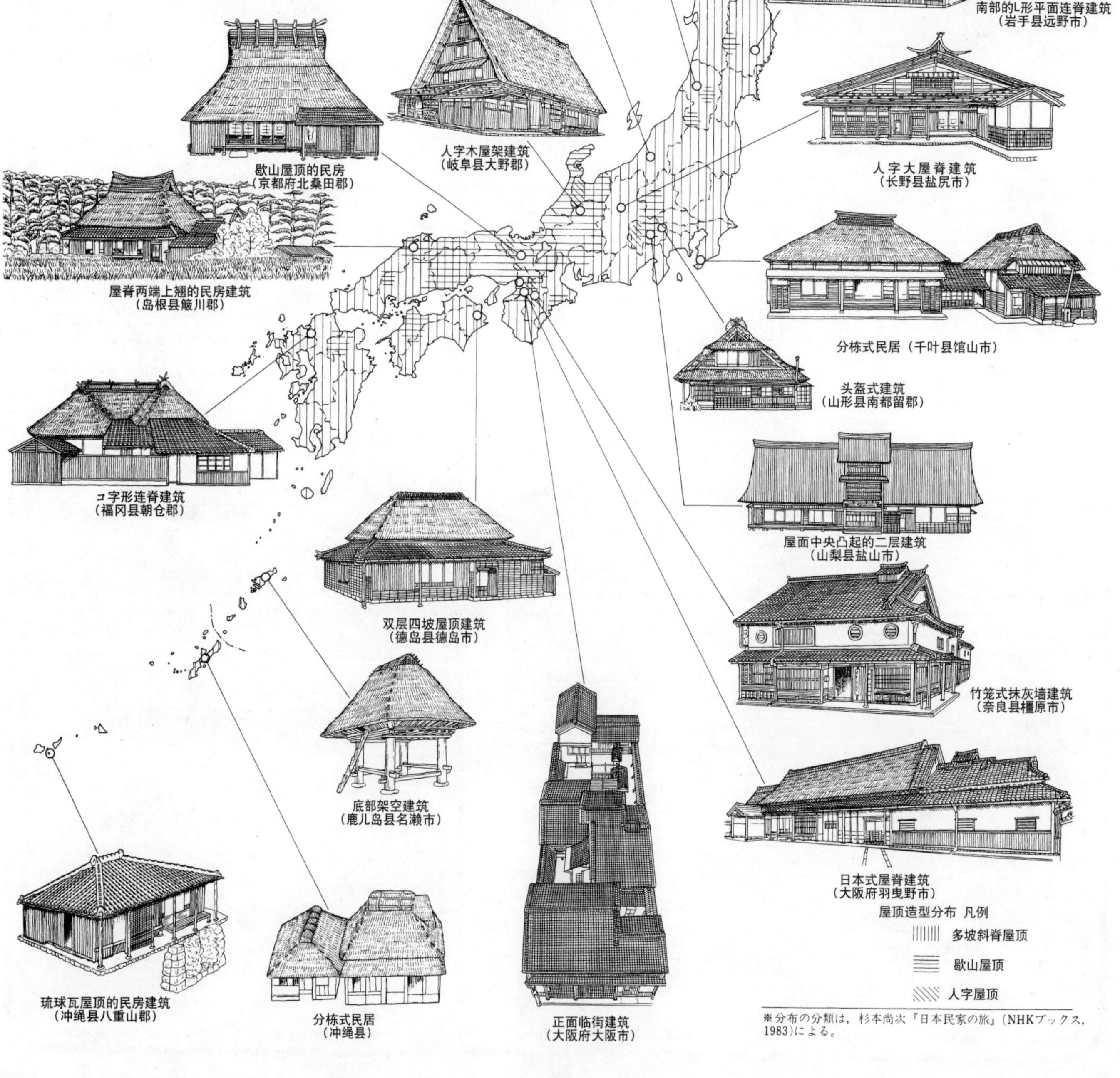

南部的L形平面连脊建筑
（岩手县远野市）

人字木屋架建筑
（岐阜县大野郡）

歇山屋顶的民房
（京都府北桑田郡）

人字大屋脊建筑
（长野县盐尻市）

屋脊两端上翘的民房建筑
（岛根县簸川郡）

分栋式民居（千叶县馆山市）

头盔式建筑
（山形县南都留郡）

コ字形连脊建筑
（福冈县朝仓郡）

屋面中央凸起的二层建筑
（山梨县盐山市）

双层四坡屋顶建筑
（德岛县德岛市）

竹笼式抹灰墙建筑
（奈良县橿原市）

底部架空建筑
（鹿儿岛县名濑市）

日本式屋脊建筑
（大阪府羽曳野市）

屋顶造型分布 凡例

多坡斜脊屋顶

歇山屋顶

人字屋顶

琉球瓦屋顶的民房建筑
（冲绳县八重山郡）

分栋式民居
（冲绳县）

正面临街建筑
（大阪府大阪市）

※分布の分類は，杉本尚次『日本民家の旅』（NHKブックス，1983）による。

# 4. 国宝・重要历史文物建筑的屋顶造型和屋顶材料

作为国宝・重要历史文物建筑，必须选择具有地域和时代特色的优秀建筑，而且是长期受到人们喜爱和保护的建筑，也可以说是经受了当地风霜雨雪考验的文化象征。下表是按照屋顶造型和屋顶材料的分类，收集了2 438件国宝・重要历史文物。虽然在时代划分和建筑用途上还不够集中统一，但如果和前页的内容对照起来看，还是可以领略到屋顶造型和屋顶材料的地区特性的。从全国的情况来看，歇山在屋顶造型中所占的比例较高。从屋顶材料的分布情况来看，铺瓦屋顶是从近畿地方以南为多，茅草屋顶是从关东地方以北为多，铺木板屋顶是以中部地方为中心。如果追究下去，地区的历史和文化与技术的状况就会浮现在眼前。

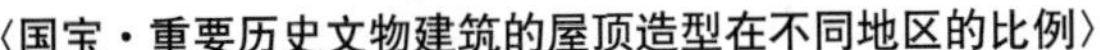

〈国宝・重要历史文物建筑的屋顶造型在不同地区的比例〉

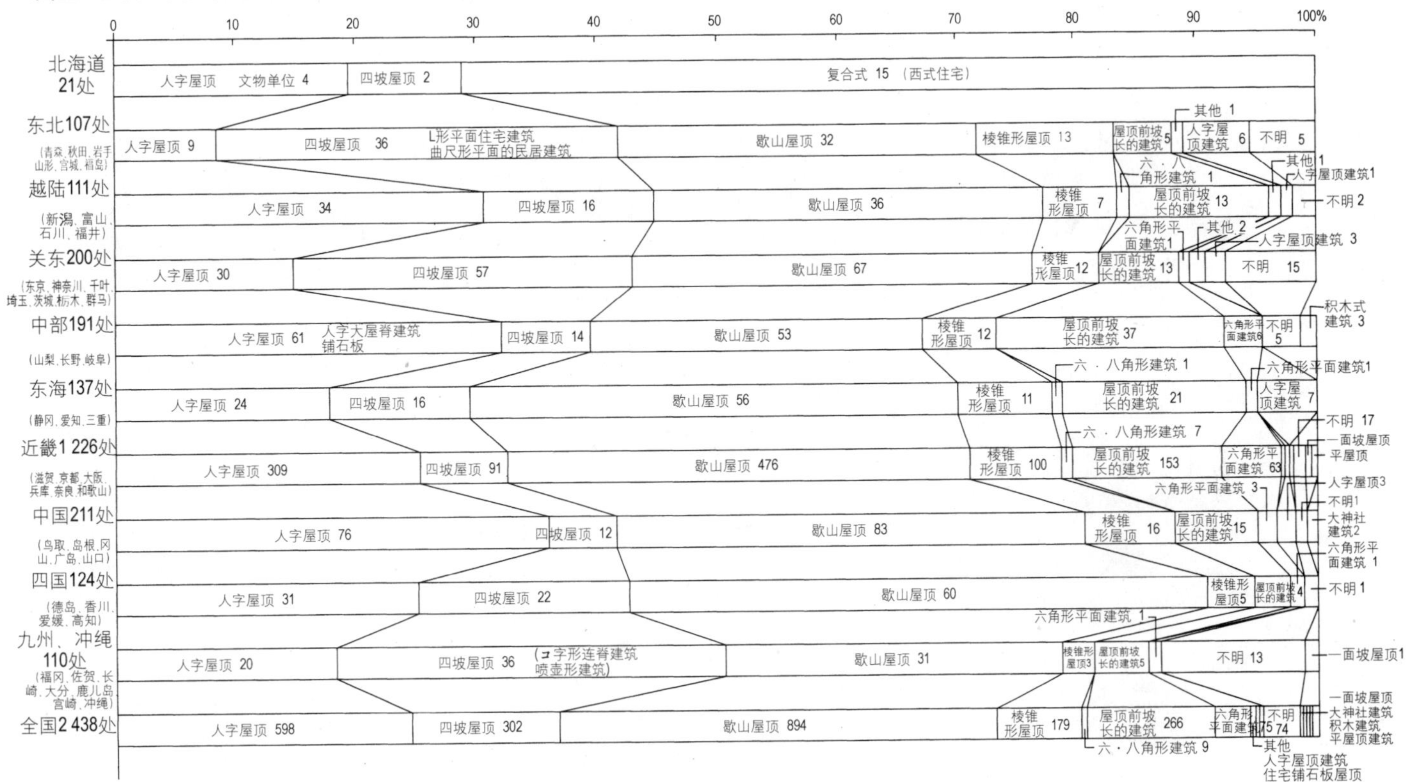


〈国宝・重要历史文物建筑的铺屋顶材料在不同地区的比例〉

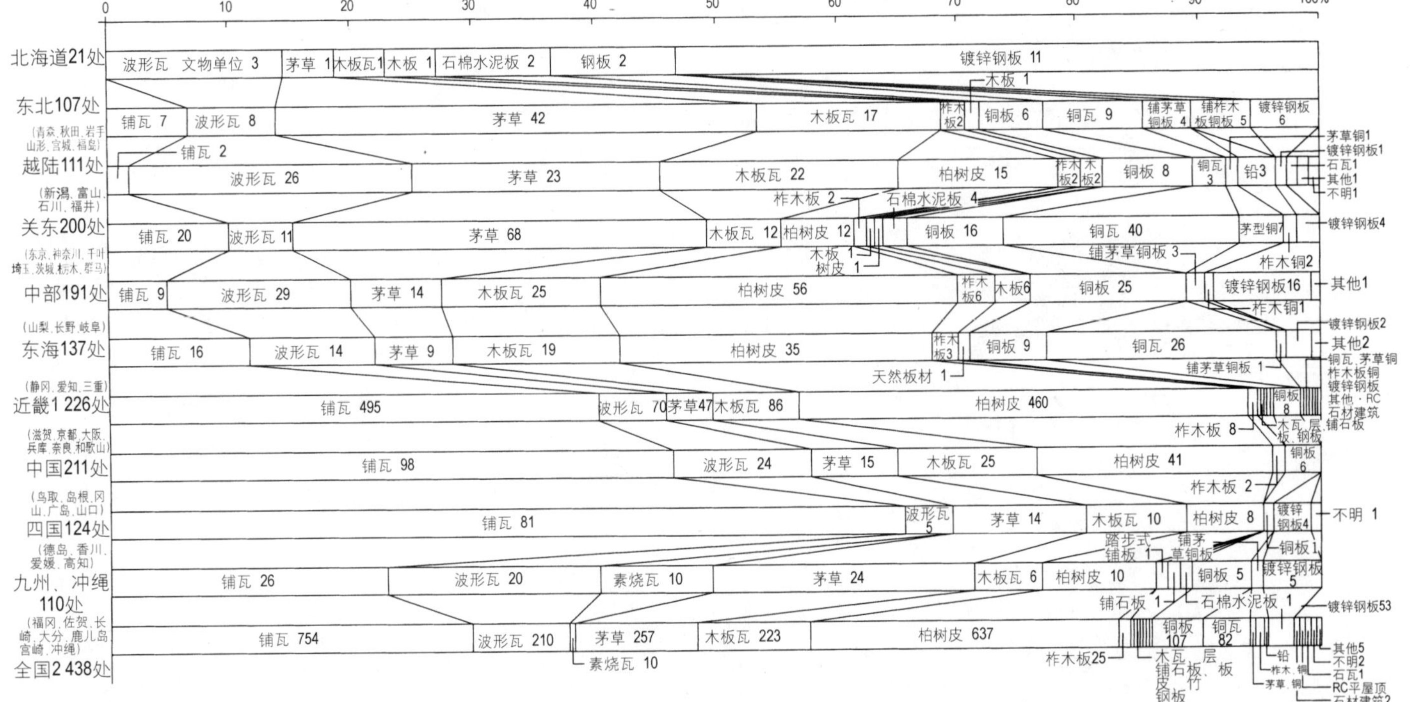


※ 摘自《国宝・重要历史文物遗产指定建筑物目录》，除石塔类之外，根据2 438个文物单位的数据整理而成。

## 5. 结构形式和屋顶造型

只要是建筑物，就必定有屋顶。从古代的竖向穴居可以看出屋顶的用途。屋顶本身就是建筑，屋顶是防御外敌侵袭和防寒、遮挡风雨的装置。但是，位于季风地带的日本建筑，其屋顶的主要作用是防雨，保护外墙和开口部分不被雨淋。到了冬季还会有下雪。对于这样的气候，毫无疑问地要采用有坡度的屋顶和带有屋檐的屋顶造型。

最原始的屋顶是用二根相互交叉立柱的支柱，在支柱上面架设圆木梁构成三角形的屋顶。然而如果要想再造出更大的空间却不是一件容易的事，恐怕要经过连续的失败才行。但是，能够达到详细地把握住这种梁式结构的力学的传递方式者，就

〈屋顶造型和构造特征〉

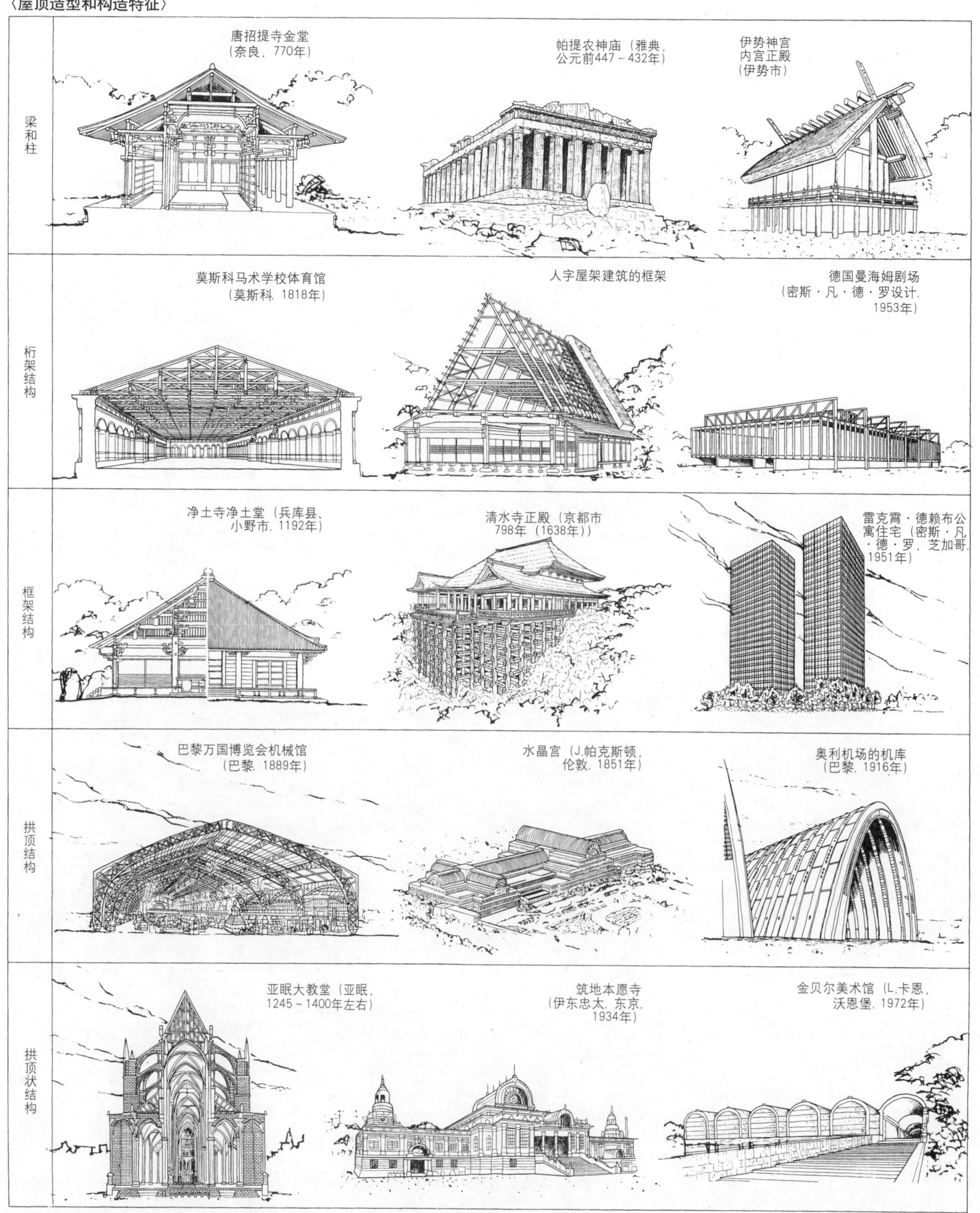

是17世纪意大利天文学家、物理学家伽利略。

屋顶的造型要受结构形式所左右。如果不能合理地适应肉眼看不到的力的传递方式，屋顶的造型就不能成立。换句话来说，建筑物的历史也可以说是屋顶结构和构造方法的斗争。下面的表就是在这样的斗争当中获得胜利的构造和造型优秀的例子。从这些建筑来看，对下面的两个问题就很好理解了。一是对建筑的印象和感觉，可以开发新的结构技术和材料；二是新构造的构思，可以产生新的建筑造型和空间。

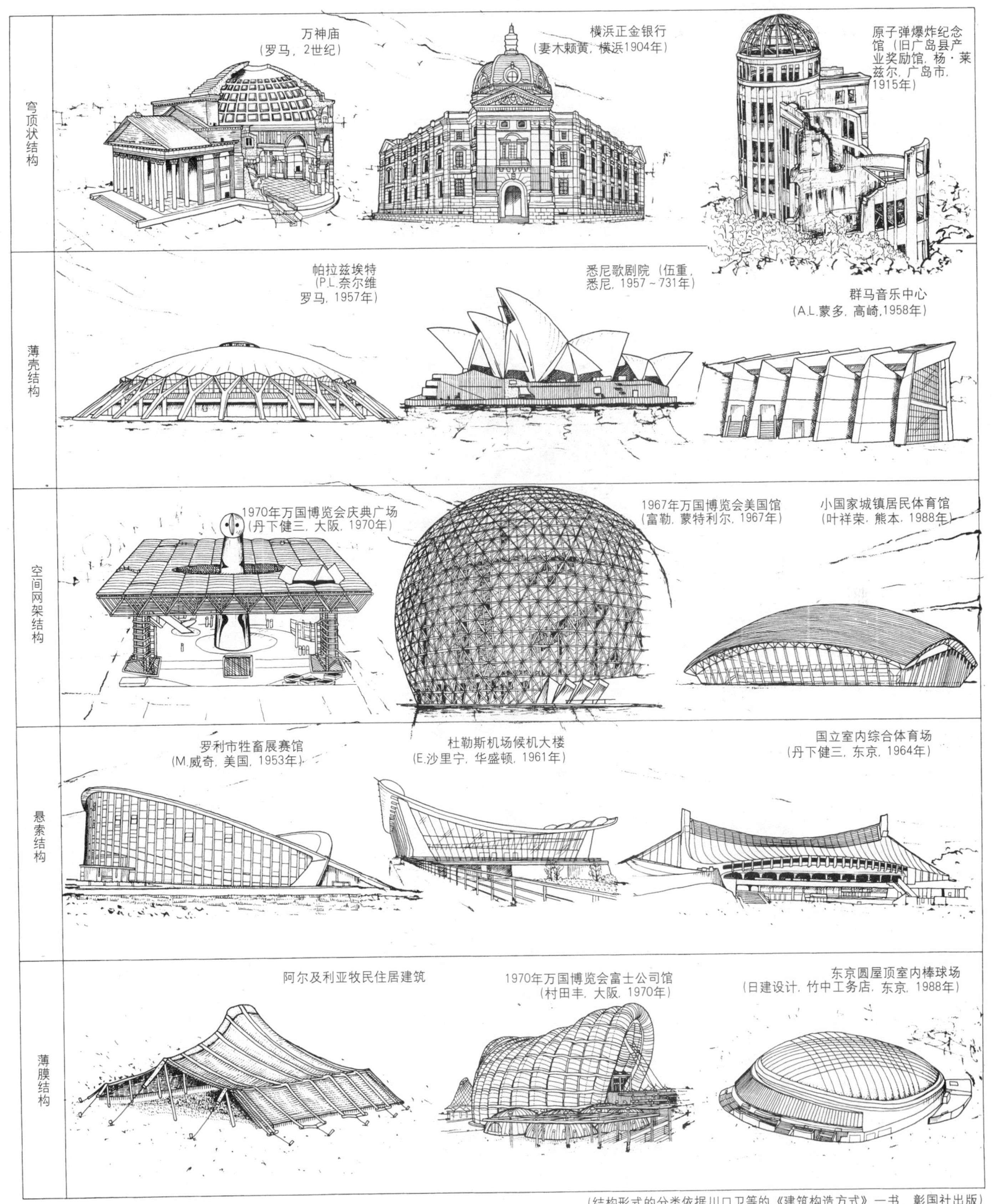

（结构形式的分类依据川口卫等的《建筑构造方式》一书，彰国社出版）

# 6. 屋顶材料与屋顶构造方法的关系

屋顶的表现方式并非只是造型上的表现，装修屋顶的材料和铺盖屋顶的方法，对屋顶造型的效果影响很大。例如，东大寺的大佛殿，因为钛材料的耐久性好，就对材料的接缝采用缝焊的方法，把钛板铺盖在大佛殿的屋顶上，其效果又将会怎样呢？首先这种屋顶不会有铺瓦屋顶那样的稳重感和保温的优点，从而彻底地失去了奈良的沉稳氛围。对屋顶材料及其铺盖方法的选择，不仅在建筑的表现上很重要，而且还决定着建筑的命运。下面用图表的形式，把屋顶的材料与屋顶的铺盖方法以及与屋顶造型的关系等表示出来，以便能够进行适当的选择。针对屋顶的造型，如果选用不适当的屋顶材料和采用不合理的屋顶铺盖方法，都将是造成屋顶漏雨的主要原因。

**〈屋顶造型和屋顶材料、屋顶铺盖方法一览表〉**

材料

| 大类 | 类 | 分类 | 细类 | 材料 |
|---|---|---|---|---|
| 人造材料 | 瓦 | 陶瓷类瓦 | | 熏制瓦 |
| | | | | 陶制瓦 |
| | | | | 还原瓦 |
| | | 水泥类瓦 | | 压制成型水泥瓦 |
| | | | | 混凝土瓦 |
| | | 玻璃 | | 玻璃瓦 |
| | 金属板 | 钢板·表面处理钢板 | 电镀钢板 | 镀锌钢板 |
| | | | | 着色镀锌钢板 |
| | | | | 溶解铝电镀钢板 |
| | | | | 镀铝、锌合金钢板 |
| | | | | 镀锌合金钢板 |
| | | | | 镀铅锡合金钢板 |
| | | | 涂层钢板 | 聚氯乙烯金属积层板 |
| | | | | 氟树脂涂层钢板 |
| | | | | 耐酸涂层钢板 |
| | | | | 隔热镀锌钢板 |
| | | 钢板·特殊钢板 | | 耐候性钢板 |
| | | | 不锈钢板 | 冷轧不锈钢钢板 |
| | | | | 氟树脂涂层不锈钢钢板 |
| | | | | 着色树脂涂层不锈钢钢板 |
| | | | | 镀铜不锈钢钢板 |
| | | 铝材 | 合金 | 耐蚀铝合金 |
| | | | 涂层铝板 | 氟树脂涂层铝板 |
| | | | | 着色树脂涂层铝板 |
| | | 铜 | | 纯铜板 |
| | | | 表面处理 | 硫化铜板·绿色青铜板 |
| | | 其他 | 新材料 | 钛 |
| | | | | 锌基合金板 |
| | | | 复合板 | 铅、不锈钢复合板 |
| | 石棉水泥板类 | | | 彩色石棉板 |
| | | | | 装饰性水泥板 |
| | | | | 石棉水泥板 |
| | | | | 天然石板 |
| | 沥青屋面板类 | | | 沥青屋面板 |
| | | | | 不燃屋面板 |
| | 玻璃类 | | | |
| | 塑料类 | | | 丙烯酸塑料板 |
| | | | | 氯乙烯塑料板 |
| | | | | 纤维增强塑料板 |
| | | | | 聚碳酸酯塑料板 |
| 天然材料 | 草木类 | 草 | | 茅草 |
| | | | | 其他 |
| | | 板 | | 花柏木板 |
| | | | | 柳杉木板 |
| | | | | 柏树木板 |
| | | | | 柳杉树皮 |
| | | | | 柏树皮 |
| | | 竹片 | | |
| | 石材类 | | | 铁平石 |
| | | | | 玄昌石 |
| | | | | 笏谷石 |
| | | | | 大谷石 |
| | | | | 粘板岩 |
| | | | | 柯卡石① |
| 其他 | 防水材料 | | | |

材料和屋顶铺盖方法的关系

| 材料 | 造型与构造方法 | 最小坡度 | 屋顶造型：人字屋顶 | 多坡斜脊屋顶 | 歇山屋顶 | 棱锥形屋顶 | 单坡屋顶 | 拱形屋顶 | 圆形屋顶 | 平屋顶 |
|---|---|---|---|---|---|---|---|---|---|---|
| 瓦 | 正规瓦 | 30/100 | ○ | ○ | ○ | ○ | ○ | △ | △ | × |
| | 波形瓦 | 30/100 | ○ | ○ | ○ | ○ | ○ | △ | △ | × |
| | 平瓦 | 30/100 | ○ | ○ | ○ | ○ | ○ | △ | △ | × |
| | 西班牙屋面瓦 | 30/100 | ○ | ○ | ○ | ○ | ○ | △ | △ | × |
| | S型瓦 | 30/100 | ○ | ○ | ○ | ○ | ○ | △ | △ | × |
| | 法国槽瓦 | 30/100 | ○ | ○ | ○ | ○ | ○ | △ | △ | × |
| | 西洋瓦 | 30/100 | ○ | ○ | ○ | ○ | ○ | △ | △ | × |
| 金属板 | 铺有木心的棒状咬口瓦 | 10/100 | ○ | ○ | ○ | ○ | ○ | ○ | △ | ○ |
| | 铺无木心的棒状咬口瓦（部分用型钢盖板） | 5/100 | ○ | ○ | ○ | ○ | ○ | ○ | △ | ○ |
| | 铺无木心的棒状咬口瓦（连续用型钢盖板） | 5/100 | ○ | ○ | ○ | ○ | ○ | ○ | △ | ○ |
| | 平咬口铺板 | 35/100 | ○ | ○ | ○ | ○ | ○ | △ | △ | × |
| | 立咬口铺板 | 5/100 | ○ | ○ | ○ | ○ | ○ | ○ | ○ | △ |
| | 直线形铺板 | 30/100 | ○ | ○ | ○ | ○ | ○ | ○ | ○ | × |
| | 菱形铺板 | 30/100 | ○ | ○ | ○ | ○ | ○ | ○ | ○ | × |
| | 踏步式铺板 | 20/100 | ○ | ○ | ○ | ○ | ○ | ○ | △ | × |
| | 方形咬口铺板 | 25/100 | ○ | ○ | ○ | ○ | ○ | ○ | △ | × |
| | 铺波形板 | 30/100 | ○ | ○ | ○ | ○ | ○ | ○ | × | △ |
| | 铺折板 | 3/100 | ○ | △ | △ | △ | ○ | × | × | ○ |
| | 铺方波纹板 | 1/100 | ○ | △ | △ | △ | ○ | × | × | ○ |
| | 金属瓦 | 20/100 | ○ | ○ | ○ | ○ | ○ | △ | × | × |
| | 铺日本瓦 | 10/100 | ○ | ○ | ○ | ○ | ○ | × | × | × |
| | I型成型板 | 15/100 | ○ | △ | △ | △ | ○ | ○ | × | ○ |
| | 缝焊 | 1/100 | ○ | ○ | ○ | ○ | ○ | ○ | ○ | ○ |
| 石棉水泥板类 | 波形板 | 20/100 | ○ | ○ | ○ | ○ | ○ | × | × | × |
| | 成型板 | 30/100 | ○ | ○ | ○ | ○ | ○ | △ | △ | × |
| | 彩色屋面板 | 40/100 | ○ | ○ | ○ | ○ | ○ | △ | △ | × |
| | 平板 | 30/100 | ○ | ○ | ○ | ○ | ○ | ○ | ○ | × |
| 沥青屋面板类 | 冷法施工 | 10/100 | ○ | ○ | ○ | ○ | ○ | ○ | ○ | × |
| | 钉钉子施工法 | 25/100 | ○ | ○ | ○ | ○ | ○ | ○ | ○ | × |
| | 保温施工法 | 20/100 | ○ | ○ | ○ | ○ | ○ | ○ | ○ | × |
| | 热法施工 | 10/100 | ○ | ○ | ○ | ○ | ○ | ○ | ○ | × |
| | 粘结施工法 | 10/100 | ○ | ○ | ○ | ○ | ○ | ○ | ○ | × |
| 玻璃类 | 平板 | 30/100 | ○ | ○ | ○ | ○ | ○ | × | × | ○ |
| | 曲面板 | — | — | — | — | — | — | ○ | ○ | × |
| | 玻璃瓦 | 30/100 | ○ | ○ | ○ | ○ | ○ | △ | △ | × |
| 塑料类 | 波纹板 | 30/100 | ○ | ○ | ○ | ○ | ○ | × | × | × |
| | 平板 | 30/100 | ○ | ○ | ○ | ○ | ○ | × | × | × |
| | 曲面板 | — | — | — | — | — | — | ○ | ○ | — |
| | 成型制品 | — | — | — | — | — | — | — | — | — |
| 草 | | 10/10 | ○ | ○ | ○ | ○ | ○ | ○ | ○ | × |
| 板 | 铺木板瓦 | 40/100 | ○ | ○ | ○ | ○ | ○ | ○ | ○ | × |
| | 铺柏树皮 | 40/100 | ○ | ○ | ○ | ○ | ○ | ○ | ○ | × |
| | 铺柞木板 | 45/100 | ○ | ○ | ○ | ○ | ○ | ○ | △ | × |
| | 踏步式铺板 | 50/100 | ○ | ○ | ○ | ○ | ○ | ○ | △ | × |
| | 铺日本瓦 | 35/100 | ○ | ○ | ○ | ○ | ○ | × | × | × |
| | 铺木瓦 | 75/100 | ○ | ○ | ○ | ○ | ○ | × | × | × |
| | 铺石板屋面 | 40/100 | ○ | ○ | ○ | ○ | ○ | × | × | × |
| | 铺柳杉树皮 | 40/100 | ○ | ○ | ○ | ○ | ○ | ○ | × | × |
| 竹片 | | 30/100 | ○ | ○ | ○ | ○ | ○ | × | × | × |
| 石材类 | 三角形铺盖 | 40/100 | ○ | ○ | ○ | ○ | ○ | ○ | ○ | × |
| | 石瓦 | 50/100 | ○ | ○ | ○ | ○ | ○ | × | × | × |
| | 大谷石板瓦 | 45/100 | ○ | ○ | ○ | ○ | ○ | × | × | × |
| | 平板 | 35/100 | ○ | ○ | ○ | ○ | ○ | × | × | × |
| | 柯卡石板瓦 | 60/100 | ○ | ○ | ○ | ○ | ○ | × | × | × |
| 防水材料 | 片材防水 | 1/100 | ○ | ○ | ○ | ○ | ○ | ○ | ○ | ○ |
| | 涂膜防水 | 1/100 | ○ | ○ | ○ | ○ | ○ | ○ | ○ | ○ |
| | 沥青防水 | 1/100 | ○ | ○ | ○ | ○ | ○ | ○ | ○ | ○ |

① 东京都出产的浮石，质黑，属云母流纹岩——译者注。　○：可能，△：需要特殊处理，×：不可能

# 7. 屋顶造型和构成要素

## 屋顶造型

屋顶的用途是为了遮雨和挡风雪，屋顶的造型因建筑物的种类、规模大小、气候、地方特色、个人爱好等不同而有多种。只要开发出适合屋顶用途和屋顶造型的屋顶材料及其施工方法，就会诞生出新的屋顶造型。由排水坡和合理的屋架及屋顶材料构成的和谐建筑屋面，也可以说就是屋顶造型。

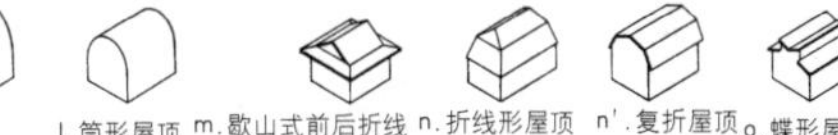

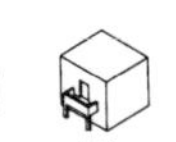

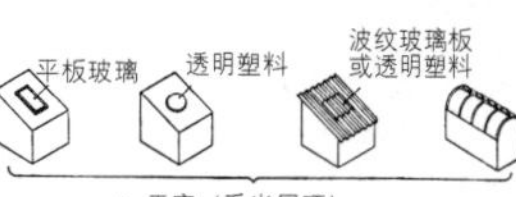

## 遮雨挑檐

遮雨挑檐与一般的屋顶不同，它是在窗户和出入口等开口部分的上部，从墙面上向外挑出设置的遮雨板。在功能上，遮雨挑檐和屋檐起着同样的作用，常被人们混为一谈。但是，遮雨挑檐是被安放在外墙面上，而屋檐则是屋顶的延长部分，两者的差别很大。遮雨挑檐一旦增大，就要从下面用柱子支承，有的地方把它叫作“出檐”或“披檐”，在冲绳地方把它叫作“雨檐”，意思都是指日式房屋入口处由支柱支承的挑檐。遮雨挑檐的作用是遮挡直射阳光，下雨和下雪时防止雨雪侵入室内，保护建筑物出入口。

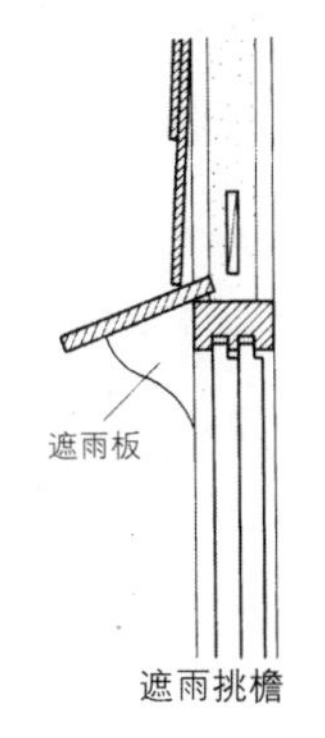

遮雨挑檐

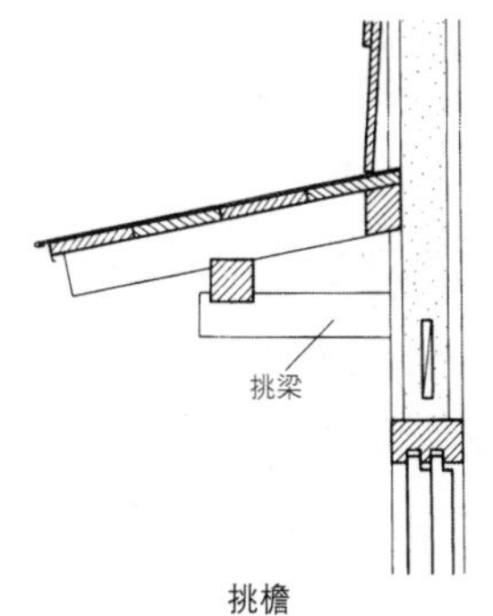

挑檐

赤坂离宫的玻璃遮雨挑檐

## 铺屋顶材料和屋顶坡度

对铺屋顶材料的要求是：①耐水性 ②不燃性 ③隔热保温性 ④隔声性 ⑤耐久性 ⑥在温差作用下，不产生伸缩变形 ⑦防湿性 ⑧施工方法简便 ⑨维护保养容易 ⑩经济效果好。但是，每一种材料都有优缺点，没有能够满足一切要求的理想性材料。铺屋顶材料的性能和屋顶坡度有着密切的关系。由于风力作用，雨水从铺屋顶材料的接缝处进入到屋顶里面；由于屋顶材料的毛细管作用，出现雨水浸入屋顶里面的现象；利用屋面材料和屋面底层材料的关系，列出右表中的屋顶标准坡度。

| 屋顶材料 | 寸坡度 | 角度坡度 | 分数坡度 |
|---|---|---|---|
| 沥青等的平屋顶 | 1分 | ~1° | 1/100 |
| 铝卷材板 | 1寸 | 5°~6° | 1/10 |
| 金属板 | 1寸5~2寸5 | 6°以上 | 1.5/10~2.5/10 |
| 柏树皮、木板瓦 | 3寸 | 17° | 3/10 |
| 正规瓦 | 3寸5 | 20° | 3.5/10 |
| 波形瓦 | 4寸~5寸 | 22°~27° | 2/5~1/2 |
| 石板瓦（石板） | 4寸5~5寸 | 24°~27° | 4.5/10~1/2 |
| 铺茅草 | 6寸~直角 | 31°~45° | 3/5~1 |

## 屋面底层

这是为了铺盖屋顶材料，而且是为了防止屋顶漏雨所必须有的屋顶部位。为了提高铺屋顶材料的性能，屋面底层要使用有隔热、隔声、防水、防结露效果的材料。铺盖的屋面材料不同，屋面底层材料的种类也要变换。

①在屋面垫层或钢筋混凝土结构以下的屋顶框架上，在椽条上面铺屋面基底板（木制屋面板时，板厚12~20mm，此外还有刨花水泥板和石棉水泥板等）。

②这是铺盖在屋面底层板或屋面基底板上面的材料，目的是为了防止因为铺屋顶材料破损而造成漏雨和防湿，使用的材料有木板瓦和沥青油毡等。

矿物质粉末颗粒
沥青层
合成纤维无纺布
沥青层
粘合层
剥离纸
（田岛沥青油毡）

这是一种很好的防止“屋面内部漏水”的屋面底层材料。因为是聚合物改性沥青，所以具有粘结性和封堵钉子孔的性能。

在屋面底层材料上面走动时不容易打滑，弹墨线时容易看清楚等，施工时的安全性和便于施工的性能都很好。因为是改性沥青，所以钉子孔密封效果也很好。

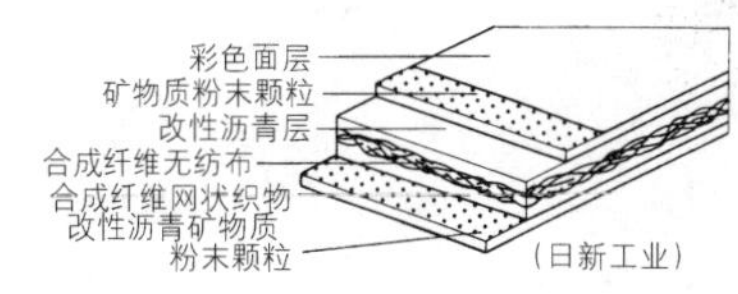

（日新工业）

## 檐沟（槽）

把屋面上的雨水集中起来引导到地面上或下水道里的集水部位，叫作檐沟或落水槽。根据落水管或落水槽的使用部位及其形状的不同，分别有以下名称叫法：檐沟、槽形天沟、天沟雨水管、上下层直通雨水管、落水管弯头（鹅颈管）、雨水立管、装饰雨水口等。作为附件有檐沟铁配件和雨水立管铁配件等。

最为一般的落水管（槽）是镀锌薄钢板制品，常用的是28号（0.397mm）和31号（0.278mm）。除此之外还有铜板制品（0.2~0.6mm）、耐蚀铝合金板和塑料制品的落水管（槽）。

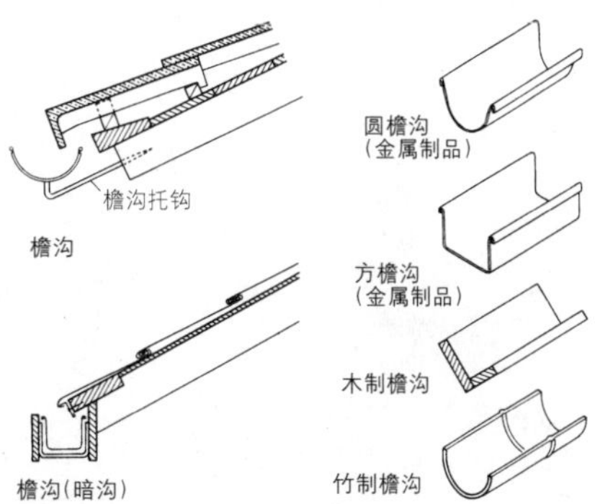


| 名 | 称 | 尺寸（mm） |
|---|---|---|
| 檐沟 | 2寸5分口 | 外径约75 |
| | 一般35口 | 外径约105 |
| | 主要35口 | 内径约105 |
| | 4寸口 | 外径约120 |
| 圆形雨水立管 | 1寸2分直径 | 直径36 |
| | 1寸8分直径 | 直径54 |
| | 2寸直径 | 直径60 |
| | 2寸3分直径 | 直径69 |
| | 2寸5分直径 | 直径75 |
| | 3寸直径 | 直径90 |
| 方形雨水立管 | 1寸2分×1寸8分 | 36×54 |
| | 1寸5分×2寸 | 45×60 |

# II 人造屋顶材料的应用

选用屋顶材料，首先要尽量使用身边已有的现成材料。但是，从屋顶材料的耐久性和可靠的防水性、抗风性以及铺盖技术的简便性来说，还是应该选用经过长时间手工制作的材料，也就是用瓦和铝、铜等制作的屋顶材料。产业革命以后的技术革命，开发出了更为简便的施工方法和更有耐久性的屋顶材料，不仅可以进行批量生产，而且还诞生出了经济实用的屋顶材料。不仅如此，包括过去的屋顶材料的概念在内，还出现了轻而透光的屋顶材料，即在聚碳酸酯或在玻璃纤维上涂抹四氟化乙烯树脂的薄膜屋顶材料，以及隔热的真空玻璃等。

通过这些新的屋顶材料和铺盖屋顶技术的开发，可以创造出屋顶的自由表现形式和新的建筑空间。

# 瓦屋顶

→ P.20

瓦是在古代和寺院建筑一起，从中国传入到日本的。按原材料划分，瓦可分为黏土瓦、水泥瓦、金属瓦以及玻璃瓦等。另外，按瓦的形状又可大致分为日本瓦和西洋瓦；按瓦的用途还可分为平瓦、波形瓦、袖形瓦、圆筒瓦、檐头瓦、脊端兽头瓦等。

# 金属屋顶

→ P.52

金属屋顶主要使用镀锌薄钢板、铜板、铝板、不锈钢板等。屋顶造型有平板屋顶和波形板屋顶或者折板瓦屋顶等。通过对钢板加工技术和对屋面基底构造方法的开发，金属屋顶材料是变化最大的建筑材料之一。

# 水泥板屋顶

→ P.88

水泥板是指波形和平板形彩色（彩色屋顶）人造石板瓦。不仅在强度、防火性、耐火性以及耐久性和与水泥的亲合性等方面有着很好的性能，而且成本优越性也很好。

# 沥青瓦屋顶

→ P.102

所谓沥青瓦屋顶，就是在较厚的沥青油毛毡上涂一层沥青并铺撒上彩色砂粒，然后切割成片材，作为坡屋顶上用的屋面材料使用。虽然一般都是可燃性片材，但也有法定的不燃材料。

# 塑料屋顶

→ P.110

所谓塑料是指经过加热或受到外力之后会产生变形，但不会再恢复到原有形状的物体。一般在常温下，是指人力不能使之变形的单体高分子物质，在建筑领域里，主要是使用热可塑性塑料。

# 玻璃屋顶

→ P.118

玻璃是以硅酸盐为主要成分而制造出来的坚硬的透明体。不会象金属和塑料那样产生塑性变形，是易碎品的代表性物质。一般的窗玻璃强度约为$500kg/cm^2$，但理论强度竟有其强度的600倍。

# 膜结构屋顶

→ P.128

这是一种弯曲刚度小，而且是厚度很薄的薄膜材料的屋顶。薄膜结构屋顶的原材料是在玻璃纤维或聚酯纤维织布上涂抹四氟化乙烯树脂或聚（氯）乙烯等合成树脂材料，或者用不锈钢的金属箔等。

# 平屋顶·绿化屋顶

→ P.136

钢筋混凝土结构建筑的平屋顶防水处理方法，并非是用屋顶的排水坡度排除雨水，而是把雨水集中起来进行处理。另外，从与环境共生存的观点出发，对于人们十分关心的屋顶绿化问题，本文也将一并介绍。



东京圆屋顶室内棒球场／日建设计、竹中工务店
摄影：和木　通

# 瓦屋顶

瓦是一种最不可思议的建筑材料。尽管瓦是屋顶的主要铺盖材料，但如果把瓦铺在地板上，还会起到保温的作用；如果把瓦用作墙面材料，就会有一种非常踏实的放心感。当瓦失去了作为屋顶材料的功能之后，还可以当作造园材料使用，永远不会成为无用之材而被抛弃。瓦的生产是使用土地的土，生产技术和生产设备都很简单。瓦不仅有多样性，而且魅力长盛不衰，瓦的历史已有4000到5000年。现在还依然是现代建筑的外观材料，发挥着重要的作用。单纯而小巧的部件和简单的组合方式，刚柔自如的性能扩大了瓦的应用可能性。除此之外，还有很多未知可能性的建筑材料——这就是瓦。



铺瓦屋顶（冈山·倉敷）
摄影：增田　正

# 1. 历史和地域性

**瓦的历史**：现在无法考证最初的瓦是在何时、何地、由何人制造出来的。据说在大约5000年前的美索不达米亚地方和在4000年前的中国，都曾经有过这种类似的东西。

“瓦”这个词的来源，据印度传说是出自梵语。但都没有确切的根据，都是在推测。作为瓦的遗物，最古老的瓦就是距现在大约3000年前的中国周朝时代的瓦。

在日本最古老的史书《日本书纪》中，可以看到瓦传到日本的最早记载。在“崇峻天皇元年（公元前588年）中记述了百济、僧侣、寺工、画工等4位瓦博士来到日本的情况。他们一到日本就立即着手制作建造飞鸟寺用的瓦。在崇峻5年（公元前592年）兴建了飞鸟寺的正殿，4年后完成了塔的建设，在这些建筑上，可以看到瓦在日本的最早使用情况。以大和（古时日本国名，属现今奈良县）为中心的造寺运动，通过苏我马子等人制定的佛教兴隆政策和建立的法律（奈良、平安时代的法律）制度，很快就推广到了其他地方，同时，瓦也和寺庙建筑一起普及了起来。

但是，把瓦用在一般百姓住宅上，还是在享保5年（1720年）八代将军吉宗废除了普通百姓铺瓦禁令之后，从在江户市内鼓励用铺瓦屋顶开始的。从瓦博士来到日本开始，经过1130年的历程之后，终于可以把瓦作为一般住宅的屋顶材料使用了。在此前后，曾有一位近江大津的瓦工叫西村半兵卫发明了波形瓦，这种瓦的重量比正规瓦轻，是一种经济型的简易瓦。

到了明治年代之后，这种简易瓦得到了改良，并作为波形瓦屋顶在全国普及了起来。在明治18年（1885年）对波形瓦又进行了改良，形成了波形挂瓦，并参加了伦敦万国博览会的展出。在此期间，通过引进机械化工厂生产的法国瓦和西班牙筒瓦，日本受到了很大的影响，不断地设计出了新型瓦，直至今日。

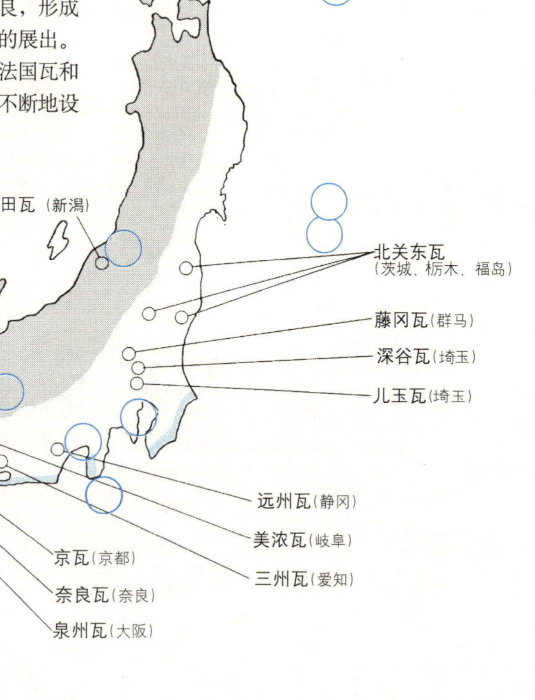


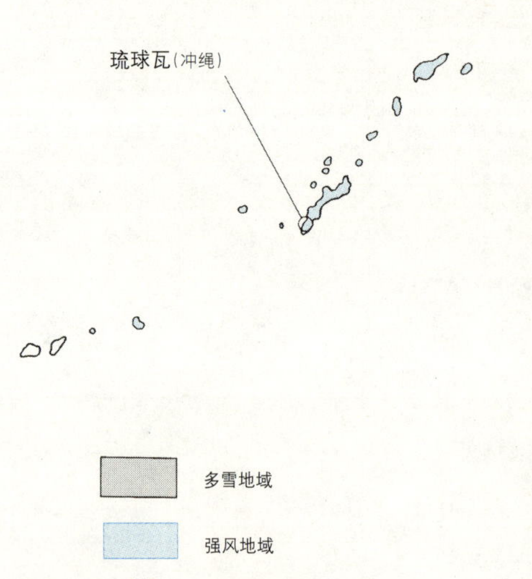


**瓦的地区性和生产地**：日本是一个南北细长的多岛国家。北有北海道，南有冲绳。北海道的下雪季节，正是冲绳洗海水浴的时候，不仅有显著的寒暑差别，而且受大陆季风的影响也很大。另外，台风在太平洋上形成之后，日本还是台风在北上时必须要经过的位置。加之日本的地形复杂，区域性的气候变化很大。例如日本海一侧在大雪纷飞的季节，而太平洋一侧却是干燥的晴天。同时，日本还是世界上有数的多地震国家。在如此自然环境之下的日本，对于铺瓦屋顶来说，决不能说是适合的地区。但尽管如此，瓦屋顶依然在日本各地存在，并可以看到在适合各个不同区域的材质选择、制造技术、应用方法以及构造方法等方面采取的措施。日本瓦的特征，可以分为以下三个区域考虑。

①面向气候温暖的太平洋一侧的关东、东海、近畿、四国、九州地方，这是少有冻害的地区。在这些地区使用瓦屋顶的目的，是为了使屋顶优美好看。

②从日本海一侧的东北地方到北陆、山阴地方都是多雪地带，在这里使用的瓦是为了防止发生冻害而采用了高温烧制的方法制造，烧制时瓦的变形很大，不适合精细施工时使用。屋顶工程要尽量减少不必要的装饰物。铺屋顶的瓦，大部分是采用吸水率低的釉面瓦和盐釉瓦。

③日本国土西南诸岛和漂浮在太平洋海面上的小岛屿、房总、伊豆、纪伊半岛的海岸线、四国、九州地方的太平洋沿岸等，都会受到台风的很大影响。对强风采取的措施有：压低屋脊的高度，做成简单的大坡度屋顶造型，使瓦牢固地固定在屋面基层上，用灰泥加固等。铺瓦屋顶建筑还可构成漂亮的城市街景。

瓦和地震也有久远的关系。在地震频发的地区，往往都不会使用轻质瓦、浮放木板屋脊和垂脊等。

从图中可以看出，瓦的产地几乎遍布全国各地，但具有地方特点的地方工业，曾经因为产地气候和风土条件的不同，采用的生产方法也带有区域特性。最近，由于有了使用机械进行大批量生产的方式，这种区域特性也就慢慢地淡薄了，同区域特性比较起来，由厂家开发出来的改良瓦正在逐步地成为建筑发展的主流。

# 2. 性能

### 1. 防水性

水进入到瓦的背面之后，从瓦的表面排出来。

在多雨的日本，最重要的是防水性能。优质的瓦不会因为水分而发生材质变化。

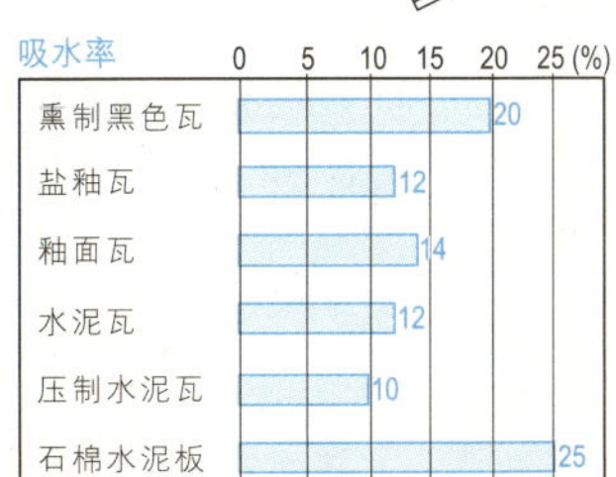


### 2. 防火性

屋顶最好使用不燃材料。江户的沿街商住建筑，普遍采用铺瓦屋顶的最大理由是防火性能特别好。陶质瓦是在1150℃的高温下烧制24小时而形成，所以耐火性能完全可以满足要求。

关于建筑标准法中规定的不燃屋顶，可以参照该法的第2 条之9、22条、25条、63条。

### 3. 耐久性

据说瓦的寿命可达50～100年，实际上可以经受住数百年的风雪考验。从这一点来看，可以说瓦是经济的屋顶材料。例如法隆寺正殿（7世纪），药师寺东塔（730年）等。

### 4. 隔热性

瓦可以反射夏季的直射阳光，不吸收热，所以瓦对室外空气进入室内的影响很小。从隔热性能的指标，也就是从总传热系数来看，瓦也是最好的屋面材料。

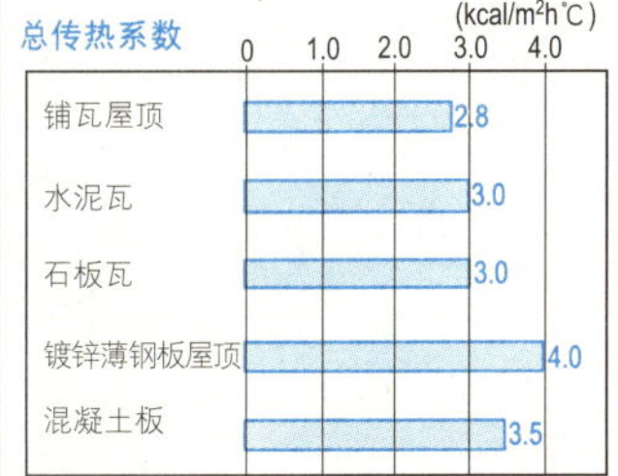


### 5. 耐压性

在屋顶上作业时，局部荷载可达80kg左右，瓦要有充分的承受积雪荷载和抗风压性能。

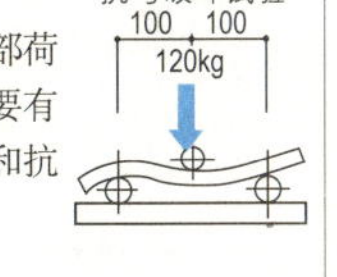


弯曲破坏荷载

| | 0～150(kg) |
|---|---|
| 熏制黑色瓦 | 120 |
| 盐釉瓦 | 140 |
| 釉面瓦 | 140 |
| 水泥瓦 | 100 |
| 压制水泥瓦 | 130 |

### 6. 隔声性

在闲静的住宅地区，屋顶的隔声性能为20dB左右。在机场区域里，要求达到52dB以上。因为瓦屋顶的重量在50kg/m²左右，所以能够得到充分的隔声效果。

隔声性能和屋顶重量

| 地域 | 声音强度(dB) | 屋顶重量(kg/m²) |
|---|---|---|
| 闲静的区域 | 20 | 3~5 |
| 一般区域 | 28 | 15~20 |
| 机场地区 | 52 | 50~60 |

### 7. 透气性

据说要提高木结构建筑的耐久性，提高建筑的通气性能是最有效的办法。瓦可以达到适当的通气，而且对室内的换气和防止结露也有效果。

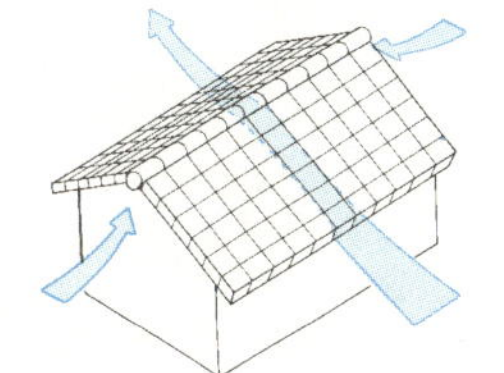

### 8. 耐寒性

过去人们对黏土瓦，非常担心遭到冻害而破裂（叫作冷冻，浸入到瓦里面的水，在严冬的深夜突然被冻结而膨胀，使瓦的表面开裂。瓦在反反复复的冻溶过程中，逐渐地变薄起来，最后瓦全部破裂，浸水严重，造成屋顶漏雨）。然而最近的瓦，由于经过高温烧制而成，降低了瓦的吸水率，从而很少出现因受冻而遭破坏的现象。从零下20℃到±3℃，用超低温抗寒试验装置反复进行冻溶试验，并没有发生破坏现象。

### 9. 经济性

在考虑建筑工程费用时，要从基本投资和设备运转费，以及设备维护与保养费等三个方面考虑。如果基本投资很高，但其他两项成本却很便宜，从长远来说，也可以认为是经济的建筑物。瓦屋顶竣工后无需维修管理费，只是少数的部分有可能需要修补。据说瓦屋顶的维修费只是镀锌薄钢板屋顶的1/3左右。

### 10. 重量

重量轻的屋顶材料，最令人担心的是屋顶的隔热、隔声和抗风性不好。因此，把瓦重量大的缺点充分地转换为优点来使用，也就是利用瓦的隔热、隔声和抗风性好的优点也很重要。

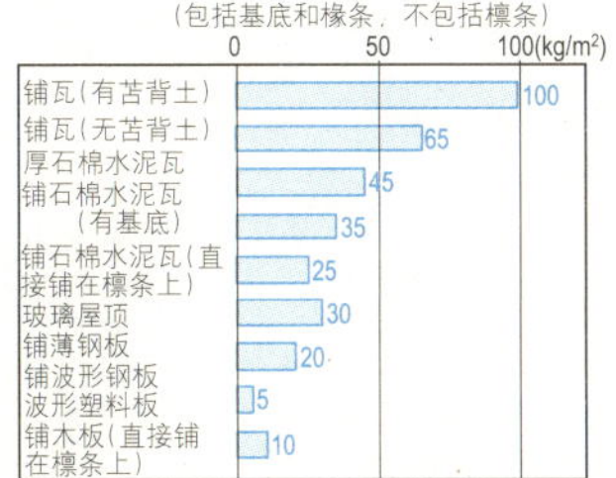


### 11. 美观

瓦屋顶的美观并非只是屋顶造型，而是在于瓦本身的美观。日式黏土瓦的稳重色调，有适当光泽的西式黏土瓦等，在色彩上也很丰富。

### 12. 适用性

瓦的使用并非只是用作铺屋顶的材料，自古以来还有当作外墙和地板使用的情况。在院内小庭园上使用，效果也很好。

| | 熏制黑色瓦 | 盐釉瓦 | 釉面瓦 | 水泥瓦 | 压制水泥瓦 | 新生屋顶材料 | 石棉水泥板 | 镀锌薄钢板 | 铝板 | 混凝土板 |
|---|---|---|---|---|---|---|---|---|---|---|
| 吸水率(%) | 20 | 12 | 14 | 12 | 10 | 25 | 9 | 0 | 0 | 0<br>沥青防水 |
| 防水性 | A | A | A | A | A | A | A | A | A | A |
| 隔热保温 | B | B | B | B | B | B | 略微不如黏土瓦 | C | C | B |
| 隔声性 | A | A | A | A | B | A | A | C | C | A |
| 强度 抗风 | B | B | B | C | C | B | B | B | B | A |
| 强度 踩碎 | B | B | B | C | C | B | B | C~A | C~A | A |
| 防火性 | A | A | A | A | A | A | B | B | B | A |
| 耐久性 耐用年限 | 50~100 | 50~100 | 50~100 | 不如黏土瓦 | 10~15 | 50 | 10~15 | 10～20<br>每3～4年涂一次 | 7~15<br>不涂漆 | 50 |
| 耐久性 耐久力 | A | A | A | B | B | A | B | B | B | A |
| 屋顶重量(kg/m²) | 50 | 50 | 50 | 40 | 45 | 45 | 35 | 20 | 10 | 150 |
| 维修难易 | A | A | A | A | A | A | B | A | A | C |
| 色调 | 银灰色 | 红褐色 | 银灰、黑、绿、红色等 | 灰白色、红褐色、绿色等 | 灰白色、红褐色、绿色等 | 黑色、茶色、红色、绿色等 | 灰白色、红褐色、绿色等 | 银灰、青绿色、褐色等 | 银白色 | 灰白色 |
| 屋顶坡度 | 25/100~70/100 | | | 40/100~70/100 | | 25/100~55/100 | 30/100~50/100 | 20/100~35/100 | | 1/200~1/100<br>沥青防水 |

# 3. 日式黏土瓦的种类

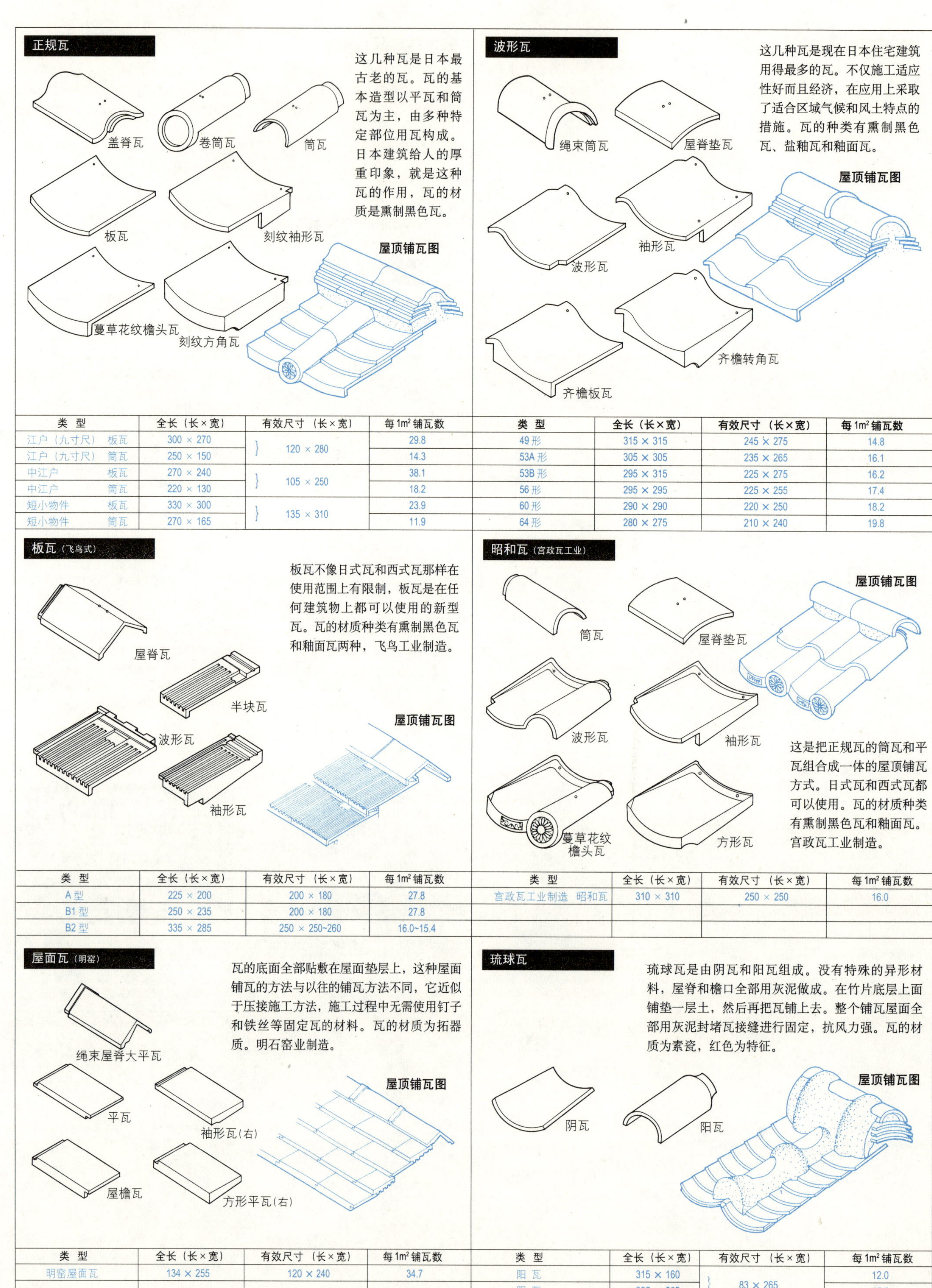


**正规瓦**

这几种瓦是日本最古老的瓦。瓦的基本造型以平瓦和筒瓦为主，由多种特定部位用瓦构成。日本建筑给人的厚重印象，就是这种瓦的作用，瓦的材质是熏制黑色瓦。

| 类型 | 全长（长×宽） | 有效尺寸（长×宽） | 每1m²铺瓦数 |
|---|---|---|---|
| 江户（九寸尺） 板瓦 | 300×270 | 120×280 | 29.8 |
| 江户（九寸尺） 筒瓦 | 250×150 | | 14.3 |
| 中江户 板瓦 | 270×240 | 105×250 | 38.1 |
| 中江户 筒瓦 | 220×130 | | 18.2 |
| 短小物件 板瓦 | 330×300 | 135×310 | 23.9 |
| 短小物件 筒瓦 | 270×165 | | 11.9 |

**波形瓦**

这几种瓦是现在日本住宅建筑用得最多的瓦。不仅施工适应性好而且经济，在应用上采取了适合区域气候和风土特点的措施。瓦的种类有熏制黑色瓦、盐釉瓦和釉面瓦。

| 类型 | 全长（长×宽） | 有效尺寸（长×宽） | 每1m²铺瓦数 |
|---|---|---|---|
| 49形 | 315×315 | 245×275 | 14.8 |
| 53A形 | 305×305 | 235×265 | 16.1 |
| 53B形 | 295×315 | 225×275 | 16.2 |
| 56形 | 295×295 | 225×255 | 17.4 |
| 60形 | 290×290 | 220×250 | 18.2 |
| 64形 | 280×275 | 210×240 | 19.8 |

**板瓦（飞鸟式）**

板瓦不像日式瓦和西式瓦那样在使用范围上有限制，板瓦是在任何建筑物上都可以使用的新型瓦。瓦的材质种类有熏制黑色瓦和釉面瓦两种，飞鸟工业制造。

| 类型 | 全长（长×宽） | 有效尺寸（长×宽） | 每1m²铺瓦数 |
|---|---|---|---|
| A型 | 225×200 | 200×180 | 27.8 |
| B1型 | 250×235 | 200×180 | 27.8 |
| B2型 | 335×285 | 250×250~260 | 16.0~15.4 |

**昭和瓦（宫政瓦工业）**

这是把正规瓦的筒瓦和平瓦组合成一体的屋顶铺瓦方式。日式瓦和西式瓦都可以使用。瓦的材质种类有熏制黑色瓦和釉面瓦。宫政瓦工业制造。

| 类型 | 全长（长×宽） | 有效尺寸（长×宽） | 每1m²铺瓦数 |
|---|---|---|---|
| 宫政瓦工业制造 昭和瓦 | 310×310 | 250×250 | 16.0 |

**屋面瓦（明窑）**

瓦的底面全部贴敷在屋面垫层上，这种屋面铺瓦的方法与以往的铺瓦方法不同，它近似于压接施工方法，施工过程中无需使用钉子和铁丝等固定瓦的材料。瓦的材质为拓器质。明石窑业制造。

| 类型 | 全长（长×宽） | 有效尺寸（长×宽） | 每1m²铺瓦数 |
|---|---|---|---|
| 明窑屋面瓦 | 134×255 | 120×240 | 34.7 |

**琉球瓦**

琉球瓦是由阴瓦和阳瓦组成。没有特殊的异形材料，屋脊和檐口全部用灰泥做成。在竹片底层上面铺垫一层土，然后再把瓦铺上去。整个铺瓦屋面全部用灰泥封堵瓦接缝进行固定，抗风力强。瓦的材质为素瓷，红色为特征。

| 类型 | 全长（长×宽） | 有效尺寸（长×宽） | 每1m²铺瓦数 |
|---|---|---|---|
| 阳瓦 | 315×160 | 83×265 | 12.0 |
| 阴瓦 | 225×265 | | 45.5 |

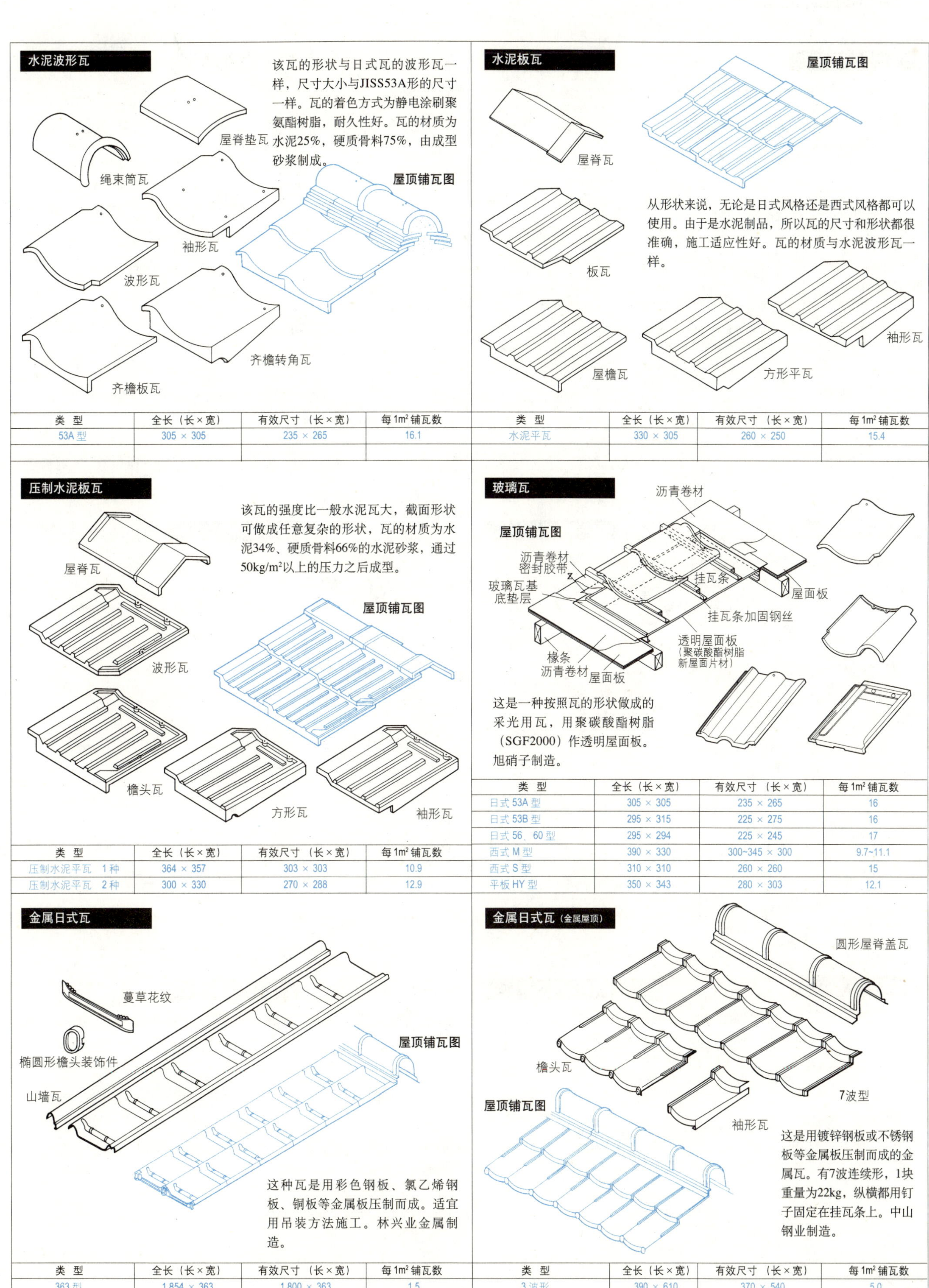

## 水泥波形瓦

该瓦的形状与日式瓦的波形瓦一样，尺寸大小与JISS53A形的尺寸一样。瓦的着色方式为静电涂刷聚氨酯树脂，耐久性好。瓦的材质为水泥25%，硬质骨料75%，由成型砂浆制成。



| 类 型 | 全长（长×宽） | 有效尺寸 （长×宽） | 每 1m² 铺瓦数 |
|---|---|---|---|
| 53A 型 | 305 × 305 | 235 × 265 | 16.1 |
| | | | |

## 水泥板瓦

从形状来说，无论是日式风格还是西式风格都可以使用。由于是水泥制品，所以瓦的尺寸和形状都很准确，施工适应性好。瓦的材质与水泥波形瓦一样。



| 类 型 | 全长（长×宽） | 有效尺寸 （长×宽） | 每 1m² 铺瓦数 |
|---|---|---|---|
| 水泥平瓦 | 330 × 305 | 260 × 250 | 15.4 |
| | | | |

## 压制水泥板瓦

该瓦的强度比一般水泥瓦大，截面形状可做成任意复杂的形状，瓦的材质为水泥34%、硬质骨料66%的水泥砂浆，通过50kg/m²以上的压力之后成型。



| 类 型 | 全长（长×宽） | 有效尺寸 （长×宽） | 每 1m² 铺瓦数 |
|---|---|---|---|
| 压制水泥平瓦 1 种 | 364 × 357 | 303 × 303 | 10.9 |
| 压制水泥平瓦 2 种 | 300 × 330 | 270 × 288 | 12.9 |

## 玻璃瓦



这是一种按照瓦的形状做成的采光用瓦，用聚碳酸酯树脂（SGF2000）作透明屋面板。旭硝子制造。

| 类 型 | 全长（长×宽） | 有效尺寸 （长×宽） | 每 1m² 铺瓦数 |
|---|---|---|---|
| 日式 53A 型 | 305 × 305 | 235 × 265 | 16 |
| 日式 53B 型 | 295 × 315 | 225 × 275 | 16 |
| 日式 56、60 型 | 295 × 294 | 225 × 245 | 17 |
| 西式 M 型 | 390 × 330 | 300~345 × 300 | 9.7~11.1 |
| 西式 S 型 | 310 × 310 | 260 × 260 | 15 |
| 平板 HY 型 | 350 × 343 | 280 × 303 | 12.1 |

## 金属日式瓦



这种瓦是用彩色钢板、氯乙烯钢板、铜板等金属板压制而成。适宜用吊装方法施工。林兴业金属制造。

| 类 型 | 全长（长×宽） | 有效尺寸 （长×宽） | 每 1m² 铺瓦数 |
|---|---|---|---|
| 363 型 | 1,854 × 363 | 1,800 × 363 | 1.5 |
| 303 型 | 1,854 × 303 | 1,800 × 303 | 1.8 |

## 金属日式瓦（金属屋顶）



这是用镀锌钢板或不锈钢板等金属板压制而成的金属瓦。有7波连续形，1块重量为22kg，纵横都用钉子固定在挂瓦条上。中山钢业制造。

| 类 型 | 全长（长×宽） | 有效尺寸 （长×宽） | 每 1m² 铺瓦数 |
|---|---|---|---|
| 3 波形 | 390 × 610 | 370 × 540 | 5.0 |
| 7 波形 | 390 × 1,330 | 370 × 1,260 | 2.1 |

# 4. 西式黏土瓦的种类

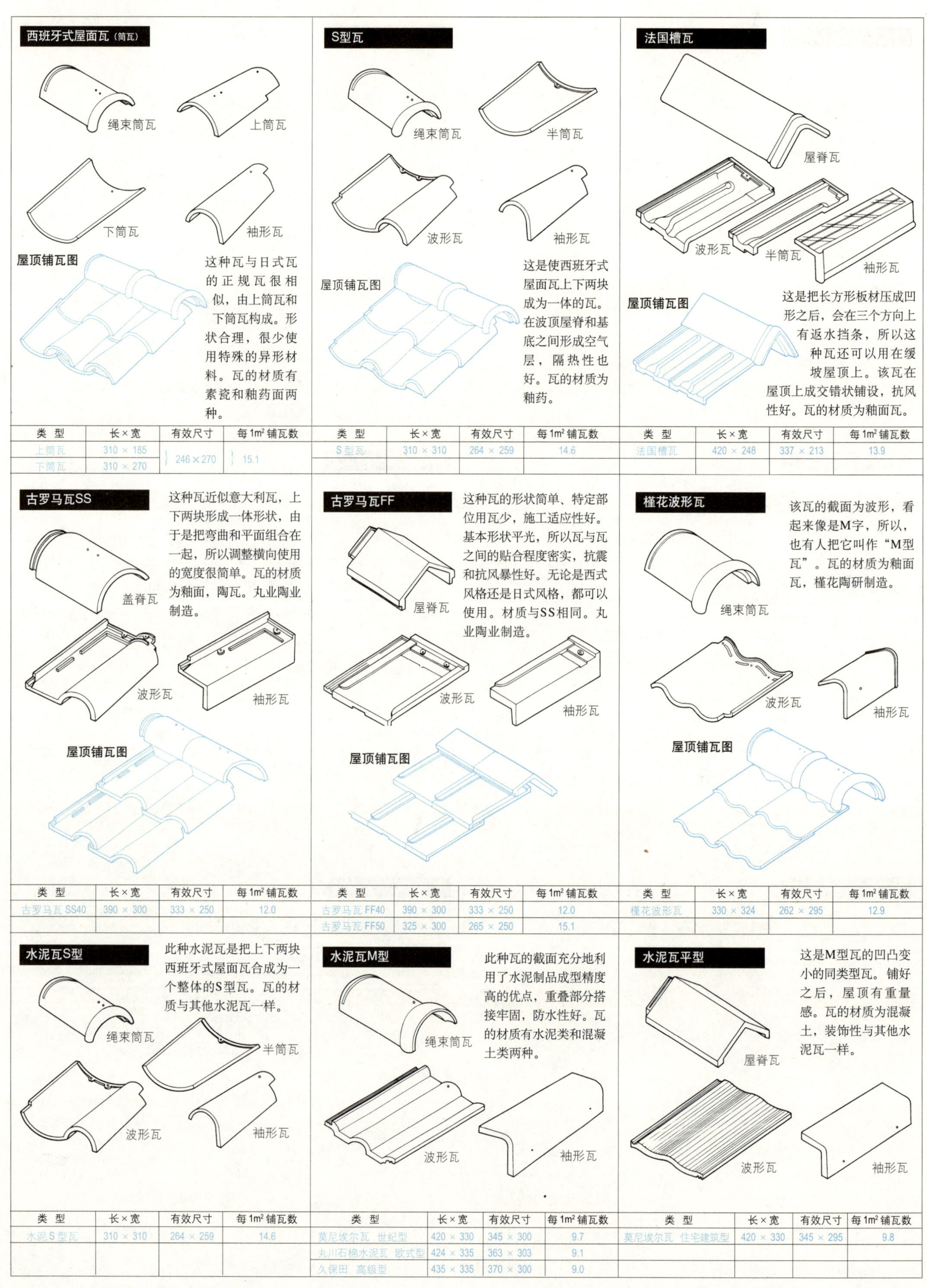


## 西班牙式屋面瓦（筒瓦）

这种瓦与日式瓦的正规瓦很相似，由上筒瓦和下筒瓦构成。形状合理，很少使用特殊的异形材料。瓦的材质有素瓷和釉药面两种。

| 类型 | 长×宽 | 有效尺寸 | 每 $1m^2$ 铺瓦数 |
|---|---|---|---|
| 上筒瓦 | 310 × 185 | 246×270 | 15.1 |
| 下筒瓦 | 310 × 270 | | |

## S型瓦

这是使西班牙式屋面瓦上下两块成为一体的瓦。在波顶屋脊和基底之间形成空气层，隔热性也好。瓦的材质为釉药。

| 类型 | 长×宽 | 有效尺寸 | 每 $1m^2$ 铺瓦数 |
|---|---|---|---|
| S型瓦 | 310 × 310 | 264 × 259 | 14.6 |

## 法国槽瓦

这是把长方形板材压成凹形之后，会在三个方向上有返水挡条，所以这种瓦还可以用在缓坡屋顶上。该瓦在屋顶上成交错状铺设，抗风性好。瓦的材质为釉面瓦。

| 类型 | 长×宽 | 有效尺寸 | 每 $1m^2$ 铺瓦数 |
|---|---|---|---|
| 法国槽瓦 | 420 × 248 | 337 × 213 | 13.9 |

## 古罗马瓦SS

这种瓦近似意大利瓦，上下两块形成一体形状，由于是把弯曲和平面组合在一起，所以调整横向使用的宽度很简单。瓦的材质为釉面，陶瓦。丸业陶业制造。

| 类型 | 长×宽 | 有效尺寸 | 每 $1m^2$ 铺瓦数 |
|---|---|---|---|
| 古罗马瓦 SS40 | 390 × 300 | 333 × 250 | 12.0 |

## 古罗马瓦FF

这种瓦的形状简单、特定部位用瓦少，施工适应性好。基本形状平光，所以瓦与瓦之间的贴合程度密实，抗震和抗风暴性好。无论是西式风格还是日式风格，都可以使用。材质与SS相同。丸业陶业制造。

| 类型 | 长×宽 | 有效尺寸 | 每 $1m^2$ 铺瓦数 |
|---|---|---|---|
| 古罗马瓦 FF40 | 390 × 300 | 333 × 250 | 12.0 |
| 古罗马瓦 FF50 | 325 × 300 | 265 × 250 | 15.1 |

## 槿花波形瓦

该瓦的截面为波形，看起来像是M字，所以，也有人把它叫作“M型瓦”。瓦的材质为釉面瓦，槿花陶研制造。

| 类型 | 长×宽 | 有效尺寸 | 每 $1m^2$ 铺瓦数 |
|---|---|---|---|
| 槿花波形瓦 | 330 × 324 | 262 × 295 | 12.9 |

## 水泥瓦S型

此种水泥瓦是把上下两块西班牙式屋面瓦合成为一个整体的S型瓦。瓦的材质与其他水泥瓦一样。

| 类型 | 长×宽 | 有效尺寸 | 每 $1m^2$ 铺瓦数 |
|---|---|---|---|
| 水泥S型瓦 | 310 × 310 | 264 × 259 | 14.6 |

## 水泥瓦M型

此种瓦的截面充分地利用了水泥制品成型精度高的优点，重叠部分搭接牢固，防水性好。瓦的材质有水泥类和混凝土类两种。

| 类型 | 长×宽 | 有效尺寸 | 每 $1m^2$ 铺瓦数 |
|---|---|---|---|
| 莫尼埃尔瓦 世纪型 | 420 × 330 | 345 × 300 | 9.7 |
| 丸川石棉水泥瓦 欧式型 | 424 × 335 | 363 × 303 | 9.1 |
| 久保田 高级型 | 435 × 335 | 370 × 300 | 9.0 |

## 水泥瓦平型

这是M型瓦的凹凸变小的同类型瓦。铺好之后，屋顶有重量感。瓦的材质为混凝土，装饰性与其他水泥瓦一样。

| 类型 | 长×宽 | 有效尺寸 | 每 $1m^2$ 铺瓦数 |
|---|---|---|---|
| 莫尼埃尔瓦 住宅建筑型 | 420 × 330 | 345 × 295 | 9.8 |

## 屋面瓦

这是把金属板屋面的垫底材料和挂瓦木条、椽条等组合在一起，从而可以成为防水和施工简便的系列屋面材料。

嵌入式铺盖陶瓷瓦屋面，可以自上而下地从屋脊开始铺瓦。

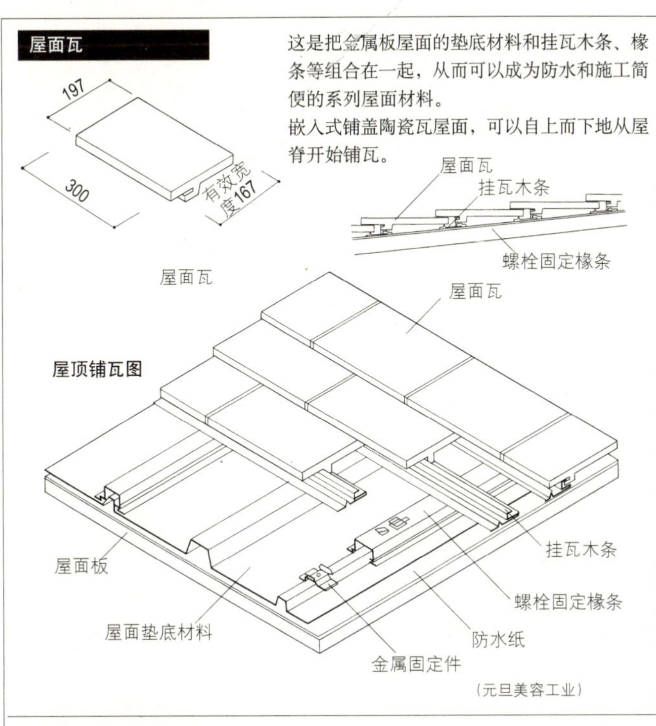

（元旦美容工业）

## 太阳能发电瓦

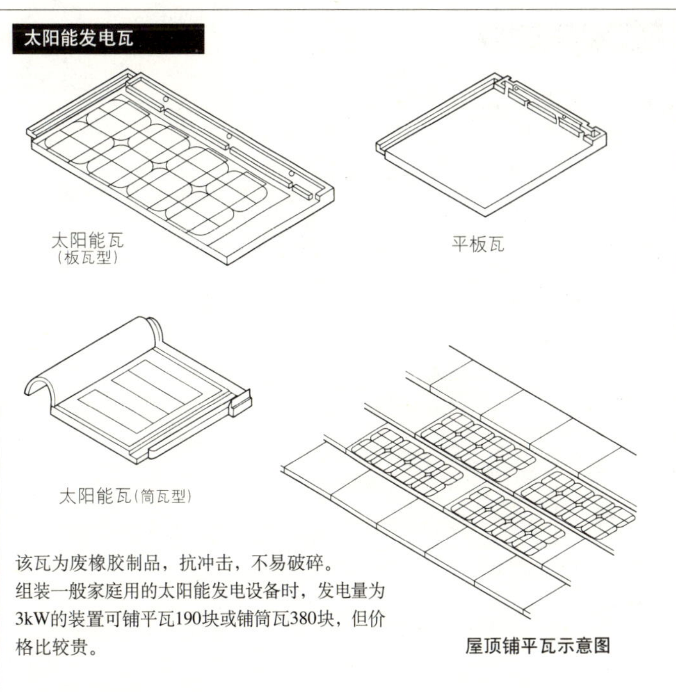


该瓦为废橡胶制品，抗冲击，不易破碎。

组装一般家庭用的太阳能发电设备时，发电量为3kW的装置可铺平瓦190块或铺筒瓦380块，但价格比较贵。

## 陶瓷瓦（久保田太拉片材）

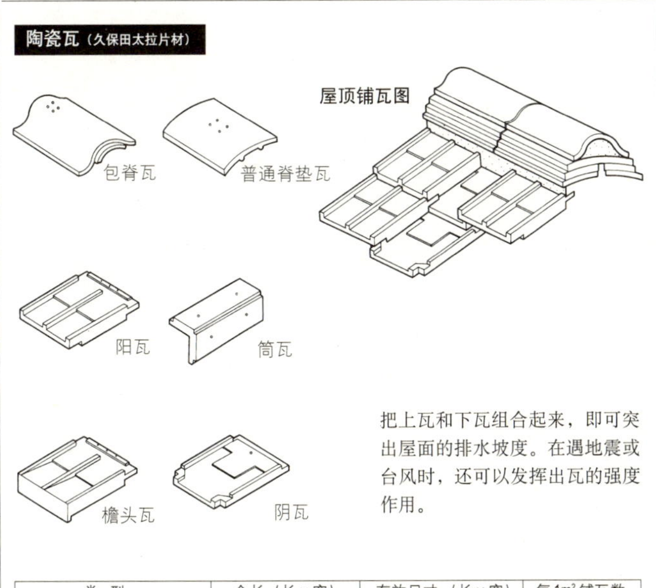


把上瓦和下瓦组合起来，即可突出屋面的排水坡度。在遇地震或台风时，还可以发挥出瓦的强度作用。

| 类　型 | 全长（长×宽） | 有效尺寸（长×宽） | 每1m² 铺瓦数 |
|---|---|---|---|
| 久保田太拉片材上瓦 | 272 × 210 | 228 × 210 | 13.0 |
| 久保田太拉片材下瓦 | 272 × 210 | 228 × 120~130 | 13.0 |
| 久保田太拉片材平面上瓦 | 272 × 205 | 228 × 205 | 10.3 |
| 久保田太拉片材平面下瓦 | 272 × 295 | 228 × 210~230 | 10.3 |

## 压制铝板瓦

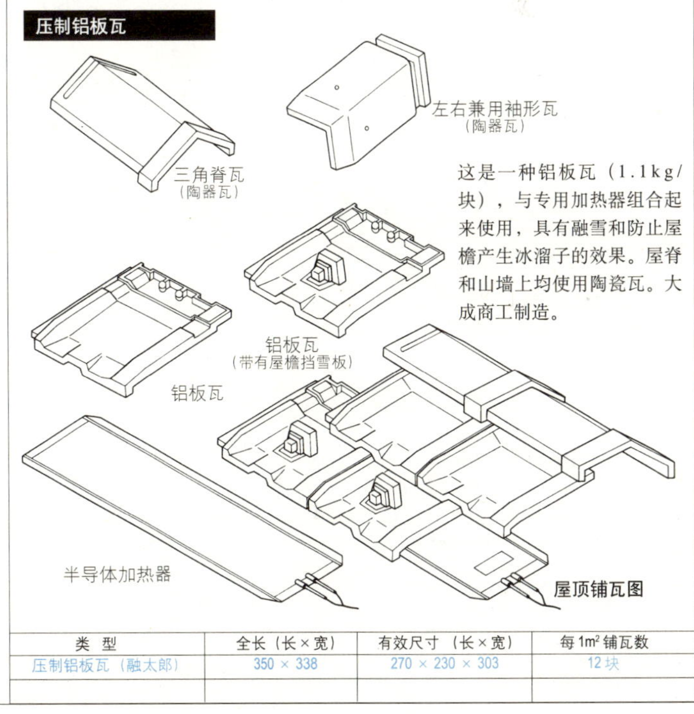


这是一种铝板瓦（1.1kg/块），与专用加热器组合起来使用，具有融雪和防止屋檐产生冰溜子的效果。屋脊和山墙上均使用陶瓷瓦。大成商工制造。

| 类　型 | 全长（长×宽） | 有效尺寸（长×宽） | 每1m² 铺瓦数 |
|---|---|---|---|
| 压制铝板瓦（融太郎） | 350 × 338 | 270 × 230 × 303 | 12块 |
| | | | |

瓦的种类确实很多。以上我们按照瓦的形式和状态进行了主要分类。除此之外，还有按脊头瓦、大小、烧制方法、等级、产地等分类方法。

脊头瓦是一种实用和装饰兼有的瓦，由镂花板制造商生产。

关于瓦的大小尺寸，如果是挂瓦，可以分别叫作六四板本或规格尺寸等。日式风格的瓦大小尺寸有多种，根据日本人的细腻感觉和爱好的不同，可以对大屋顶使用大的瓦，对于小屋顶使用小的瓦。

按照烧制方法的分类，瓦的造型设计很重要。一般可分为以下三种。

**熏制瓦**：黑瓦，也叫作银色瓦，烧得好的瓦就像用硫黄熏成黑灰色的银子一样的颜色和有独特的光泽，可以保持很长时间不变颜色。

**盐釉瓦**：红瓦，也叫作红褐瓦。之所以叫作盐釉瓦，就是因为在烧制的最后阶段投入食盐进行表面装饰加工。真正优质的瓦，吸水率很低，无需担心会有冻害发生。

**釉面瓦**：涂上釉药之后进行烧制的方法与陶器的制造方法相近，所以也被称为陶器瓦。根据釉药的种类，有各种不同的颜色。最近，由于采用隧道窑进行连续烧制，不仅可以大量地生产，而且质量管理也更加严密周到，不必担心会有冷害发生。

按等级分类时，由于是在窑里烧制粘土成型的黏土瓦，所以，粘土的质量、瓦在窑内堆放的位置、烧制时的温度和烧制方法等的不同，瓦本身都会出现斑纹等不均匀现象。因此就要根据瓦的品质、形状、颜色、光泽等划分等级。熏制瓦除普通品质的瓦之外，还有一种在毛坯黏土瓦上涂一层泥土之后烧制，烧成之后再进行“研磨”或“磨光加工”的“两面磨光”或“单面磨光”的瓦。

关于瓦的产地，请参见日本列岛的瓦产地地图（P. 22）。

# 5. 日式黏土瓦的形状和名称

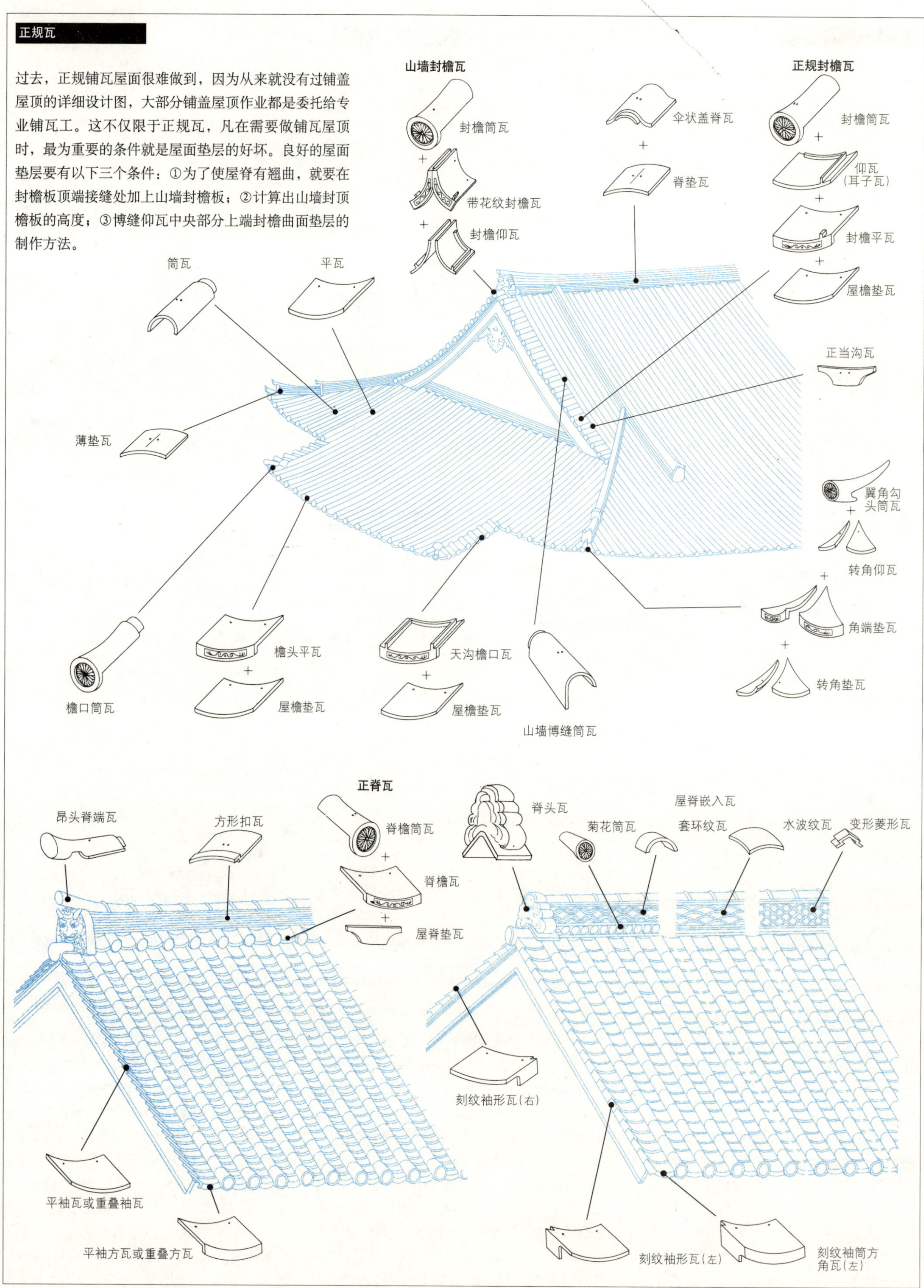

## 挂瓦

日式黏土瓦自古以来就是用在正规铺瓦屋面上，铺瓦的方法是将⌒型瓦和◡型瓦交叉组合起来，即把两块瓦组合成～型，既重量轻又容易铺设，即形成波形瓦。波形瓦的得名是把棱木钉在屋面垫层上，在棱木之间铺上土，然后再铺瓦就叫波形瓦。这种铺瓦方法，在地震时会有掉瓦的危险，所以后来就改为不使用铺土的方法了，而是采用带有防滑挂钩的挂瓦。直至今日，这种挂瓦依然是铺瓦的主流。

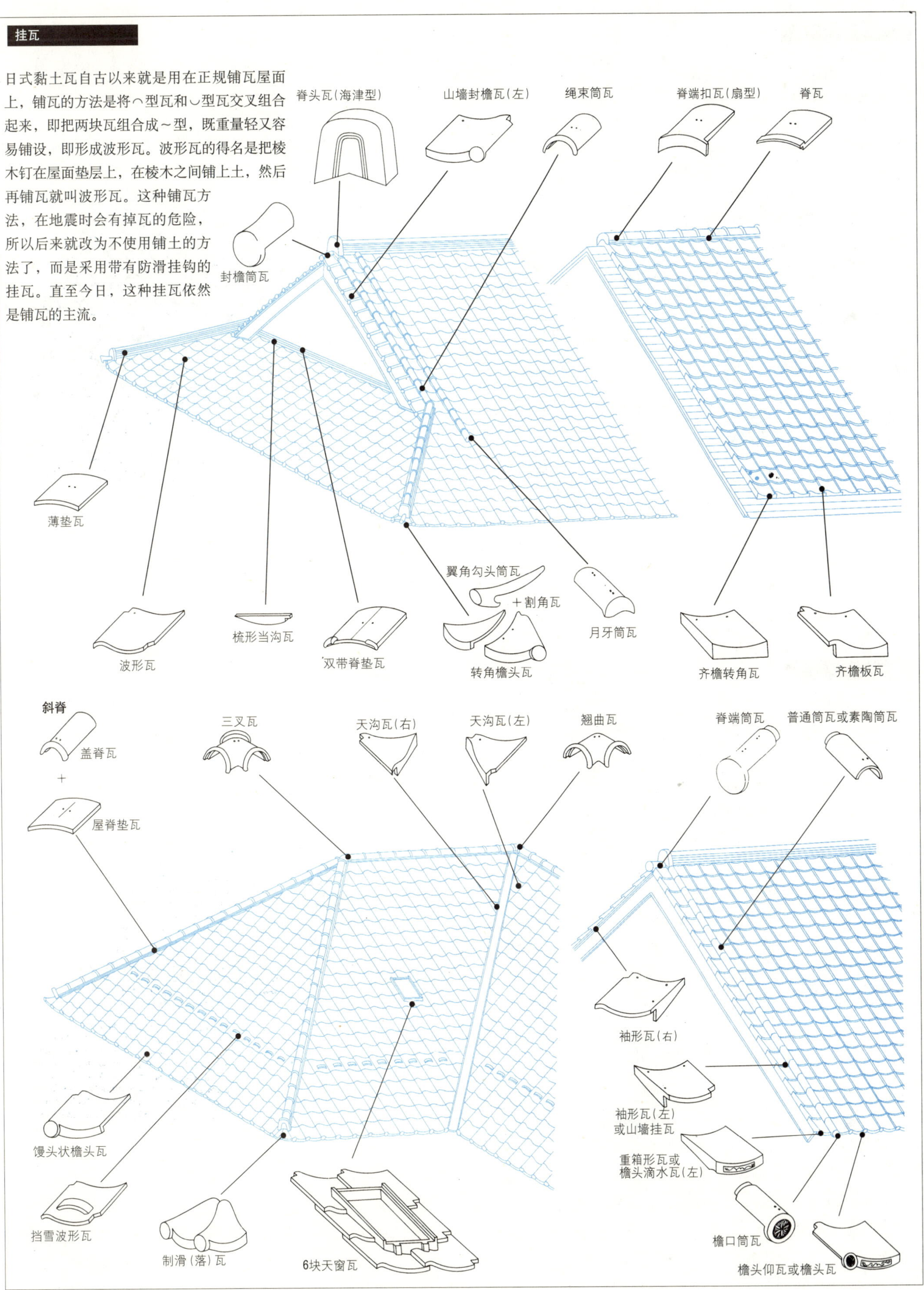

# 6. 西式黏土瓦的形状和名称

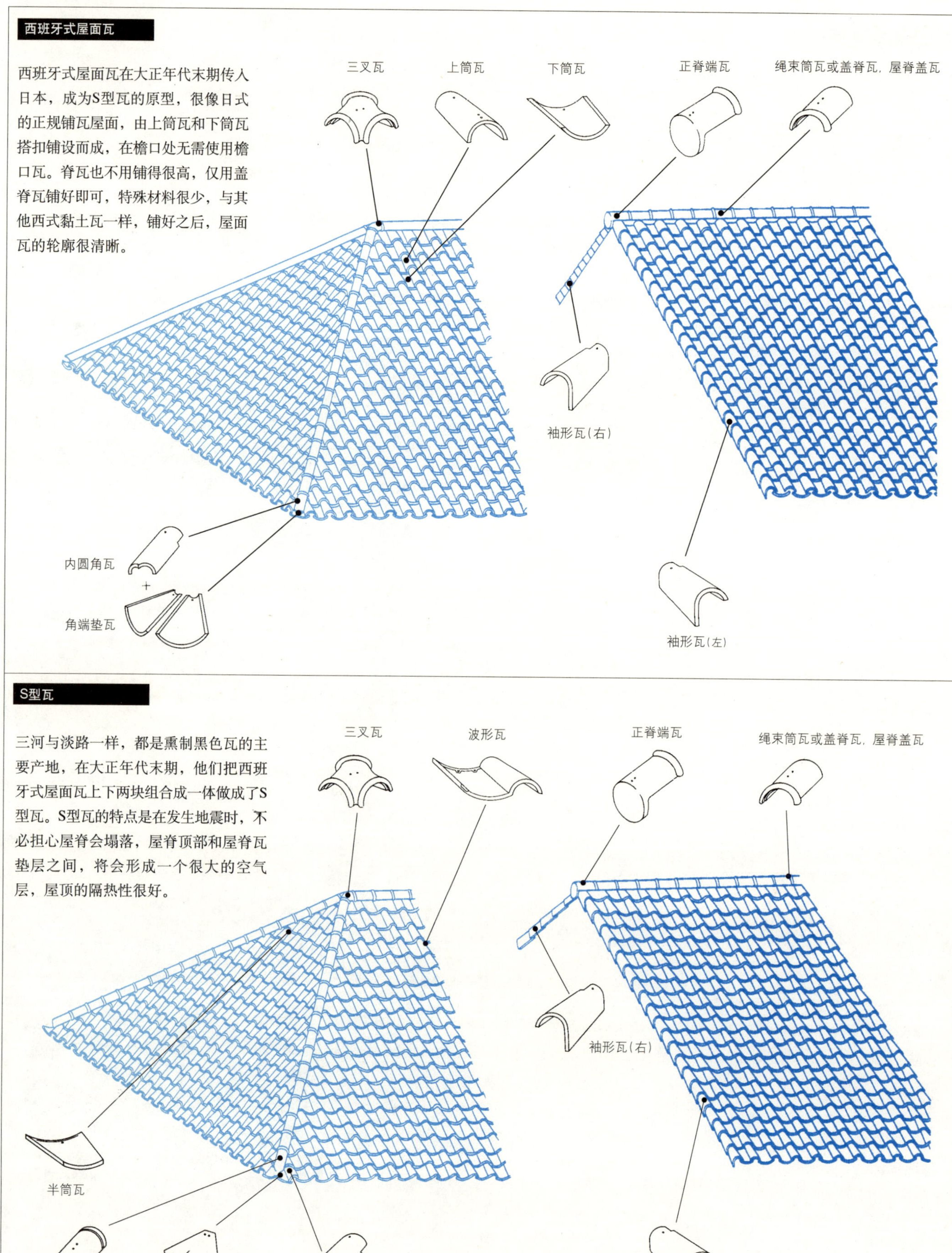


西班牙式屋面瓦在大正年代末期传入日本，成为S型瓦的原型，很像日式的正规铺瓦屋面，由上筒瓦和下筒瓦搭扣铺设而成，在檐口处无需使用檐口瓦。脊瓦也不用铺得很高，仅用盖脊瓦铺好即可，特殊材料很少，与其他西式黏土瓦一样，铺好之后，屋面瓦的轮廓很清晰。

三河与淡路一样，都是熏制黑色瓦的主要产地，在大正年代末期，他们把西班牙式屋面瓦上下两块组合成一体做成了S型瓦。S型瓦的特点是在发生地震时，不必担心屋脊会塌落，屋脊顶部和屋脊瓦垫层之间，将会形成一个很大的空气层，屋顶的隔热性很好。

## 法国槽瓦

法国槽瓦引进到日本的时间是在明治年代的初期，历史已经很悠久，该瓦充分地表现出了法国人的办事合理精神和审美意识。给长方形的平板加上凹槽，让板的三个边都有返水挡条，这种型式的瓦对雨水的处理很好。通过锯齿状交错铺瓦，还可以提高瓦的抗风性能，对于屋顶的急缓坡度都可以适用。

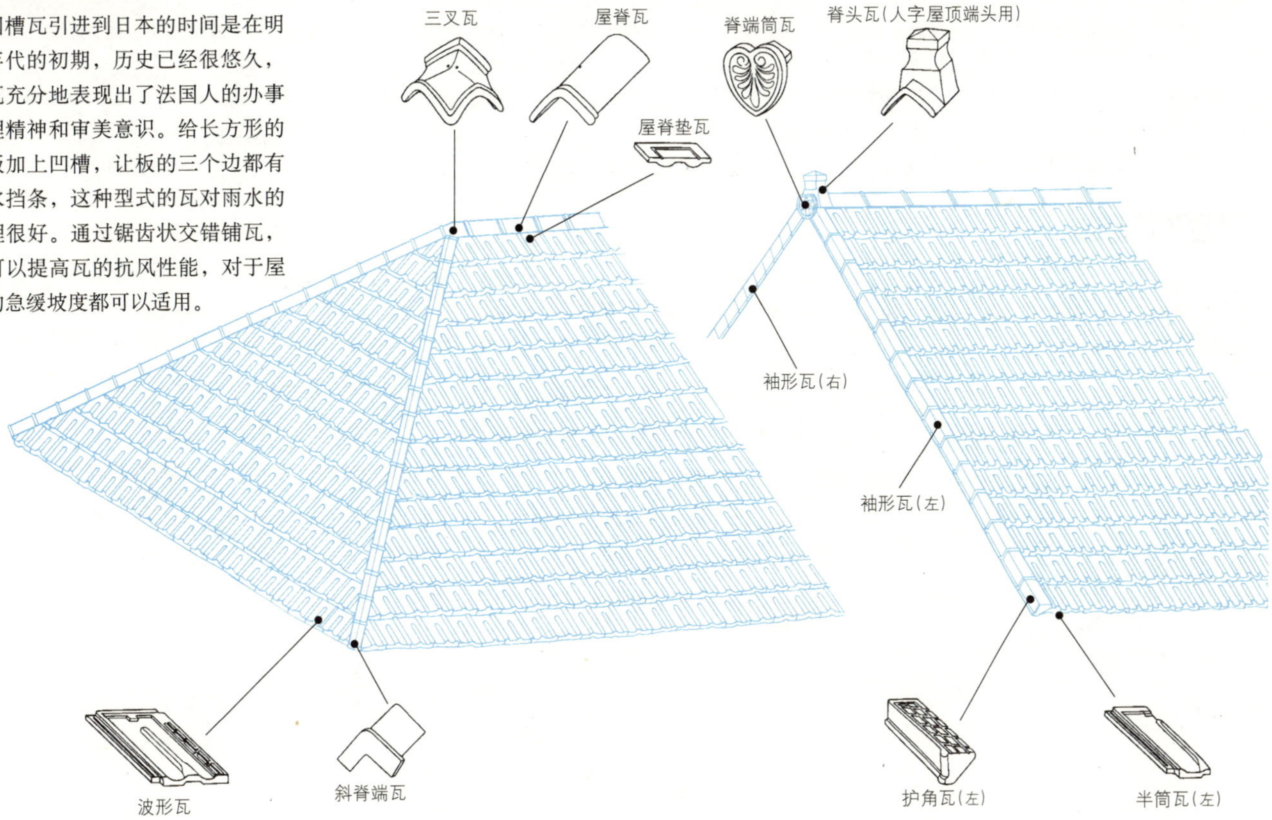

三叉瓦
屋脊瓦
屋脊垫瓦
脊端筒瓦
脊头瓦(人字屋顶端头用)
袖形瓦(右)
袖形瓦(左)
波形瓦
斜脊端瓦
护角瓦(左)
半筒瓦(左)

## M型瓦

因为瓦的形状很像罗马字母M，所以取名为M型瓦。这是改良瓦的一种，没有固定的规格，标准由各生产厂家自己定。瓦的特征有多种，不仅截面形状与屋面垫层的接合性很好，而且在瓦的凸起部分用钉子固定的效果也很好。

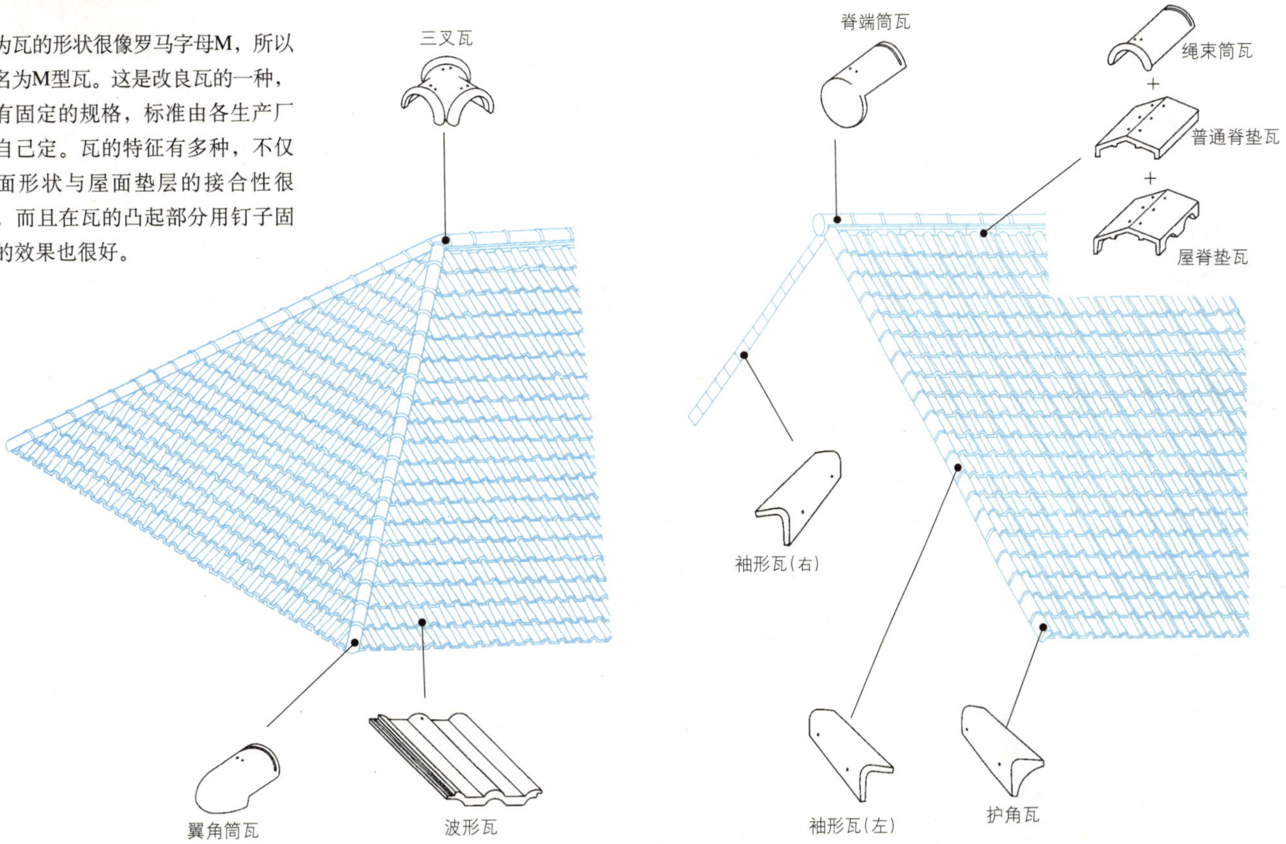

三叉瓦
脊端筒瓦
绳束筒瓦
+
普通脊垫瓦
+
屋脊垫瓦
袖形瓦(右)
翼角筒瓦
波形瓦
袖形瓦(左)
护角瓦

# 7. 标准详图 1——基底材料和辅助材料

木结构基底是把屋面板钉在椽条木上之后，再在屋面板上铺垫屋面底层材料。屋面板一般使用厚12mm，宽150mm、180mm、210mm的杉木、松木或美国铁杉木等木板。厚度合适的板材是加工成厚15mm的企口对接板材。最近经常有用混凝土板当作屋面板使用的。当屋面铺底材料为垫土层时，要用杉树皮或木板瓦；当采用波形挂瓦屋面时，屋面铺底材料可以使用沥青油毛毡。现在已有很多种国家通用标准新产品。

关于屋面底层板上的压条（挂瓦条），如果屋面是用泥土苫背时，就要在屋面底层板上铺垫草垫或竹片，使用15×15的挂瓦条。如果是波形挂瓦屋面，瓦的荷载将会直接作用在挂瓦条上，所以要把18×15的挂瓦条放平使用。如果是用泥土苫背，瓦的固定方法就用$\phi$0.9左右的铜丝拴住；如果是波形挂瓦屋面，就用长45～60mm，$\phi$2.4左右的铜钉或不锈钢钉把瓦固定在挂瓦条上。檐头瓦、袖形瓦等都要固定在基底上，其他瓦则沿坡面往上每5块瓦为一组连结起来固定在挂瓦条上。屋脊瓦的固定方法有多种，如全面贴铺法、交错捆绑法、中心紧固法等，绑扎的要点是不能塌落，不能漏雨。屋脊周围要用灰泥把苫背用土固定起来，从造型设计来讲，还要充分注意外观造型。

## 屋面铺底材料

**①沥青制品**

| | 长 | 宽 | 1卷重量 |
|---|---|---|---|
| 沥青油毡 | 21m (1卷) | 1m | 22kg, 30kg, 35kg (通常22kg) |
| 油毛毡 | 42m (1卷) | 1m | 20kg, 30kg (通常20kg) |

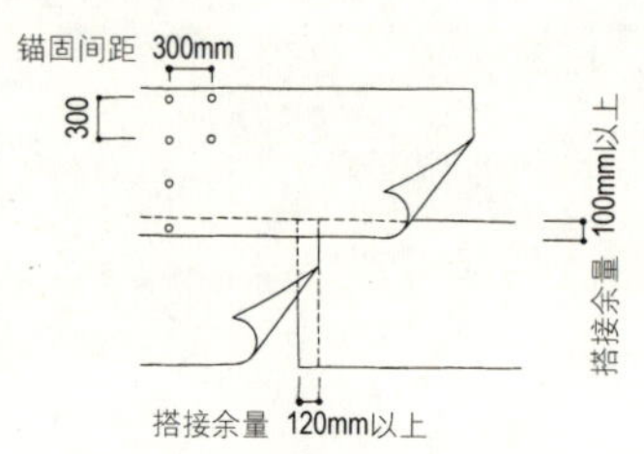


**②木板瓦屋顶**

| | 长 | 宽 | 厚 |
|---|---|---|---|
| 形状 | 240mm 左右 | 100mm 左右 | 0.9mm 以上 |
| 材质 | 杉木板、桧木板、柏木板、罗汉柏等机械接缝板 | | |

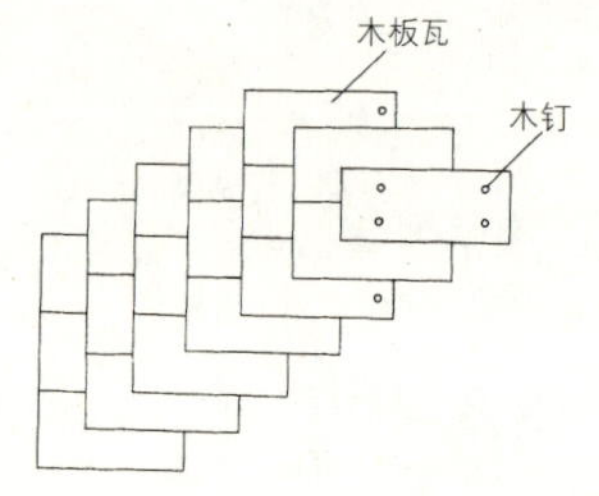


**③铺树皮屋面**

| | 长 | 宽 |
|---|---|---|
| 形状 | 600mm | 300~600mm |
| 材质 | 杉树皮、扁柏树皮、花柏树皮、罗汉柏树皮等 | |

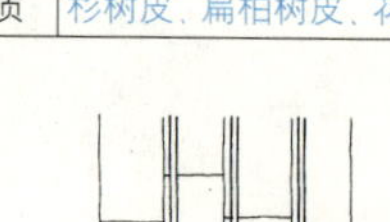
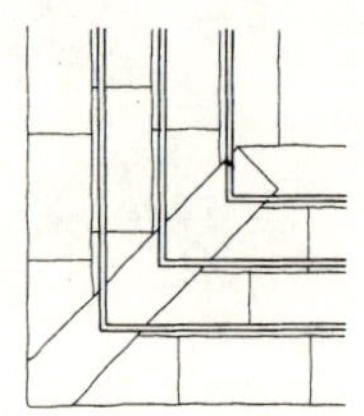

**● 屋脊、天沟铺双层**

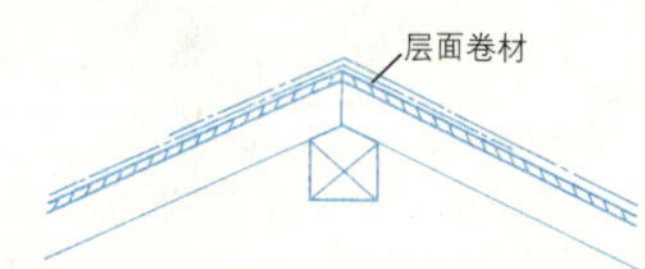


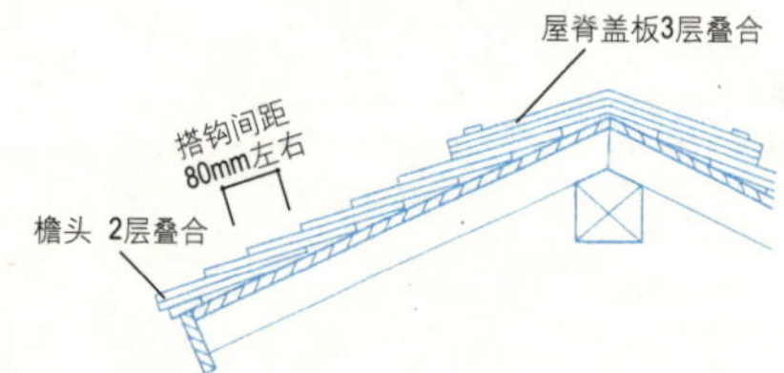


屋脊 2层叠合

竹片或挂瓦条

60mm

**● 墙根防水高度为 250～300mm 左右**

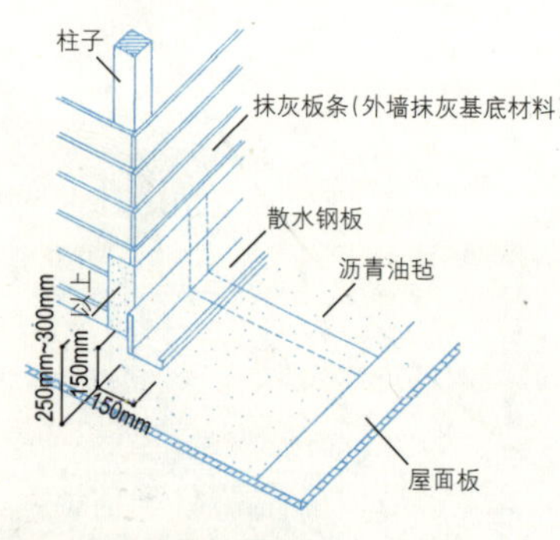


**● 斜脊，天沟的铺瓦方法**

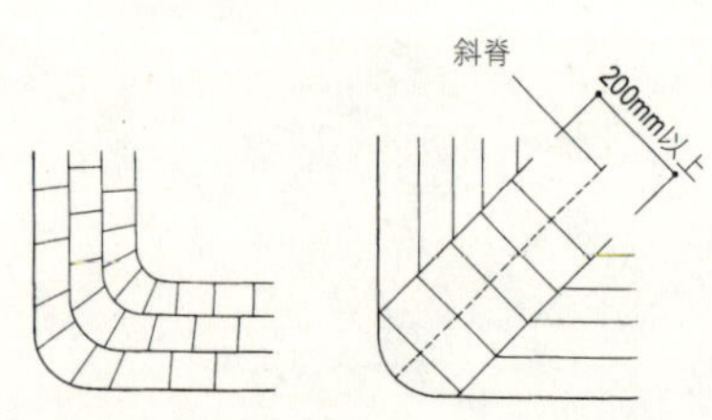


## 辅助材料

**①挂瓦条**

**● 普通坡度**

15左右

18左右

**● 大坡度**

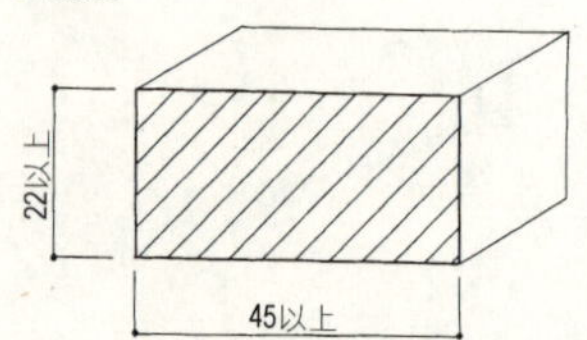


**②钉子**

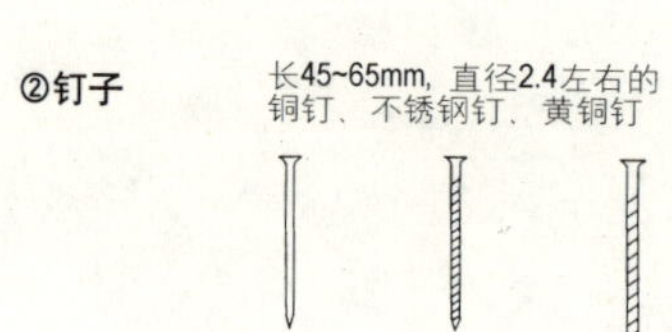


**③绑扎用金属丝**

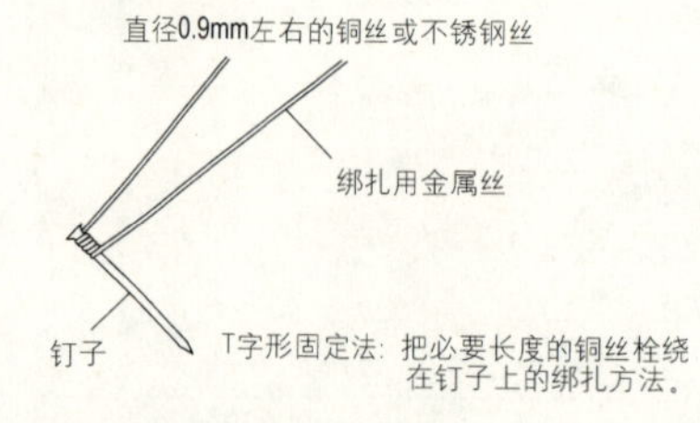


**④苫背用土**

把适当量的砂子掺和在优质的黏土里，然后再把麦秸杆切碎并与黏土充分地搅拌形成滑秸泥。

**⑤白灰屋面・砂浆**

| 种类 | 白灰屋面 | 砂浆 |
|---|---|---|
| 水泥 | | 1.0*l* |
| 熟石灰 | 1.0*l* | 0.5*l* |
| 砂 | 0.4*l* | 4.0*l* |
| 麻刀 | 滑秸或麻刀灰 60*l* | 麻刀适量 |
| 鹿角菜类 | 62.5*l* | |
| 植物性油 | 适量 | |
| 备注 | 需要加颜色时，可适量加入颜料 | |

## 屋面铺土法的种类

挡土木条
苫背用土
挡土木条
全面苫背

挡土木条
苫背用土
挡土木条
底瓦下铺泥

挂瓦条
挂瓦条
架空铺瓦

挂瓦条
苫背用土
挂瓦条
稳固用土
铺稳固用土

挂瓦条
钉钉子或栓系钢丝
钉子
挂瓦条
系紧铺瓦

## 波形瓦·檐头瓦的固定方法

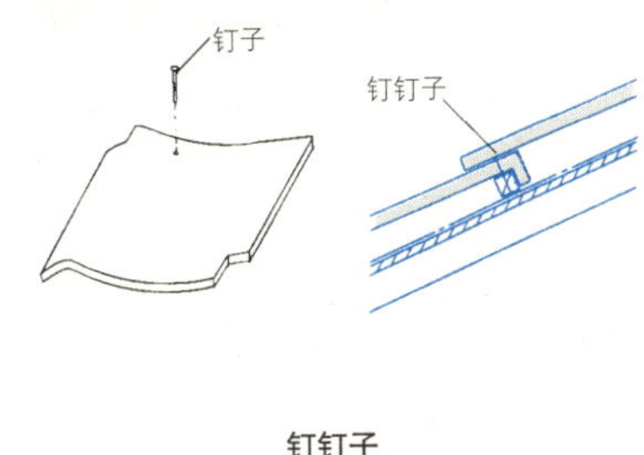


钉钉子

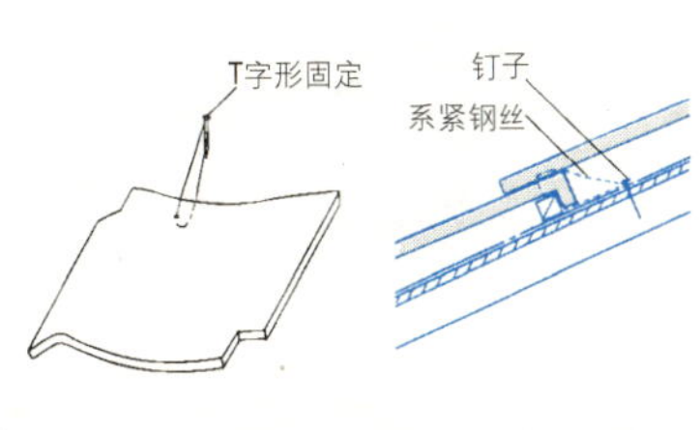


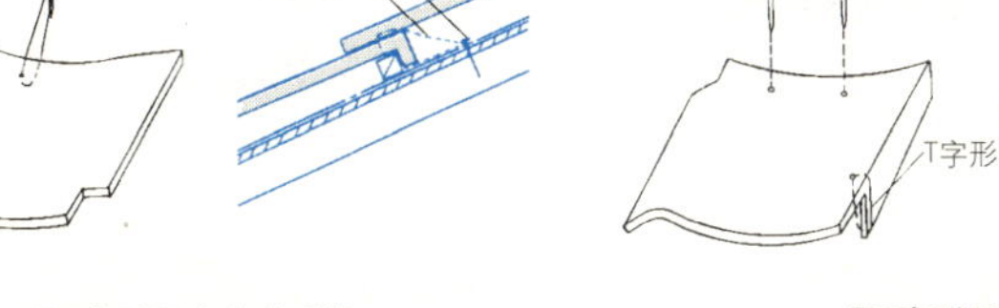

用T字形固定方法系紧

## 袖形瓦的固定方法

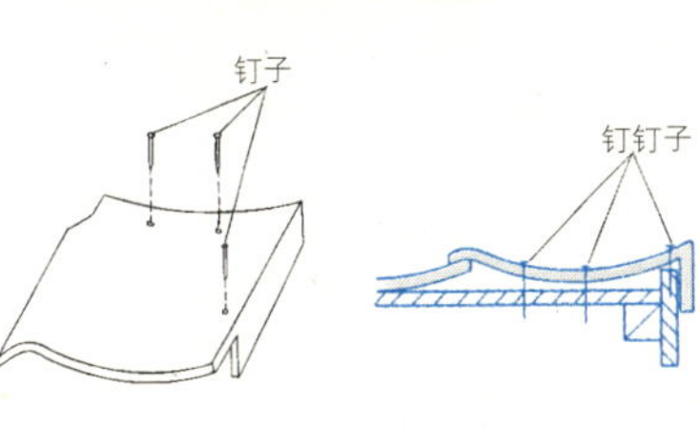


钉钉子

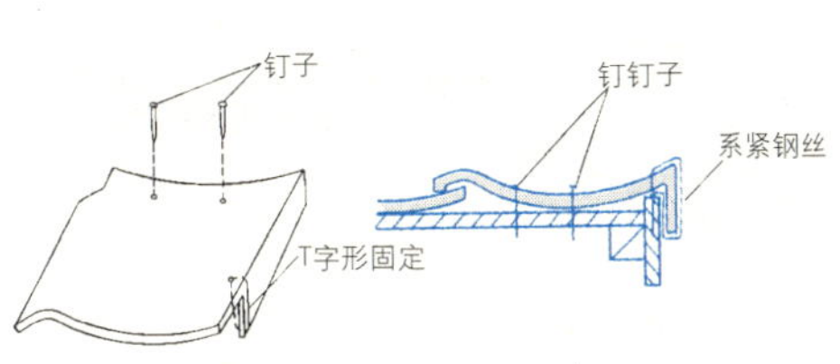


用T字形固定方法系紧

## 瓦的固定部位

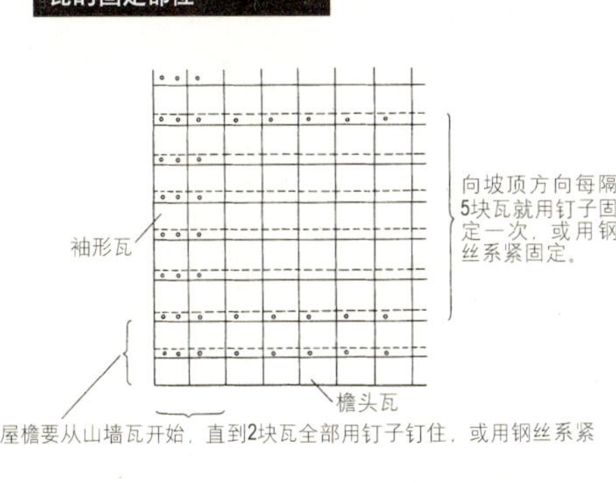


## 脊瓦的固定方法

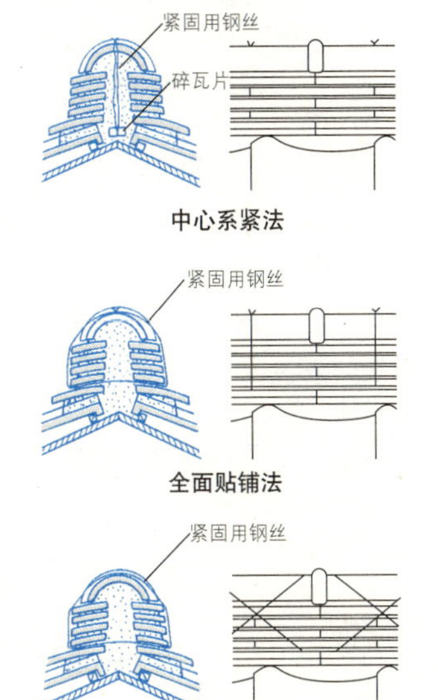


中心系紧法

全面贴铺法

交错绑扎法

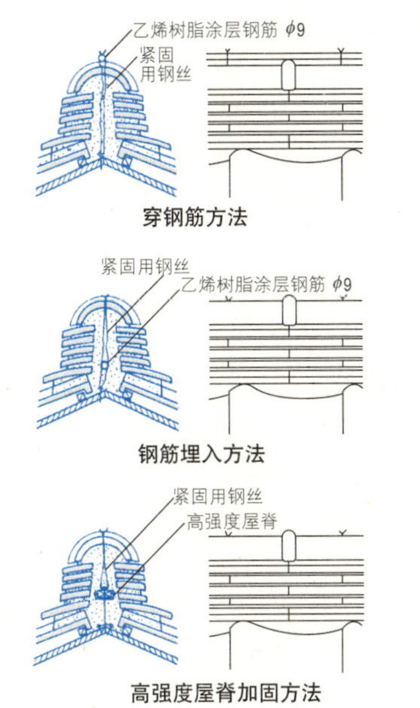


穿钢筋方法

钢筋埋入方法

高强度屋脊加固方法

## 脊头瓦的固定方法

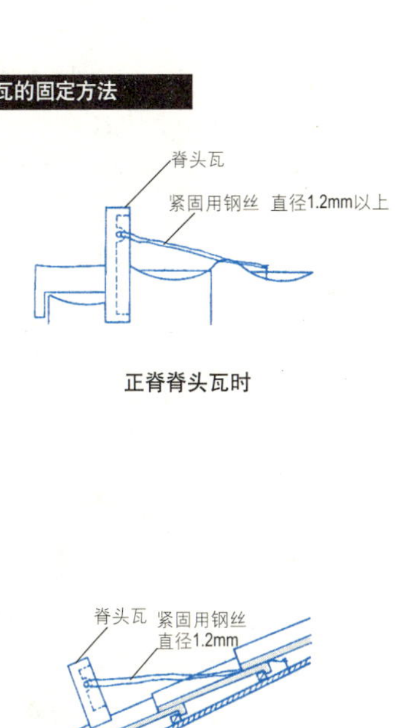


正脊脊头瓦时

斜脊瓦或脊端瓦时

# 8. 标准详图 2——钢筋混凝土基底

## 抹砂浆钉铁钉

划线板用的挂瓦条 18×18
沥青油毡
锯末砂浆或珍珠岩砂浆
厚30以上
挂瓦条
沥青油毡
锯末砂浆或珍珠岩砂浆

锯末砂浆或珍珠岩砂浆的铺垫厚度为30mm以上，砂浆垫层上面铺一层防水纸，然后再铺瓦，每一块瓦都用钉子固定住。需要注意的是钉子要有足够的稳固力，否则，瓦会被风吹落。

## 埋置木砖

挂瓦条 30×30
一侧为斜面的木砖 30×40
防水砂浆层 厚30以上
垫片
沥青油毡
450
挂瓦条
一侧为斜面的木砖
防水砂浆

埋置木砖的方法有2种。一是在用泥土苫背时，要用钉钉子的方法固定防滑条；二是波形挂瓦屋面时，要用钉子钉住挂瓦条。由于瓦的重量全部用这个木砖支承，所以木砖的埋置一定要慎重。

## 浇注木条混凝土

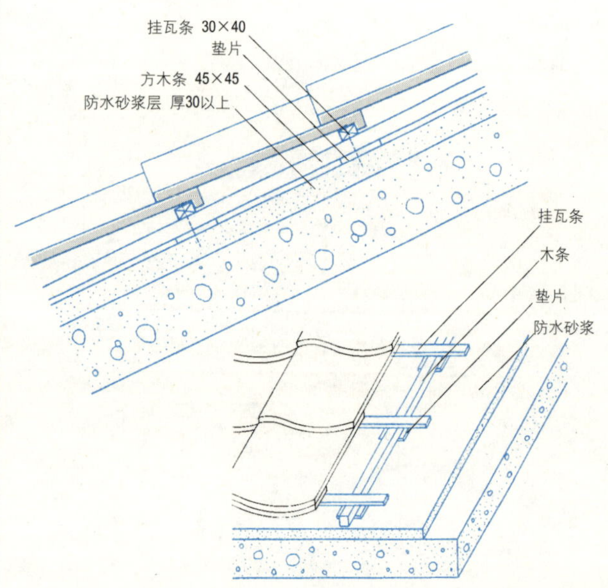


在钢筋混凝土基底的上面要铺一层30mm以上的防水砂浆层，然后再用混凝土钉或螺钉把木条固定在防水砂浆层上。木条下面放垫片，让木条浮在砂浆面上面。

## 粘合法

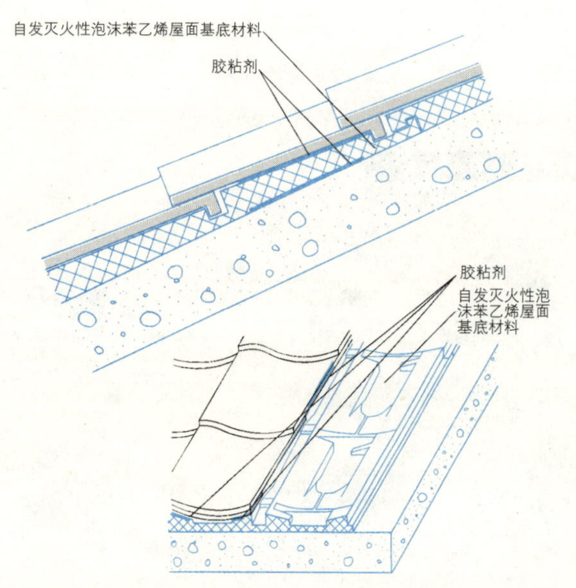


先把泡沫苯乙烯的屋面底层材料粘贴在钢筋混凝土结构基底的上面，然后再把瓦铺上去。这种方法可以一举都具有了隔热效果和防水功能两种机能。

# 9. 标准详图 3——钢结构框架基底



## 无屋面板（架空铺瓦法）

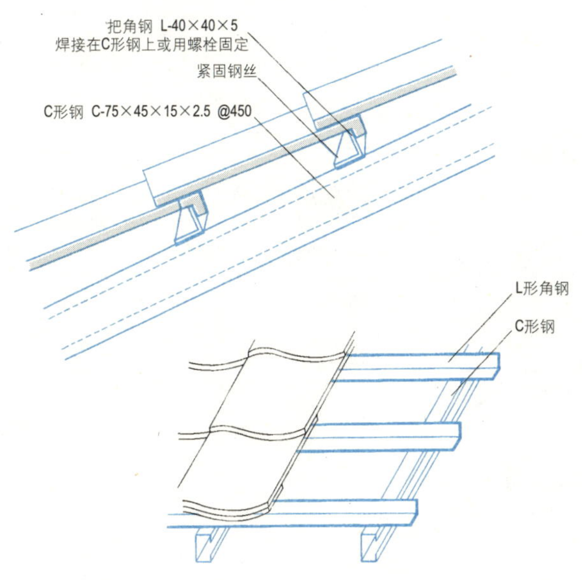


C形钢作为椽条使用，按照450mm的间距顺着屋面坡度方向铺设，挂瓦用的L形角钢与椽条C形钢成直角铺在椽条上面并焊接起来。角钢之间的间距大小取决于屋面瓦的搭钩间距。

## 屋面板法

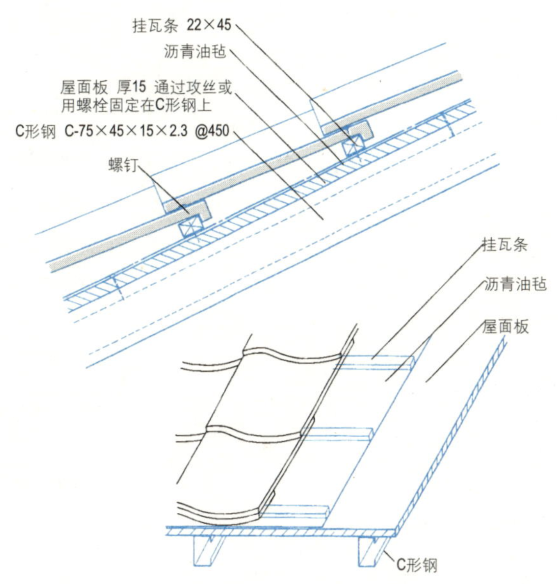


椽条的施工方法与架空铺瓦方法一样。虽然屋面板与木结构建筑一样，但是，为了提高防火性能，选用了厚12～18mm世纪板一样的硬质刨花水泥板。挂瓦条使用45×22 以上的木条，用不锈钢螺钉固定在屋面板上。

## 宽波纹钢板复合屋面板基底

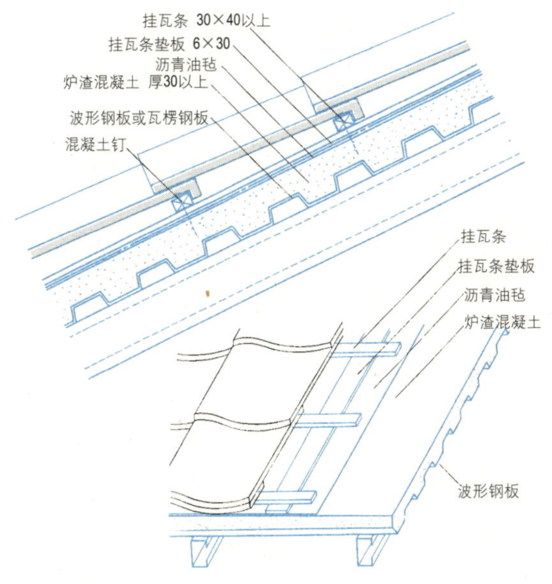


在波形钢板或瓦楞钢板的上面，为了使厚度能够达到30mm以上，一般都要铺垫炉渣混凝土。如果不能确保这个厚度，固定挂瓦条的钉子将不能起到固定作用。

## ALC（加气混凝土）板基底

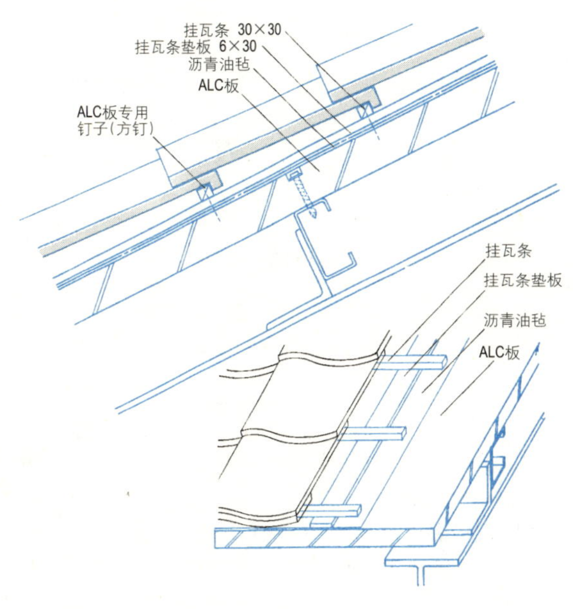


按照屋面坡度方向铺设ALC板。挂瓦条要用铝制ALC板专用钉固定。挂瓦条的下面有挂瓦条垫板，不仅起到了防水效果，而且还提高了挂瓦条的耐久性。

# 10. 标准详图 4——瓦的划线定位

## 屋面铺瓦工程顺序

屋面铺瓦工程顺序因建筑物的种类、规模、工作程序，屋面铺瓦方法的不同而有差异，但大致都包括有以下几方面的内容。

①准备苫背用土（采用挂瓦方法时，大部分都省去了苫背用土）

②固定咬口金属板（仅限于波形瓦）

③上瓦

④暂铺瓦

⑤选瓦（挑选）

⑥划分屋面（划线定位）

⑦瓦的铺接

⑧上苫背用土

⑨正式铺瓦

⑩清扫屋面

## 屋顶尺寸的决定方法

按照瓦的有效尺寸划分屋顶的苫背层叫作划分屋面。如果知道了要使用的瓦的有效尺寸（波形瓦和用于特定部位的瓦），并决定了瓦的伸出尺寸（屋檐和山墙），就可以按照右图的方法决定屋顶尺寸。这时，决定了屋顶尺寸之后，不要急于划分屋面而且不能勉强地去铺瓦，而是应该从瓦的合理铺设连接开始，确定屋面苫背的详细尺寸。

以日式黏土瓦的人字屋顶为例，建筑开间方向的屋顶尺寸要按图中①的计算方法作出决定。左右两边袖形瓦的有效宽度之和是波形瓦有效宽度的2倍时，要用图中②的方法进行计算。

以日式黏土瓦单向四坡屋面为例，正如图中所示，如果不注意单向铺瓦时的不同突出点，就不能合理地解决好瓦的细部节点。

铺西式黏土瓦的人字屋顶时，屋顶尺寸的决定方法与日式黏土瓦时基本一样。西式黏土瓦与日式黏土瓦相比，其尺寸的大小和细部接合方法都会因为瓦的生产厂家不同而有差别，所以，最好是先用样本等确认之后再开始进行设计。

歇山屋顶尺寸的大小取决于屋顶转角部分的复杂程度。理由是屋顶转角部分的造型比较复杂，而且瓦的用量总数少，瓦块之间的调整很难。歇山屋顶转角部分的划线定位，要边注意图中的Ⓐ Ⓑ两个点边决定屋顶尺寸。

Ⓐ山墙的凸出尺寸取决于脊梁挑出长度。

Ⓑ从山墙封檐板到椽上封檐板条前端的长度，是用波形瓦的数倍有效宽度决定屋檐的凸出尺寸。坡屋顶部分的屋顶尺寸是从整块波形瓦的全长和除掉整块波形瓦工作长度的合计长度中，扣除檐头凸出尺寸的尺寸。

## 瓦的凸出尺寸及其应用

要决定屋顶尺寸，必须首先决定屋檐瓦的凸出尺寸。屋檐瓦的凸出尺寸要能够悬挂住屋檐滴水槽，当屋檐滴水返回到瓦的背面时，又不能再流入到屋檐内部的尺寸。右图是屋檐瓦凸出时的标准尺寸，由于设计人员和瓦工的考虑方法以及每个人的经验不同，屋檐瓦的凸出尺寸也有差异。

### 日式黏土瓦人字屋顶的划线定位

人字屋顶中心线
(正规铺瓦屋顶时)

b a a a a c

① ax+b+c-2d
② a(x+2)-2d

a:波形瓦的有效宽度
b:左袖形瓦的有效宽度
c:右袖形瓦的有效宽度
d:袖形瓦的凸出尺寸
x:波形瓦的块数

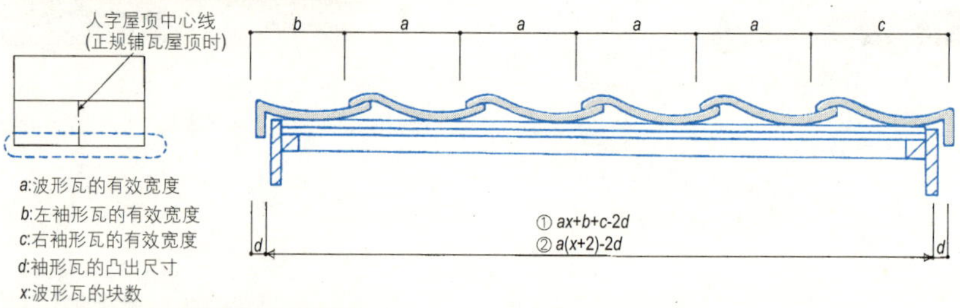

### 日式黏土瓦单向四坡顶屋面的划线定位

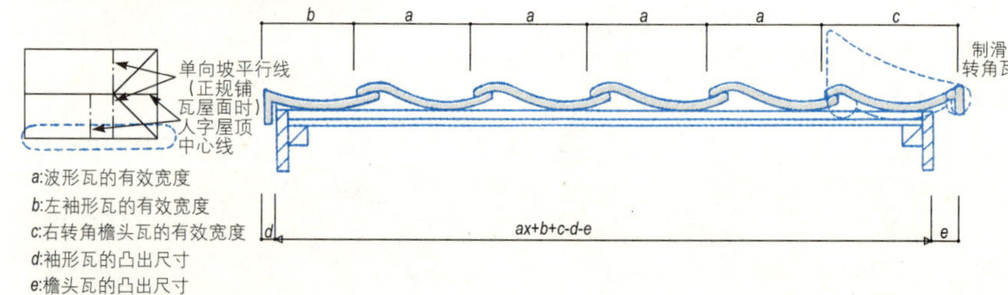


a:波形瓦的有效宽度
b:左袖形瓦的有效宽度
c:右转角檐头瓦的有效宽度
d:袖形瓦的凸出尺寸
e:檐头瓦的凸出尺寸
x:波形瓦的块数

### 西式（S型）黏土瓦人字屋顶的划线定位

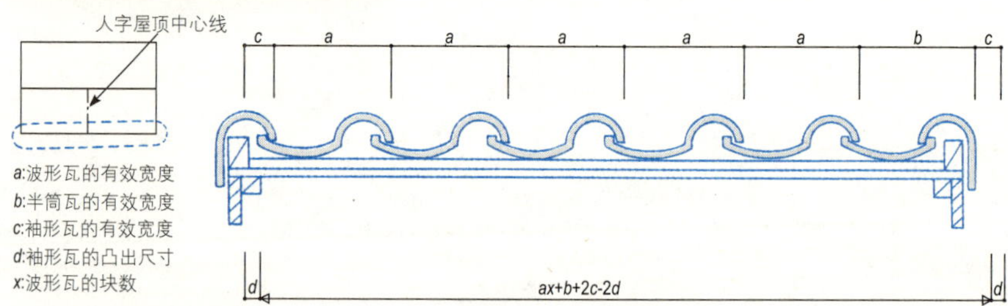


a:波形瓦的有效宽度
b:半筒瓦的有效宽度
c:袖形瓦的有效宽度
d:袖形瓦的凸出尺寸
x:波形瓦的块数

### 歇山屋顶的转角部分

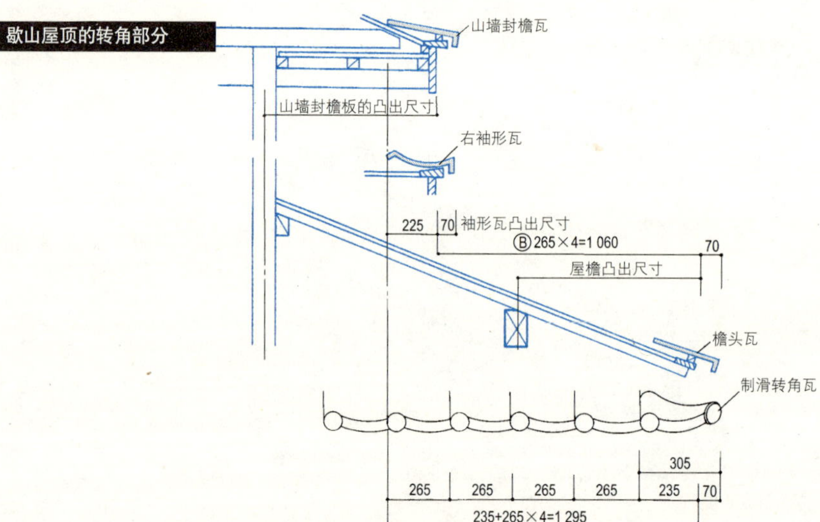


Ⓐ(制滑转角瓦的有效宽度)−(瓦的凸出尺寸)+(波形瓦的有效宽度)×(波形瓦的块数)

### 坡屋面部分的划线定位

a:波形瓦的工作长度
b:波形瓦的全长
c:挂瓦宽度
d:檐头瓦的凸出尺寸

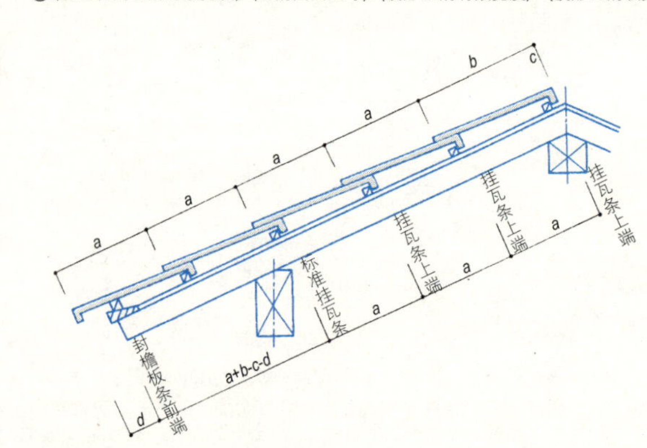

## 檐头瓦的划线定位

● 檐头瓦

75~90　　90~100　　60

一般地方/木板饰面　　一般地方/涂层饰面　　多雪地方/木板饰面

● 袖形瓦

20~30　　35~45　　45~60

一般地方/木板饰面　　一般地方/涂层饰面　　多雪地方/木板饰面

## 实 例

● 53A 形主要瓦的尺寸

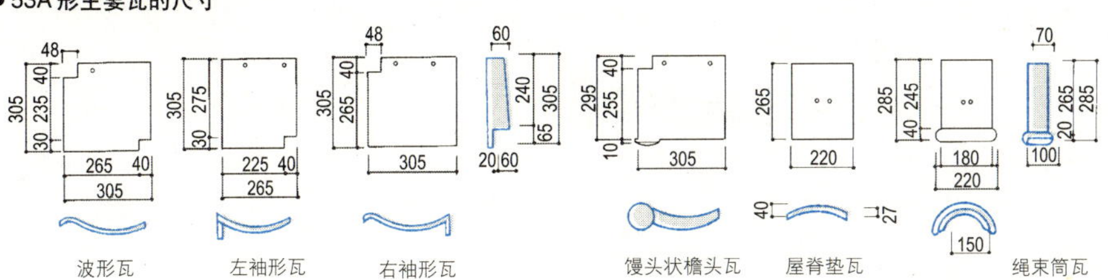


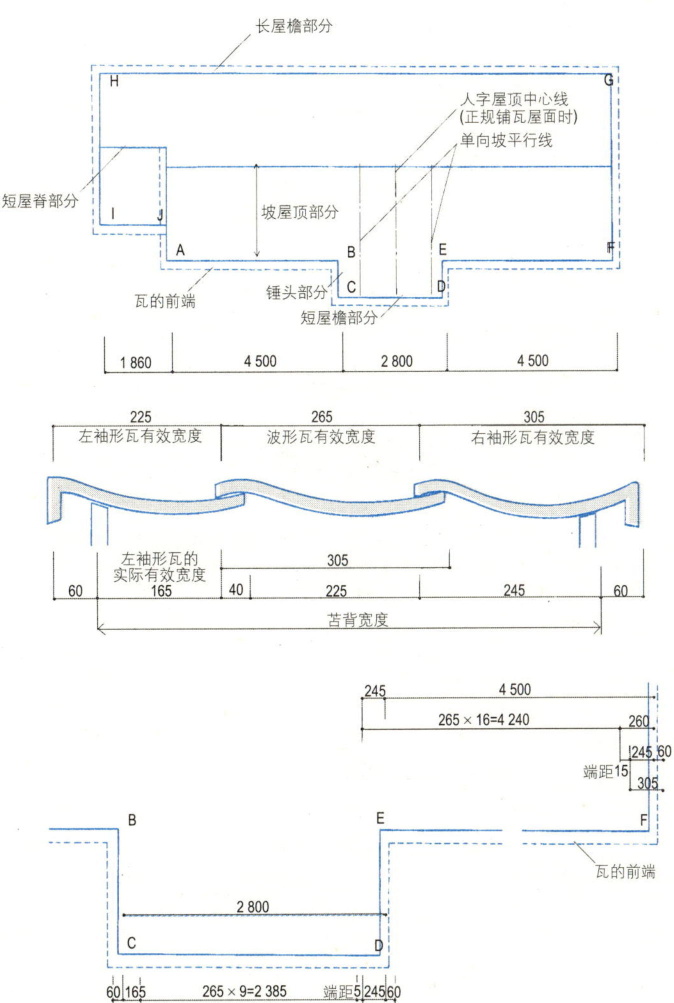


涂层饰面（抹灰饰面）与木板饰面（木工铺板饰面）相比，仅就抹灰泥的厚度就会使瓦的凸出尺寸增大。在多雪地区要考虑到雪的重量，要比一般地区减小檐头瓦的凸出尺寸。相反，袖形瓦的凸出尺寸要增大。如果这个部分凸出得不大，雪就会卷入到瓦的下面而结冰，把瓦冻裂。

### 挂瓦施工方法——实例

正规铺瓦屋面主要用于寺院和神社，在一般的住宅上，现在几乎已经见不到了。作为实例，下面举一个使用最多的挂瓦屋顶，即人字型屋顶。

屋顶的建造方法和瓦的使用方法不同，不仅关系到了屋顶的形状，而且还决定着建筑物本身的形象。如果是商住建筑，屋顶给人的感觉就要温暖，厚重的屋顶比较受欢迎；屋檐采用馒头状檐头瓦，山墙采用并列挂瓦；波形瓦要有凹槽等。相比之下，如果是茶馆式建筑，则是轻快漂亮的建筑深受欢迎，屋顶坡度平缓，房的高度低。屋檐使用齐檐板瓦，山墙使用普通袖形瓦和二道抹灰袖形瓦、削角波形瓦等。一般来说，住宅的屋顶较小，但花样变化多。挂瓦屋面，从瓦的形状到瓦的有效宽度、有效接长等都很难变通，所以，如果延长铺瓦距离，就会造成漏雨的原因，最好是边划分铺瓦屋面，边进行屋面铺瓦设计。

下面用53A形（波形瓦305 × 305）介绍实际的划线定位过程。

● 按照屋顶的形状，把屋顶分成块。分块要从最难的、不好调整的C—D之间的短屋檐部分开始。

● 面向流水方向，从左边进行划线定位。从左袖形瓦的实际有效宽度225mm中减去袖形瓦凸出的60mm，然后在瓦口上轻轻地划出剩下的165mm的位置。轻划记号的目的，是为了以后在必要时还可以修改定位。

● 从C点开始，朝着D点方向，用分木（在短木片上划出波形瓦有效宽度标记的板）进行划线定位。波形瓦的最后记号，如果成为右袖形瓦的有效宽度（305－60=245）即可，但多数情况会出现端头余量。本文把端头余量定为5mm。

● 端头余量的处理

①调整左右两侧袖形瓦的凸出尺寸。

②用波形瓦的总数平均分配端头余量。把延长波形瓦铺瓦距离的端头余量处理方法叫作“宽松铺瓦”，把紧缩波形瓦铺瓦距离的端头余量处理方法叫作“严紧铺瓦”。

③将上述二种方法合并起来进行分配。分配原则是既不要过于宽松，也不要过于严紧。该实例的端头余量为5mm多一点，所以，左右两侧让袖形瓦平均凸出2.5mm，或用5mm平均分配在9块波形瓦上，用≒0.56mm进行调整。一旦定下了铺瓦方针，就要准确地把分配尺寸标在瓦口上。

● 用同样的方法，先将E—F进行划线定位，然后再划出A—B的位置。

# 11. 标准详图 5——檐头

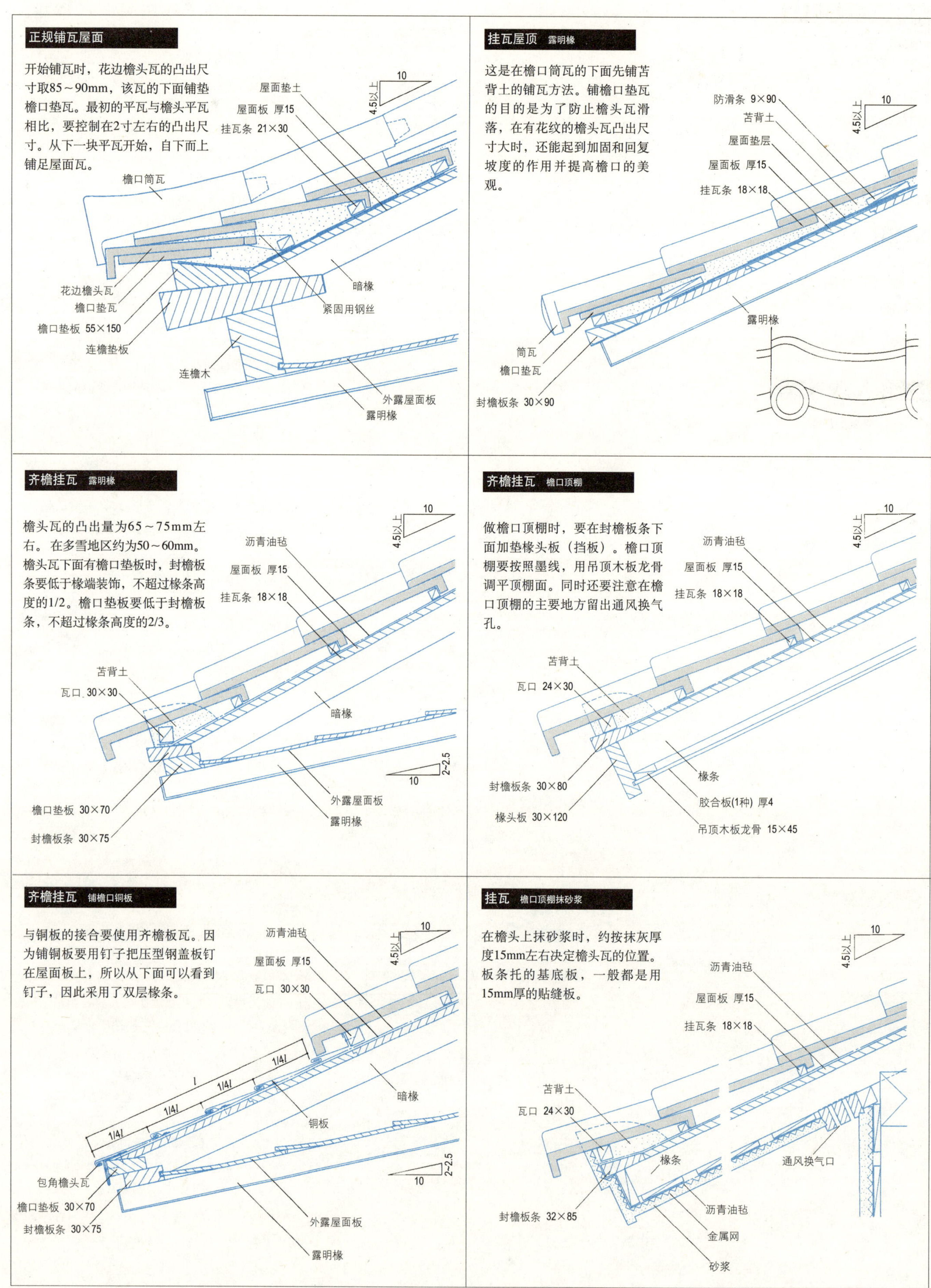


## 正规铺瓦屋面

开始铺瓦时，花边檐头瓦的凸出尺寸取85～90mm，该瓦的下面铺垫檐口垫瓦。最初的平瓦与檐头平瓦相比，要控制在2寸左右的凸出尺寸。从下一块平瓦开始，自下而上铺足屋面瓦。

## 挂瓦屋顶 露明椽

这是在檐口筒瓦的下面先铺苫背土的铺瓦方法。铺檐口垫瓦的目的是为了防止檐头瓦滑落，在有花纹的檐头瓦凸出尺寸大时，还能起到加固和回复坡度的作用并提高檐口的美观。

## 齐檐挂瓦 露明椽

檐头瓦的凸出量为65～75mm左右。在多雪地区约为50～60mm。檐头瓦下面有檐口垫板时，封檐板条要低于椽端装饰，不超过椽条高度的1/2。檐口垫板要低于封檐板条，不超过椽条高度的2/3。

## 齐檐挂瓦 檐口顶棚

做檐口顶棚时，要在封檐板条下面加垫椽头板（挡板）。檐口顶棚要按照墨线，用吊顶木板龙骨调平顶棚面。同时还要注意在檐口顶棚的主要地方留出通风换气孔。

## 齐檐挂瓦 铺檐口铜板

与铜板的接合要使用齐檐板瓦。因为铺铜板要用钉子把压型钢盖板钉在屋面板上，所以从下面可以看到钉子，因此采用了双层椽条。

## 挂瓦 檐口顶棚抹砂浆

在檐头上抹砂浆时，约按抹灰厚度15mm左右决定檐头瓦的位置。板条托的基底板，一般都是用15mm厚的贴缝板。

## S型瓦 抹檐口砂浆

因为S型瓦没有特殊异形檐口材料，所以要用灰泥或砂浆把檐口填堵起来。檐头瓦的凸出尺寸约为60～70mm。

4以上 10
沥青油毡
屋面板 厚15
挂瓦条 18×18
苫背土
瓦口 24×24
椽条
基底板
沥青油毡
砂浆
金属网
310
130
60

## 西班牙式屋面瓦 带有椽头板

与S型瓦一样，由于没有特殊异形檐口材料，所以要用灰泥等填堵起来。椽头板的尺寸为厚24～30mm，高按照椽条尺寸或比例决定。

4以上 10
上筒瓦
下筒瓦
挂瓦条 18×18
屋面板 厚15
沥青油毡
椽条
瓦口 24×30
封檐板条
椽头板
185
90
80
40
270

## 法国槽瓦 露明椽

该瓦的檐口没有特殊异形材料，瓦的凸出尺寸约为70～80mm。瓦的固定方法与其他瓦一样，是用钉钉子固定。不使用椽头板时，要用金属板包起来，或者涂抹油漆类涂料，防止雨水进入。

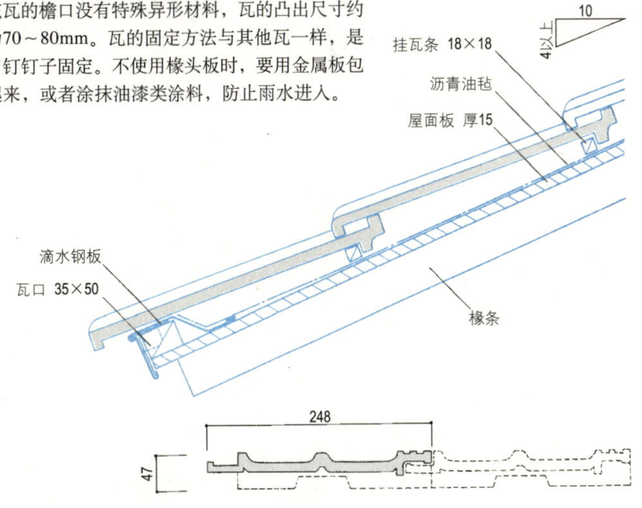


## M型瓦 檐口顶棚

檐头瓦的凸出部分，从椽头板的外面开始计算，标准尺寸为60mm。无需使用封檐板条，直接从屋面板表面开始，把横挡板提高40mm，用檐口夹子固定在横挡板上。

2.5以上 10
挂瓦条 22×45
沥青油毡
屋面板 厚15
檐口夹子
椽头板
椽条
檐口顶棚
330
50

## 落水槽

正如正规瓦和檐口筒瓦那样，只要不是垂度很大的瓦，任何一种瓦都是相同的接合处理方法。落水槽的坡度为1/80～1/200，落水槽的截面要大于计算值，要注意溢水问题。

沥青油毡
挂瓦条 18×18
屋面板 厚15
铜板或镀锌钢板
椽条
椽头板
檐口顶棚

## 大陆坡屋顶

由于瓦的重量直接作用在挂瓦条上，所以挂瓦条的尺寸要在45×72mm以上，固定用的钉子为$\phi$3、$l$=600mm以上的黄铜或不锈钢螺钉，瓦的固定使用$l$=60mm以上的不锈钢或铜钉，每一块瓦都要固定。

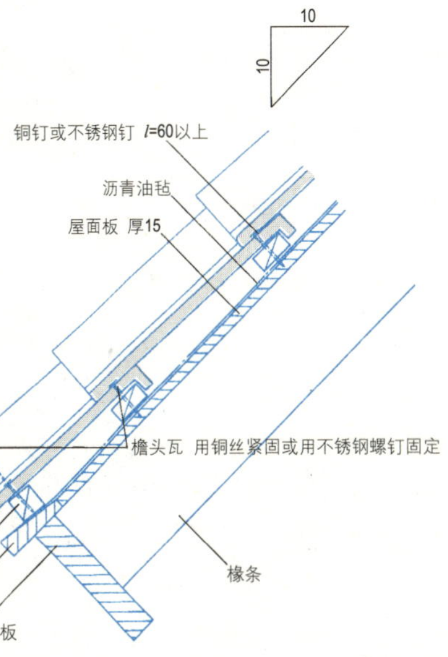

# 12. 标准详图 6——屋脊

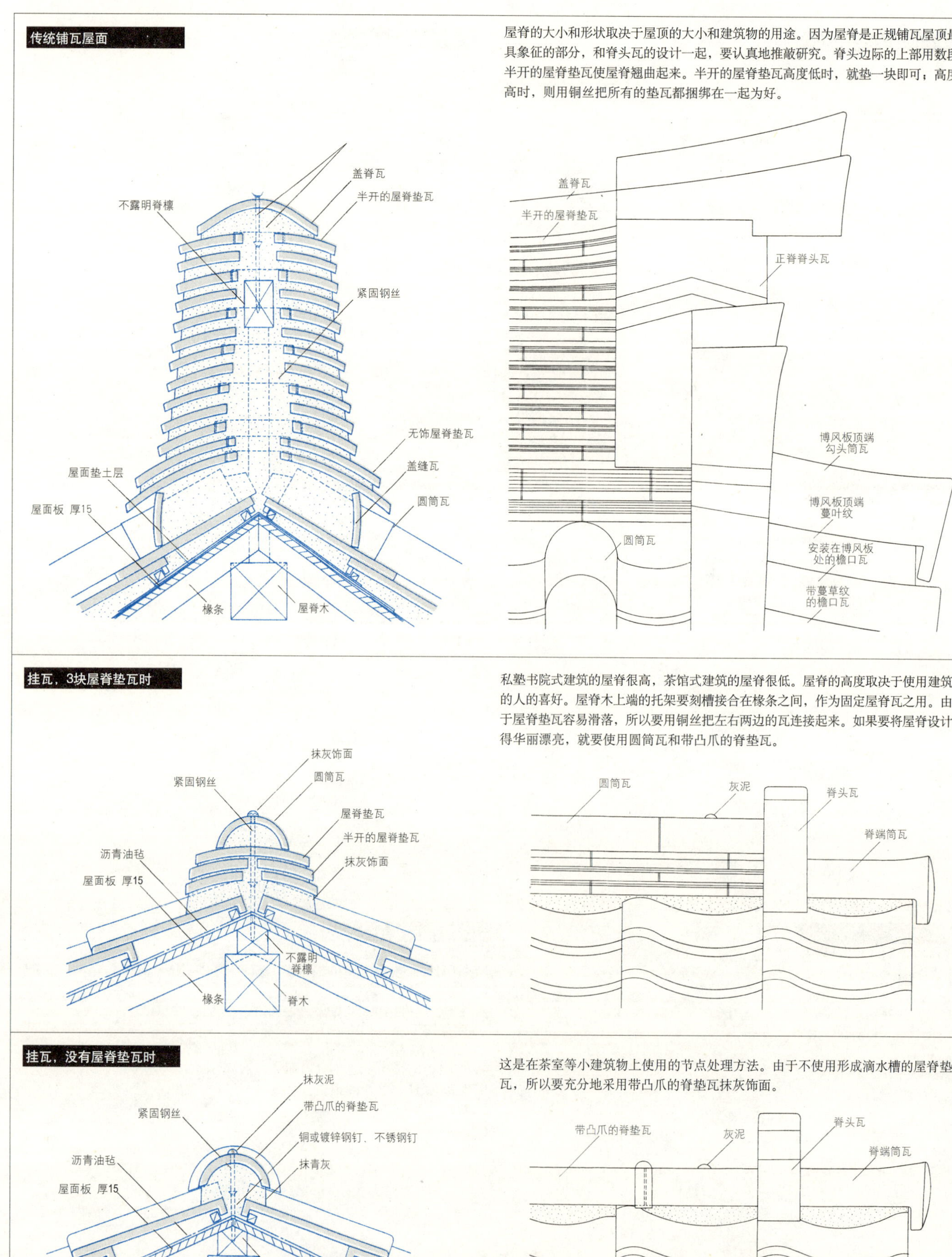


## 传统铺瓦屋面

屋脊的大小和形状取决于屋顶的大小和建筑物的用途。因为屋脊是正规铺瓦屋顶最具象征的部分，和脊头瓦的设计一起，要认真地推敲研究。脊头边际的上部用数段半开的屋脊垫瓦使屋脊翘曲起来。半开的屋脊垫瓦高度低时，就垫一块即可；高度高时，则用铜丝把所有的垫瓦都捆绑在一起为好。

## 挂瓦，3块屋脊垫瓦时

私塾书院式建筑的屋脊很高，茶馆式建筑的屋脊很低。屋脊的高度取决于使用建筑的人的喜好。屋脊木上端的托架要刻槽接合在椽条之间，作为固定屋脊瓦之用。由于屋脊垫瓦容易滑落，所以要用铜丝把左右两边的瓦连接起来。如果要将屋脊设计得华丽漂亮，就要使用圆筒瓦和带凸爪的脊垫瓦。

## 挂瓦，没有屋脊垫瓦时

这是在茶室等小建筑物上使用的节点处理方法。由于不使用形成滴水槽的屋脊垫瓦，所以要充分地采用带凸爪的脊垫瓦抹灰饰面。

## 西班牙式屋面瓦

西班牙式屋面瓦不象日式黏土瓦那样要有屋脊滴水槽用的平瓦，而是只用单纯的圆筒瓦，用钉子把每一块瓦都钉住。但是，圆筒瓦、屋脊固定、脊端垂饰固定、止动件、弯曲、正脊端瓦等都是21cm，有充足的压脊功能。由于瓦棱高，所以要充分注意屋脊的抹灰效果。

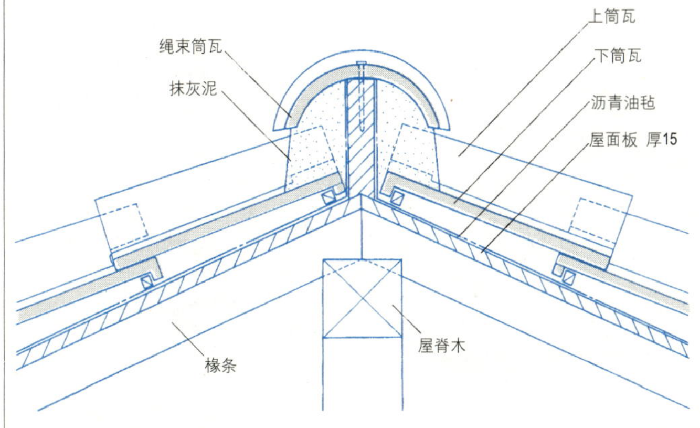


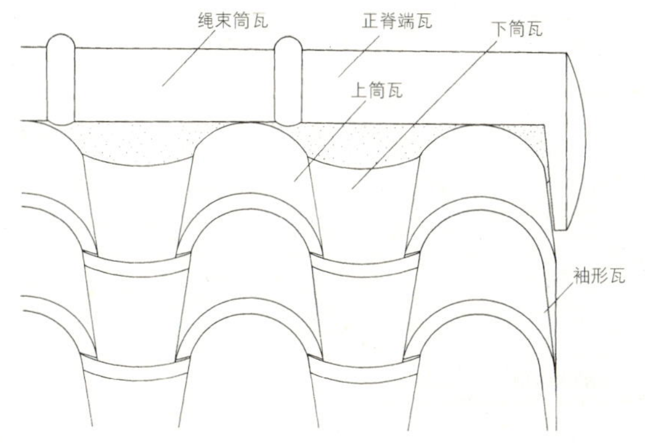


## 法国槽瓦

法国槽瓦屋脊的处理方法有两种。一是把屋脊垫瓦重叠在波形瓦上，然后再把屋脊瓦放在屋脊垫瓦上；另一种方法是只用三角形的屋脊瓦铺屋脊。无论是哪一种方法，屋脊瓦都是一块一块地用钉子钉住固定起来。最好是用单纯的构件覆盖。

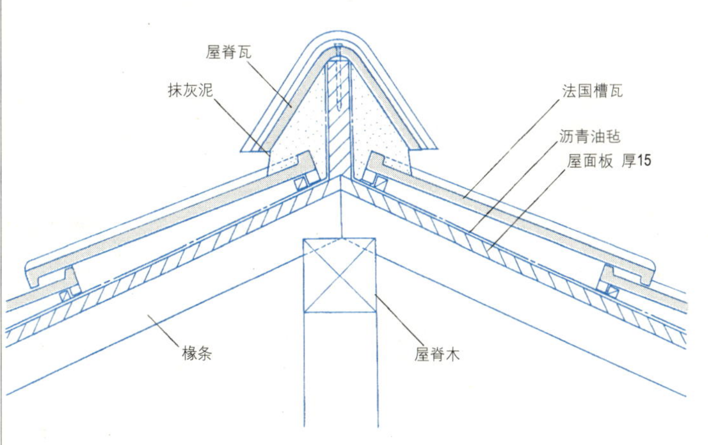


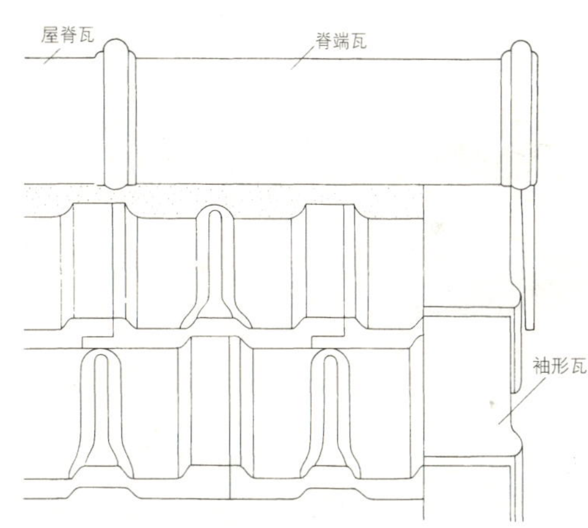


## M型瓦

屋脊用瓦主要有绳束筒瓦和削角屋脊垫瓦两种。这两种屋脊瓦都要在屋脊木上加设一块支承托架，然后用铜丝把屋脊垫瓦和筒瓦同时紧固在钉入支承托架的不锈钢钉上。屋脊筒瓦的铜丝孔要充分地进行嵌缝密封处理。圆筒瓦和袖形瓦的接合部要对照瓦的颜色，用彩色砂浆粘合密封。

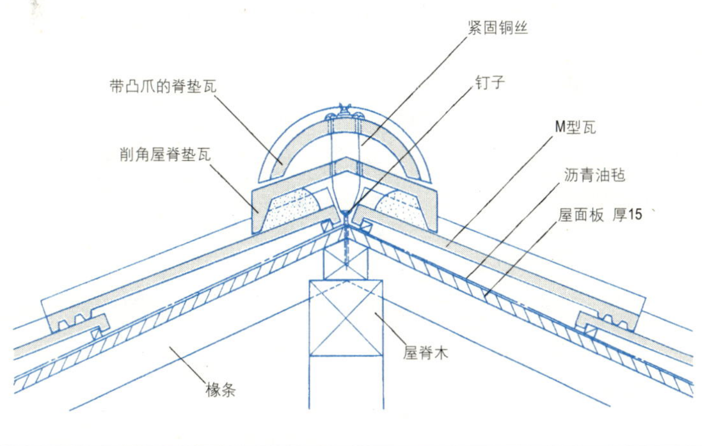


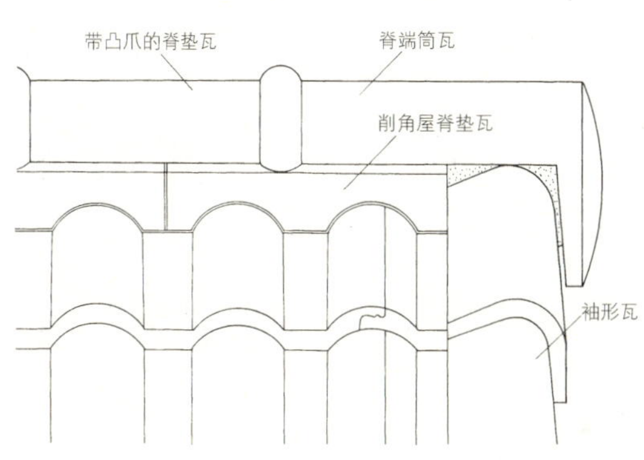

# 13. 标准详图 7——山墙瓦

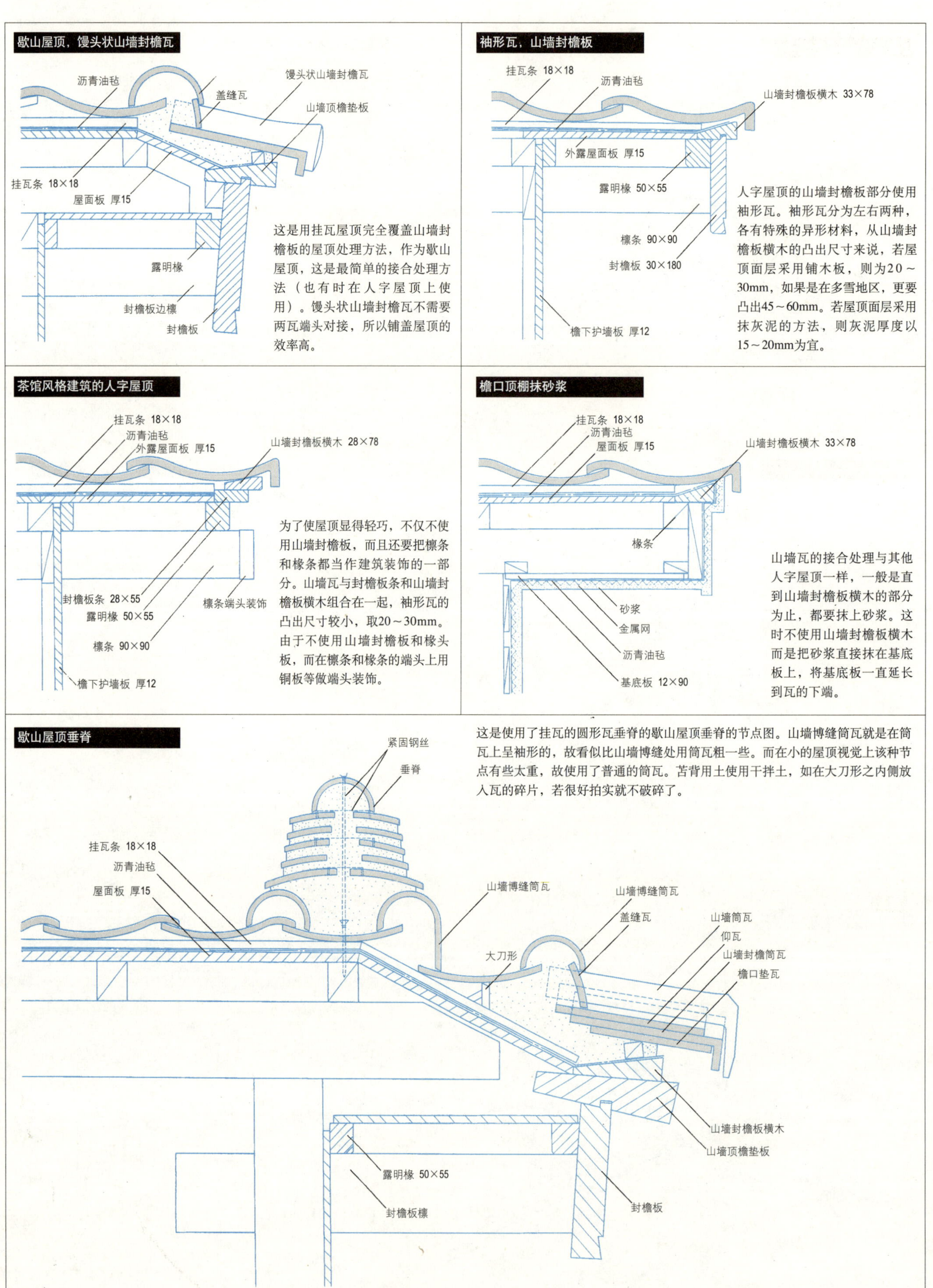
歇山屋顶，馒头状山墙封檐瓦
沥青油毡
盖缝瓦
馒头状山墙封檐瓦
山墙顶檐垫板
挂瓦条 18×18
屋面板 厚15
露明椽
封檐板边檩
封檐板
这是用挂瓦屋顶完全覆盖山墙封檐板的屋顶处理方法，作为歇山屋顶，这是最简单的接合处理方法（也有时在人字屋顶上使用）。馒头状山墙封檐瓦不需要两瓦端头对接，所以铺盖屋顶的效率高。
袖形瓦，山墙封檐板
挂瓦条 18×18
沥青油毡
山墙封檐板横木 33×78
外露屋面板 厚15
露明椽 50×55
檩条 90×90
封檐板 30×180
檐下护墙板 厚12
人字屋顶的山墙封檐板部分使用袖形瓦。袖形瓦分为左右两种，各有特殊的异形材料，从山墙封檐板横木的凸出尺寸来说，若屋顶面层采用铺木板，则为20～30mm，如果是在多雪地区，更要凸出45～60mm。若屋顶面层采用抹灰泥的方法，则灰泥厚度以15～20mm为宜。
茶馆风格建筑的人字屋顶
挂瓦条 18×18
沥青油毡
外露屋面板 厚15
山墙封檐板横木 28×78
封檐板条 28×55
露明椽 50×55
檩条 90×90
檩条端头装饰
檐下护墙板 厚12
为了使屋顶显得轻巧，不仅不使用山墙封檐板，而且还要把檩条和椽条都当作建筑装饰的一部分。山墙瓦与封檐板条和山墙封檐板横木组合在一起，袖形瓦的凸出尺寸较小，取20～30mm。由于不使用山墙封檐板和椽头板，而在檩条和椽条的端头上用铜板等做端头装饰。
檐口顶棚抹砂浆
挂瓦条 18×18
沥青油毡
屋面板 厚15
山墙封檐板横木 33×78
椽条
砂浆
金属网
沥青油毡
基底板 12×90
山墙瓦的接合处理与其他人字屋顶一样，一般是直到山墙封檐板横木的部分为止，都要抹上砂浆。这时不使用山墙封檐板横木而是把砂浆直接抹在基底板上，将基底板一直延长到瓦的下端。
歇山屋顶垂脊
这是使用了挂瓦的圆形瓦垂脊的歇山屋顶垂脊的节点图。山墙博缝筒瓦就是在筒瓦上呈袖形的，故看似比山墙博缝处用筒瓦粗一些。而在小的屋顶视觉上该种节点有些太重，故使用了普通的筒瓦。苫背用土使用干拌土，如在大刀形之内侧放入瓦的碎片，若很好拍实就不破碎了。
紧固钢丝
垂脊
挂瓦条 18×18
沥青油毡
屋面板 厚15
山墙博缝筒瓦
山墙博缝筒瓦
盖缝瓦
山墙筒瓦
仰瓦
大刀形
山墙封檐筒瓦
檐口垫瓦
山墙封檐板横木
山墙顶檐垫板
露明椽 50×55
封檐板檩
封檐板

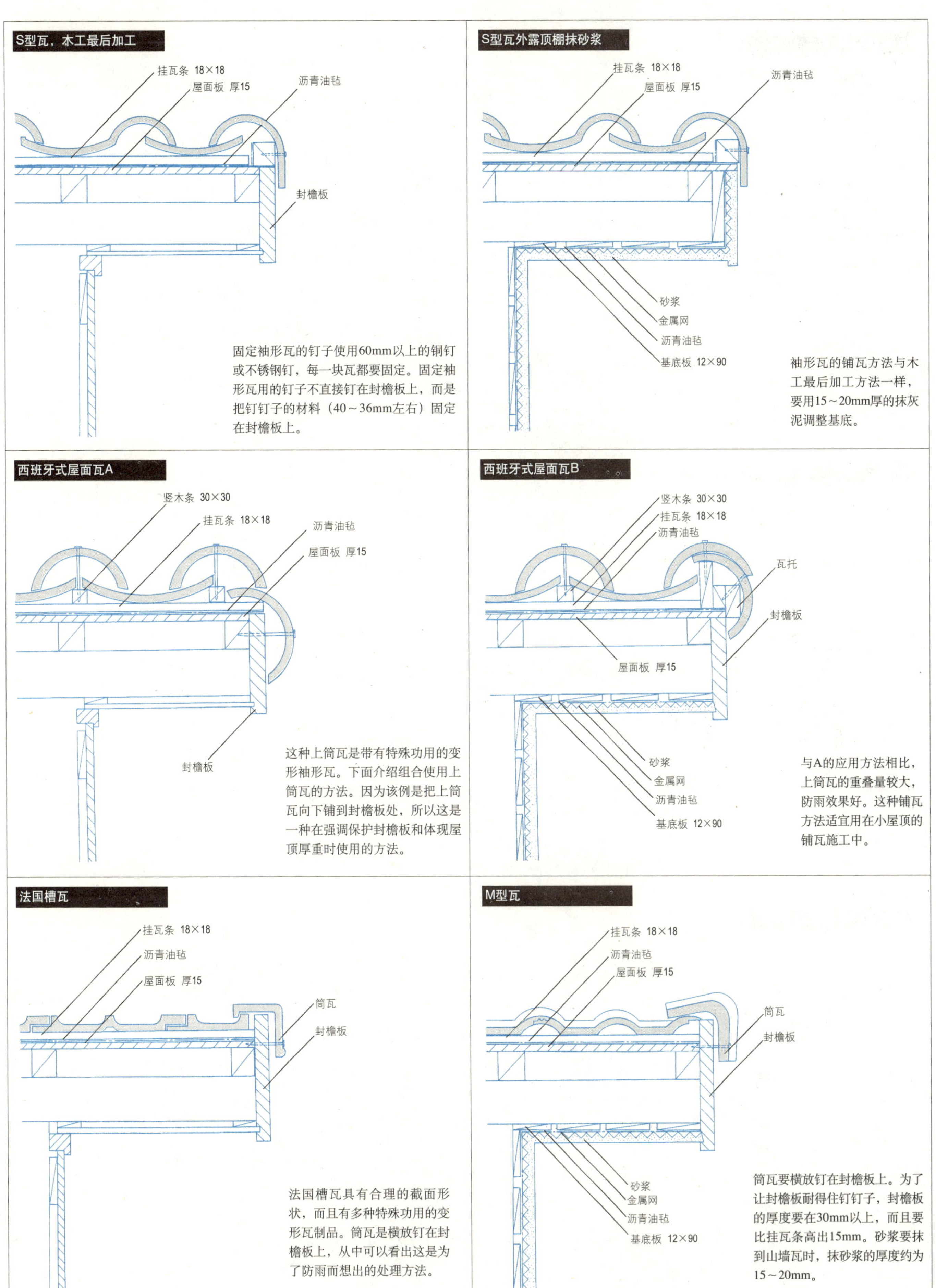
S型瓦，木工最后加工
挂瓦条 18×18
屋面板 厚15
沥青油毡
封檐板
固定袖形瓦的钉子使用60mm以上的铜钉或不锈钢钉，每一块瓦都要固定。固定袖形瓦用的钉子不直接钉在封檐板上，而是把钉钉子的材料（40～36mm左右）固定在封檐板上。
S型瓦外露顶棚抹砂浆
挂瓦条 18×18
屋面板 厚15
沥青油毡
砂浆
金属网
沥青油毡
基底板 12×90
袖形瓦的铺瓦方法与木工最后加工方法一样，要用15～20mm厚的抹灰泥调整基底。
西班牙式屋面瓦A
竖木条 30×30
挂瓦条 18×18
沥青油毡
屋面板 厚15
封檐板
这种上筒瓦是带有特殊功用的变形袖形瓦。下面介绍组合使用上筒瓦的方法。因为该例是把上筒瓦向下铺到封檐板处，所以这是一种在强调保护封檐板和体现屋顶厚重时使用的方法。
西班牙式屋面瓦B
竖木条 30×30
挂瓦条 18×18
沥青油毡
瓦托
封檐板
屋面板 厚15
砂浆
金属网
沥青油毡
基底板 12×90
与A的应用方法相比，上筒瓦的重叠量较大，防雨效果好。这种铺瓦方法适宜用在小屋顶的铺瓦施工中。
法国槽瓦
挂瓦条 18×18
沥青油毡
屋面板 厚15
筒瓦
封檐板
法国槽瓦具有合理的截面形状，而且有多种特殊功用的变形瓦制品。筒瓦是横放钉在封檐板上，从中可以看出这是为了防雨而想出的处理方法。
M型瓦
挂瓦条 18×18
沥青油毡
屋面板 厚15
筒瓦
封檐板
砂浆
金属网
沥青油毡
基底板 12×90
筒瓦要横放钉在封檐板上。为了让封檐板耐得住钉钉子，封檐板的厚度要在30mm以上，而且要比挂瓦条高出15mm。砂浆要抹到山墙瓦时，抹砂浆的厚度约为15～20mm。

# 14. 标准详图8——特殊部位的应用方法

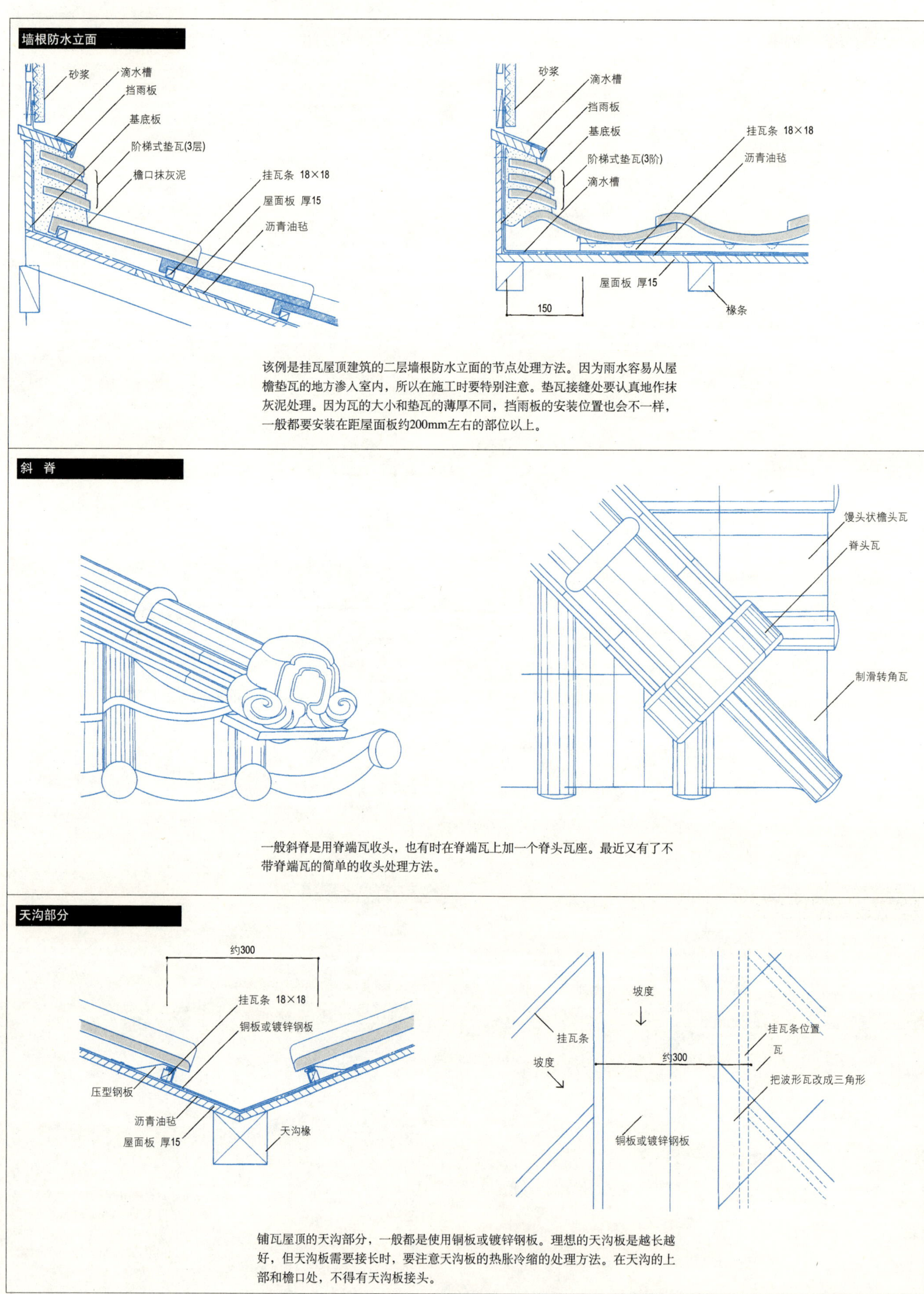


该例是挂瓦屋顶建筑的二层墙根防水立面的节点处理方法。因为雨水容易从屋檐垫瓦的地方渗入室内，所以在施工时要特别注意。垫瓦接缝处要认真地作抹灰泥处理。因为瓦的大小和垫瓦的薄厚不同，挡雨板的安装位置也会不一样，一般都要安装在距屋面板约200mm左右的部位以上。

一般斜脊是用脊端瓦收头，也有时在脊端瓦上加一个脊头瓦座。最近又有了不带脊端瓦的简单的收头处理方法。

铺瓦屋顶的天沟部分，一般都是使用铜板或镀锌钢板。理想的天沟板是越长越好，但天沟板需要接长时，要注意天沟板的热胀冷缩的处理方法。在天沟的上部和檐口处，不得有天沟板接头。

## 玻璃瓦的应用方法

由玻璃瓦和基底部件组合而成的顶部采光，不仅屋顶面上很平整，而且还可以保持铺瓦屋顶的韵律。在基底部件上设有沟槽，以便排除结露水。

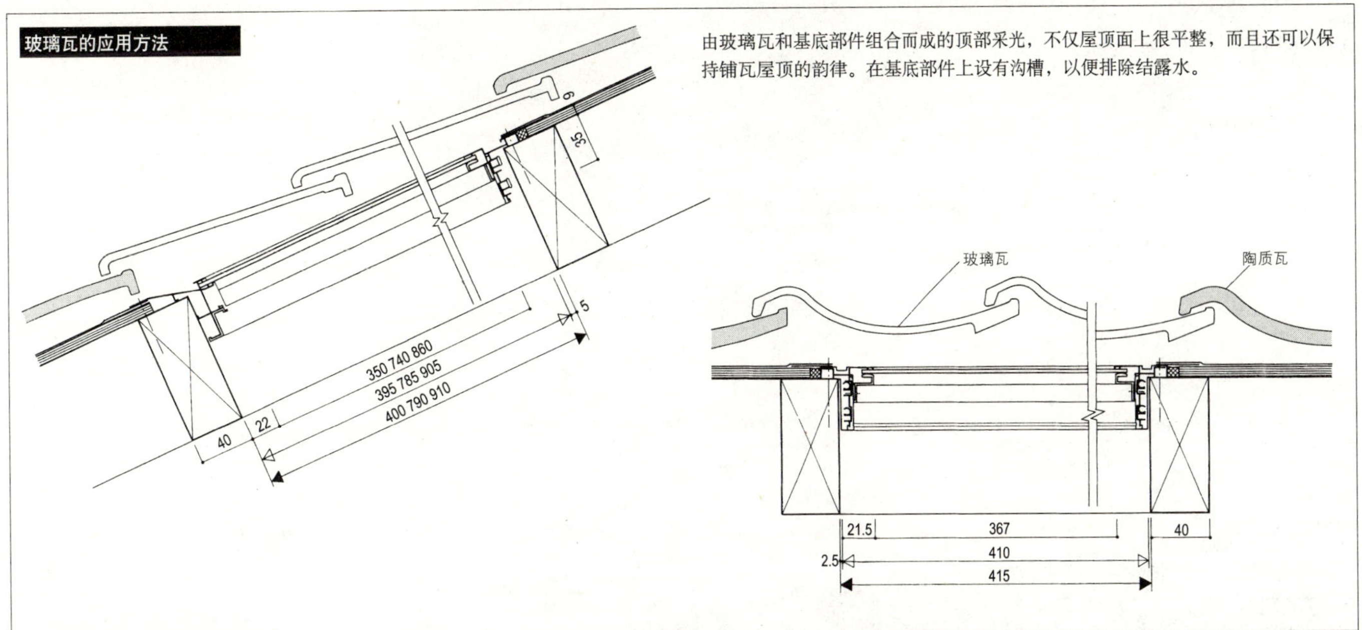


## 顶部采光和瓦的应用方法

顶部采光除用玻璃瓦之外，还有标准型的顶部采光，这是用塑料薄膜和铝框架构成的屋顶。部件本身就具有很好的耐久性和防水性，如果组合安装方法得当，其效果将会非常显著。在组合安装上，为了让雨水流淌顺畅，屋顶设置了除雪装置。万一出现雨水从侧面流入到里面时，雨水将会流到瓦的上面而被排掉。

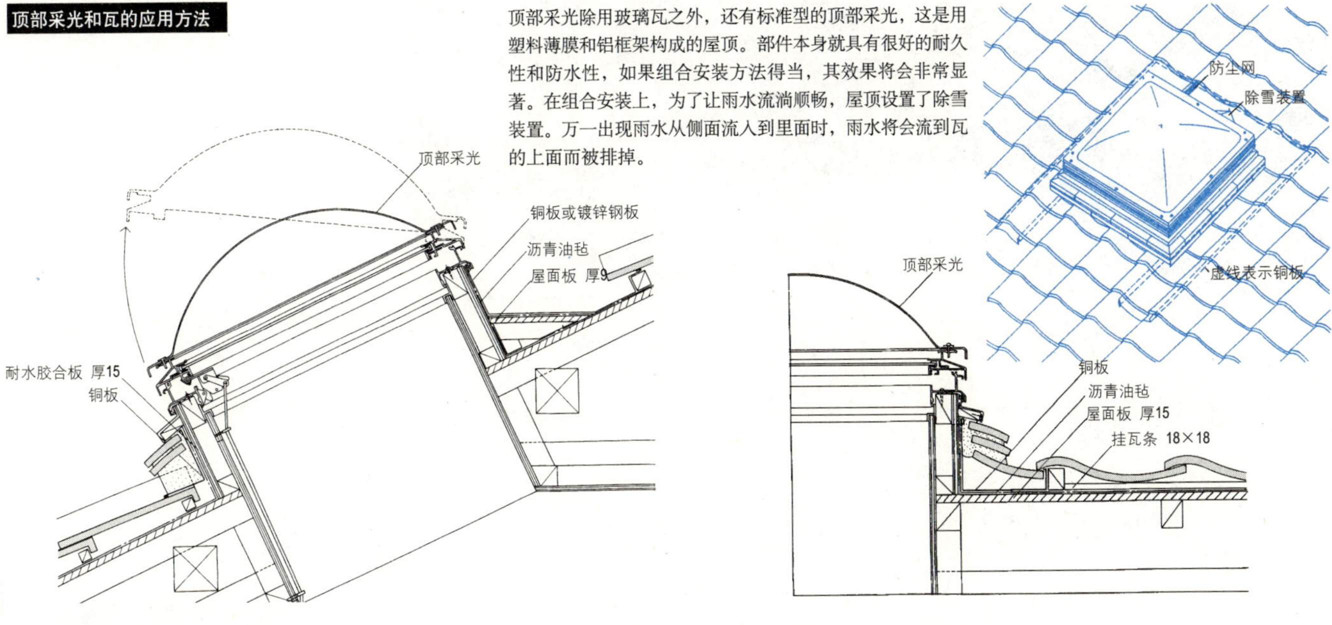


## 西式黏土瓦建筑的墙根防水立面

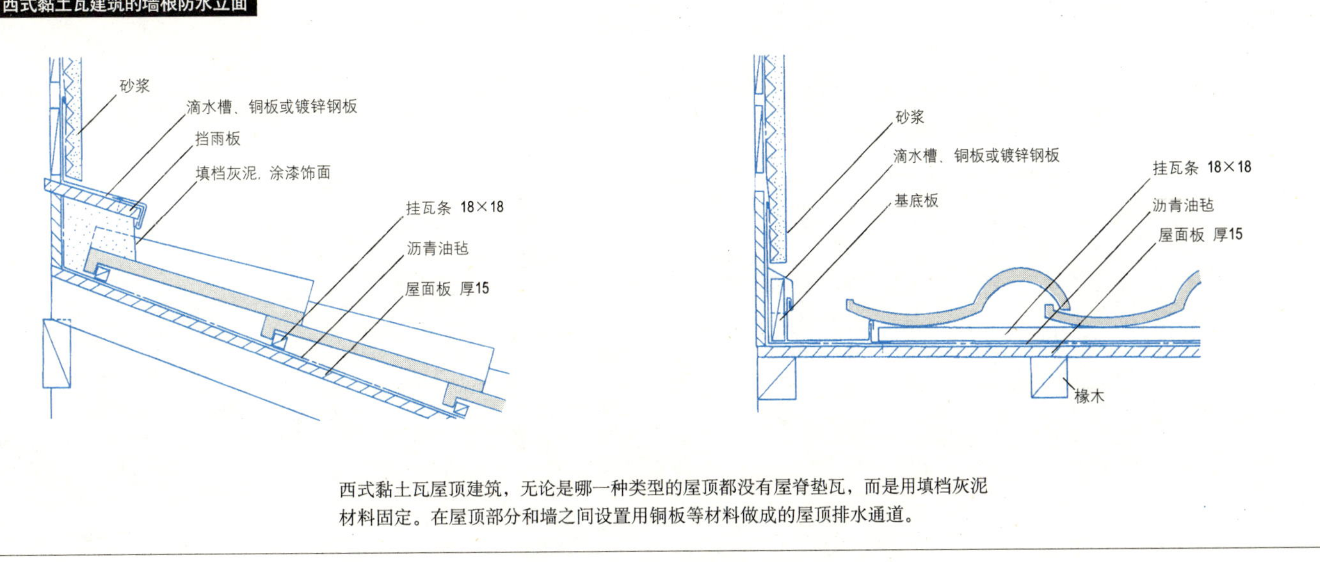


西式黏土瓦屋顶建筑，无论是哪一种类型的屋顶都没有屋脊垫瓦，而是用填档灰泥材料固定。在屋顶部分和墙之间设置用铜板等材料做成的屋顶排水通道。

实例—1

# 齐檐板瓦大屋顶

**云伴居/白井晟一**

沿着清龙道的慢坡向上行走，越过左手一侧的围墙，可以看到有起拱的四坡屋顶建筑。

该建筑用齐檐板瓦铺就了明快通畅的大屋顶，建筑南侧配有门房，山墙封檐板和柱子等全部使用立柱支承。

从上梁之日开始，日夜兼程，利用前堂主室的地板划出了起拱凸面的墨线，但我的老师曾亲自进行过二次修改。四边的转角齐檐板瓦采用了整体烧制，瓦上的檐口装饰由老师划出实物尺寸。比主屋脊晚开工5个月的门房，也使用了与主屋脊相同尺寸的屋面瓦。

（柿沼守利）

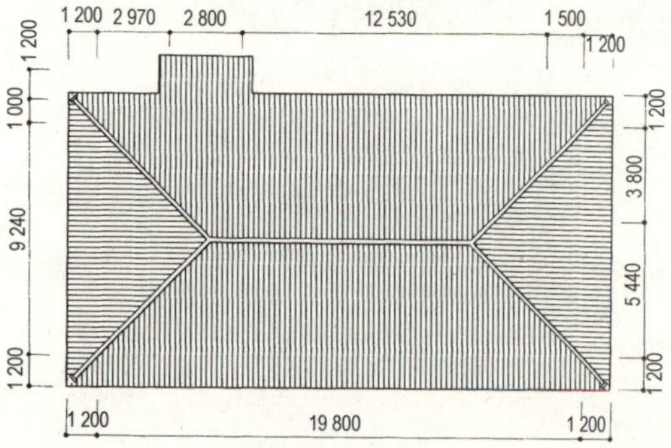

屋顶俯视图　1/400

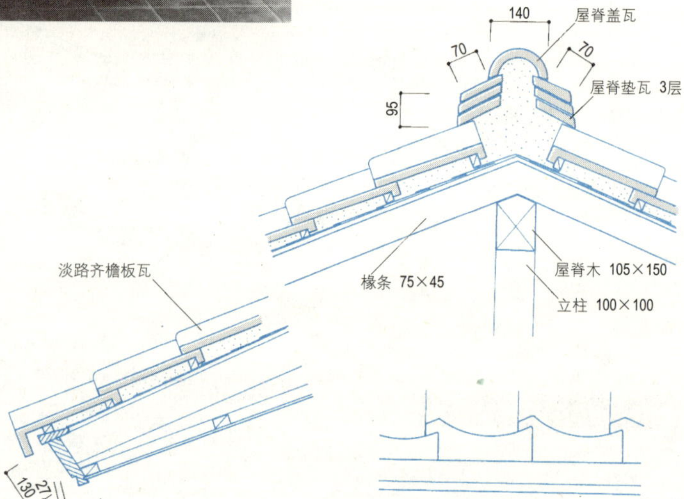

屋脊、屋檐周边的详图　1/20

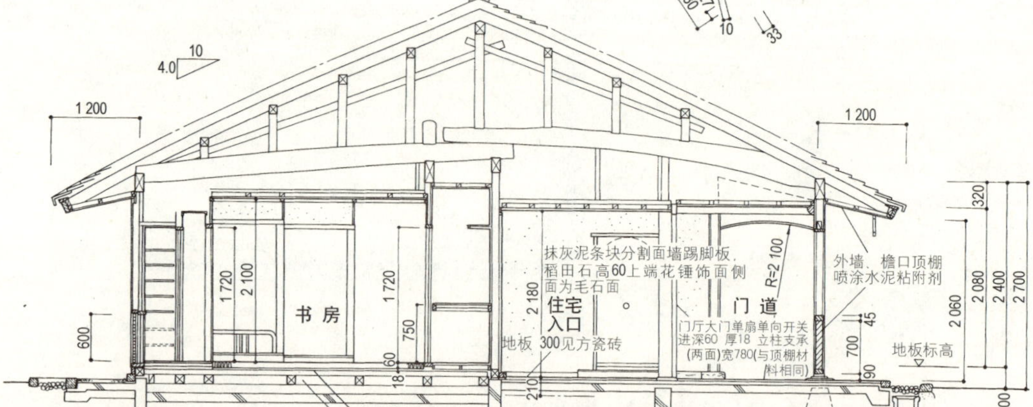

剖面细部大样图　1/100

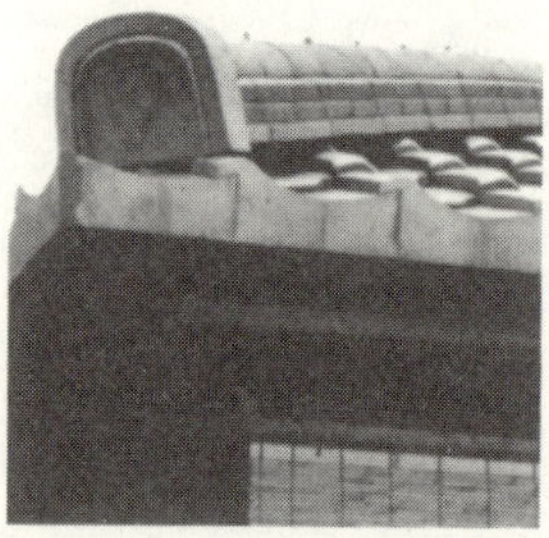

# 寒冷地区的瓦屋顶

**高山村历史民俗资料馆 宫本忠长建筑设计事务所**

（摄影：和木通）

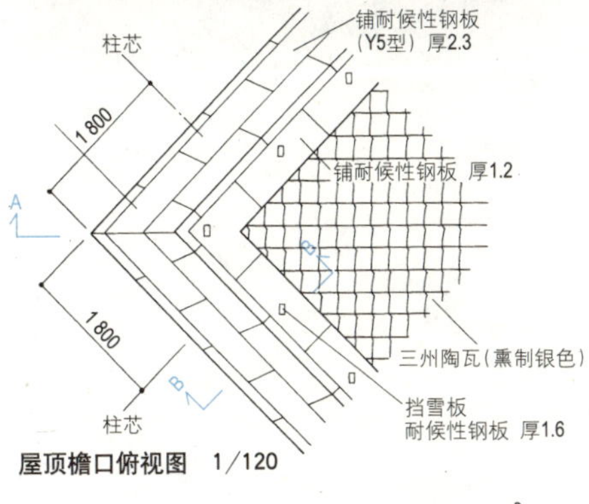


屋顶檐口俯视图 1/120

铺耐候性钢板 厚1.6
檐口线
1 800
200
1 625
1 250
耐候性钢板抹灰网眼钢板
厚2.3
陈列柜
浇注泡沫
塑料层
厚25
600×600
240
40
钢框 厚1.6

仰视檐口底部 1/120

在寒冷多雪地方用于铺屋顶的材料，大致只有以下3种。当然，特殊情况要除外。即，①如果积雪厚度在50cm以上，只能使用金属材质的屋面瓦；②如果积雪厚度在20～50cm，则采用铺瓦屋面（釉面瓦，耐寒冷标准），瓦的材质有石棉类瓦，沥青类材料等；③积雪厚度在0～20cm时，可选择的铺屋顶材料的范围比较广范，自由度比较大。

高山村历史民俗资料馆相当于上述②的严格条件，所以把金属类材料（耐候性钢板）的尖端部分和耐寒日本瓦的优点组合起来，做成了不会产生老化的牢固的细部节点处理。对于冰雪的考虑，不仅仅是严冬寒冷季节，其实在融雪时，对于室外气温的升高而产生的积雪滑落现象，也要做出充分的考虑是非常必要的。

（宫本忠长）

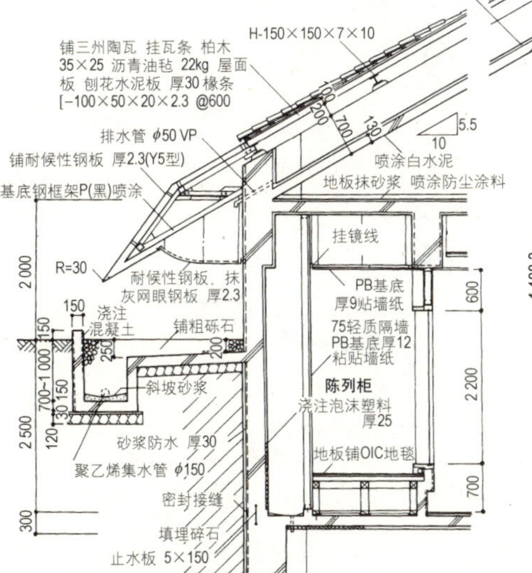


剖面细部大样图A截面 1/120

1 800
750
735
315
3.89
10
定位中心
三州陶瓦
挡雪板
耐候性钢板 厚1.6
屋面板 胶合板 厚12
□-75×45×2.3
L-65×65×6
铺耐候性钢板
（Y5型）厚2.3
耐候性钢板 厚2.3
R=900
框架PL-3.2
耐候性钢板 抹灰网眼钢板 厚3.2
（两侧横断面都一样）

屋顶檐口周围B-B剖面 1/25

# 平瓦屋面的大屋顶

矢祭町山村开发中心 U 研究室

该建筑位于八沟山和阿武限山之间的一块平坦田地上，是村镇居民的新集会场所。曲线形状的建筑屋顶与起伏的山峦相呼应，多种不同功能的房间同在一个大型屋顶下，必然构成不同的建筑内部。屋面瓦的基底材料使用了泡沫苯乙烯，不仅隔热性能和防水性能好，而且还能使屋檐成功地实现了缓慢的弧线形，按照建筑法规的约定，屋顶上的孔洞或天窗口等起到了采光和通风的作用。檐口底部的混凝土面上增设了很多凹陷的坑洼，并安装了很多挂钩，既可以挂灯笼，又可以用作其他多种用处，有时屋面瓦又像鱼鳞又像金属片。从屋顶上的圆孔落进到室内的雪花，象刨冰一样堆积起来；燕子在装饰好的凹窝里安家落户。硕大的屋顶演绎出了人们意想不到的诸多神情。

（U研究室）

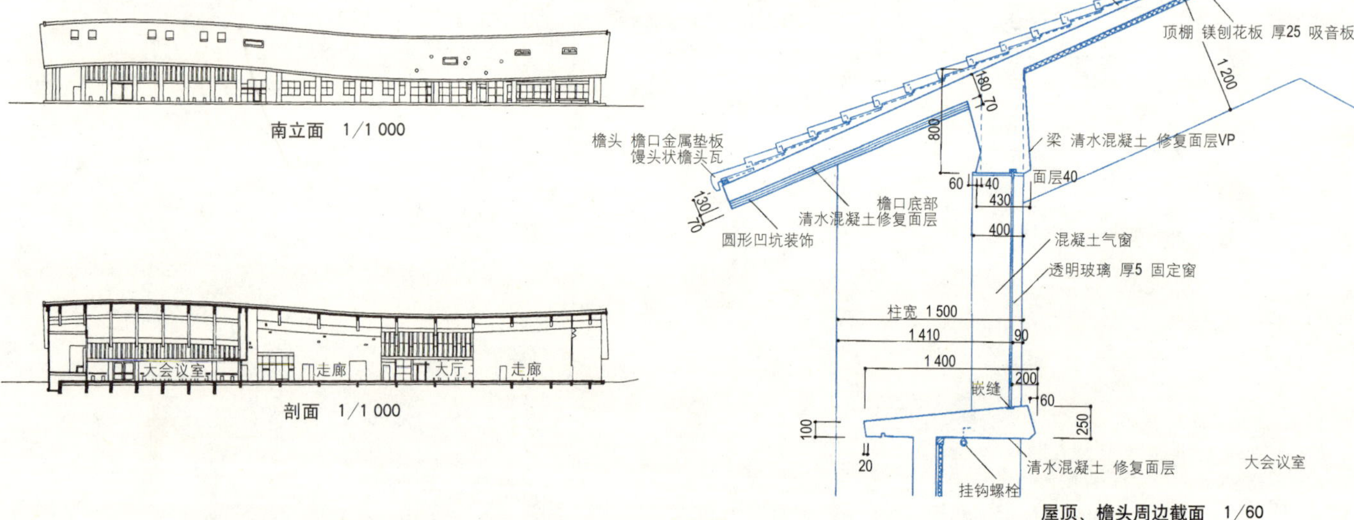


南立面 1/1 000

剖面 1/1 000

屋顶、檐头周边截面 1/60

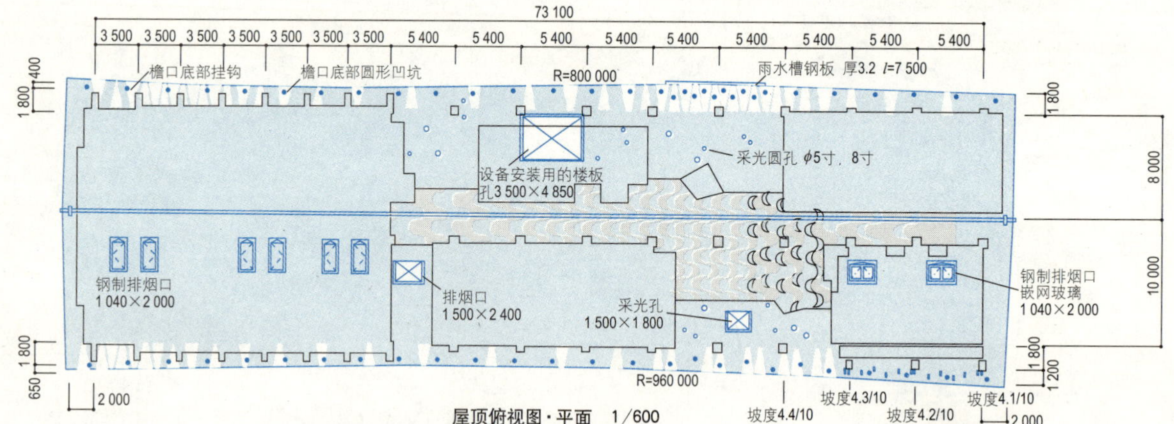


屋顶俯视图·平面 1/600

实例—4

# 中国琉璃瓦屋顶

**宾馆 川久/永田·北野建筑研究所**

（摄影：和木通）

据说与紫禁城的瓦一样，是用一种叫作坩锅土的土制造出来的琉璃瓦，瓦的大小和重量都不是日本瓦所能比的。该实例既是大陆坡屋顶，又是用钉子固定平瓦施工方法，但由于是使用三和土、钉子也是用涂有抗盐分污染涂层的黄铜钉，瓦的固定方法也是用二点固定法，均是通常瓦用量的二倍。

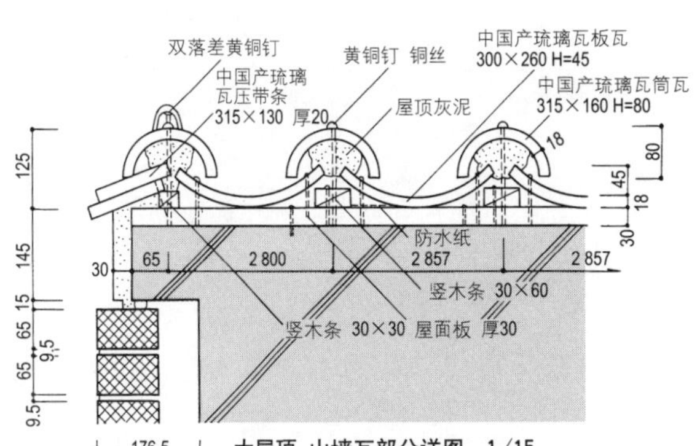


大屋顶 山墙瓦部分详图 1/15

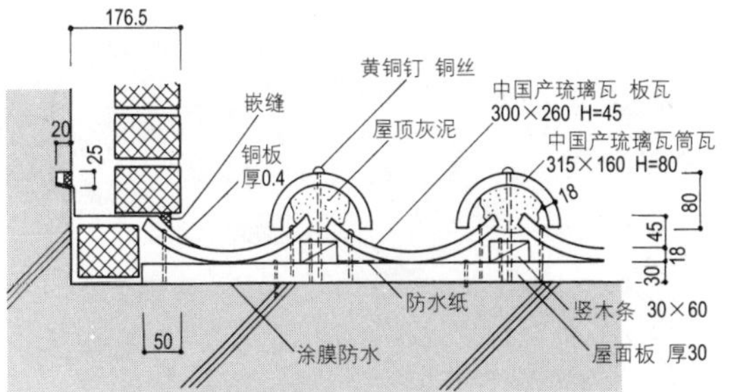


小屋顶与墙壁接合部分详图 1/15

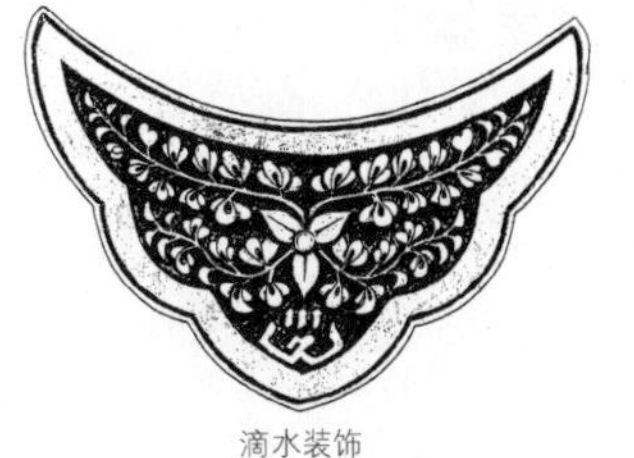

滴水装饰

筒瓦头装饰

屋檐 中国琉璃瓦正规铺瓦屋面
筒瓦 用黄铜螺钉固定并抹灰泥加固
竖木条 30×60
横木条 30×60
筒瓦头
滴水
抹灰泥
抹泥面层
长径 3 000~17° 椭圆
短径 877.12
Al厚2.5 氟树脂烘干涂层灰浆衬垫层 厚5
H-250×125×6×9
L-50×50×6
杉木直纹
阳台
客房
Al 厚2.5 氟树脂烘干涂层灰浆衬垫层 厚5
阳台护墙为英国砖砌筑
松木边框板
铺垫英国砖

客房阳台周边剖面详图 1/30

实例—5

# 用铝和耐候性钢材做瓦屋顶的压脊

瓦屋顶美术馆、出江宽、出江建筑事务所

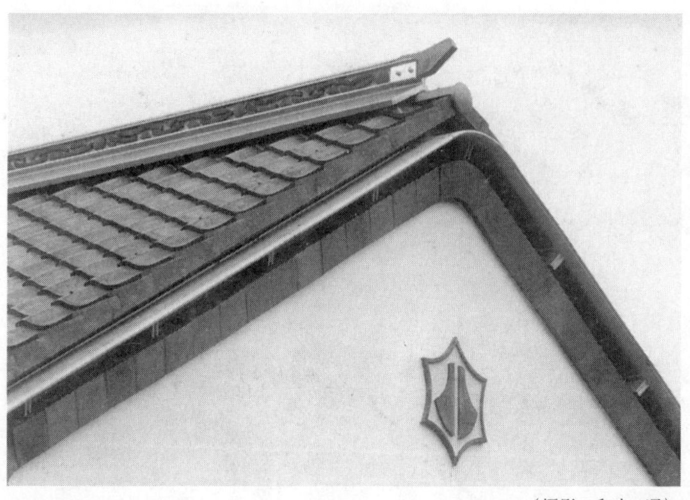

（摄影：和木　通）

B部
屋顶
日式瓦齐口压边
沥青油毡22kg
屋面板
结构用胶合板椽条
45×60 @330Al板 厚4.5
A部
C部
1 100~2 800
外墙抹
新灰泥
6 940
收藏室
3 000
外墙抹新灰泥
内墙 抹灰泥 厚20 木抹子
按压穿孔石膏板基底
6 000

收藏室断面　1／100

小规模的铺瓦屋顶是在一般的屋脊垫瓦上用盖脊瓦压脊，缺点是屋脊显得笨重。于是就把不锈钢材料用作屋脊的心板材料，心板两侧用铝或耐候性钢材做成C形排水槽，使压脊构件的截面成为H型，从而减轻屋脊的设计重量。

心板材料通过焊接安装在不锈钢板的钢架上，然后把坚实的钢条穿过屋脊上面，从而起到牢固的抗台风和抗地震的作用。

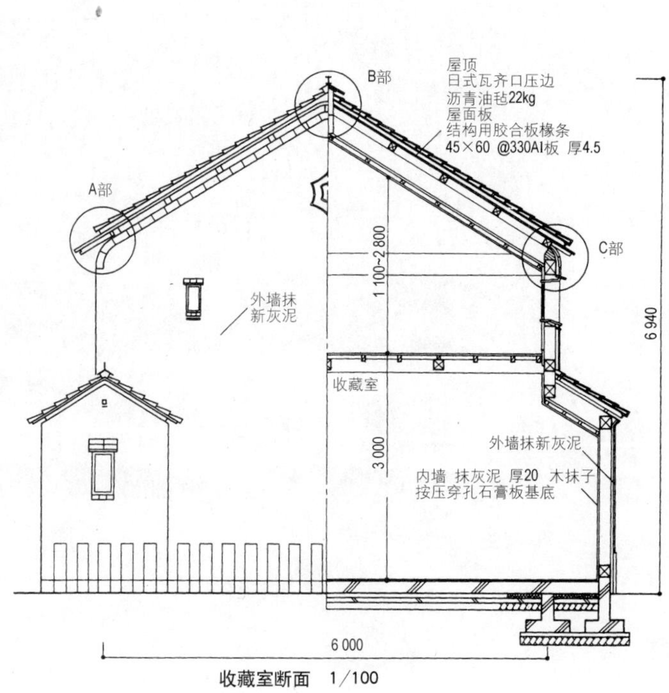

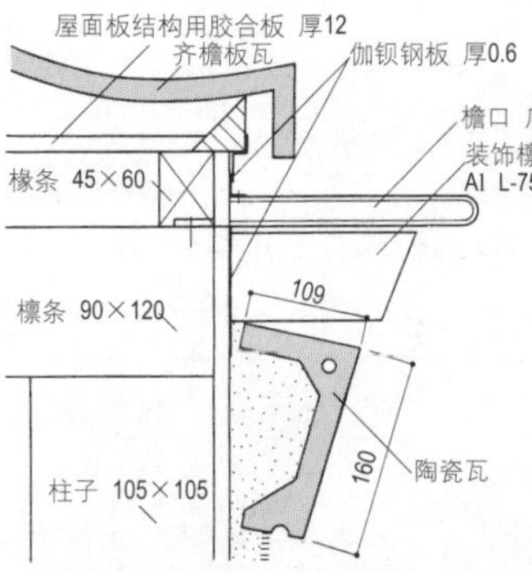

屋面板结构用胶合板 厚12
齐檐板瓦
伽钡钢板 厚0.6
檐口 底部Al板 厚4.5
装饰檩条
Al L-75×45×6
椽条 45×60
檩条 90×120
109
160
陶瓷瓦
柱子 105×105

山墙瓦D—D截面详图　1/10

160
110
50
50
Al（也有屋脊使用耐候性钢板）
瓦
螺栓螺母 SUS φ18
160
15
70
140
瓦
Al
抹青灰
Al 厚2.4
Al 厚2.4
齐檐板瓦

屋脊装饰E—E立面图　1/10

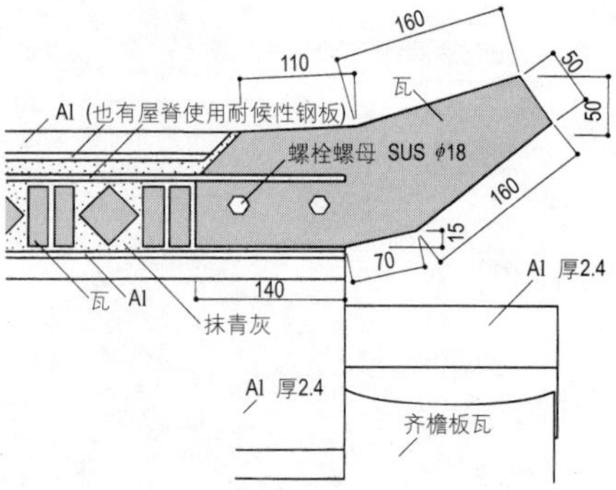

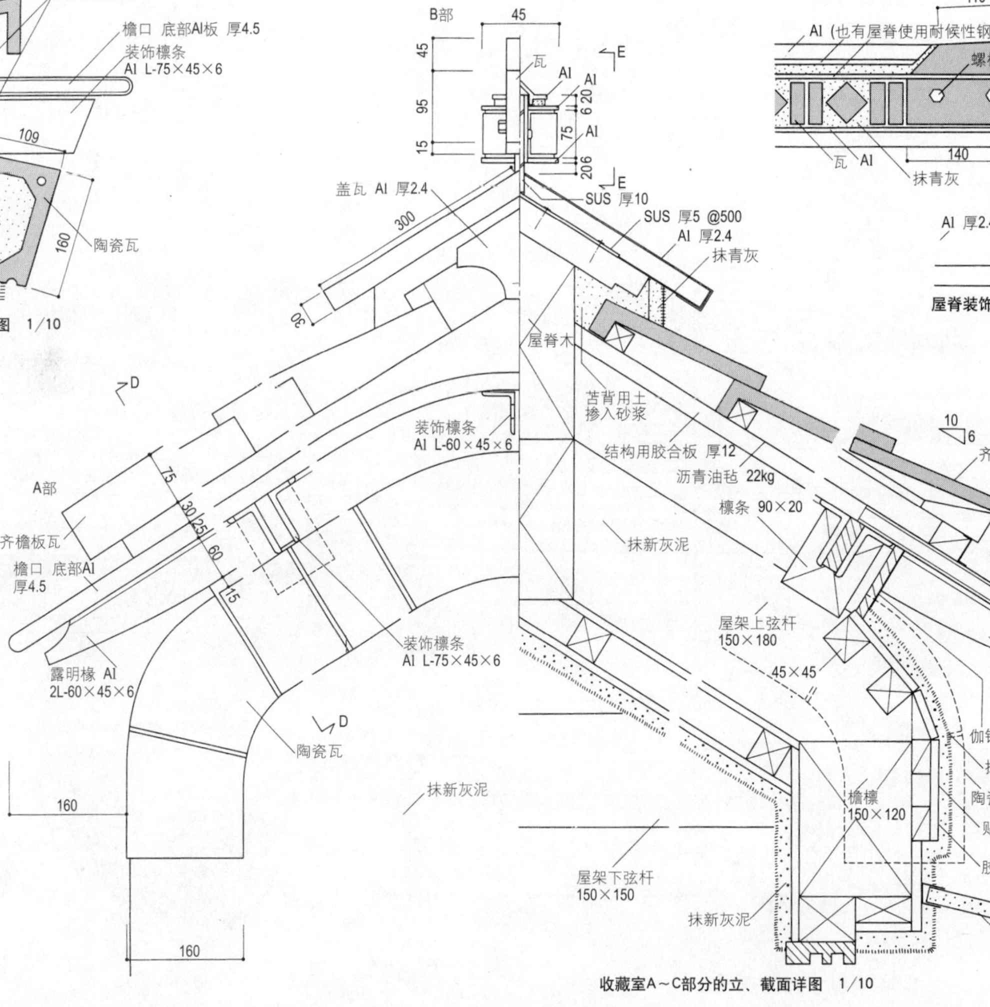

B部
45
45
95
15
瓦
Al
Al
6 20
75
Al
206
E
E
盖瓦 Al 厚2.4
300
SUS 厚10
SUS 厚5 @500
Al 厚2.4
抹青灰
30
屋脊木
苫背用土
掺入砂浆
D
装饰檩条
Al L-60×45×6
结构用胶合板 厚12
沥青油毡 22kg
10
6
齐檐板瓦
A部
75
30
25
60
15
齐檐板瓦
檐口 底部Al
厚4.5
檩条 90×20
抹新灰泥
C部
檐口 底部Al板
厚4.5
装饰檩条
Al L-75×45×6
屋架上弦杆
150×180
45×45
露明椽 Al
2L-60×45×6
露明椽
Al 2L-60×45×6
D
陶瓷瓦
伽钡钢板 厚0.6
抹新灰泥
抹新灰泥
檐檩
150×120
陶瓷瓦（山墙瓦部分）
贴板条
160
胶合板 厚12
屋架下弦杆
150×150
抹新灰泥
防雨挑檐平
瓦五金固定件
160

收藏室A～C部分的立、截面详图　1/10

# 提高耐久性的构造方法

段路之家 / 武者英二研究室

Photo : M. Arai

该建筑的铺屋顶材料是由一般的日式波形挂瓦和齐檐装饰瓦构成，屋顶造型本身也是人字屋顶和四坡顶屋面（因为四坡顶屋面的顶部设有屋顶夹层换气口，所以看似是歇山屋顶的变形）的连脊，不使用特殊的表现形式。但是，在铺瓦屋顶的构造方法上，有二个特征。一是挂瓦条的下面有挂瓦条垫板。通过设置挂瓦条垫板，不仅能使由于瓦的破裂而发生的漏水会在基底防水面（沥青油毡或木瓦屋面）上流动，而且还可以得到瓦下面的通风效果，从而提高屋面材料的耐久性。第二个特征是细部构造，可以把檐头的檐口垫板从檐头凸出并轻易地取下来，这是为了防止檐头滴水造成垫板腐朽。

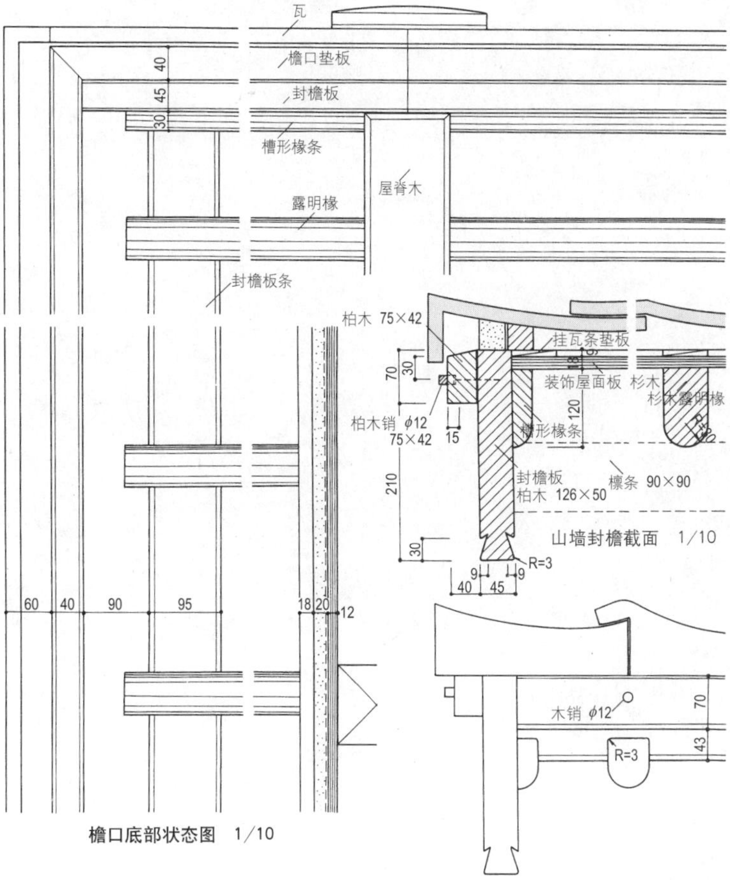

檐口底部状态图 1/10

山墙封檐截面 1/10

封檐部分状态图 1/10

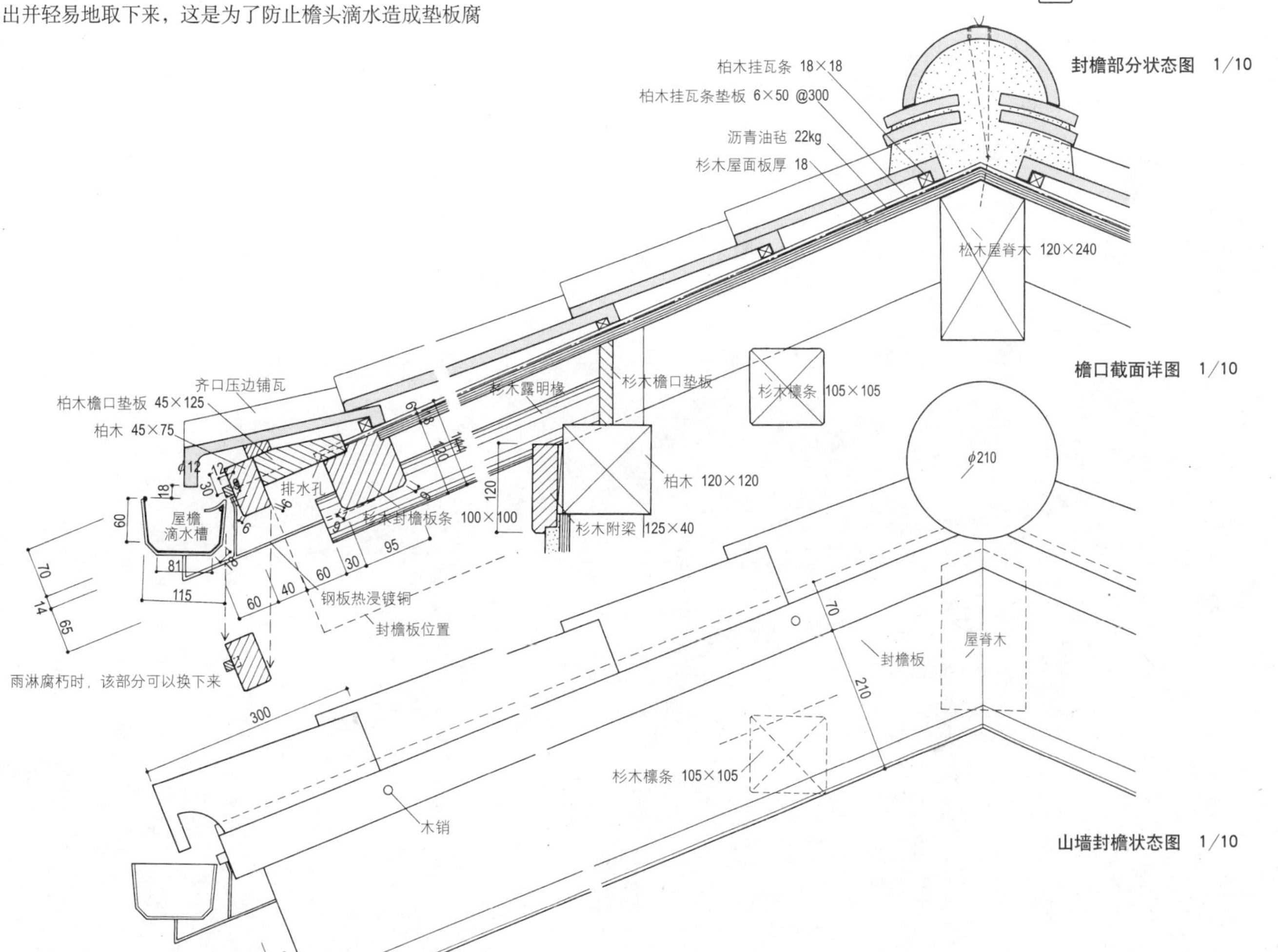

檐口截面详图 1/10

雨淋腐朽时，该部分可以换下来

山墙封檐状态图 1/10

# 金属屋顶

金属作为铺屋顶材料使用的时间还比较短暂，但金属与人类之间相互有关系的时间却已经很久远了。自古以来，金银作为装饰材料一直深受人们的珍视，促进了美术工艺的发展。而另一方面，即使是同样的金属，从武器到生产工具，铁的发现促进了广范的工具类用品的发明，直至诞生出强大的国家权力者。从这个意义上来说，金属在人类发展的历史长河中，也是文明发展的重大标志。

在建筑方面，首先从哥特教堂的铺铅板屋顶开始，金属屋顶材料的发展促进了屋顶造型的丰富多彩的变化。从近代建筑的历史来看，平屋顶被看作是近代建筑的象征，但在迎接21世纪的时候，建筑的屋顶造形将会再次成为重要的建筑设计主题。



岛根县立美术馆／菊竹清训建筑设计事务所
摄影：新建筑社照相部

## 1. 历史

据说人与金属的关系可以追溯到新石器时代发现金的时候。据说在公元前4000年～前3000年时的埃及·美索不达米亚等古代文明时期，精炼、锻造、铸造的技术就已经很发达，他们可以得到的金属有金、银、铜、铁、铅、锡以及水银等7种。后来又用铜和锡制造出了人类最早的合金金属青铜。虽然尚不清楚这是什么时代的事情，但是，据历史记载，在中国的周朝时代就确立了青铜的制造方法，有了叫作“金六齐”的合金标准。

在罗马时代还制造出了铜和锌的合金——黄铜。这些金属都是作为自由的表现形式和有用的素材，从武器和装饰用品类到日常用品和各种工具类，在所有的领域里得到了利用。金属作为屋顶材料开始被使用也是这个时候。铁、青铜、铅等作为钉子、楔子、合页、连接五金配件、自来水管等，已经在很多建筑材料上得到了使用，在维特鲁威（公元前1世纪，罗马建筑师）的著作《建筑十书》（公元前33年～前22年）中就已经说明了这些金属材料的使用方法。但是，在这本书中没有见到用金属铺盖屋顶的记述。也许金属屋顶的出现是更加后来的事情。

确切地说，在120年～124年重建古罗马万神庙的穹顶时，就用镀了金的青铜（655年以后铺盖了铅瓦）铺盖屋顶。总之，当时作为建筑材料而被使用的金属只有铜（主要是青铜）和铅，到了近代之后，直到开发出了锌和薄钢板加工成的电镀钢板为止，很长时间只有这两种金属屋面材料。

日本是在江户时代开始使用金属屋顶。通过德川幕府施行集结劳动力和开发新技术，在城堡、神社寺院以及武士、商人的住宅中，开始有了用铜瓦铺装屋顶的建筑。但是，由于当时的铜价非常昂贵，未能普及到一般百姓的住宅建筑。

另一方面，铅在日本也没有像在欧洲所见的那样大量使用的痕迹，仅仅是在加贺藩的瑞龙寺佛殿（1744年左右）和金泽城的相关建筑上见到一些，据说还是为了储存枪弹才铺用了铅瓦。

日本正式普及金属屋顶的应用是在明治维新以后，通过引进西方的建筑技术和金属轧制技术的进步，迅速地向全国推广了起来。

当时使用的材料是铜、铅、锌和薄钢板。薄钢板又分为镀锡薄钢板和镀锌薄钢板，这两种薄钢板都是进口产品，但尽管如此，从铁道建筑到住宅、银行、工厂等，在大量的建筑上得到了使用。镀锡薄钢板大概在1700年前后，首先在英国使用，到了19世纪初期，在美国得到了广泛普及。镀锌薄钢板开始被使用的时间是在18世纪的前半期，自从1837年克罗霍杜获得熔锌法的最早专利以后，镀锌薄钢板就得到了大量生产。我们今天所见到的各种表面处理钢板的原型就是这个时候产生的。

明治以后的历史就是一部开发“无锈材料”的历史，再加上工业化，直到今天，已经制造出了许多制品。从铜（青铜）、铅开始，经历了锌、镀锡薄钢板、镀锌薄钢板，然后又朝着铝、不锈钢、特殊树脂涂层板、各种复合板以及新材料的方向发展，金属屋顶现在正迎来了无需维修的新时代。

| 年代 | 材料、构造方法等 | 建筑作品 | |
|---|---|---|---|
| | 新石器时代 发现砂金 | | |
| | 公元前3000年 青铜器时代 | | |
| | 公元前1000年 从国外引来青铜器 | | |
| | 公元前79年 庞培自来水铅管 | | |
| | | 120～124年 万神庙（罗马）→ | 青铜瓦屋面 |
| | 538年 佛教传入日本 | | |
| | | 604年 伦敦大教堂（英） | 铅板屋面 |
| | 635～650年 法隆寺梦殿青铜制屋顶大宝珠 | | |
| | 698年 因幡国、周防国献上铜矿 | | |
| | 708年 武藏国献上日本式铜瓦 | | |
| | 752年 东大寺大佛建立 | | |
| | | 765年 西大寺 | 铜板屋面 |
| | | 1184年 坎特伯雷大教堂（英） | 铅板屋面 |
| | | 1240年 巴黎圣母院大教堂（法）→ | 铅板屋面 |
| | 1380年代 在印度宰瓦尔矿山炼锌成功 | | |
| 1600 | | 1610年 骏府城瞭望楼 | 铜瓦屋面 |
| | | 12年 名古屋城瞭望楼 | 〃 |
| | | 20年 京都皇宫御亭 | 〃 |
| | | 36年 日光东照宫透棂围墙等→ | 〃 |
| | | 37年 江户城附属建筑 | 〃 |
| | | 40年 久能山东照宫屋顶翻新 | 〃 |
| | 1691年 别子铜山开山 | | |
| 1700 | 1700年 在威尔士（英）把镀锡薄钢板作为屋面材料使用 | | |
| | | 1705年 东大寺大佛殿卷棚式封檐板 | 铜板屋面 |
| | | 1744年 瑞龙寺佛殿→ | 铅瓦屋面 |
| | | 88年 金泽城石川门等 | 〃 |
| | 1789年 英国在杂砂矿砂中发现钛的氧化物 | | |
| | 94年 德国给命名为钛 | | |
| 1800 | 1810年 英国法拉第发现不锈钢合金 | 1810年 弘前城瞭望楼 | 铜瓦屋面 |
| | | 1818年 浅间神社正殿 | 铜板屋面 |
| | 27年 德国韦拉发现铝元素 | | |
| | 37年 克罗霍杜热浸镀锌法专利 | | |
| | 55年 法国杜比尤在巴黎万国博览会上展出铝 | | |
| | 66年 法国埃尔、美国霍尔发明铝电解制造法 | 68年 筑地饭店 | 铜板屋面 |
| | | 72年 第一国立银行 | 青铜瓦屋面 |
| | | 72年 铁路车站 | 铁波纹板屋面 |
| | 88年 在奥地利发明拜耳炼铝法 | | |
| | | 91年 尼古拉依教堂 | 铜板屋面 |
| | | 95年 京都国立博物馆 | 〃 |
| | | 96年 日本银行本店 | 〃 |
| 1900 | | 1907年 关东都督府通商产业省及地方法院 | 镀锌钢板 |
| | | 08年 专卖局大楼 | 〃 |
| | | 09年 赤坂离宫 | 铜板屋面 |
| | 1910年 享特用钠还原法冶炼钛 | 10年 三菱合资会社大阪支店建筑 | 铅板屋面 |
| | | 10年 三菱合资会社大阪支店店员厕所 | 锌板屋面 |
| | 12年 德国克虏伯公司试制不锈钢合金 | | |
| | 13年 英国布莱玛利公司试制13铬类不锈钢 | 14年 东京车站 | 铜板屋面 |
| | 16年 海军吴工厂日本试制第一号不锈钢 | | |
| | 19年 官营八幡制铁所试制13铬类不锈钢 | 22年 帝国饭店 | 铜瓦屋面 |
| | 25年 荷兰范·阿尔开尔公司用热分解法冶炼钛 | 30年 朝日新闻社外装修（大阪） | 不锈钢 |
| | 37年 德国利乐尔公司用镁还原法冶炼钛，实现了在工业上的应用 | | |
| | | 49年 秋之宫村公所 | 镀锌钢板瓦屋面 |
| 1950 | | 1950年 甲子园球场大屋顶 | 铝板屋面 |
| | 1951年 制订镀锌钢板JIS标准 | 51年 森住宅、斋藤住宅 | 长尺铝板屋面 |
| | 53年 开始生产长尺钢板 | | |
| | 54年 开发出有心木的长尺棒状咬口金属瓦 | 54年 盈进商业高中校舍 | 长尺大波纹钢板屋面 |
| | | 54年 中尊寺宝物殿 | 铝板屋面 |
| | 55年 不锈钢工业生产化，开发出无心木长尺棒状咬口金属瓦，开始生产电镀锌钢板 | 55年 八云小学校舍 | 长尺大波纹钢板屋面 |
| | 56年 开发出转角瓦屋面构造方法 | | |
| | 57年 开始出售氯乙烯钢板 | | |
| | | 58年 皇宫新殿 | 长尺铜瓦屋面 |
| | 59年 开发出燕尾接合咬口瓦铺屋面方法 | | |
| | 60年 开始出售电镀合金锌钢板 | | |
| | 63年 开始生产隔热镀锌钢板，开发出折板屋面构造方法，制订氯乙烯钢板JIS标准 | 63年 吴羽住宅 | 镀锌钢板屋面 |
| | | 64年 东京奥林匹克运动员食堂等 | 钢板折板屋面 |
| | 65年 开始有彩色铝板，开始出售印花钢板 | | |
| | 67年 公告镀锌钢板新JIS标准 | | |
| | 68年 制订彩色镀锌钢板JIS标准 | | |
| | 1970年 开始出售金属压制瓦 | | |
| | 73年 日本生产铝材110万吨 | | |
| | 77年 制订钢板折板屋面板JIS标准 | | |
| | 1980年 全世界的铝产量达到1500万吨 | | |

①古罗马万神庙
②巴黎圣母院大教堂
③日本日光东照宫阳明门
④日本富山瑞龙寺佛殿
⑤日本富山吴羽住宅

## 2. 性能

### 1. 物理性质

所谓物理性质是指重量、伸缩、传热导电的难易程度等，防水性、防火性、抗风性、隔热性等会给金属板的性能带来很大的影响。在选用铺屋顶材料时，不仅要注意屋顶的设计要求，同时还要考虑铺屋顶材料的这些性质。

屋顶层材料的物理性质比较

| 材 料 | 密 度 | 弹性模量 ($t/mm^2$) | 线膨胀系数 (mm/100m/℃) | 导热率 (kcal/cm/s/℃) | 比热容 (cal/g/℃) | 比电阻 (μΩ-cm) |
|---|---|---|---|---|---|---|
| 铜 板 | 8.94 | 12 | 1.7 | 0.92 | 0.094 | 1.724 |
| 铝 板 | 2.70 | 7 | 2.4 | 0.53 | 0.23 | 2.7 |
| 镀锌钢板 | 7.86 | 21 | 1.2 | 0.13 | 0.10 | 9.7 |
| 不锈钢板 | 7.93 | 20 | 1.7 | 0.04 | 0.12 | 72 |
| 氯乙烯 | 1.4~1.5 | 约 0.3 | 7.0 | 0.0004 | 0.2~0.4 | — |
| 钛 | 4.5 | 11 | 0.8 | 0.04 | 0.124 | 55 |
| 铅 | 11.4 | 4.3 | 2.9 | 0.08 | 0.03 | 20.6 |

### 2. 机械性质

所谓的机械性质就是切割、折弯、工具的选择等，主要是关于可加工性的性质，对完工后的强度也有影响。另外，在选择材料时，不仅要注意金属本身的性质，而且还要注意电镀、涂层等表面处理材料的特性。

机械性质的比较

| 材 料 | 屈服点 ($kg/mm^2$) | 抗拉强度 ($kg/mm^2$) | 抗剪强度 ($kg/mm^2$) | 硬度 (Hv) |
|---|---|---|---|---|
| 铜 板 | 14 | 25 | 20 | 75 |
| 屋顶用铝板 | 22 | 25 | 10 | 75 |
| 镀锌钢板 | 27 | 35 | 30 | 100 |
| 不锈钢板 (SUS 304) | 24 | 60 | 50 | 150 |

### 3. 防水性

● 毛细管作用和水的浸入

$Z \cdot T \cdot \cos\alpha$

$= \rho \cdot g \cdot l \cdot t \cdot \sin\alpha$

$$\therefore l = \frac{Z \cdot T \cdot \cos\alpha}{\rho \cdot g \cdot t \cdot \sin\alpha}$$

$T$: 表面张力　　$l$: 浸入水的长度

$\alpha$: 与屋面面层板的接触角　　$\rho$: 水的密度

$t$: 屋面面层板间隔　　$\theta$: 屋顶坡度

漏水的首要原因在于接头的接合处理不好，屋面面层板的搭接长度要充足，咬口接合要严实。最近新开发出一种水密性很高的构造方法，叫作线焊施工方法。

| 坡度 | 1/10 | 2/10 | 3/10 | 3.5/10 | 4/10 | 5/10 | 6/10 | 7/10 | 8/10 | 9/10 | 10/10 |
|---|---|---|---|---|---|---|---|---|---|---|---|
| $l$ (cm) | 4.98 | 2.53 | 1.73 | 1.50 | 1.33 | 1.11 | 0.96 | 0.86 | 0.79 | 0.74 | 0.70 |

### 4. 防火性

铺盖屋顶材料的底层部分，可以通过使用不燃材料得到防火结构的认可（但，锌基合金板除外）。不锈钢和钛等越是熔点高的材料，防火性能越好。

| 防火法规 | | 底层或楼板 | 铺屋顶材料 | 有可能蔓延火势的部分 |
|---|---|---|---|---|
| 防火结构 | | 椽条·檩条不燃 | 金属板 | —— |
| | | (不燃) | 瓦<br>水泥石棉板<br>刨花板<br>金属板<br>不燃 | 防火 |
| 简易耐火结构 | 外墙耐火 | 不燃 | | 耐火、防火 |
| | 不燃结构 | 不燃、准不燃 | | —— |
| 耐火结构 | 非步行 | 30 分钟 | 30 分钟 | 30 分钟 |
| | 步行 | 60 分钟 | | |
| | | 120 分钟 | | |

### 5. 抗风压性

风 $1.3\sin\theta - 0.5$　0.5　0.8　0.4

闭锁式的建筑物

在强风时的风力作用下，金属屋面板有时会产生“啪嗒啪嗒”的响声，尤其是铝板等弹性系数小的金属板，更容易产生响声，必须在底层材料上采用黏附性高的构造方法。特别是檐头部分很容易产生“卷缩”现象，一定要粘接牢靠。

风压力的计算 $P = -2 \times 60\sqrt{h}$

| 高度 $h$ (m) | 10 | 15 | 20 | 25 | 30 |
|---|---|---|---|---|---|
| 风压力 $P$ ($kg/m^2$) | −359.5 | −464.8 | −536.7 | −600.0 | −667.3 |

### 6. 温度伸缩

盛夏时节，屋顶的表面温度可达80℃以上，由于屋面面层板伸长，有时会引起面层板浮起拍打的“乱响”现象。屋面面层板的构造方法要采用适合屋面板材料热胀冷缩伸缩率的方法，而且在冷暖温差大的地区，还要注意要适合表面处理材料的随动性。

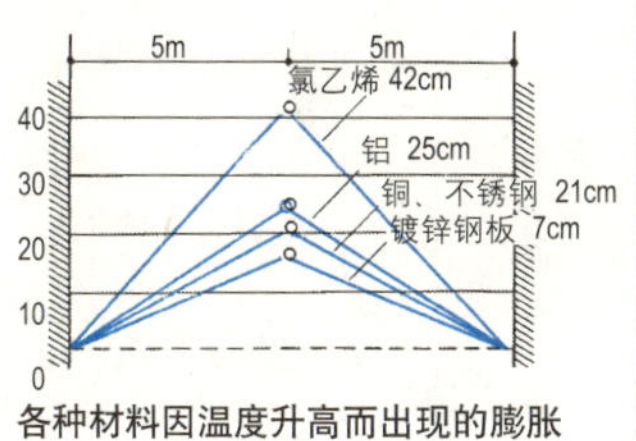


各种材料因温度升高而出现的膨胀量（上升 50℃）

### 7. 隔热性

一般来说，如果是单纯的金属板，其隔热性能就会很不好。所以要在底层上铺设玻璃棉、刨花、聚氨酯泡沫塑料等隔热性好的材料，或者使用热反射系数高的铝、不锈钢、涂有白色涂料的材料。如果能把这二种材料组合起来使用，效果会更好。

总传热系数 ($kcal/m^2h℃$)

| 屋顶 | 总传热系数 |
|---|---|
| 铺瓦屋顶 | 2.8 |
| 水泥瓦 | 3.0 |
| 石棉水泥瓦 | 3.0 |
| 镀锌钢板屋顶 | 4.0 |
| 混凝土楼板 | 3.5 |

### 8. 隔声性

下雨时的雨声，往往还会夹杂着外部的其他噪声，为了减轻这些噪声，可以在屋面的底层材料上或顶棚材料上使用隔声效果大的材料，或者在底层材料或顶棚材料里加进一种叫作橡胶板的防振材料。

隔声性能和屋顶重量

| 地区 | 噪声强度 (dB) | 屋顶重量 ($kg/m^2$) |
|---|---|---|
| 闲静的地区 | 20 | 3～5 |
| 一般地区 | 28 | 15～20 |
| 机场地区 | 52 | 50～60 |

### 9. 电腐蚀

通过不同种类金属的接触，贵重金属会受到非贵重金属的腐蚀（即使是同一种金属，在局部电离子倾向上也会有差别出现，并逐步地受到腐蚀）。于是，对于钉子、压板铁件、屋檐滴水槽及其他附属部件、附属小屋等，都要使用与屋面面层板相同材质的金属材料，或者使用有绝缘功能的电镀或涂层材料。

电蚀作用系列

非贵金属 ←→ 贵金属

锌　镀锌钢板　铝合金5052　镉　铝合金2017　铝合金2014　熟铁　铸铁　焊锡　（活性）不锈钢SUS304　（活性）不锈钢SUS316　铅　锡　镍（活性）　黄铜　铝青铜　铜　镍（钝态）　高强度耐蚀镍铜合金　（钝态）不锈钢SUS304　（钝态）不锈钢SUS316

### 10. 抗雪荷载性

“屋面内部漏水”现象是构成严重损坏屋面防水性能的原因。防止屋面内部漏水的方法可以采用隔热性好的屋面构造方法，也可以把屋面坡度做成陡坡，并使用一种叫作氟树脂涂层板的滑雪性大的屋面材料。

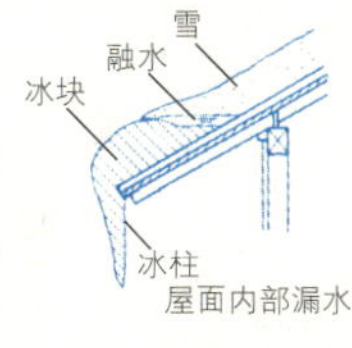


| 坡度 | 应与积雪荷载相乘的数值 |
|---|---|
| 60°～ | 0 |
| ～60° | 0.25 |
| ～50° | 0.5 |
| ～40° | 0.75 |
| ～30° | 1 |

积雪荷载

每积雪量 1cm

一般地区 : $2kg/m^2$

积雪地区 : $3kg/m^2$

(建筑标准法施行令86条)

### 11. 经济效果

如果从基本投资、运行成本以及维修费用等三个条件选择铺盖屋顶材料，金属板同其他材料比较起来，其适用范围会更广泛。钢板类是最便宜的材料，但耐久性不如不锈钢、铝、铜等材料，而且维修管理费也高。另外，涂有氟树脂涂层的高级表面处理板和钛等材料，虽然价格昂贵，但从长期效果来看，作为不需要维修管理的材料，还是经济合算的。金属板可以根据建筑物的要求（耐用年限）及其价值感（作为外观材料）进行选择。

### 12. 耐久性

根据自然条件、地区条件、屋顶构造方法以及维修保护的条件不同，金属板的变质恶化程度会有很大差别。尤其是在工业地区和沿海地区，要注意可以使用的材料会受到限制。氯乙烯钢板、氟树脂涂层板、不锈钢、钛等是耐久性最好的材料。

各种材料的耐久性比较

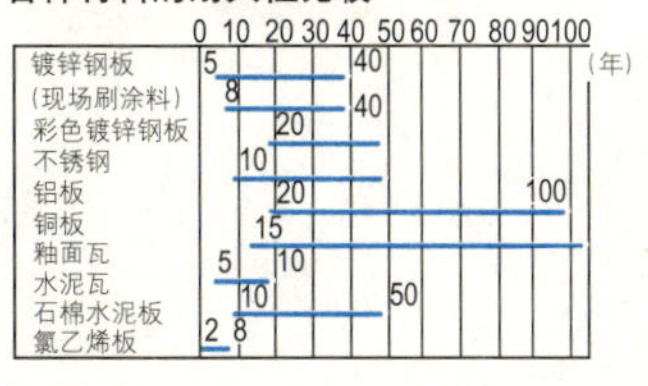


### 13. 按屋顶形状选择铺屋顶构造方法

屋顶形状的构成可分为平面和曲面2种。棒状咬合金属板屋面除缝焊方法之外，是防水性最好的屋面构造方法，适用的屋面形状也多。但是不适宜用在曲面屋顶那样的复杂造型的屋顶。从平面咬口和立面咬口的屋面来说，立面防水少的构造方法，虽然适宜用在比较自由的屋顶形状，但要充分注意防雨和污水坡度。

按屋顶形状选择屋顶构造方法

| 屋顶形状 \ 屋顶构造方法 | 芯棒状咬口瓦屋面 | 无芯棒状咬口瓦屋面：部分压板铁片 | 无芯棒状咬口瓦屋面：压板铁条 | 立平接合屋面 | 咬口接合屋面 | 波纹板屋面 |
|---|---|---|---|---|---|---|
| 一面坡屋面 | ○ | ○ | ○ | ○ | ○ | ○ |
| 不等长双坡屋面 | ○ | ○ | ○ | ○ | ○ | ○ |
| 人字屋顶 | ○ | ○ | ○ | ○ | ○ | ○ |
| 四坡顶屋面 | ○ | ○ | ○ | ○ | ○ | ○~△ |
| 方形屋顶 | ○ | ○ | ○ | ○ | ○ | ○~△ |
| 歇山屋顶 | ○ | ○ | ○ | ○ | ○ | ○~△ |
| 半人字屋顶 | ○ | ○ | ○ | ○ | ○ | ○~△ |
| 双重斜坡屋顶 | ○ | ○ | ○ | ○ | ○ | △ |
| 折线形屋顶 | ○ | ○ | ○ | ○ | ○ | △ |
| 平屋顶 | ○ | ○ | ○ | ○ | ○ | △ |
| 拱形屋顶 | △ | ○ | ○ | ○ | ○ | ○ |
| 圆屋顶 | × | △ | △ | △～× | △～× | × |
| 圆锥状屋顶 | △ | △ | △ | △～× | △～× | × |
| 上翘屋顶 | △～× | △～× | △～× | △～× | △～× | △～× |
| 双曲面屋顶 | △～× | △ | △ | △ | △ | △～× |

○：可适用，△：可适用，但要采用特殊的构造方法，X：不适用

# 3. 种类和特性

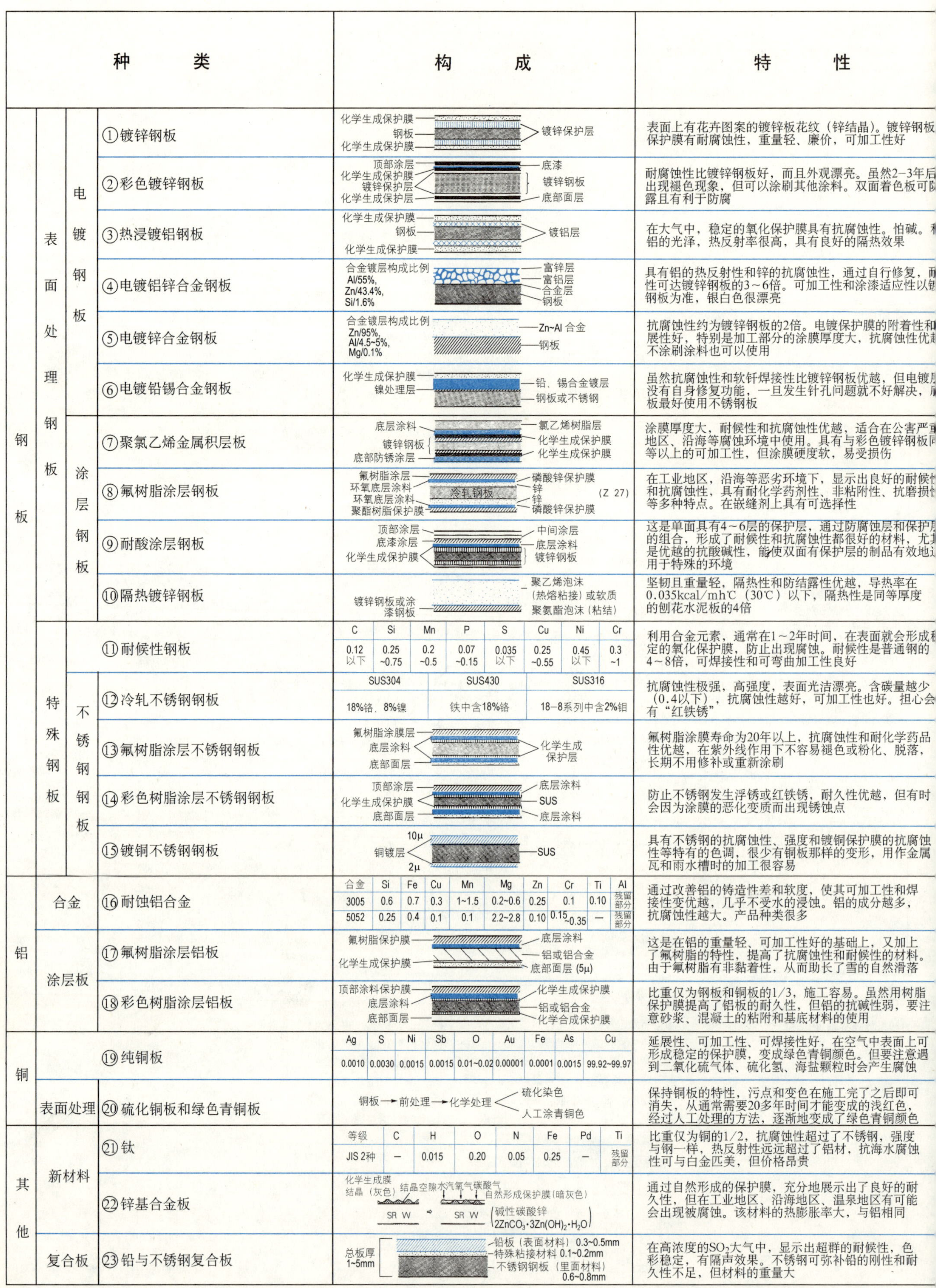

| 种类 | | | | 构成 | 特性 |
|---|---|---|---|---|---|
| 钢板 | 表面处理钢板 | 电镀钢板 | ①镀锌钢板 | 化学生成保护膜<br>钢板<br>化学生成保护膜<br>镀锌保护层 | 表面上有花卉图案的镀锌板花纹（锌结晶）。镀锌钢板保护膜有耐腐蚀性，重量轻、廉价，可加工性好 |
| | | | ②彩色镀锌钢板 | 顶部涂层<br>化学生成保护膜<br>镀锌保护层<br>化学生成保护层<br>底漆<br>镀锌钢板<br>底部面层 | 耐腐蚀性比镀锌钢板好，而且外观漂亮。虽然2−3年后出现褪色现象，但可以涂刷其他涂料。双面着色板可防露且有利于防腐 |
| | | | ③热浸镀铝钢板 | 化学生成保护膜<br>钢板<br>化学生成保护膜<br>镀铝层 | 在大气中，稳定的氧化保护膜具有抗腐蚀性。怕碱。和铝的光泽，热反射率很高，具有良好的隔热效果 |
| | | | ④电镀铝锌合金钢板 | 合金镀层构成比例<br>Al/55%,<br>Zn/43.4%,<br>Si/1.6%<br>富锌层<br>富铝层<br>合金层<br>钢板 | 具有铝的热反射性和锌的抗腐蚀性，通过自行修复，耐性可达镀锌钢板的3～6倍。可加工性和涂漆适应性以镀锌钢板为准，银白色很漂亮 |
| | | | ⑤电镀锌合金钢板 | 合金镀层构成比例<br>Zn/95%,<br>Al/4.5~5%,<br>Mg/0.1%<br>Zn~Al 合金<br>钢板 | 抗腐蚀性约为镀锌钢板的2倍。电镀保护膜的附着性和延展性好，特别是加工部分的涂膜厚度大，抗腐蚀性优越，不涂刷涂料也可以使用 |
| | | | ⑥电镀铅锡合金钢板 | 化学生成保护膜<br>镍处理层<br>铅、锡合金镀层<br>钢板或不锈钢 | 虽然抗腐蚀性和软钎焊接性比镀锌钢板优越，但电镀层没有自身修复功能，一旦发生针孔问题就不好解决，屋板最好使用不锈钢板 |
| | | 涂层钢板 | ⑦聚氯乙烯金属积层板 | 底层涂料<br>镀锌钢板<br>底部防锈涂层<br>氯乙烯树脂层<br>化学生成保护膜<br>化学生成保护膜 | 涂膜厚度大，耐候性和抗腐蚀性优越，适合在公害严重地区、沿海等腐蚀环境中使用。具有与彩色镀锌钢板同等以上的可加工性，但涂膜硬度软，易受损伤 |
| | | | ⑧氟树脂涂层钢板 | 氟树脂涂层<br>环氧底层涂料<br>环氧底层涂料<br>聚酯树脂保护膜<br>冷轧钢板<br>磷酸锌保护膜<br>锌<br>锌<br>磷酸锌保护膜<br>（Z 27） | 在工业地区，沿海等恶劣环境下，显示出良好的耐候性和抗腐蚀性，具有耐化学药剂性、非粘附性、抗磨损性等多种特点。在嵌缝剂上具有可选择性 |
| | | | ⑨耐酸涂层钢板 | 顶部涂层<br>底漆涂层<br>化学生成保护膜<br>中间涂层<br>底层涂料<br>镀锌钢板 | 这是单面具有4～6层的保护层，通过防腐蚀层和保护层的组合，形成了耐候性和抗腐蚀性都很好的材料，尤其是优越的抗酸碱性，能使双面有保护层的制品有效地运用于特殊的环境 |
| | | | ⑩隔热镀锌钢板 | 镀锌钢板或涂漆钢板<br>聚乙烯泡沫（热熔粘接）或软质聚氨酯泡沫（粘结） | 坚韧且重量轻，隔热性和防结露性优越，导热率在0.035kcal/mh℃（30℃）以下，隔热性是同等厚度的刨花水泥板的4倍 |
| | 特殊钢板 | | ⑪耐候性钢板 | C 0.12以下<br>Si 0.25~0.75<br>Mn 0.2~0.5<br>P 0.07~0.15<br>S 0.035以下<br>Cu 0.25~0.55<br>Ni 0.45以下<br>Cr 0.3~1 | 利用合金元素，通常在1～2年时间，在表面就会形成稳定的氧化保护膜，防止出现腐蚀。耐候性是普通钢的4～8倍，可焊接性和可弯曲加工性良好 |
| | | 不锈钢钢板 | ⑫冷轧不锈钢钢板 | SUS304：18%铬、8%镍<br>SUS430：铁中含18%铬<br>SUS316：18−8系列中含2%钼 | 抗腐蚀性极强，高强度，表面光洁漂亮。含碳量越少（0.4以下），抗腐蚀性越好，可加工性也好。担心会有"红铁锈" |
| | | | ⑬氟树脂涂层不锈钢钢板 | 氟树脂涂膜层<br>底层涂料<br>底部面层<br>化学生成保护层 | 氟树脂涂膜寿命为20年以上，抗腐蚀性和耐化学药品性优越，在紫外线作用下不容易褪色或粉化、脱落，长期不用修补或重新涂刷 |
| | | | ⑭彩色树脂涂层不锈钢钢板 | 顶部涂层<br>化学生成保护膜<br>底部面层<br>底层涂料<br>SUS<br>底层涂料 | 防止不锈钢发生浮锈或红铁锈，耐久性优越，但有时会因为涂膜的恶化变质而出现锈蚀点 |
| | | | ⑮镀铜不锈钢钢板 | 10μ<br>铜镀层<br>2μ<br>SUS | 具有不锈钢的抗腐蚀性、强度和镀铜保护膜的抗腐蚀性等特有的色调，很少有钢板那样的变形，用作金属瓦和雨水槽时的加工很容易 |
| 铝 | 合金 | | ⑯耐蚀铝合金 | 合金 / Si / Fe / Cu / Mn / Mg / Zn / Cr / Ti / Al<br>3005 / 0.6 / 0.7 / 0.3 / 1~1.5 / 0.2~0.6 / 0.25 / 0.1 / 0.10 / 残留部分<br>5052 / 0.25 / 0.4 / 0.1 / 0.1 / 2.2~2.8 / 0.10 / 0.15~0.35 / — / 残留部分 | 通过改善铝的铸造性差和软度，使其可加工性和焊接性变优越，几乎不受水的浸蚀。铝的成分越多，抗腐蚀性越大。产品种类很多 |
| | 涂层板 | | ⑰氟树脂涂层铝板 | 氟树脂保护膜<br>化学生成保护膜<br>底层涂料<br>铝或铝合金<br>底部面层（5μ） | 这是在铝的重量轻、可加工性好的基础上，又加上了氟树脂的特性，提高了抗腐蚀性和耐候性的材料。由于氟树脂有非黏着性，从而助长了雪的自然滑落 |
| | | | ⑱彩色树脂涂层铝板 | 顶部涂料保护膜<br>底层涂料<br>底部面层<br>化学生成保护膜<br>铝或铝合金<br>化学合成保护膜 | 比重仅为钢板和铜板的1/3，施工容易。虽然用树脂保护膜提高了铝板的耐久性，但铝的抗碱性弱，要注意砂浆、混凝土的粘附和基底材料的使用 |
| 铜 | | | ⑲纯铜板 | Ag 0.0010<br>S 0.0030<br>Ni 0.0015<br>Sb 0.0015<br>O 0.01~0.02<br>Au 0.00001<br>Fe 0.0001<br>As 0.0015<br>Cu 99.92~99.97 | 延展性、可加工性、可焊接性好，在空气中表面上可形成稳定的保护膜，变成绿色青铜颜色。但要注意遇到二氧化硫气体、硫化氢、海盐颗粒时会产生腐蚀 |
| | 表面处理 | | ⑳硫化铜板和绿色青铜板 | 铜板→前处理→化学处理<br>硫化染色<br>人工涂青铜色 | 保持铜板的特性，污点和变色在施工完了之后即可消失，从通常需要20多年时间才能变成的浅红色，经过人工处理的方法，逐渐地变成了绿色青铜颜色 |
| 其他 | 新材料 | | ㉑钛 | 等级 JIS 2种<br>C —<br>H 0.015<br>O 0.20<br>N 0.05<br>Fe 0.25<br>Pd —<br>Ti 残留部分 | 比重仅为铜的1/2，抗腐蚀性超过了不锈钢，强度与钢一样，热反射性远远超过了铝材，抗海水腐蚀性可与白金匹美，但价格昂贵 |
| | | | ㉒锌基合金板 | 化学生成膜<br>结晶（灰色）<br>结晶空隙水汽氧气碳酸气<br>自然形成保护膜（暗灰色）<br>SR W ⇨ SR W<br>（碱性碳酸锌 $2ZnCO_3 \cdot 3Zn(OH)_2 \cdot H_2O$） | 通过自然形成的保护膜，充分地展示出了良好的耐久性，但在工业地区、沿海地区、温泉地区有可能会出现被腐蚀。该材料的热膨胀率大，与铝相同 |
| | 复合板 | | ㉓铅与不锈钢复合板 | 总板厚 1~5mm<br>铅板（表面材料）0.3~0.5mm<br>特殊粘接材料 0.1~0.2mm<br>不锈钢钢板（里面材料）0.6~0.8mm | 在高浓度的$SO_2$大气中，显示出超群的耐候性，色彩稳定，有隔声效果。不锈钢可弥补铅的刚性和耐久性不足，但材料的重量大 |

| 尺寸（面层……片材 底层……卷材）位: mm | | | 铺屋顶构造方法 | | | | | | | | 厂家名称 | 备注 |
|---|---|---|---|---|---|---|---|---|---|---|---|---|
| | | | 棒状咬口金属瓦屋面 | | 平板瓦屋面 | 咬口铺瓦屋面 | | 成型板 | | 焊接 | | |
| 厚度 | 宽度 | 长度 | 有芯棒 | 无芯棒 | 齐口压边铺瓦屋面 | 立面咬口金属板 | 踏步式金属板 | 折板 | 金属瓦 | 缝焊 | | |
| .27~3.2 | 762~1 219<br>610~1 219 | 1 829~3 658<br>0.5~5t | ○ | ○ | ○ | ○ | ○ | ○ | ○ | — | 淀川制钢所，<br>住友金属建材，<br>大同钢板 | 通称为"镀锌钢板"而被广泛应用。作为屋顶材料使用有2种以上，折弯加工使用时的符号为"L" |
| 27~1.6 | 762~1 219<br>610~1 219 | 1 829~3 658<br>0.5~5t | ○ | ○ | ○ | ○ | ○ | ○ | ○ | — | 日新制钢，<br>住友金属建材，<br>川铁钢板 | 别名为"彩色镀锌钢板"，有单面着色和两面着色两种，镀锌钢板协会制订有"屋顶用彩色镀锌钢板"标准 |
| ).4~1.6 | 762~1 219<br>610~1 219 | 1 829~3 658<br>可搬动范围 | ○ | ○ | ○ | ○ | ○ | ○ | — | — | 日新制钢，<br>川铁钢板 | 含硅的电镀合金，耐热性好，粘合弯曲加工要注意电镀层断裂 |
| 25~1.6 | 610~1 219 | 1 219~3 658<br>2~13t | ○ | ○ | ○ | ○ | ○ | ○ | ○ | — | 大同钢板，<br>淀川制钢所，<br>住友金属建材 | 抗高温氧化性为镀铝＞铝锌合金＞镀锌。无风蚀，可涂漆 |
| 27~2.3 | 762~1 219 | 1 829~3 658<br>5~18t | ○ | ○ | ○ | ○ | ○ | — | — | — | 新日本制铁 | 电镀层表面为平滑的银灰色。直接涂漆时需要进行磷酸盐处理等以便形成化学生成保护膜 |
| ).4~2.0 | 610~1 219 | 1 219~4 877<br>可搬动范围 | ○ | ○ | ○ | ○ | ○ | — | — | SUS ○ | 住友金属建材 | 电镀层松软，易受损伤。在日本国内，仅有新日本制铁公司生产 |
| 27~1.2 | 300~1 219<br>100~1 219 | 1 000~3 658<br>5t以下 | ○ | ○ | ○ | ○ | ○ | ○ | ○ | — | 东洋钢板，<br>日新制钢，<br>住友金属建材 | 在屋面上使用有A、B两种。可做压花加工和印刷加工，在冬季寒冷时也可以加工 |
| .27~1.6 | 610~1 219 | 1 829~3 658<br>2~10t | ○ | ○ | ○ | ○ | ○ | ○ | ○ | — | 住友金属建材，<br>川铁钢板，<br>淀川制钢所 | 有的产品可保质20年<br>要注意低温加工和严格条件的加工 |
| 65~1.7 | 610~1 219 | 1 800~ | ○ | ○ | ○ | ○ | ○ | ○ | — | — | 沥青防水钢板，<br>大岛应用化学 | 里面衬有隔热、吸声、防结露的材料，也有的用铝合金和不锈铜作基底材料 |
| 2 35 | 927 | 1 800~ | — | — | — | — | — | ○ | — | — | 大同钢板 | 有隔热镀锌钢板工业会制订的标准 |
| 0.6~<br>1.0~ | 914~1 524<br>1 219~1 524 | 1 829~6 096<br>可搬动范围 | ○ | ○ | ○ | ○ | ○ | ○ | ○ | — | 川崎制铁，山木工业，<br>日本钢管，<br>住友金属 | 在生成稳定的铁锈之前，为了防止有铁锈水流出，需要做防风雨涂层处理。最好在无油漆的状态下使用 |
| ).3~0.8 | 762~1 219<br>610~1 219 | 1 829~3 658<br>可搬动范围 | ○ | ○ | ○ | ○ | ○ | ○ | ○ | ○ | 日本冶金工业，<br>日新制钢，<br>日本金属工业 | 在重化学工业地区和沿海地区，可以使用SUS 316 |
| ).3~1.5 | 762~1 219<br>610~1 219 | 1 524~3 658<br>可搬动范围 | ○ | ○ | ○ | ○ | ○ | — | — | △ | 日本冶金工业，<br>川铁钢板，<br>日本金属工业 | 由于涂膜柔软，要注意搬运时碰伤。气温在0℃以下时不宜加工 |
| 0.3~0.8 | 762~1 219<br>610~1 219 | 1 524~3 658<br>可搬动范围 | ○ | ○ | ○ | ○ | ○ | ○ | ○ | △ | 日新制钢，<br>日本金属工业，<br>日本冶金工业 | 在一般环境下，再次刷漆的时间为5～7年左右 |
| 0.3~2.0 | 630~1 120<br>100~1 120 | 914~2 500<br>可搬动范围 | ○ | ○ | ○ | ○ | ○ | — | ○ | △ | 日新制钢 | 电镀层软且薄，搬运时要注意碰伤。修补很难 |
| 0.4~1.0 | 455~914 | 1 828~2 438<br>100~500m | ○ | ○ | ○ | ○ | ○ | ○ | — | — | 斯卡依铝材，<br>住友轻金属建材，<br>古河阿尔泰克 | 5000系列的合金有强度，可加工性和可焊接性好，对海水的抗腐蚀性好 |
| 0.3~1.6 | 914~1 219<br>800~1 250 | 1 828~2 438<br>0.5t左右 | ○ | ○ | ○ | ○ | ○ | — | — | — | 古河阿尔泰克，<br>三菱铝材，<br>斯卡依铝材 | 作为基底材料有铝和铝合金2种 |
| 0.3~1.6 | 455~1 219<br>800~1 250 | 1 828~2 438<br>0.5t左右 | ○ | ○ | ○ | ○ | ○ | ○ | — | — | 住友轻金属建材，<br>三菱铝材 | 钉子、螺栓、小五金配件等要使用铝合金或不锈钢制品，要防止产生电化学腐蚀 |
| 0.3~0.8 | 365~1 000<br>303~606 | 850~3 658<br>0.5~2.5 t | ○ | ○ | ○ | ○ | ○ | — | ○ | — | 山内金属，<br>三宝伸铜材，<br>卡纳梅 | 铺屋顶用6～10盎司；<br>贴屋檐用5～9盎司；<br>滴水槽用10～15盎司 |
| 0.3~0.8 | 365~1 000<br>303~606 | 850~3 658<br>0.5~2.5 t | ○ | ○ | ○ | ○ | ○ | — | ○ | — | 三井金属矿业，<br>三宝伸铜，<br>山内金属 | 硫化着色：硫化钾湿式着色，5硫化锑干式"硫化熏制"着色。人工绿色青铜板：横截面着色法，喷雾着色法 |
| —<br>0.3~6.0 | —<br>914~1 524 | —<br>5.3 t以下 | ○ | ○ | ○ | ○ | ○ | — | — | ○ | 日本矿业，<br>住友金属建材，<br>日建板 | 纯钛的强度与比重之比超过了不锈钢、普通钢，约为铝的3倍 |
| 0.4~1.2 | ~1 000 | 606~ | ○ | ○ | ○ | ○ | ○ | — | — | — | 三井金属矿业，<br>铜金 | 随着时间的推移，将变为"熏制银色"。熔点低，要做防火上的考虑 |
| .6~5.0 | 1 000 | 3 000 | △ | △ | ○ | ○ | ○ | ○ | ○ | — | 山木工业 | 要避免铅与混凝土的接触。表面较软，易受损伤 |

凡例：○/可能，△/需要作特殊处理

# 4. 标准详图 1 ——基底构造方法

## 〈檩条截面〉

1. 木檩条

（单位：cm，建设省建造及修缮局标准檩条间隔 90cm 时，摘自建筑学便览）

| 材料种类 | 屋架间隔 (m) | 一般地方 | 多雪的地方 | | |
|---|---|---|---|---|---|
| | | 轻屋顶，轻顶棚 | 积 雪 1.5m 以上 | 积 雪 1.5m 以下 | 积 雪 0.5m 以下 |
| 杉木 | 2 | 9 × 9 | 12 × 12 | 10.5 × 10.5 | 9 × 9 |
| | 3 | 10.5 × 10.5 | 15 × 15 | 13.5 × 13.5 | 12 × 12 |
| | 4 | 13.5 × 13.5<br>12 × 15 | 18 × 18 | 16.5 × 16.5 | 15 × 15 |
| 松木 | 2 | 9 × 9 | 10.5 × 10.5 | 10 × 10 | 9 × 9 |
| | 3 | 10 × 10 | 13.5 × 13.5<br>12 × 15 | 13.5 × 13.5<br>12 × 15 | 12 × 12 |
| | 4 | 12 × 12 | 16.5 × 16.5<br>15 × 18 | 16.5 × 16.5<br>15 × 18 | 15 × 15 |

2. 钢檩条

钢檩条的截面尺寸大小，要选择具有所需强度及刚性的材料。下面用实例做一介绍。

[计算例]

支点间距 $l$=2.0m，

间隔 $d$=0.9m

坡度 3/10，波形钢板屋顶

[荷载]

固定荷载 $G$：

屋顶　　波形钢板　5kg/m²

檩条　　自重　　　5

积雪荷载 $S$：

（雪厚度最大 30cm 时）　2 × 30　60

Σ　　70kg/m²

单位荷载：$w$=0.07 × 0.9=0.063t/m

$$M_x=\frac{wl^2}{8}\cos\alpha$$

$$=\frac{0.063\times 2.0^2}{8}\times 0.952=0.030t\cdot m$$

$$M_y=\frac{wl^2}{8}\sin\alpha$$

$$=\frac{0.063\times 2.0^2}{8}\times 0.292$$

=0.009 → 0.009

假定截面 C－60 × 30 × 10 × 1.6

截面模量 $Z_x$=3.88cm³，$Z_y$=1.32cm³

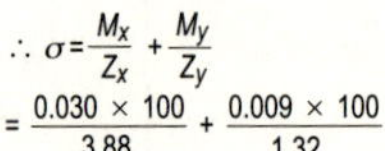

$$\therefore \sigma=\frac{M_x}{Z_x}+\frac{M_y}{Z_y}$$

$$=\frac{0.030\times 100}{3.88}+\frac{0.009\times 100}{1.32}$$

=0.77+0.68

=1.45 < 2.1t/cm²……ok

但是，在屋顶坡度为 1：10 左右时，可以忽略倾斜不计。

| 100 × 100 杉木 | [ | 1-75 × 45 × 15 × 2.0 |
|---|---|---|
| 120 × 120 杉木 | ][ [] | 2-75 × 45 × 15 × 2.0 |
| 120 × 120 松木 | [ | 2-90 × 50 × 20 × 3.2 |
| 120 × 150 松木 | ][ [] | 2-90 × 50 × 20 × 3.3 |
| 90 × 150 杉木 | [ | 1-100 × 50 × 20 × 2.7 |
| 90 × 180 松木 | ][ [] | 2-100 × 50 × 20 × 2.7 |

参考：木材和钢材的截面换算表

## 〈屋面板的种类和尺寸〉

| 材 质 | 厚（mm） | 宽(mm) | 长（mm） | 备 注 |
|---|---|---|---|---|
| 窄板 | 11,12 | 120,150,180 | 1,820~2,000 | 树种：杉木 |
| 板 | 11,12,13,15 | 150,180,210 | 1,820~3,800 | 树种：杉木、松木、美国铁杉 |
| 胶合板 | 9,12,15,18,21 | 910 | 1,820 | I 种厚度 9mm 以上 |
| 刨花水泥板 | 25,30 | 910 | 1,820 | 自重产生变形，为了防止施工中踩断，使用厚 25mm 的板 |
| 硬质木片水泥板 | 12,18,25 | 900 | 1,820 | 厚 9mm 以上的准不燃材料 |
| 防水石膏板 | 15 | 910 | 1,820 | 注意潮湿造成膨胀 |
| 锯末板 | 12,15,20 | 910 | 1,820 | JIS A 5908 中规定的种类为 150 以上 |

## 〈椽条截面〉

（椽条间隔 450mm，一般地区）

| 椽条间隔（m） | 椽条截面（mm × mm） |
|---|---|
| 1.0 | 40 × 45 |
| 1.4 | 36 × 75 |
| 2.0 | 45 × 90 |
| 3.0 | 45 × 120 |

树种类：杉木，美国铁杉，美国松木，日本云杉

## 〈RC 结构砂浆基底〉

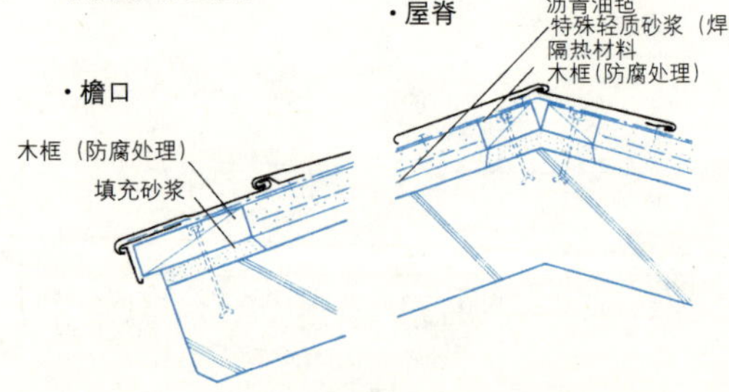


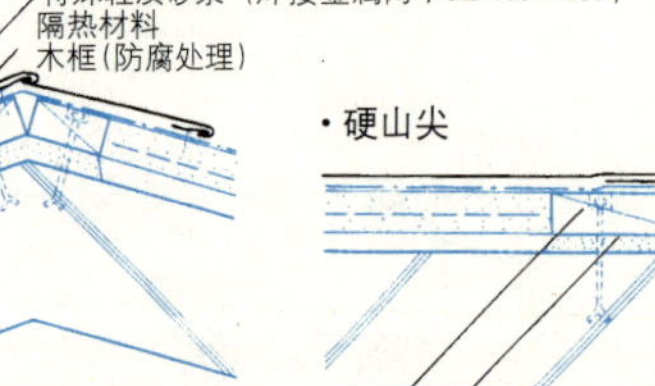


直接把钉子钉在锯末砂浆或珍珠岩砂浆上固定起来。砂浆要选用能够钉住钉子的、有稳定质量的砂浆。檐口、屋脊、硬山尖上要先以 1m 左右的间隔把木框固定在屋面板上。木框要选用不易变形且有耐久性的材质。顶端的高度要与砂浆饰面在同一水平上，檐口和硬山尖的端头部分必须安装在木框上。

## 〈特殊轻质砂浆的配比例〉

| | A 公司 | B 公司 |
|---|---|---|
| 水泥（kg） | 40 | 40 |
| 河砂（l） | 35 | 50 |
| 轻骨料（l） | 4 | 4.8 |
| 水(l) | 28 | 20.25 |

## 〈防水材料〉

| 名 称 | 构 成 | 长度(m) | 宽度（m） | 1 卷重量（kg） |
|---|---|---|---|---|
| 沥青油毡 | 油毛毡的正反两面均涂刷氧化沥青，然后在表面上再撒一层云母或滑石粉 | 21<br>（1 卷） | 1 | 22，30，35<br>（通常为 22） |
| 油毛毡 | 让软质的直馏沥青浸透在以动植物性质的纤维为原料的厚纸里 | 42<br>（1 卷） | 1 | 20,30<br>（通常为 20） |

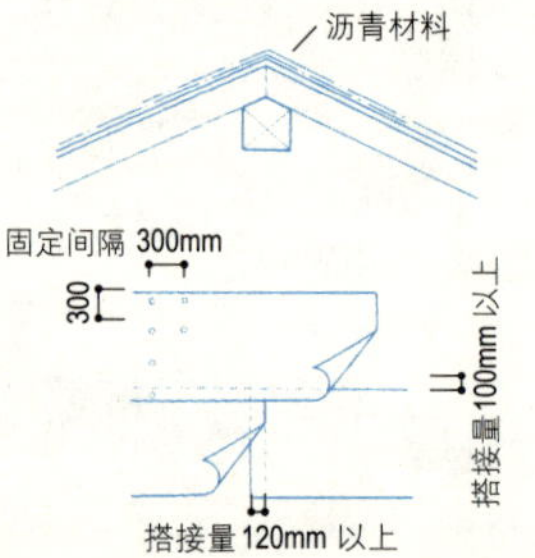


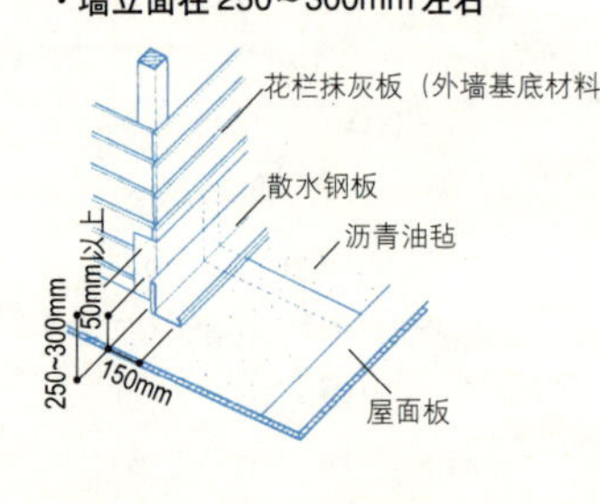


## 〈连接用的零部件〉

| 零件名称 | 屋顶的形式 | | | | | | | | | 机 能 |
|---|---|---|---|---|---|---|---|---|---|---|
| | 齐口压边铺瓦屋面 | 有芯棒状咬口瓦屋面 | 无芯棒状咬口瓦屋面(压板铁条) | 无芯棒状咬口瓦屋面(压板铁条) | 立平接合屋面 | 咬口接合屋面 | 大波纹屋面 | 折板屋面(重叠式) | 折板屋面(咬口式) | |
| ① 钉子 | ○ | ○ | ○ | △ | ○ | ○ | △ | | | 压板铁片、屋顶、墙体材料的固定和特殊异形材料的安装 |
| ② 木螺钉 | △ | △ | △ | △ | △ | △ | △ | | | 与上面的目的相同，在用一般钉子不够牢固时使用 |
| ③ 自攻螺钉 | | | ○ | ○ | | | ○ | ○ | ○ | 固定墙体材料，特殊异形板的相互接合 |
| ④ 铆钉 | | | | | | | | ○ | | 檐垫板的安装固定 |
| ⑤ 封闭铆钉 | | | ○ | ○ | | | ○ | ○ | ○ | 特殊异形材料的相互接合或安装固定 |
| ⑥ 小螺钉 | | | △ | ○ | | | ○ | ○ | ○ | 屋顶、墙体材料的固定或特殊异形材料的安装固定 |
| ⑦ 钩头螺栓 | | | | ○ | | | ○ | | | 屋顶、墙体材料的固定 |
| ⑧ 自攻长螺钉 | | | | ○ | | | ○ | ○ | ○ | 屋顶、墙体材料的固定、特殊异形材料的安装固定 |
| ⑨ 六角形螺栓 | | | | | | | | ○ | ○ | 屋顶材料的固定，屋顶材料之间的相互接合 |
| ⑩ 单侧螺栓 | | | | | | | | ○ | | 屋顶材料的相互接合 |
| ⑪ 固定架 | | | | | | | | ○ | ○ | 折板和梁的固定 |
| ⑫ 防止变形材料 | | | | | | | | ○ | | 防止折板屋顶硬山尖部分的坡顶间距发生尺寸变化 |
| ⑬ 鞍形垫板 | | | | | | | ○ | | | 在波形板的固定上，要把鞍形垫板放在波形板和檩条、横向加固构件之间，防止紧固螺栓时出现波形板的波形变形 |
| ⑭ 软钎焊料 | ○ | ○ | ○ | ○ | ○ | ○ | | | | 板之间的相互接合 |
| ⑮ 嵌缝材料 (不定形) | | | △ | △ | △ | | | ○ | ○ | 檐垫板周围的防水材料，放在咬口里提高水密性 |
| ⑯ 嵌缝材料 (定形) | | | | | | | | ○ | ○ | 檐垫板周围的防水材料，放在咬口里提高水密性 |

凡例○：经常使用 △：偶尔使用

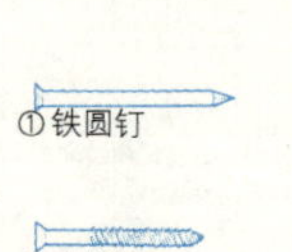

①铁圆钉

⑧自攻长螺钉

②木螺钉

⑨六角形螺栓

③自攻螺钉

⑩单侧螺栓

④铆钉

⑪固定架

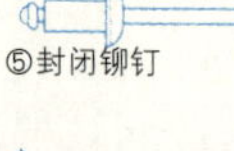

⑤封闭铆钉

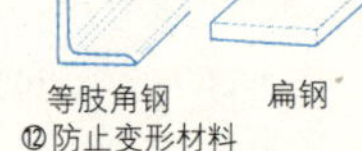


⑫防止变形材料

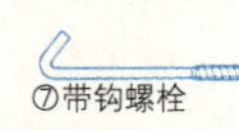

⑥小螺钉

⑦带钩螺栓

⑬鞍形垫板

## 〈防火结构〉

| | 屋顶材料 | 屋面板 | 椽条 | 檐口底部 | 外墙 |
|---|---|---|---|---|---|
| A图 | 金属板 | 准不燃材料以上 | 准不燃材料以上 | —— | 耐火结构 |
| B图 | 镀锌钢板 | 石膏板1.2mm以上<br>岩棉保温板2.5mm以上 | 木椽条也可以 | 法令第108条1项二号的防火结构 | 耐火结构 |

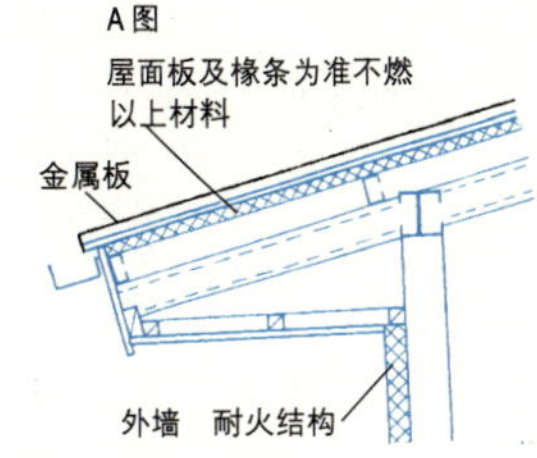


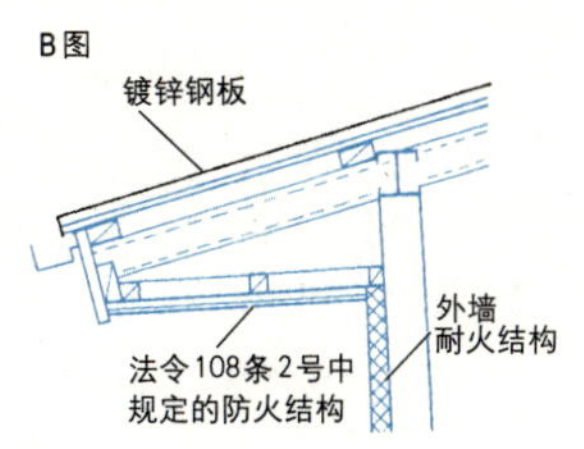


## 〈绝缘材料的种类〉

| | 基本材料 | 品名 | 防火、耐火、不燃性 | 隔热性 | 隔声性 | *可施工性 | 特性 |
|---|---|---|---|---|---|---|---|
| 硬质水泥刨花板 | 用经过防水防腐处理的刨花做骨料制成的混凝土成型品 | 三井耐火屋面板R（世纪板）（三井木材工业） | 准不燃第2012号耐火R-0030（厚18mm以上） | △ | ○ | B.D | 弯折耐力为刨花水泥板的3倍左右，在需要有防火性能及强度时使用 |
| 硅酸钙板 | 以硅酸盐粉末、石灰、纤维为主要材料而成型并经过高温高压蒸汽养护的板 | NA拉克斯（尼奇阿斯） | 不燃第1061号耐火R-0019（NA拉克斯10mm棒状咬口金属板屋面） | ○ | ○ | B.D | 防火性能好，可加工性优越，但抗冲击性差 |
| 岩棉吹涂材料 | 用岩棉和无机粘结剂构成的喷涂材料，用特殊的喷嘴喷涂。 | 喷涂岩棉（岩棉工业会） | 不燃第1023号耐火R-0111（厚10）耐火R-0131（厚15） | ◎ | ○ | G | 可施工性好，任何形状及材质都能喷涂。在发生地震时，可以顺从层间位移进行变形 |
| 玻璃纤维板 | 用玻璃纤维做成叠层板，利用针孔加工再进行加固补强的油毡状片材 | 超级油毡（尼奇阿斯） | 不燃第1706号耐火R-0079（厚4片）耐火R-0080（厚4片） | ◎ | △ | G | 可加工性和抗腐蚀性优越，可以直接贴在钢板上形成屋顶形状 |
| 无机石膏板 | 在二水石膏里掺入若干的胶合剂并使之发泡的多孔片材 | KG片材（克拉莱） | 不燃第1131号耐火（通）R-0112（4mm以上） | ◎ | ○ | G | 不使用岩棉和玻璃纤维材料，无需担心环境卫生上的问题 |
| 玻璃棉板 | 以玻璃纤维为主要材料，用粘接剂粘接成板状的材料 | 长玻璃纤维屋面板（旭玻璃纤维） | 不燃第1036号 | ◎ | ○ | A.D.H | 隔热性、吸附性、防火性优越，但耐水性和防潮性差，密度为64～96kg/m³左右的材料还可作为屋面材料使用 |
| 玻璃棉 | 将短玻璃纤维打乱次序掺入粘合剂做成油毡状的片材 | 长玻璃纤维屋面板（旭玻璃纤维） | 不燃第1031号 | ◎ | ○ | C.E.I | 受温度变化产生的热胀冷缩小，吸湿率低，透气性好，可有效地防止内部结露 |
| 刨花水泥板 | 板的表面喷涂水泥浆之后加压成型做成刨花水泥板 | 刨花水泥板（刨花水泥板工业会） | 准不燃材料 | ○ | ○ | B.D | 可将屋面板兼作屋顶的基底材料，广泛应用于钢框架系统的屋顶上 |
| 泡沫聚乙烯 | 把发泡剂掺入到聚乙烯里使之发泡，形成带有低密度独立气泡的泡沫塑料板 | 泡沫聚乙烯板（日立化成工业等） | 准不燃第2051号（仅限于在钢板上铺4mm厚的片材和热熔粘接的材料） | ○ | ○ | G | 隔热性好，适宜用在寒冷地区的防结露工程，但缺点是易燃、易受污染，且在阳光直射下易变质 |
| 硬质聚氨酯泡沫 | 以多元醇、聚异氰酸及发泡剂为主剂加工成板状成型板 | 埃巴赖特R（布利基斯顿轮胎） | 无特别要求 | ◎ | △ | A.B.F | 重量轻且隔热性好，但随着时间的延长，有质量恶化变质和易燃的缺点 |

*施工方法一栏中的符号，请参见下图中的〈绝缘材料的施工方法〉

## 〈绝缘材料的施工方法〉

A. 在屋面板上铺有绝缘材料之例

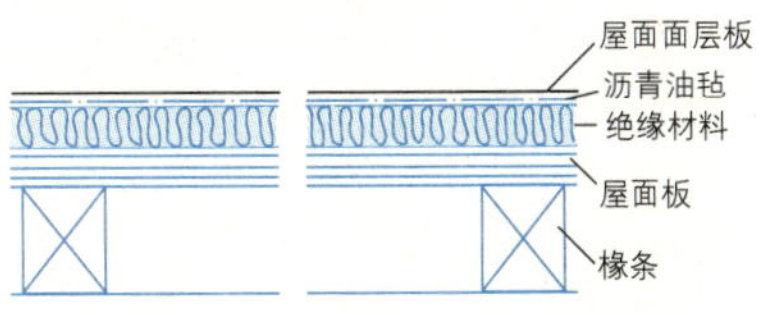


D. 椽条下面使用绝缘材料之例

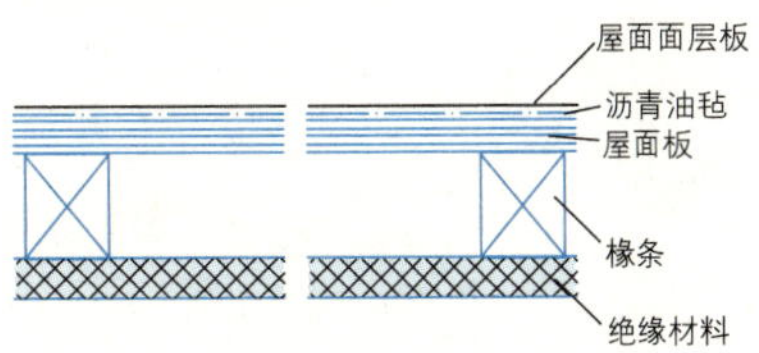


G. 折板里面粘附或喷涂绝缘材料之例

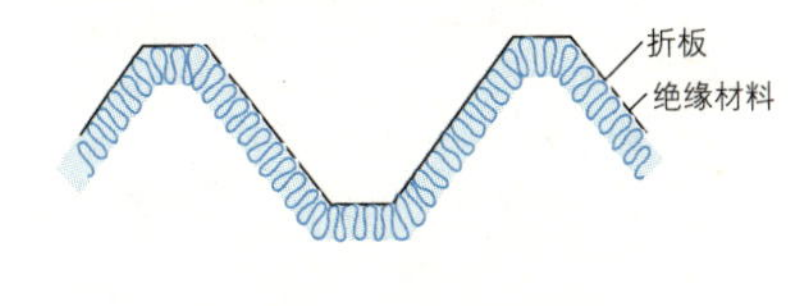


B. 绝缘材料兼作屋面板之例

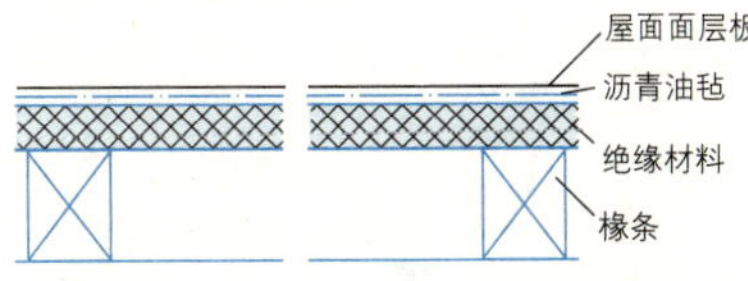


E. 檩条之间使用绝缘材料之例

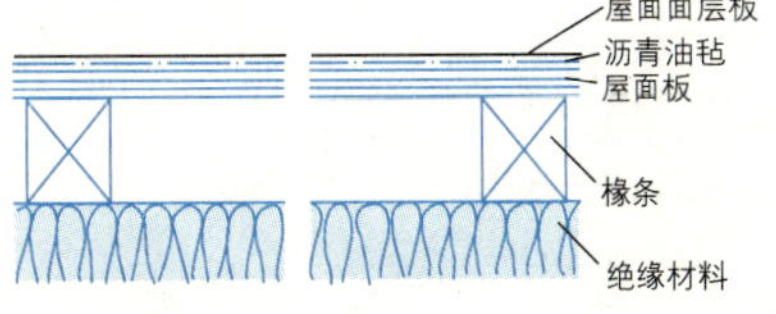


H. 折板作为屋面板使用之例

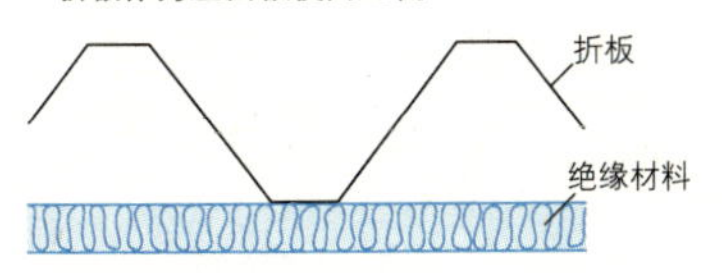


I. 两块折板之间填充绝缘材料之例

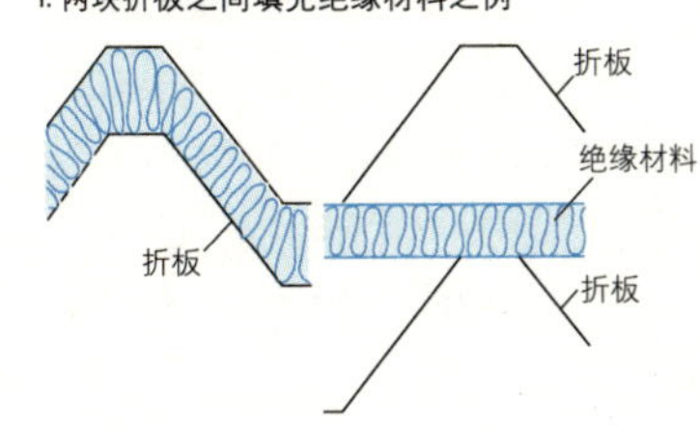


C. 椽条之间使用绝缘材料之例

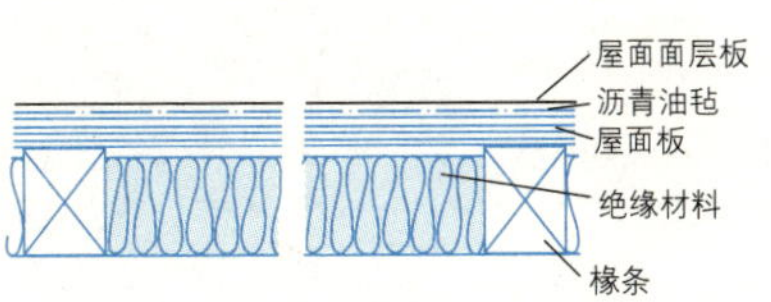


F. 隔热镀锌钢板

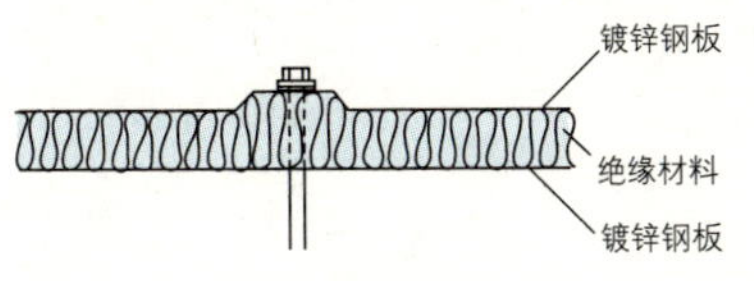

# 5. 标准详图 2——有芯棒状咬口瓦屋面和无芯棒状咬口瓦屋面

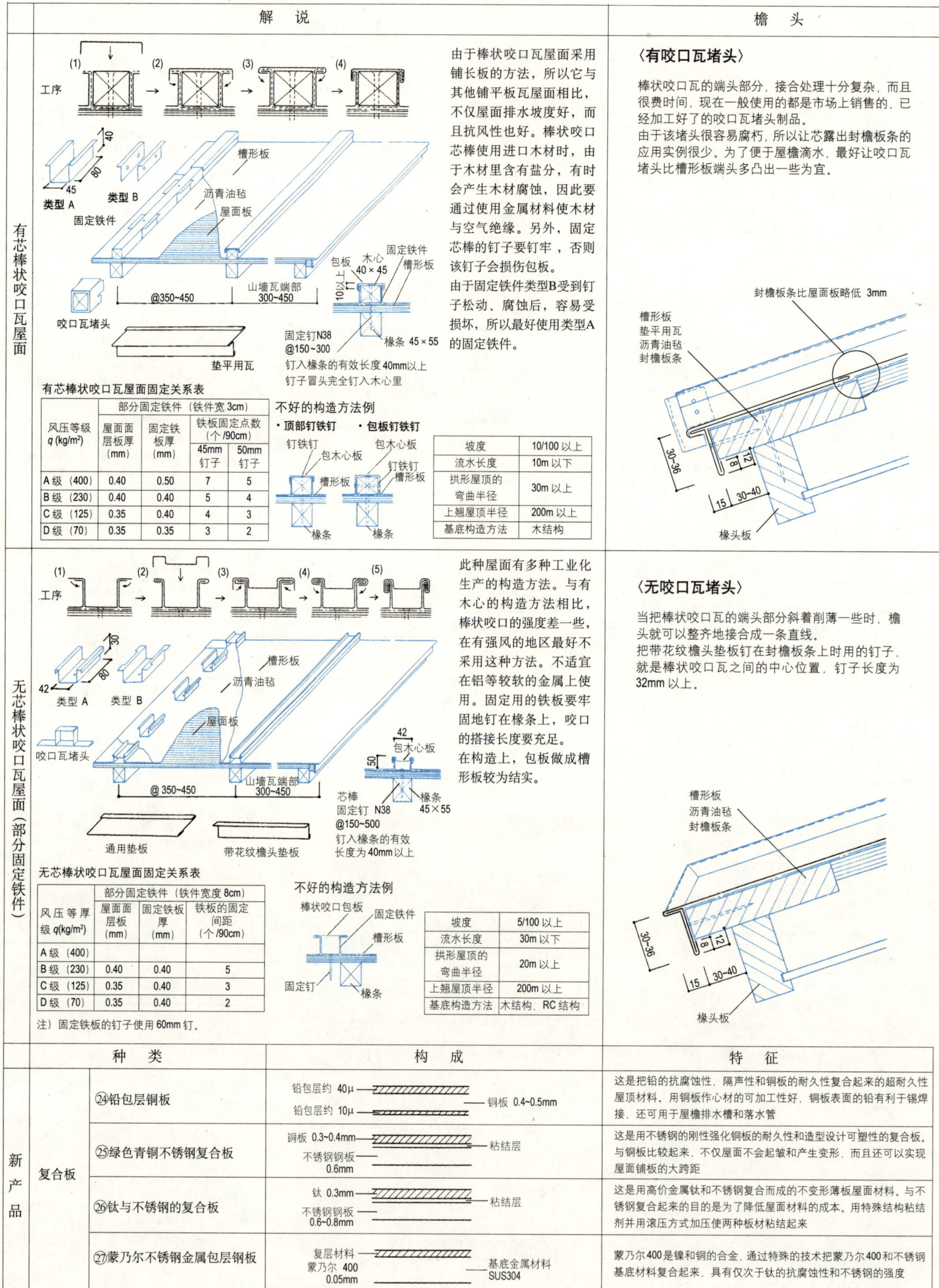

| | 解　说 | 檐　头 |
|---|---|---|

## 有芯棒状咬口瓦屋面



由于棒状咬口瓦屋面采用铺长板的方法，所以它与其他铺平板瓦屋面相比，不仅屋面排水坡度好，而且抗风性也好。棒状咬口芯棒使用进口木材时，由于木材里含有盐分，有时会产生木材腐蚀，因此要通过使用金属材料使木材与空气绝缘。另外，固定芯棒的钉子要钉牢，否则该钉子会损伤包板。

由于固定铁件类型B受到钉子松动、腐蚀后，容易受损坏，所以最好使用类型A的固定铁件。

有芯棒状咬口瓦屋面固定关系表

| 风压等级 q (kg/m²) | 部分固定铁件（铁件宽 3cm） | | | |
|---|---|---|---|---|
| | 屋面面层板厚 (mm) | 固定铁板厚 (mm) | 铁板固定点数（个 /90cm） 45mm 钉子 | 50mm 钉子 |
| A 级（400） | 0.40 | 0.50 | 7 | 5 |
| B 级（230） | 0.40 | 0.40 | 5 | 4 |
| C 级（125） | 0.35 | 0.40 | 4 | 3 |
| D 级（70） | 0.35 | 0.35 | 3 | 2 |

不好的构造方法例



| 坡度 | 10/100 以上 |
|---|---|
| 流水长度 | 10m 以下 |
| 拱形屋顶的弯曲半径 | 30m 以上 |
| 上翘屋顶半径 | 200m 以上 |
| 基底构造方法 | 木结构 |

### 〈有咬口瓦堵头〉

棒状咬口瓦的端头部分，接合处理十分复杂，而且很费时间，现在一般使用的都是市场上销售的、已经加工好了的咬口瓦堵头制品。

由于该堵头很容易腐朽，所以让芯露出封檐板条的应用实例很少。为了便于屋檐滴水，最好让咬口瓦堵头比槽形板端头多凸出一些为宜。



## 无芯棒状咬口瓦屋面（部分固定铁件）



此种屋面有多种工业化生产的构造方法。与有木心的构造方法相比，棒状咬口的强度差一些，在有强风的地区最好不采用这种方法。不适宜在铝等较软的金属上使用。固定用的铁板要牢固地钉在椽条上，咬口的搭接长度要充足。

在构造上，包板做成槽形板较为结实。

无芯棒状咬口瓦屋面固定关系表

| 风压等级 q(kg/m²) | 部分固定铁件（铁件宽度 8cm） | | |
|---|---|---|---|
| | 屋面面层板 (mm) | 固定铁板厚 (mm) | 铁板的固定间距（个 /90cm） |
| A 级（400） | | | |
| B 级（230） | 0.40 | 0.40 | 5 |
| C 级（125） | 0.35 | 0.40 | 3 |
| D 级（70） | 0.35 | 0.40 | 2 |

注）固定铁板的钉子使用 60mm 钉。

不好的构造方法例



| 坡度 | 5/100 以上 |
|---|---|
| 流水长度 | 30m 以下 |
| 拱形屋顶的弯曲半径 | 20m 以上 |
| 上翘屋顶半径 | 200m 以上 |
| 基底构造方法 | 木结构、RC 结构 |

### 〈无咬口瓦堵头〉

当把棒状咬口瓦的端头部分斜着削薄一些时，檐头就可以整齐地接合成一条直线。

把带花纹檐头垫板钉在封檐板条上时用的钉子，就是棒状咬口瓦之间的中心位置，钉子长度为 32mm 以上。



## 新产品

| | 种　类 | 构　成 | 特　征 |
|---|---|---|---|
| 复合板 | ㉔铅包层铜板 | 铅包层约 40μ；铜板 0.4~0.5mm；铅包层约 10μ | 这是把铅的抗腐蚀性、隔声性和铜板的耐久性复合起来的超耐久性屋顶材料。用铜板作心材的可加工性好，铜板表面的铅有利于锡焊接，还可用于屋檐排水槽和落水管 |
| | ㉕绿色青铜不锈钢复合板 | 铜板 0.3~0.4mm；粘结层；不锈钢钢板 0.6mm | 这是用不锈钢的刚性强化铜板的耐久性和造型设计可塑性的复合板。与铜板比较起来，不仅屋面不会起皱和产生变形，而且还可以实现屋面铺板的大跨距 |
| | ㉖钛与不锈钢的复合板 | 钛 0.3mm；粘结层；不锈钢钢板 0.6~0.8mm | 这是用高价金属钛和不锈钢复合而成的不变形薄板屋面材料。与不锈钢复合起来的目的是为了降低屋面材料的成本。用特殊结构粘结剂并用滚压方式加压使两种板材粘结起来 |
| | ㉗蒙乃尔不锈钢金属包层钢板 | 复层材料 蒙乃尔 400 0.05mm；基底金属材料 SUS304 | 蒙乃尔400是镍和铜的合金，通过特殊的技术把蒙乃尔400和不锈钢基底材料复合起来，具有仅次于钛的抗腐蚀性和不锈钢的强度 |

| 屋　脊 | 硬山尖 | 其　他 |
|---|---|---|

## 〈方垫木和永久折弯〉

棒状咬口瓦木心宽50以上
方垫木 40×40
永久折弯
包脊板
脊下垫板 24×150
屋脊木
椽条 45×55
包芯板
槽形板
沥青油毡
屋面板 厚15

**· 屋脊的构成**

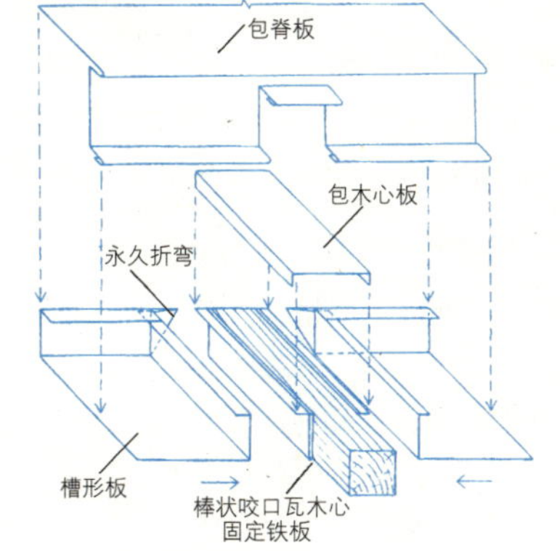


## 〈夹持和永久折弯〉

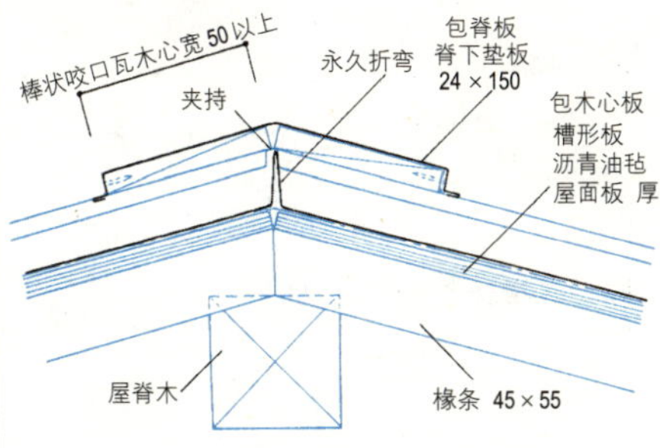


**· 屋脊的构成**

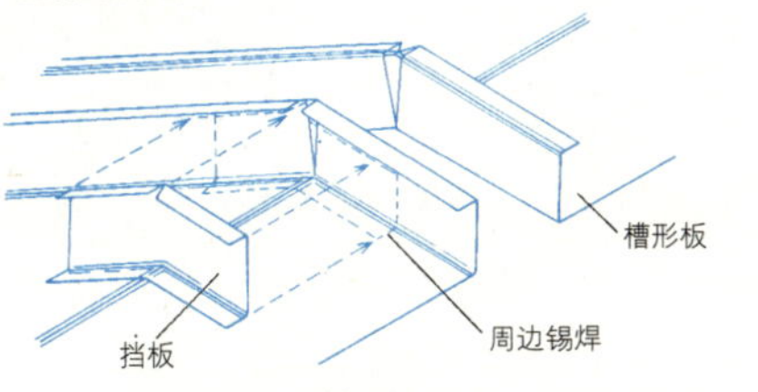


## 〈夹卡式构造方法〉

屋面面层板
垫平用瓦
沥青油毡
屋面板 厚15
12
8
30~40
15

一般都是使用施工容易的夹卡式构造方法。从抗风压和防水方面来说，还是采用下弯式构造方法为好。无论是采用哪一种方法，为了防止漏雨和避免铁钉锈蚀，都不应将铁钉露在外面。如果让铁钉露在外面时，要通过使用垫圈或锡焊或嵌缝密封等，防止雨水浸入。

## 〈下弯式构造方法〉

屋面面层板
沥青油毡
屋面板 厚15
封檐垫板
12
8
椽条

檐头、硬山尖固定关系表

| 夹卡式构造方法 | | | | | | 下弯式构造方法 | | | |
|---|---|---|---|---|---|---|---|---|---|
| 风压等级 q(kg/m²) | 有效宽度 l (cm) | 屋面面层板厚 (mm) | 固定铁板厚 (mm) | 铁钉用量（个/90cm） | | 屋面面层板厚 (mm) | 固定铁板厚 (mm) | 铁钉用量（个/90cm） | |
| | | | | 45mm铁钉 | 60mm铁钉 | | | 45mm铁钉 | 60mm铁钉 |
| A级 | 45 | 0.40 | 0.50 | 8 | 5 | 0.40 | 0.40 | 8 | 5 |
| | 30以下 | 0.40 | 0.40 | 7 | 5 | | | | |
| B级 | 45 | 0.40 | 0.40 | 6 | 4 | 0.35 | 0.40 | 5 | 4 |
| | 30以下 | 0.35 | 0.40 | 5 | 4 | | | | |
| C级 | 45 | 0.35 | 0.40 | 5 | 3 | 0.35 | 0.35 | 4 | 3 |
| | 30以下 | 0.35 | 0.35 | 4 | 3 | | | | |
| D级 | | 0.35 | 0.35 | 3 | 2 | 0.35 | 0.35 | 3 | 2 |

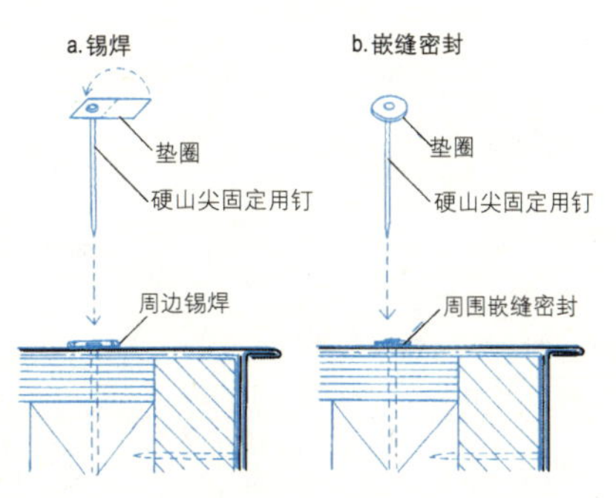


## 〈与墙的接合〉

**1. 流水方向**

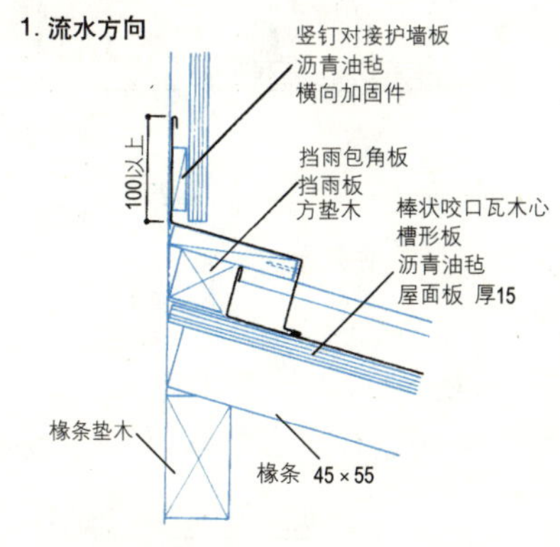


**2. 流水和直角方向**

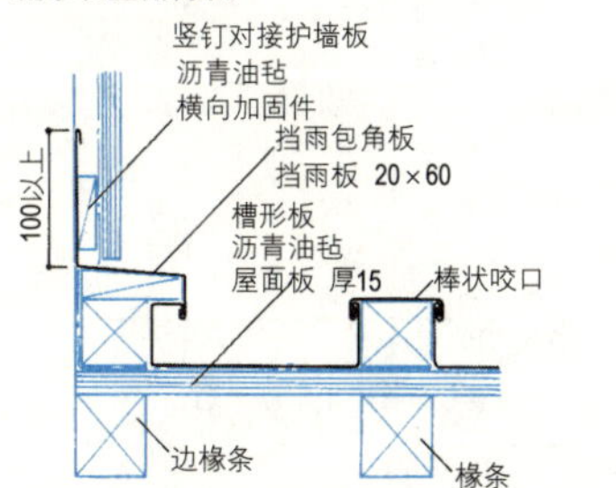


槽形板和包脊板一样，靠墙一侧要沿墙面向上立起100mm以上，然后用铁钉固定在墙上。沥青油毡的立起高度为250～300mm左右。

## 〈天窗周围〉

**1. 靠近屋脊时**

包脊板
滴水板
天窗、嵌网玻璃
棒状咬口
槽形板

**2. 远离屋脊时**

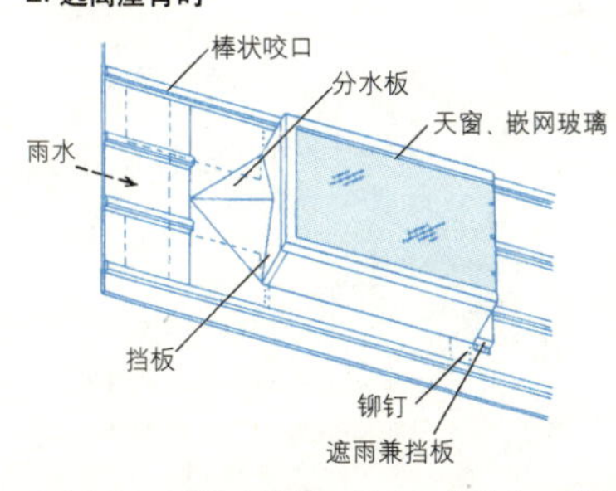


天窗上部不设排水沟槽，整个天窗作为一种宽大的棒状咬口，在槽形板和挡板的接合处设有分水板，以免雨水积存。

| | 尺寸（顶部片材 底部卷材）(单位:mm) | | | 铺瓦屋顶构造方法 | | | | | | | | 厂名 | 备注 |
|---|---|---|---|---|---|---|---|---|---|---|---|---|---|
| | | | | 棒状咬口铺瓦屋面 | | 平板瓦屋面 | 咬口瓦屋面 | | 成型板屋面 | | 焊接 | | |
| | 厚 | 宽 | 长 | 有芯 | 无芯 | 齐口压边金属瓦 | 立面咬口瓦 | 踏步式金属板 | 折板 | 金属瓦 | 缝焊 | | |
| ㉔ | 0.4～0.5 | 915 | 2 435 | ○ | ○ | ○ | ○ | ○ | — | ○ | — | 山内金属 | 这是从美国进口的材料，用在屋顶、墙壁、滴水槽上，可使用60年以上的时间 |
| | | 455～609 | 20～25m | | | | | | | | | | |
| ㉕ | 1.0～2.5 | 1 000 | 3 000 | ○ | ○ | — | — | ○ | — | ○ | — | 山木工业 | 利用铜板和不锈钢的耐候性优点，无需进行维修 |
| | | 1 000 | 卷材 | | | | | | | | | | |
| ㉖ | 1.0～2.5 | 1 000 | 3 000 | ○ | ○ | ○ | ○ | ○ | ○ | ○ | — | 山木工业 | 具有卓越的抗腐蚀性，在海滨和工业地区等所有环境中使用，可以发挥出优越的耐候性，无需进行维修 |
| | | 1 000 | 卷材 | | | | | | | | | | |
| ㉗ | 1.0～2.5 | 1 000 | 3 000 | ○ | ○ | ○ | ○ | ○ | ○ | ○ | ○ | 山木工业 | 由于该钢板的表面有一层镍铜合金的包层材料，所以在不同的金属之间不会发生剥离。该钢板的切割、弯曲、焊接等可加工性与不锈钢一样 |
| | | 1 000 | 卷材 | | | | | | | | | | |

# 6. 标准详图 3——无芯棒状咬口瓦屋面

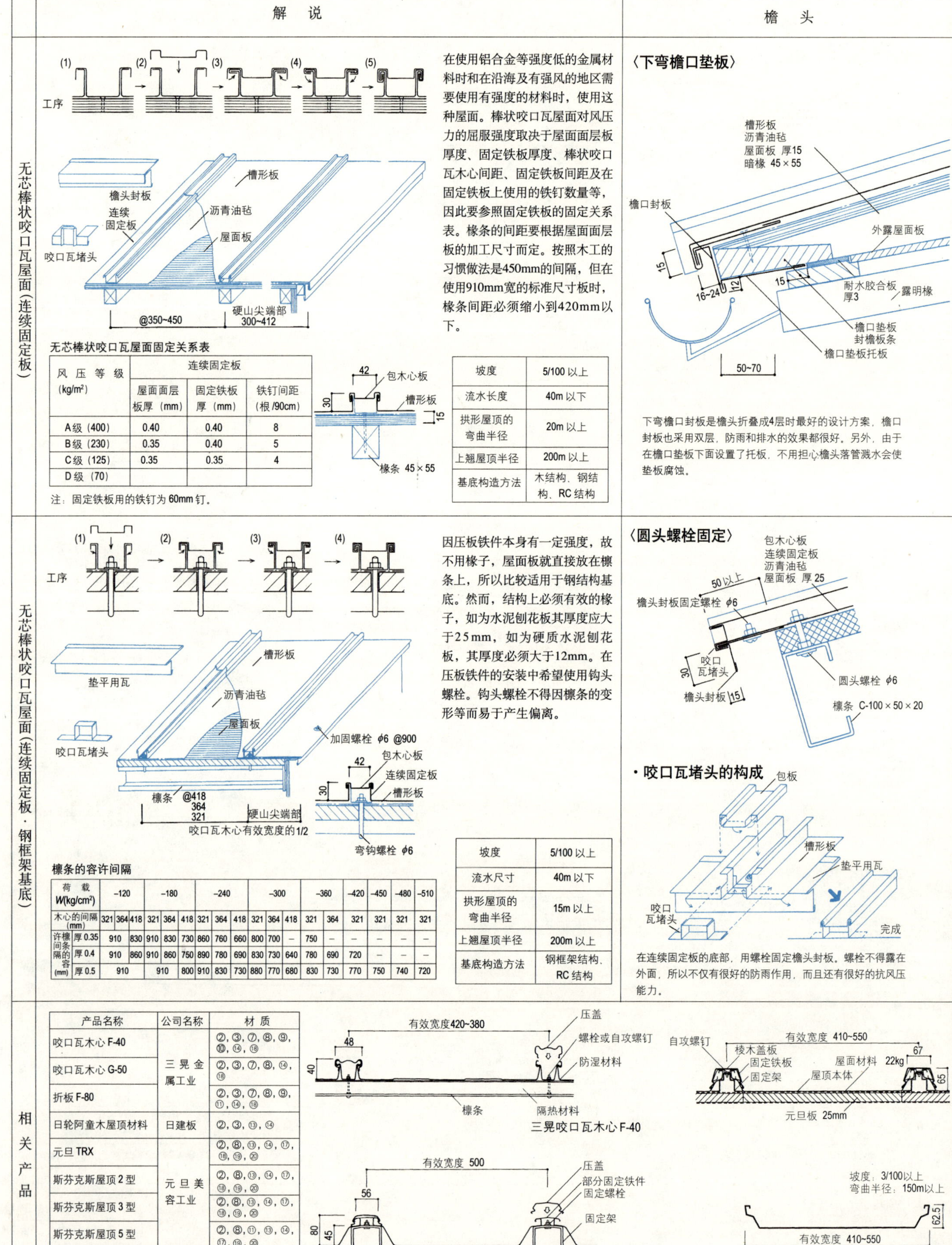



在使用铝合金等强度低的金属材料时和在沿海及有强风的地区需要使用有强度的材料时，使用这种屋面。棒状咬口瓦屋面对风压力的屈服强度取决于屋面面层板厚度、固定铁板厚度、棒状咬口瓦木心间距、固定铁板间距及在固定铁板上使用的铁钉数量等，因此要参照固定铁板的固定关系表。椽条的间距要根据屋面面层板的加工尺寸而定。按照木工的习惯做法是450mm的间隔，但在使用910mm宽的标准尺寸板时，椽条间距必须缩小到420mm以下。

**无芯棒状咬口瓦屋面固定关系表**

| 风压等级 (kg/m²) | 连续固定板 | | |
|---|---|---|---|
| | 屋面面层板厚（mm） | 固定铁板厚（mm） | 铁钉间距（根/90cm） |
| A级（400） | 0.40 | 0.40 | 8 |
| B级（230） | 0.35 | 0.40 | 5 |
| C级（125） | 0.35 | 0.35 | 4 |
| D级（70） | | | |

注：固定铁板用的铁钉为60mm钉。

| 坡度 | 5/100 以上 |
|---|---|
| 流水长度 | 40m 以下 |
| 拱形屋顶的弯曲半径 | 20m 以上 |
| 上翘屋顶半径 | 200m 以上 |
| 基底构造方法 | 木结构、钢结构、RC 结构 |

下弯檐口封板是檐头折叠成4层时最好的设计方案，檐口封板也采用双层，防雨和排水的效果都很好。另外，由于在檐口垫板下面设置了托板，不用担心檐头落管溅水会使垫板腐蚀。

因压板铁件本身有一定强度，故不用椽子，屋面板就直接放在檩条上，所以比较适用于钢结构基底。然而，结构上必须有效的椽子，如为水泥刨花板其厚度应大于25mm，如为硬质水泥刨花板，其厚度必须大于12mm。在压板铁件的安装中希望使用钩头螺栓。钩头螺栓不得因檩条的变形等而易于产生偏离。

**檩条的容许间隔**

| 荷载 W(kg/cm²) | | -120 | | | -180 | | | -240 | | | -300 | | | -360 | | -420 | -450 | -480 | -510 |
|---|---|---|---|---|---|---|---|---|---|---|---|---|---|---|---|---|---|---|---|
| 木心的间隔 (mm) | | 321 | 364 | 418 | 321 | 364 | 418 | 321 | 364 | 418 | 321 | 364 | 418 | 321 | 364 | 321 | 321 | 321 | 321 |
| 许容檩条间隔 (mm) | 厚 0.35 | 910 | | 830 | 910 | 830 | 730 | 860 | 760 | 660 | 800 | 700 | – | 750 | – | – | – | – | – |
| | 厚 0.4 | 910 | | 860 | 910 | 860 | 750 | 890 | 780 | 690 | 830 | 730 | 640 | 780 | 690 | 720 | – | – | – |
| | 厚 0.5 | 910 | | | 910 | | 800 | 910 | 830 | 730 | 880 | 770 | 680 | 830 | 730 | 770 | 750 | 740 | 720 |

| 坡度 | 5/100 以上 |
|---|---|
| 流水尺寸 | 40m 以下 |
| 拱形屋顶的弯曲半径 | 15m 以上 |
| 上翘屋顶半径 | 200m 以上 |
| 基底构造方法 | 钢框架结构、RC 结构 |

在连续固定板的底部，用螺栓固定檐头封板。螺栓不得露在外面，所以不仅有很好的防雨作用，而且还有很好的抗风压能力。

| 产品名称 | 公司名称 | 材质 |
|---|---|---|
| 咬口瓦木心 F-40 | 三晃金属工业 | ②, ③, ⑦, ⑧, ⑨, ⑩, ⑭, ⑱ |
| 咬口瓦木心 G-50 | 三晃金属工业 | ②, ③, ⑦, ⑧, ⑭, ⑱ |
| 折板 F-80 | 三晃金属工业 | ②, ③, ⑦, ⑧, ⑨, ⑪, ⑭, ⑱ |
| 日轮阿童木屋顶材料 | 日建板 | ②, ③, ⑬, ⑭ |
| 元旦 TRX | 元旦美容工业 | ②, ⑧, ⑬, ⑭, ⑰, ⑱, ⑲, ⑳ |
| 斯芬克斯屋顶 2 型 | 元旦美容工业 | ②, ⑧, ⑬, ⑭, ⑰, ⑱, ⑲, ⑳ |
| 斯芬克斯屋顶 3 型 | 元旦美容工业 | ②, ⑧, ⑬, ⑭, ⑰, ⑱, ⑲, ⑳ |
| 斯芬克斯屋顶 5 型 | 元旦美容工业 | ②, ⑧, ⑪, ⑬, ⑭, ⑰, ⑲, ⑳ |

注）材质栏组中的数字，请参照“种类和特性”（p.56)中的内容。

| 屋　脊 | 硬山尖 | 其　他 |
|---|---|---|

## 〈夹持〉

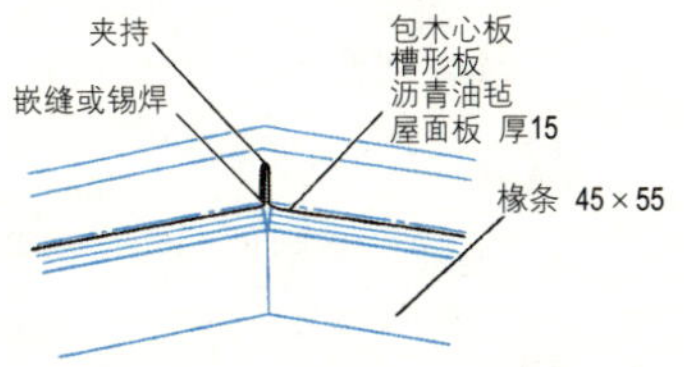

夹持
嵌缝或锡焊
包木心板
槽形板
沥青油毡
屋面板 厚15
椽条 45×55


槽形板的屋脊立面部分和包木心板的接合处，如果是镀锌钢板最好用锡焊；如果是彩色镀锌钢板，最好采用嵌缝方法处理。夹持和平面咬口与用脊下垫板的接合处理方法相比，在防雨方面并不理想。在平缓的坡度，最好不使用。

## 〈平面咬口〉

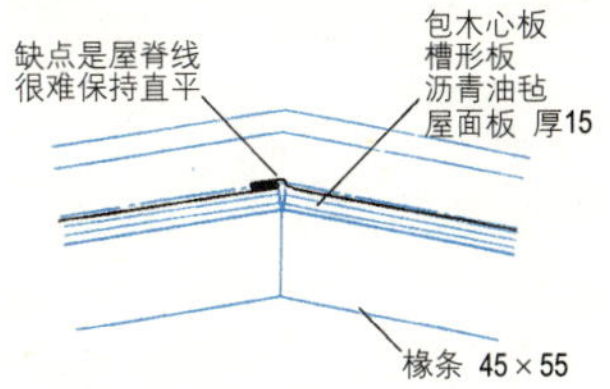

缺点是屋脊线
很难保持直平
包木心板
槽形板
沥青油毡
屋面板 厚15
椽条 45×55


## 〈山墙封檐板横木〉

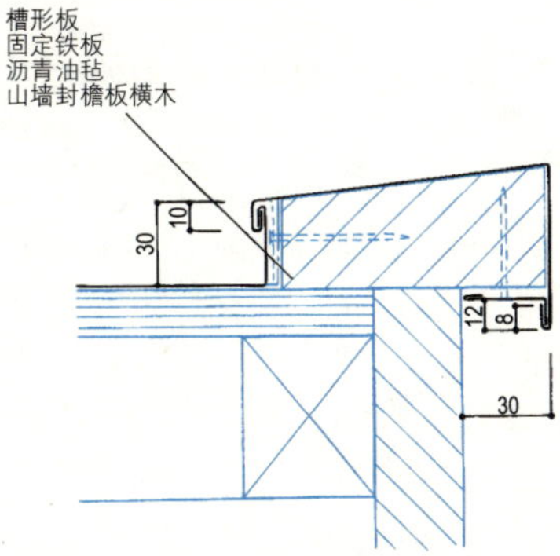

槽形板
固定铁板
沥青油毡
山墙封檐板横木
30
10
12
8
30


与有芯棒状咬口瓦屋面一样，是用固定铁板固定槽形板的构造方法。铁钉不露出外面，有抗风压能力。这种设计方法考虑到了山墙封檐板横木与咬口瓦木心的平衡问题，槽形板的立面高度要在30mm以上。

1. 靠近屋脊时

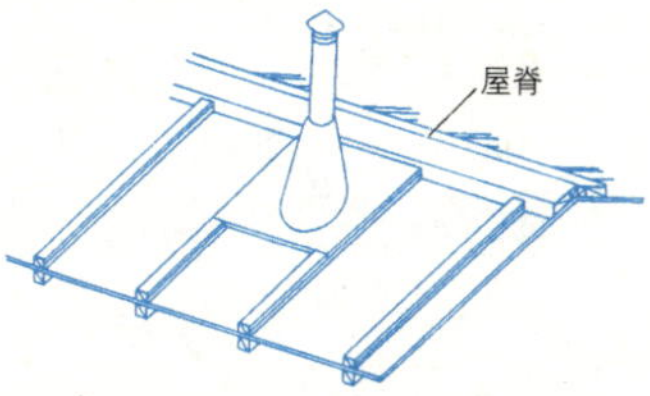

屋脊


在屋面上设有突出设施时，槽形板的上部会产生积存雨水的部分，所以要像天窗那样，采用图示的构造方法。

2. 距离屋脊远时

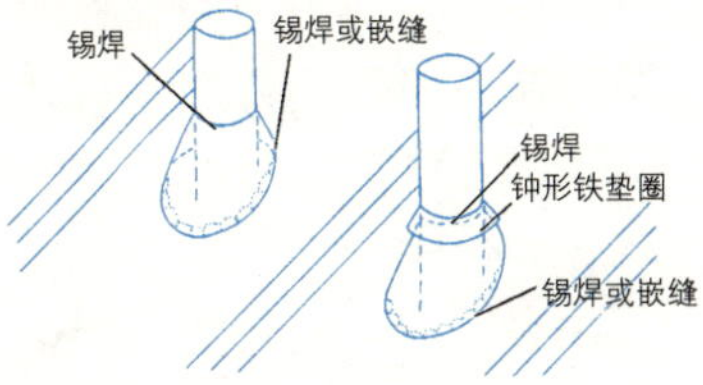

锡焊
锡焊或嵌缝
锡焊
钟形铁垫圈
锡焊或嵌缝


加一个钟形铁垫圈，可以形成双层防雨结构，这是最好的方法。

## 〈螺栓固定包脊盖板〉

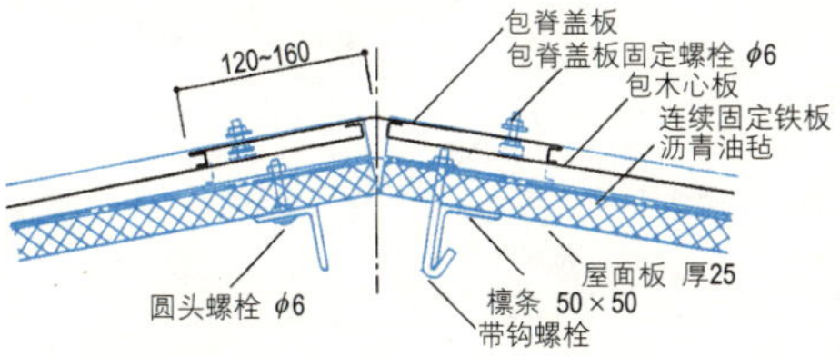

120~160
包脊盖板
包脊盖板固定螺栓 φ6
包木心板
连续固定铁板
沥青油毡
屋面板 厚25
圆头螺栓 φ6
檩条 50×50
带钩螺栓


· 包脊盖板接头

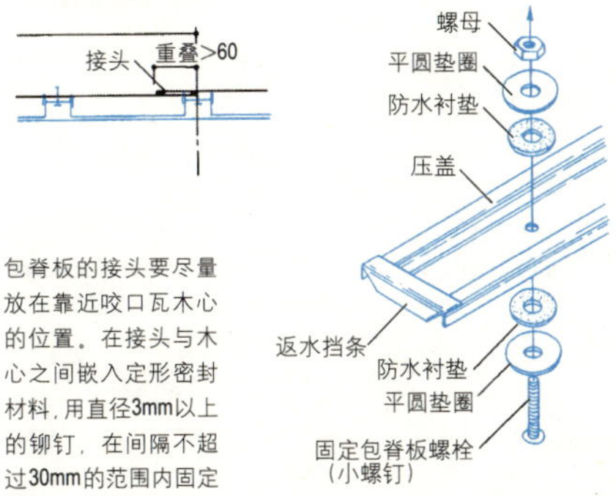

接头
重叠>60
螺母
平圆垫圈
防水衬垫
压盖
返水挡条
防水衬垫
平圆垫圈
固定包脊板螺栓
（小螺钉）


包脊板的接头要尽量放在靠近咬口瓦木心的位置。在接头与木心之间嵌入定形密封材料，用直径3mm以上的铆钉，在间隔不超过30mm的范围内固定住。

## 〈硬山尖固定螺栓〉

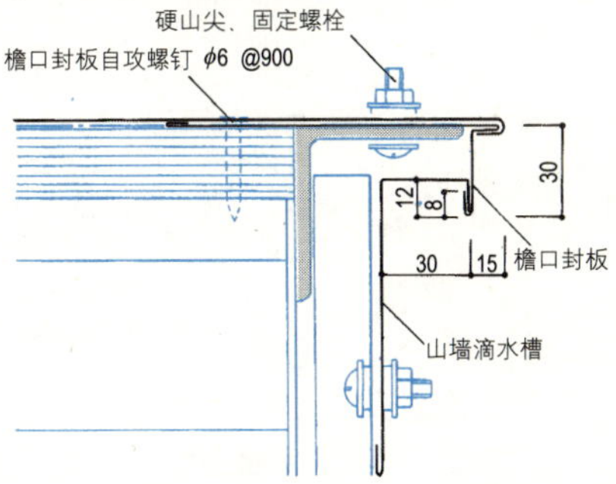

硬山尖、固定螺栓
檐口封板自攻螺钉 φ6 @900
30
12
8
30
15
檐口封板
山墙滴水槽


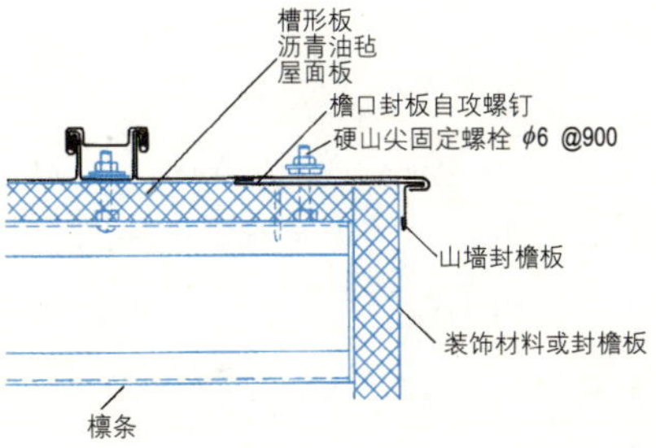

槽形板
沥青油毡
屋面板
檐口封板自攻螺钉
硬山尖固定螺栓 φ6 @900
山墙封檐板
装饰材料或封檐板
檩条


## 〈与墙的接合〉

1. 流水方向

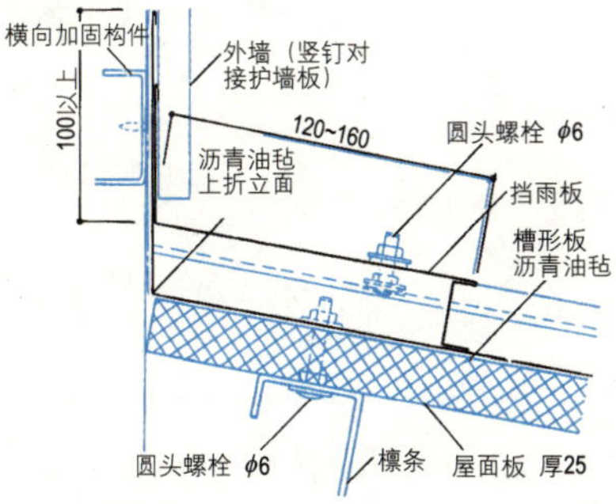

横向加固构件
外墙（竖钉对接护墙板）
100以上
120~160
圆头螺栓 φ6
沥青油毡
上折立面
挡雨板
槽形板
沥青油毡
圆头螺栓 φ6
檩条
屋面板 厚25


2. 流水和直角方向

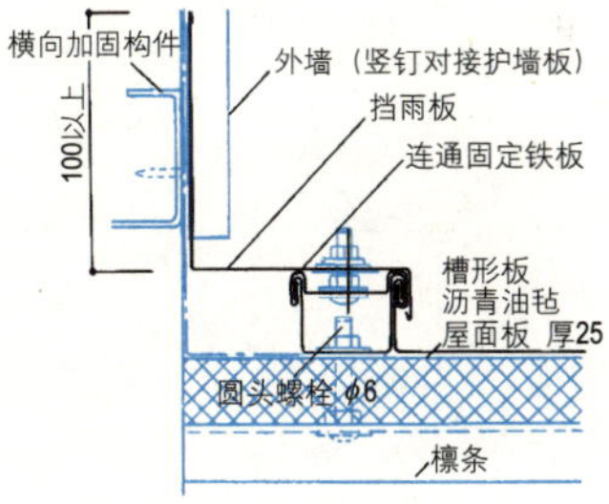

横向加固构件
外墙（竖钉对接护墙板）
挡雨板
连通固定铁板
100以上
槽形板
沥青油毡
屋面板 厚25
圆头螺栓 φ6
檩条


有效宽度 418
36
36
30


淀牌瓦棒

@400
有效宽度 400
@400
方盖帽
屋顶 淀牌屋顶 咬口
内衬 瓦木心400
聚乙烯泡沫塑料板
圆盖帽
43
43
33
39
@4mm
自攻螺钉
6×35
沥青油毡
屋面板
檩条


淀牌屋顶 咬口瓦木心400

新设
有效宽度 标准418 (364•455)
改建
75
75
55
现有咬口瓦木心


埃巴屋顶平稳

410
565
16
17
R=100
98
82
99
96
40.5
329


W屋顶S-100

| 产品名称 | 公司名称 | 材　质 |
|---|---|---|
| 淀牌瓦棒 | 淀川制钢所 | ②,④,⑦,⑧ |
| 淀牌屋顶瓦棒400 | | ②,④,⑦,⑧ |
| 棒状咬口瓦屋顶 | 大同钢板 | ②,④,⑦,⑧ |
| 弯曲棒状咬口瓦屋顶 | | ②,④,⑦,⑧ |
| 埃巴屋顶平稳 | | ②,④,⑦,⑧ |
| W屋顶 | 全国W屋顶会 | ①,②,⑦,⑭,⑱ |
| 自由屋顶 | 卡那梅 | ④,⑧,⑬,⑭,⑱,⑲ |

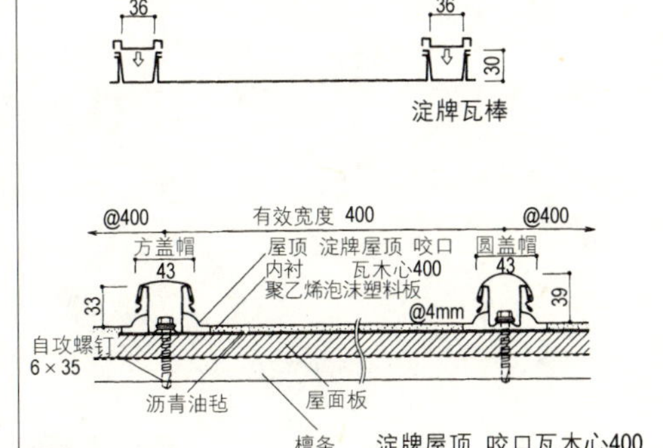

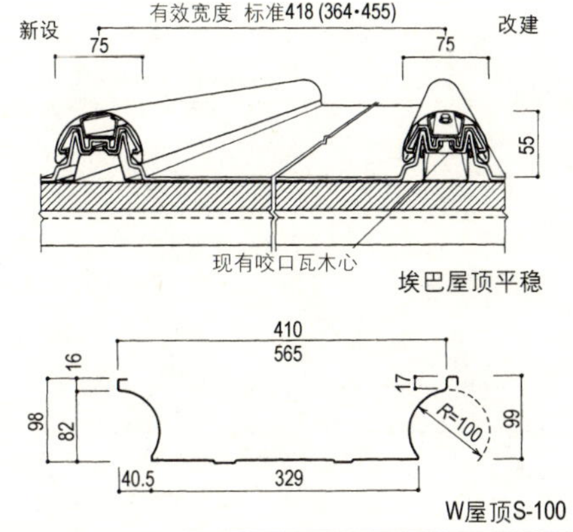

# 7. 标准详图 4——平面咬口瓦屋面和立面咬口瓦屋面

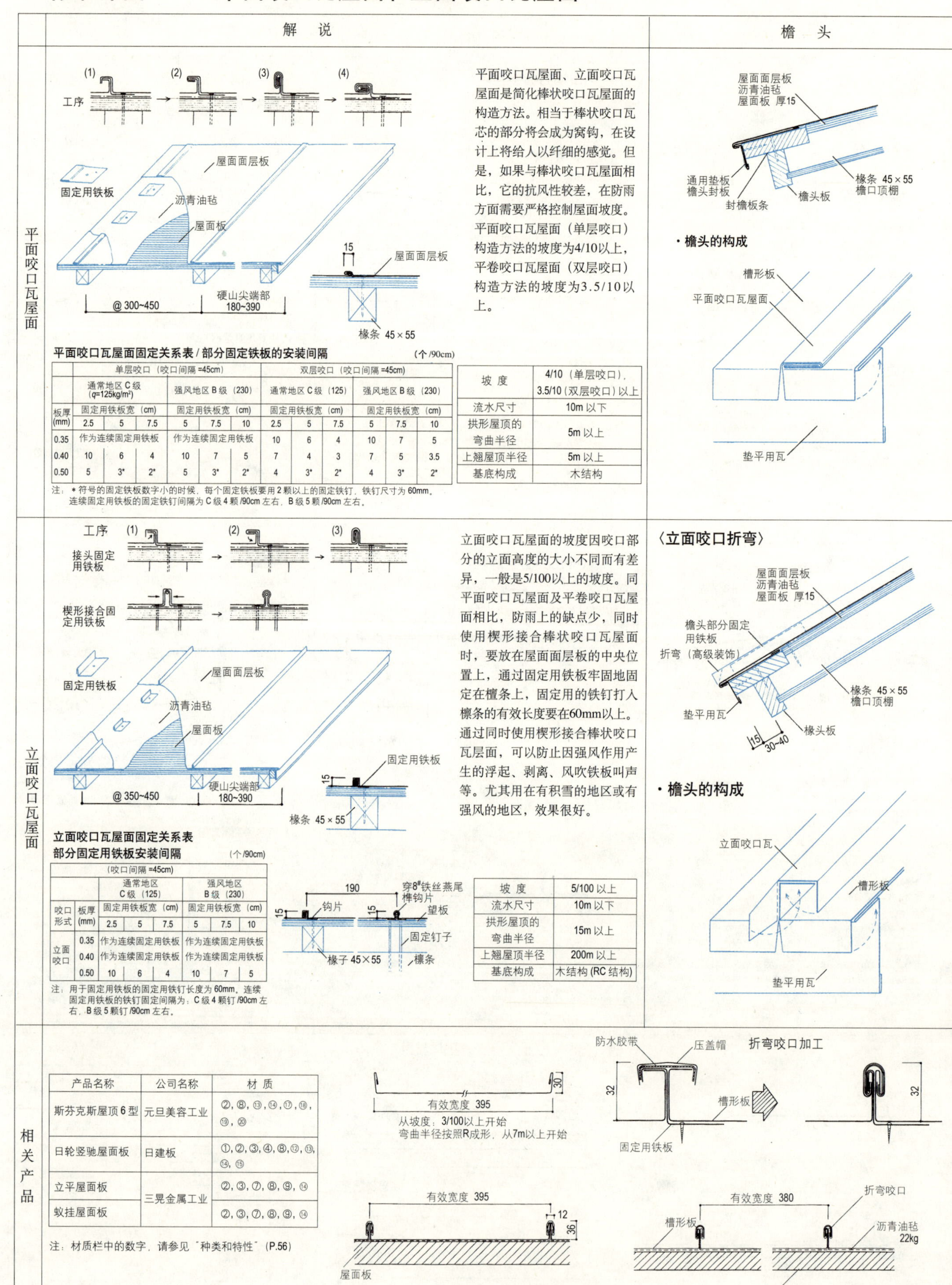


平面咬口瓦屋面、立面咬口瓦屋面是简化棒状咬口瓦屋面的构造方法。相当于棒状咬口瓦芯的部分将会成为窝钩，在设计上将给人以纤细的感觉。但是，如果与棒状咬口瓦屋面相比，它的抗风性较差，在防雨方面需要严格控制屋面坡度。平面咬口瓦屋面（单层咬口）构造方法的坡度为4/10以上，平卷咬口瓦屋面（双层咬口）构造方法的坡度为3.5/10以上。

**平面咬口瓦屋面固定关系表 / 部分固定铁板的安装间隔**　　（个 /90cm）

| | 单层咬口（咬口间隔 =45cm） | | | | | | 双层咬口（咬口间隔 =45cm） | | | | | |
|---|---|---|---|---|---|---|---|---|---|---|---|---|
| | 通常地区 C 级 ($q$=125kg/m²) | | | 强风地区 B 级（230） | | | 通常地区 C 级（125） | | | 强风地区 B 级（230） | | |
| 板厚 (mm) | 固定用铁板宽（cm） | | | 固定用铁板宽（cm） | | | 固定用铁板宽（cm） | | | 固定用铁板宽（cm） | | |
| | 2.5 | 5 | 7.5 | 5 | 7.5 | 10 | 2.5 | 5 | 7.5 | 5 | 7.5 | 10 |
| 0.35 | 作为连续固定用铁板 | | | 作为连续固定用铁板 | | | 10 | 6 | 4 | 10 | 7 | 5 |
| 0.40 | 10 | 6 | 4 | 10 | 7 | 5 | 7 | 4 | 3 | 7 | 5 | 3.5 |
| 0.50 | 5 | 3* | 2* | 5 | 3* | 2* | 4 | 3* | 2* | 4 | 3* | 2* |

注：＊符号的固定铁板数字小的时候，每个固定铁板要用 2 颗以上的固定铁钉，铁钉尺寸为 60mm。连续固定用铁板的固定铁钉间隔为 C 级 4 颗 /90cm 左右，B 级 5 颗 /90cm 左右。

| 坡 度 | 4/10（单层咬口），3.5/10（双层咬口）以上 |
|---|---|
| 流水尺寸 | 10m 以下 |
| 拱形屋顶的弯曲半径 | 5m 以上 |
| 上翘屋顶半径 | 5m 以上 |
| 基底构成 | 木结构 |

立面咬口瓦屋面的坡度因咬口部分的立面高度的大小不同而有差异，一般是5/100以上的坡度。同平面咬口瓦屋面及平卷咬口瓦屋面相比，防雨上的缺点少，同时使用楔形接合棒状咬口瓦屋面时，要放在屋面面层板的中央位置上，通过固定用铁板牢固地固定在檩条上，固定用的铁钉打入檩条的有效长度要在60mm以上。通过同时使用楔形接合棒状咬口瓦层面，可以防止因强风作用产生的浮起、剥离、风吹铁板叫声等。尤其用在有积雪的地区或有强风的地区，效果很好。

**立面咬口瓦屋面固定关系表**
**部分固定用铁板安装间隔**　　（个 /90cm）

| | | （咬口间隔 =45cm） | | | | | |
|---|---|---|---|---|---|---|---|
| | | 通常地区 C 级（125） | | | 强风地区 B 级（230） | | |
| 咬口形式 | 板厚 (mm) | 固定用铁板宽（cm） | | | 固定用铁板宽（cm） | | |
| | | 2.5 | 5 | 7.5 | 5 | 7.5 | 10 |
| 立面咬口 | 0.35 | 作为连续固定用铁板 | | | 作为连续固定用铁板 | | |
| | 0.40 | 作为连续固定用铁板 | | | 作为连续固定用铁板 | | |
| | 0.50 | 10 | 6 | 4 | 10 | 7 | 5 |

注：用于固定用铁板的固定用铁钉长度为 60mm。连续固定用铁板的铁钉固定间隔为：C 级 4 颗钉 /90cm 左右，B 级 5 颗钉 /90cm 左右。

| 坡 度 | 5/100 以上 |
|---|---|
| 流水尺寸 | 10m 以下 |
| 拱形屋顶的弯曲半径 | 15m 以上 |
| 上翘屋顶半径 | 200m 以上 |
| 基底构成 | 木结构 (RC 结构) |

| 产品名称 | 公司名称 | 材 质 |
|---|---|---|
| 斯芬克斯屋顶 6 型 | 元旦美容工业 | ②, ⑧, ⑬, ⑭, ⑰, ⑱, ⑲, ⑳ |
| 日轮竖驰屋面板 | 日建板 | ①, ②, ③, ④, ⑧, ⑫, ⑬, ⑭, ⑮ |
| 立平屋面板 | 三晃金属工业 | ②, ③, ⑦, ⑧, ⑨, ⑭ |
| 蚁挂屋面板 | | ②, ③, ⑦, ⑧, ⑨, ⑭ |

注：材质栏中的数字，请参见"种类和特性"（P.56）

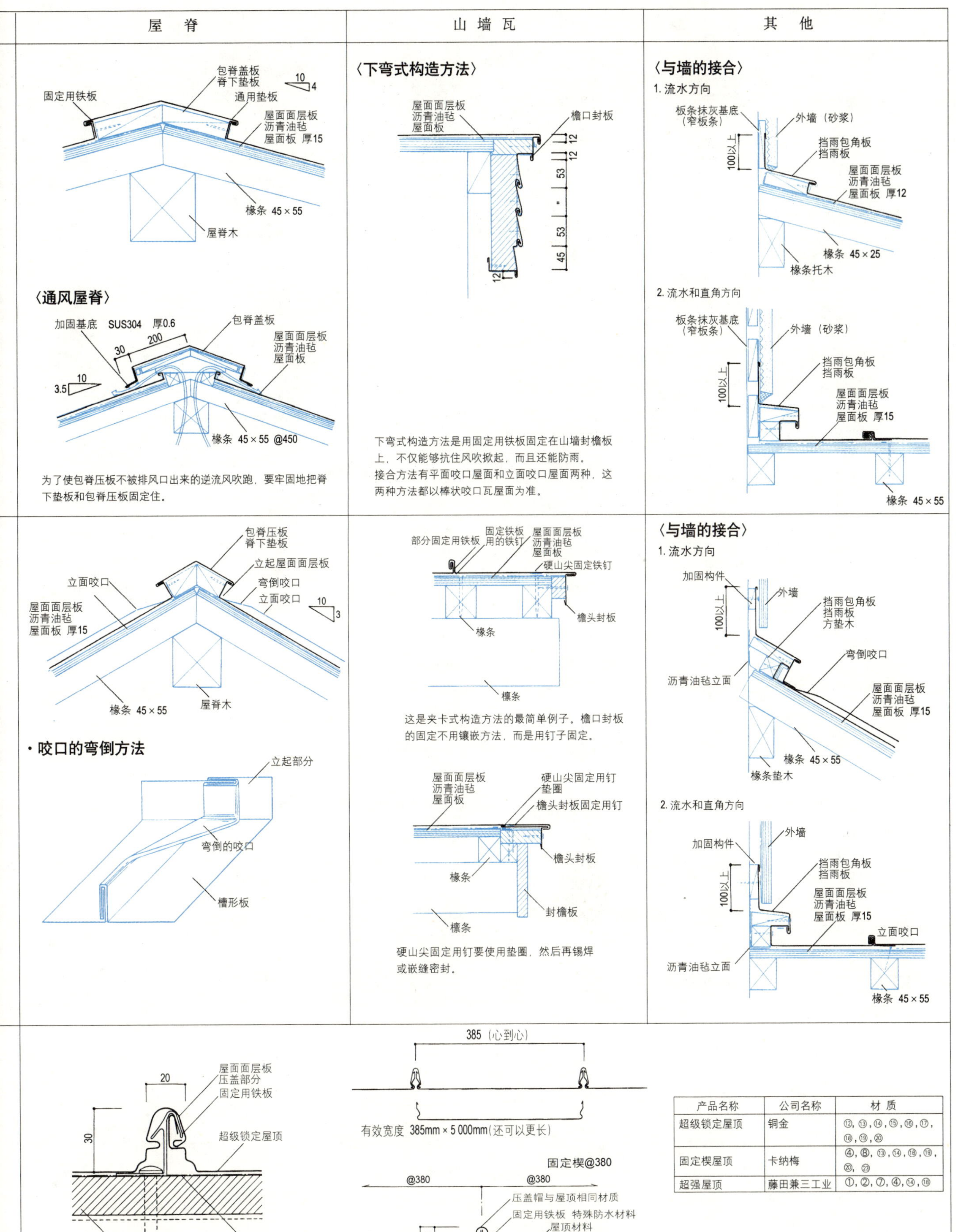


| 产品名称 | 公司名称 | 材 质 |
| --- | --- | --- |
| 超级锁定屋顶 | 铜金 | ⑫,⑬,⑭,⑮,⑯,⑰,⑱,⑲,⑳ |
| 固定楔屋顶 | 卡纳梅 | ④,⑧,⑬,⑭,⑱,⑲,⑳,㉓ |
| 超强屋顶 | 藤田兼三工业 | ①,②,⑦,④,⑭,⑱ |

# 8. 标准详图5——齐口压边铺瓦屋面和菱形铺瓦屋面

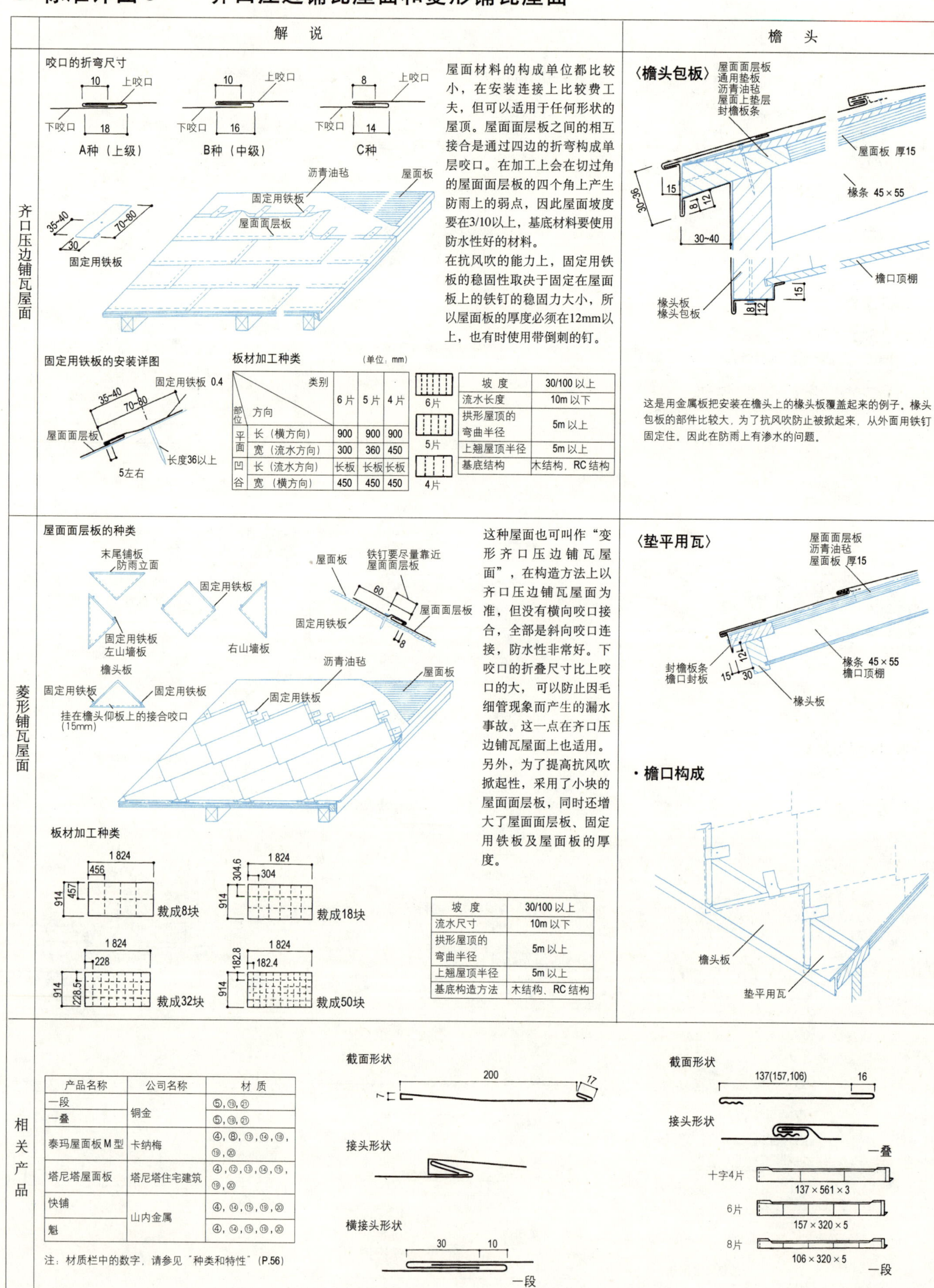


屋面材料的构成单位都比较小，在安装连接上比较费工夫，但可以适用于任何形状的屋顶。屋面面层板之间的相互接合是通过四边的折弯构成单层咬口。在加工上会在切过角的屋面面层板的四个角上产生防雨上的弱点，因此屋面坡度要在3/10以上，基底材料要使用防水性好的材料。

在抗风吹的能力上，固定用铁板的稳固性取决于固定在屋面板上的铁钉的稳固力大小，所以屋面板的厚度必须在12mm以上，也有时使用带倒刺的钉。

| 部位 | 方向 \ 类别 | 6片 | 5片 | 4片 |
|---|---|---|---|---|
| 平面 | 长（横方向） | 900 | 900 | 900 |
| | 宽（流水方向） | 300 | 360 | 450 |
| 凹谷 | 长（流水方向） | 长板 | 长板 | 长板 |
| | 宽（横方向） | 450 | 450 | 450 |

| 坡 度 | 30/100 以上 |
|---|---|
| 流水长度 | 10m 以下 |
| 拱形屋顶的弯曲半径 | 5m 以上 |
| 上翘屋顶半径 | 5m 以上 |
| 基底结构 | 木结构、RC结构 |

这种屋面也可叫作“变形齐口压边铺瓦屋面”，在构造方法上以齐口压边铺瓦屋面为准，但没有横向咬口接合，全部是斜向咬口连接，防水性非常好。下咬口的折叠尺寸比上咬口的大，可以防止因毛细管现象而产生的漏水事故。这一点在齐口压边铺瓦屋面上也适用。另外，为了提高抗风吹掀起性，采用了小块的屋面面层板，同时还增大了屋面面层板、固定用铁板及屋面板的厚度。

| 坡 度 | 30/100 以上 |
|---|---|
| 流水尺寸 | 10m 以下 |
| 拱形屋顶的弯曲半径 | 5m 以上 |
| 上翘屋顶半径 | 5m 以上 |
| 基底构造方法 | 木结构、RC结构 |

| 产品名称 | 公司名称 | 材 质 |
|---|---|---|
| 一段 | 铜金 | ⑤,⑲,㉑ |
| 一叠 | | ⑤,⑲,㉑ |
| 泰玛屋面板M型 | 卡纳梅 | ④,⑧,⑬,⑭,⑱,⑲,⑳ |
| 塔尼塔屋面板 | 塔尼塔住宅建筑 | ④,⑫,⑬,⑭,⑮,⑲,⑳ |
| 快铺 | 山内金属 | ④,⑭,⑮,⑲,⑳ |
| 魁 | | ④,⑭,⑮,⑲,⑳ |

注：材质栏中的数字，请参见“种类和特性”（P.56）

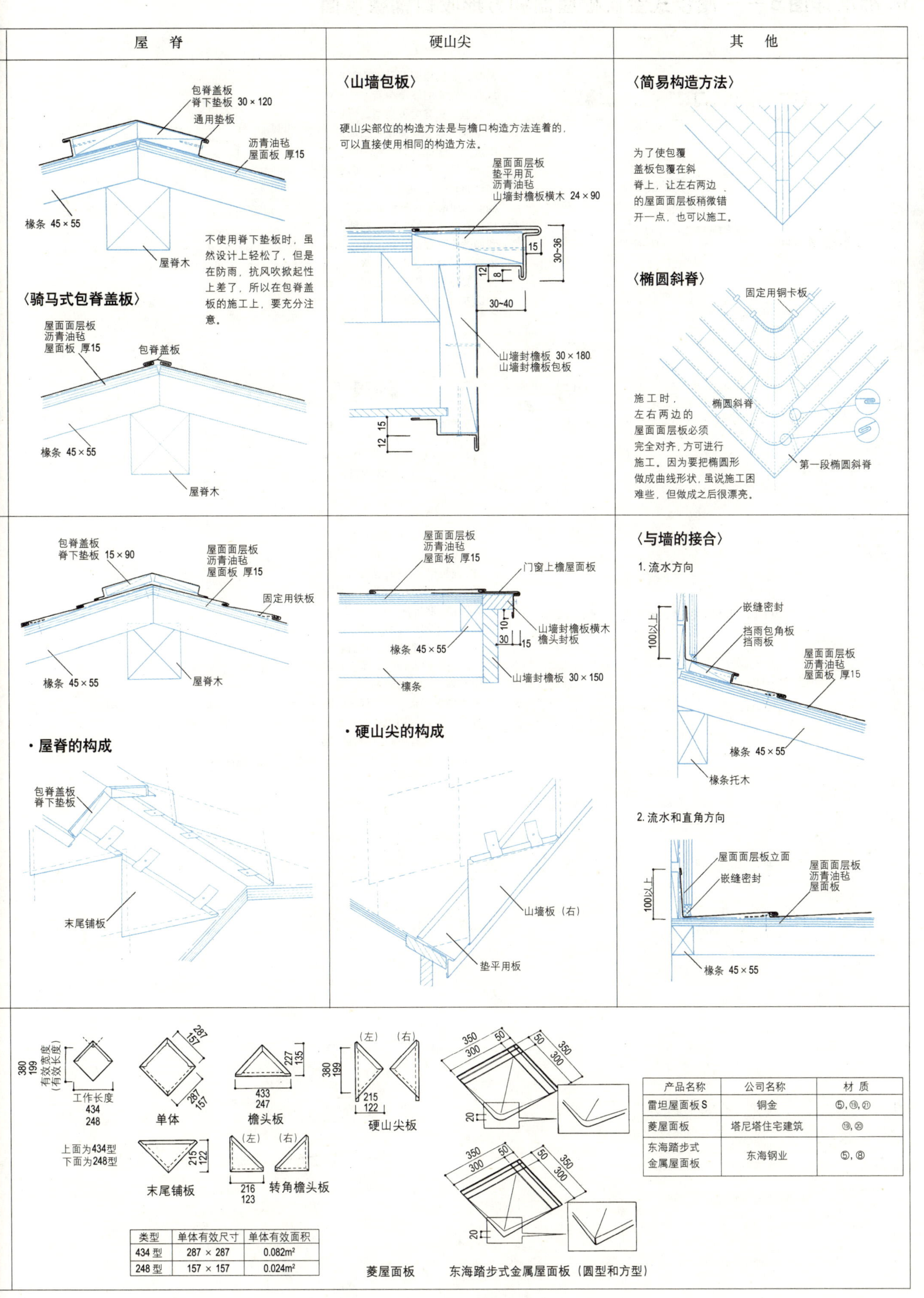


| 类型 | 单体有效尺寸 | 单体有效面积 |
|---|---|---|
| 434 型 | 287 × 287 | 0.082m² |
| 248 型 | 157 × 157 | 0.024m² |

| 产品名称 | 公司名称 | 材　质 |
|---|---|---|
| 雷坦屋面板 S | 铜金 | ⑤, ⑲, ㉑ |
| 菱屋面板 | 塔尼塔住宅建筑 | ⑲, ⑳ |
| 东海踏步式金属屋面板 | 东海钢业 | ⑤, ⑧ |

# 9. 标准详图 6——踏步式金属板屋面和方形咬口铺板屋面

## 踏步式金属板屋面

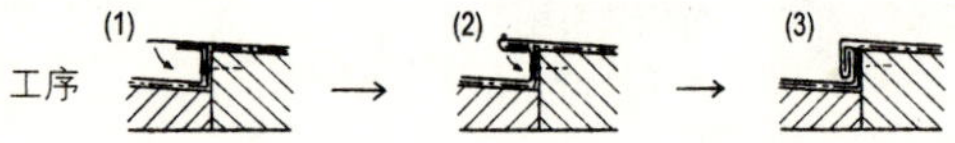

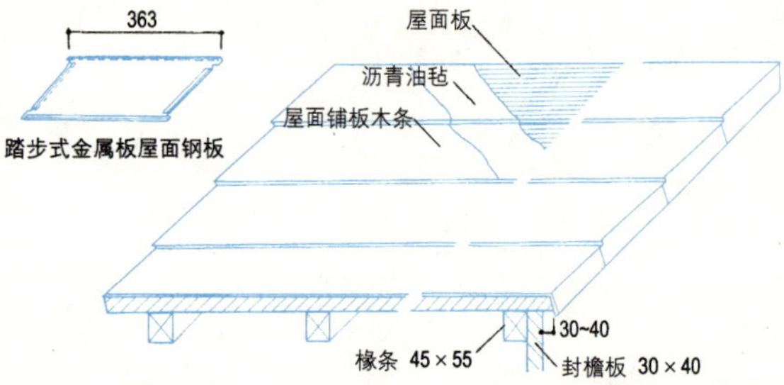

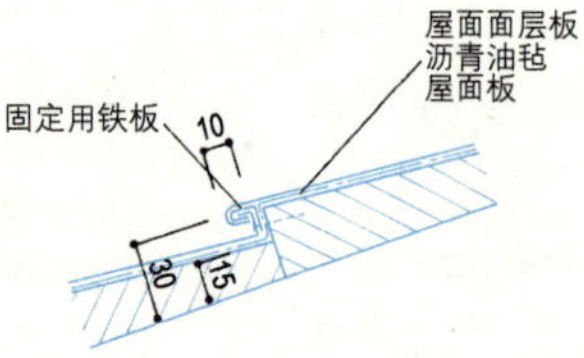

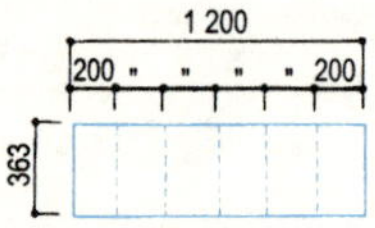

### 解说

踏步式金属板屋面钢板

板材加工·6片

踏步式金属板屋面是将屋面板铺成有高低差的屋顶构造方法。这种构造方法有两种类型。一是使用锯成梯形的屋面板，二是把平板重叠起来铺设。无论是哪一种方法，高低差的外观尺寸都必须在15mm以上，固定用铁板要安装固定在屋面板的横断面上。

由于有高低差异，所以在硬山尖和墙的接合部位，防雨处理就很困难，必须设法增置泻水沟。现在主要是使用工业化生产的长板构造方法。

| 坡 度 | 20/100 以上 |
|---|---|
| 流水尺寸 | 20m 以下 |
| 拱形屋顶的弯曲半径 | 1m 以上 |
| 上翘屋顶半径 | 1m 以上 |
| 基底结构 | 木结构、钢结构 |

### 檐头

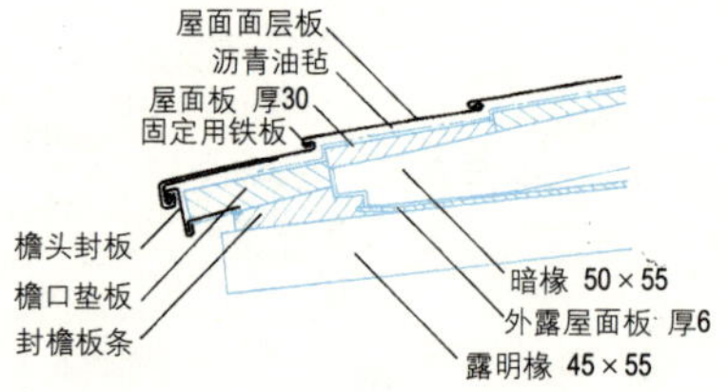

这是把屋面板加工成踏步式屋面板形状的屋顶构造方法。虽然往椽条上固定时的固定性很好，但在屋面面层板出现剥离时，容易产生雨水浸入现象。

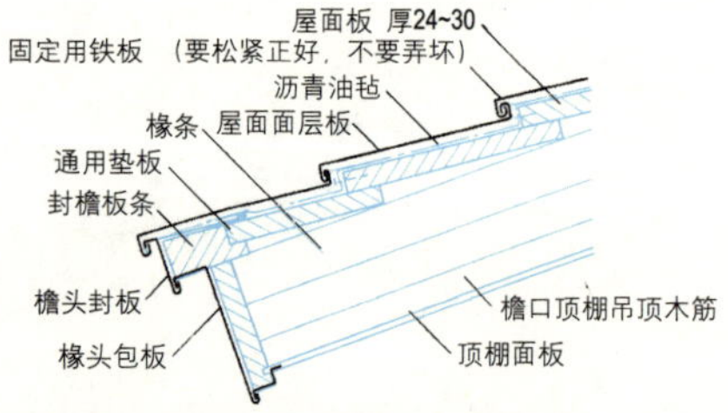

边使屋面板有高低差别，边使屋面板搭接铺设。即使屋面面层板被风吹掀掉，屋面板也能防雨。

## 方形咬口铺板屋面

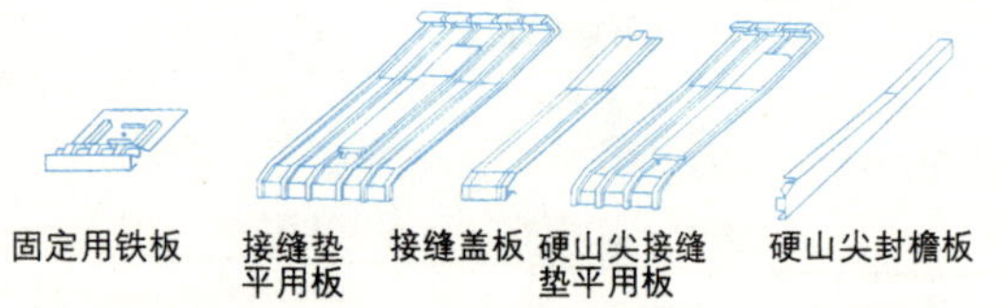

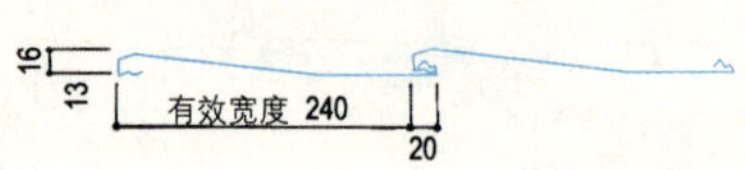

### 解说

固定用铁板　接缝垫平用板　接缝盖板　硬山尖接缝垫平用板　硬山尖封檐板

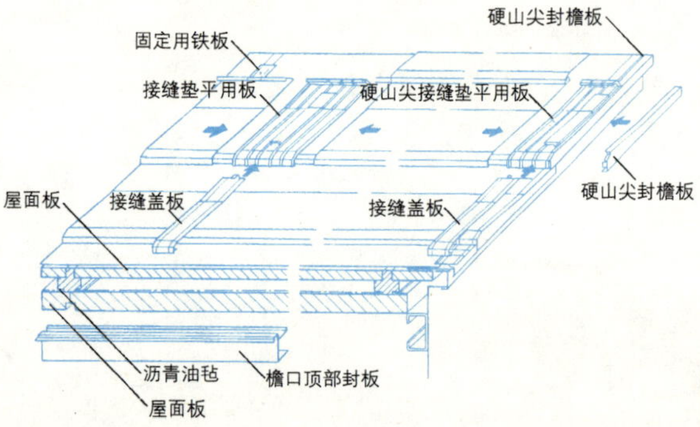

以往的踏步式金属板屋面上有防雨的问题。但是，横向接合问题，通过垫平用板、接缝盖板等的使用；另外，流水方向的接合问题，通过咬口接合的改善，开发出了解决这些问题的工业化生产的构造方法，而且得到了广泛的普及应用，很多已经应用到了大型建筑物上。通过使用特殊形状的复合椽条，设置空气层进行通风，开发出了可以防止结露和隔声、吸声、隔热效果都很好的系统构造方法。

| 坡 度 | 25/100 以上 |
|---|---|
| 流水尺寸 | 40m 以下 |
| 拱形屋顶的弯曲半径 | 0.6m 以上 |
| 上翘屋顶半径 | 5m 以上 |
| 基底构造方法 | 木结构、钢结构 |

### 檐头

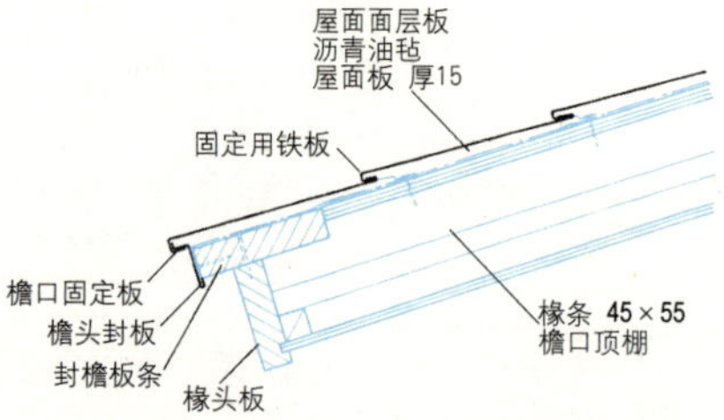

不让檐头形成咬口接合，而是用固定用铁板把檐头部分固定起来。这种方法在抗风吹和防水上都有缺点。

〈系统构造方法〉

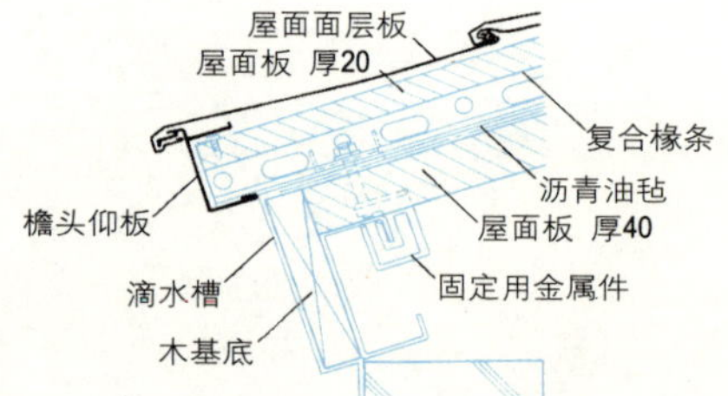

系统构造方法就是把檐头仰板等特殊异形配件都采用工业化的方法生产成制品的方法。

## 相关制品

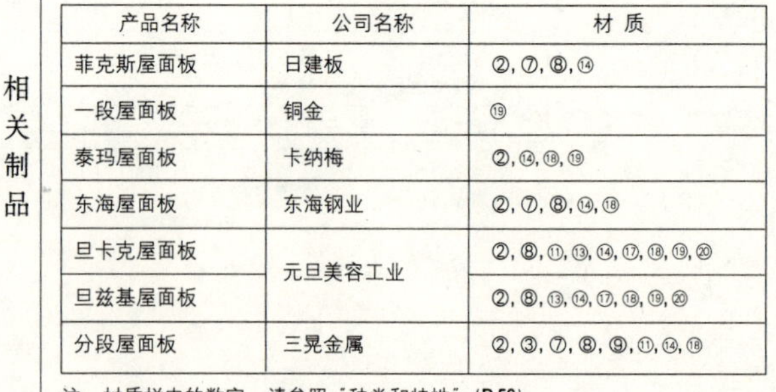

| 产品名称 | 公司名称 | 材 质 |
|---|---|---|
| 菲克斯屋面板 | 日建板 | ②, ⑦, ⑧, ⑭ |
| 一段屋面板 | 铜金 | ⑲ |
| 泰玛屋面板 | 卡纳梅 | ②, ⑭, ⑱, ⑲ |
| 东海屋面板 | 东海钢业 | ②, ⑦, ⑧, ⑭, ⑱ |
| 旦卡克屋面板 | 元旦美容工业 | ②, ⑧, ⑪, ⑬, ⑭, ⑰, ⑱, ⑲, ⑳ |
| 旦兹基屋面板 |  | ②, ⑧, ⑬, ⑭, ⑰, ⑱, ⑲, ⑳ |
| 分段屋面板 | 三晃金属 | ②, ③, ⑦, ⑧, ⑨, ⑪, ⑭, ⑱ |

注：材质栏中的数字，请参照“种类和特性”（P.56）。

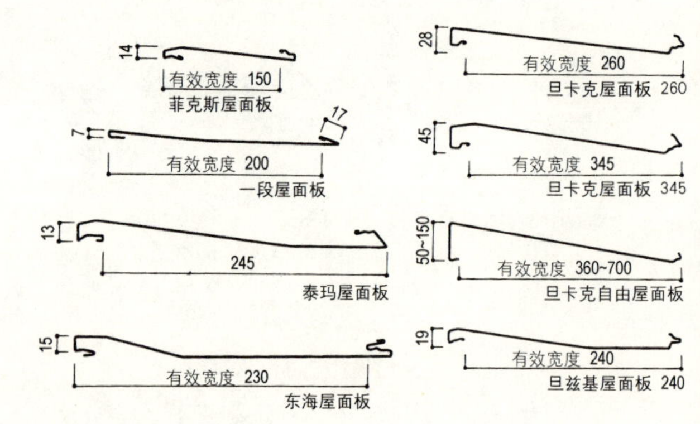

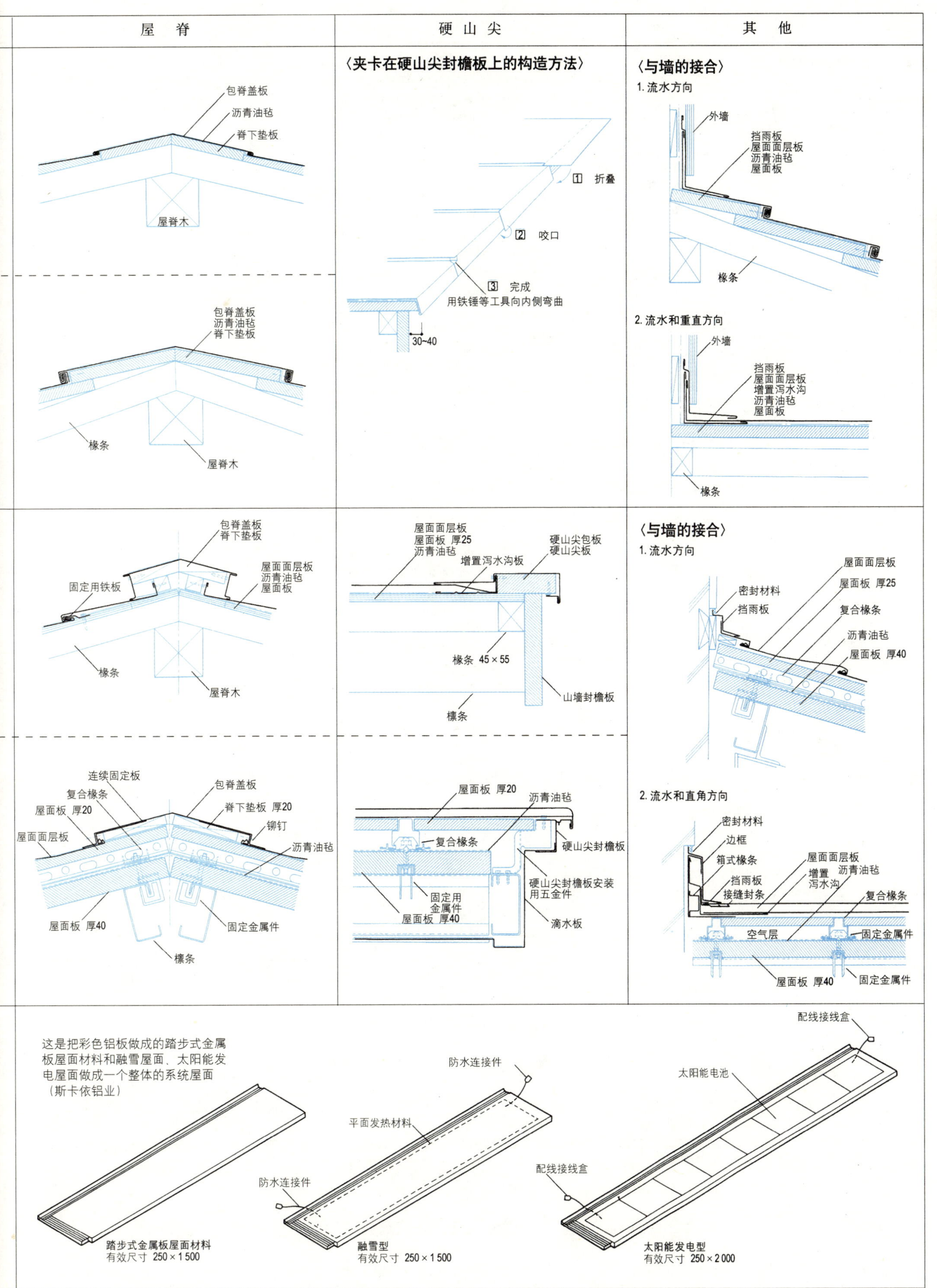
屋　脊
硬 山 尖
其　他
〈夹卡在硬山尖封檐板上的构造方法〉
〈与墙的接合〉
1. 流水方向
包脊盖板
沥青油毡
脊下垫板
屋脊木
① 折叠
② 咬口
③ 完成
用铁锤等工具向内侧弯曲
30~40
外墙
挡雨板
屋面面层板
沥青油毡
屋面板
椽条
2. 流水和垂直方向
增置泻水沟
固定用铁板
屋面面层板
屋面板 厚25
硬山尖包板
硬山尖板
增置泻水沟板
椽条 45×55
山墙封檐板
檩条
密封材料
复合椽条
屋面板 厚40
连续固定板
屋面板 厚20
脊下垫板 厚20
铆钉
固定金属件
硬山尖封檐板
硬山尖封檐板安装用五金件
固定用金属件
滴水板
2. 流水和直角方向
边框
箱式椽条
接缝封条
增置泻水沟
空气层
这是把彩色铝板做成的踏步式金属板屋面材料和融雪屋面、太阳能发电屋面做成一个整体的系统屋面（斯卡依铝业）
配线接线盒
防水连接件
太阳能电池
平面发热材料
踏步式金属板屋面材料
有效尺寸 250×1 500
融雪型
有效尺寸 250×1 500
太阳能发电型
有效尺寸 250×2 000

# 10. 标准详图7——波形板屋顶和折板屋顶

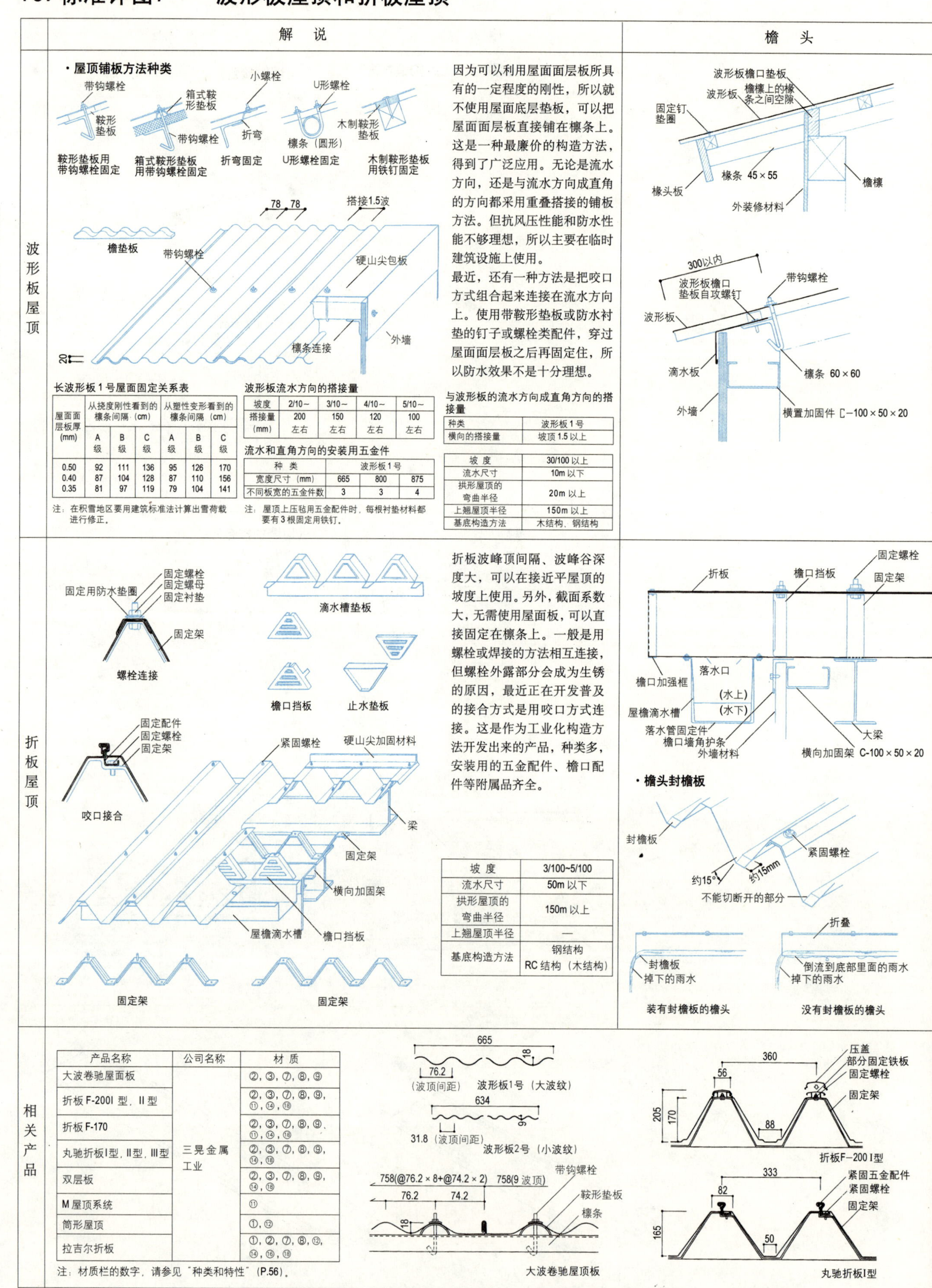


## 波形板屋顶

因为可以利用屋面面层板所具有的一定程度的刚性，所以就不使用屋面底层垫板，可以把屋面面层板直接铺在檩条上。这是一种最廉价的构造方法，得到了广泛应用。无论是流水方向，还是与流水方向成直角的方向都采用重叠搭接的铺板方法。但抗风压性能和防水性能不够理想，所以主要在临时建筑设施上使用。

最近，还有一种方法是把咬口方式组合起来连接在流水方向上。使用带鞍形垫板或防水衬垫的钉子或螺栓类配件，穿过屋面面层板之后再固定住，所以防水效果不是十分理想。

长波形板1号屋面固定关系表

| 屋面面层板厚(mm) | 从挠度刚性看到的檩条间隔（cm） | | | 从塑性变形看到的檩条间隔（cm） | | |
|---|---|---|---|---|---|---|
| | A级 | B级 | C级 | A级 | B级 | C级 |
| 0.50 | 92 | 111 | 136 | 95 | 126 | 170 |
| 0.40 | 87 | 104 | 128 | 87 | 110 | 156 |
| 0.35 | 81 | 97 | 119 | 79 | 104 | 141 |

注：在积雪地区要用建筑标准法计算出雪荷载进行修正。

波形板流水方向的搭接量

| 坡度 | 2/10~ | 3/10~ | 4/10~ | 5/10~ |
|---|---|---|---|---|
| 搭接量(mm) | 200左右 | 150左右 | 120左右 | 100左右 |

流水和直角方向的安装用五金件

| 种类 | 波形板1号 | | |
|---|---|---|---|
| 宽度尺寸（mm） | 665 | 800 | 875 |
| 不同板宽的五金件数 | 3 | 3 | 4 |

注：屋顶上压毡用五金配件时，每根衬垫材料都要有3根固定用铁钉。

与波形板的流水方向成直角方向的搭接量

| 种类 | 波形板1号 |
|---|---|
| 横向的搭接量 | 坡顶1.5以上 |

| 坡度 | 30/100以上 |
|---|---|
| 流水尺寸 | 10m以下 |
| 拱形屋顶的弯曲半径 | 20m以上 |
| 上翘屋顶半径 | 150m以上 |
| 基底构造方法 | 木结构、钢结构 |

## 折板屋顶

折板波峰顶间隔、波峰谷深度大，可以在接近平屋顶的坡度上使用。另外，截面系数大，无需使用屋面板，可以直接固定在檩条上。一般是用螺栓或焊接的方法相互连接，但螺栓外露部分会成为生锈的原因，最近正在开发普及的接合方式是用咬口方式连接。这是作为工业化构造方法开发出来的产品，种类多，安装用的五金配件、檐口配件等附属品齐全。

| 坡度 | 3/100~5/100 |
|---|---|
| 流水尺寸 | 50m以下 |
| 拱形屋顶的弯曲半径 | 150m以上 |
| 上翘屋顶半径 | — |
| 基底构造方法 | 钢结构<br>RC结构（木结构） |

## 相关产品

| 产品名称 | 公司名称 | 材质 |
|---|---|---|
| 大波卷驰屋面板 | 三晃金属工业 | ②、③、⑦、⑧、⑨ |
| 折板F-200Ⅰ型、Ⅱ型 | | ②、③、⑦、⑧、⑨、⑪、⑭、⑱ |
| 折板F-170 | | ②、③、⑦、⑧、⑨、⑪、⑭、⑱ |
| 丸驰折板Ⅰ型、Ⅱ型、Ⅲ型 | | ②、③、⑦、⑧、⑨、⑭、⑱ |
| 双层板 | | ②、③、⑦、⑧、⑨、⑭、⑱ |
| M屋顶系统 | | ⑪ |
| 筒形屋顶 | | ①、⑫ |
| 拉吉尔折板 | | ①、②、⑦、⑧、⑬、⑭、⑯、⑱ |

注：材质栏的数字，请参见“种类和特性”（P.56）。

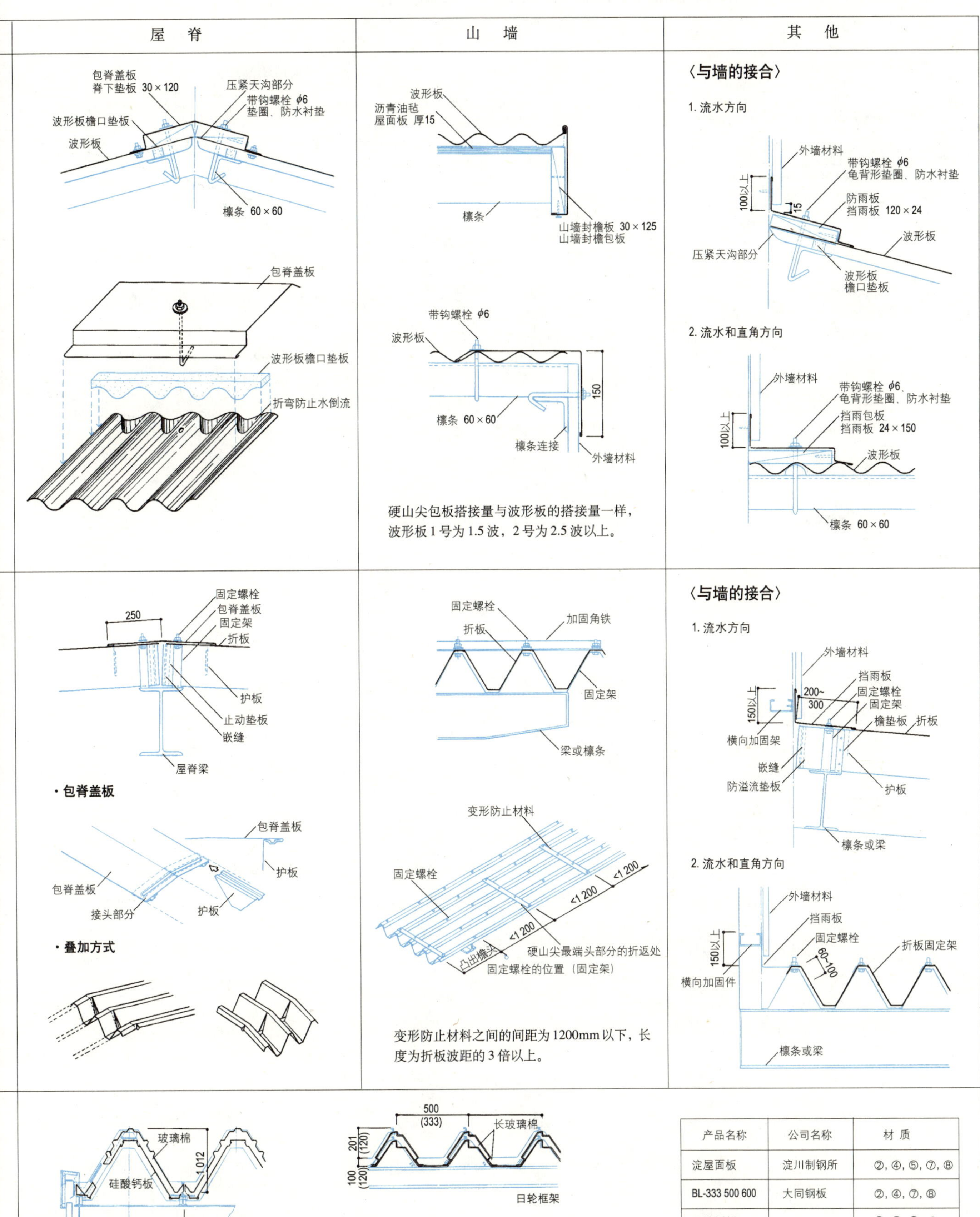


| 产品名称 | 公司名称 | 材　质 |
|---|---|---|
| 淀屋面板 | 淀川制钢所 | ②、④、⑤、⑦、⑧ |
| BL-333 500 600 | 大同钢板 | ②、④、⑦、⑧ |
| 日轮折板 | 日建板 | ②、⑦、⑧、⑭ |
| 日轮框架板 | | ②、⑦、⑧、⑭ |

# 11.标准详图 8——方波纹板屋面和日本式铺瓦屋面

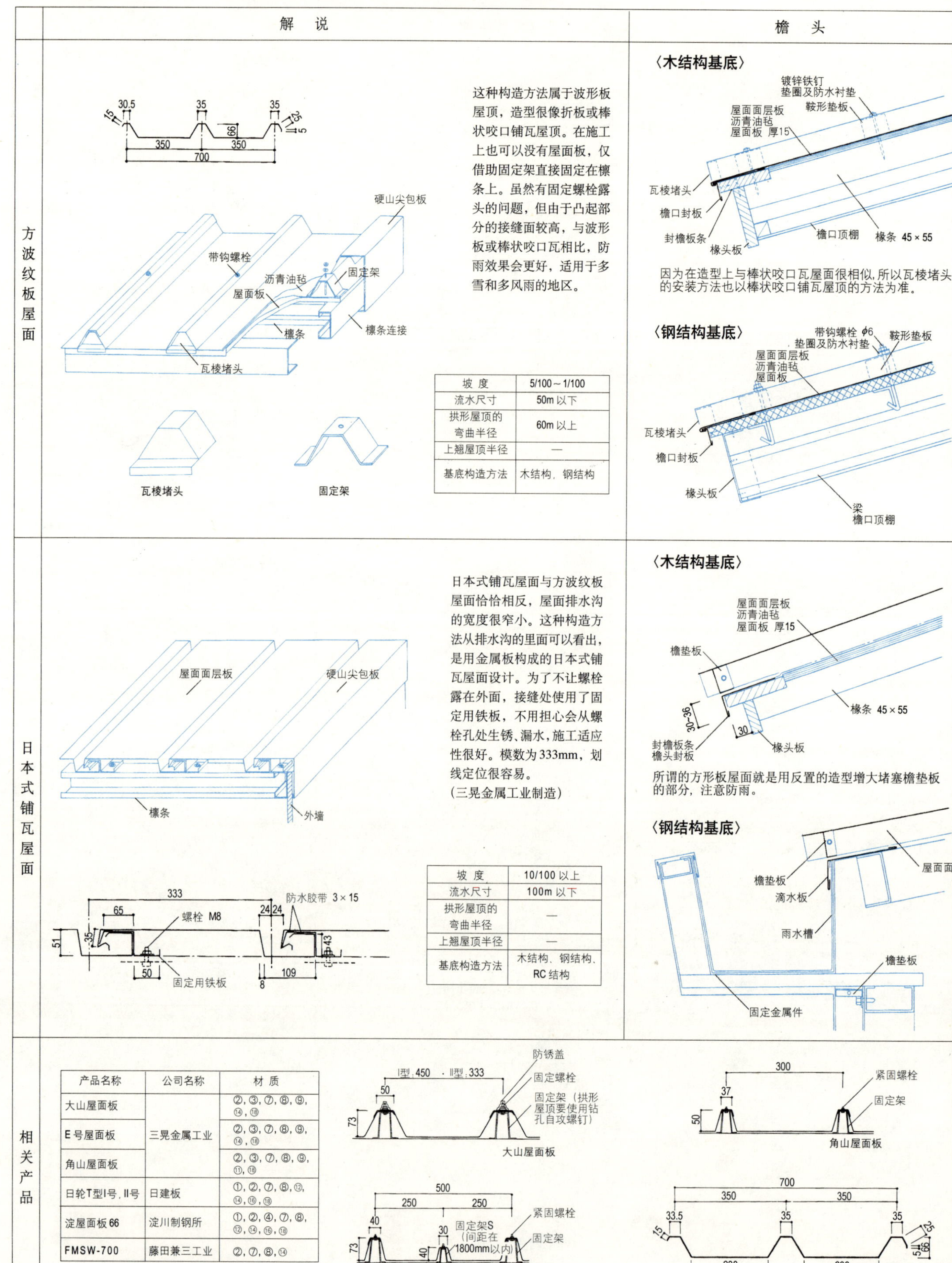


这种构造方法属于波形板屋顶，造型很像折板或棒状咬口铺瓦屋顶。在施工上也可以没有屋面板，仅借助固定架直接固定在檩条上。虽然有固定螺栓露头的问题，但由于凸起部分的接缝面较高，与波形板或棒状咬口瓦相比，防雨效果会更好，适用于多雪和多风雨的地区。

| 坡 度 | 5/100～1/100 |
|---|---|
| 流水尺寸 | 50m 以下 |
| 拱形屋顶的弯曲半径 | 60m 以上 |
| 上翘屋顶半径 | — |
| 基底构造方法 | 木结构、钢结构 |

因为在造型上与棒状咬口瓦屋面很相似，所以瓦棱堵头的安装方法也以棒状咬口铺瓦屋顶的方法为准。

日本式铺瓦屋面与方波纹板屋面恰恰相反，屋面排水沟的宽度很窄小。这种构造方法从排水沟的里面可以看出，是用金属板构成的日本式铺瓦屋面设计。为了不让螺栓露在外面，接缝处使用了固定用铁板，不用担心会从螺栓孔处生锈、漏水，施工适应性很好。模数为333mm，划线定位很容易。
（三晃金属工业制造）

| 坡 度 | 10/100 以上 |
|---|---|
| 流水尺寸 | 100m 以下 |
| 拱形屋顶的弯曲半径 | — |
| 上翘屋顶半径 | — |
| 基底构造方法 | 木结构、钢结构、RC 结构 |

所谓的方形板屋面就是用反置的造型增大堵塞檐垫板的部分，注意防雨。

| 产品名称 | 公司名称 | 材 质 |
|---|---|---|
| 大山屋面板 | 三晃金属工业 | ②,③,⑦,⑧,⑨,⑭,⑱ |
| E号屋面板 | 三晃金属工业 | ②,③,⑦,⑧,⑨,⑭,⑱ |
| 角山屋面板 | 三晃金属工业 | ②,③,⑦,⑧,⑨,⑪,⑱ |
| 日轮T型Ⅰ号,Ⅱ号 | 日建板 | ①,②,⑦,⑧,⑬,⑭,⑯,⑱ |
| 淀屋面板 66 | 淀川制钢所 | ①,②,④,⑦,⑧,⑫,⑭,⑯,⑱ |
| FMSW-700 | 藤田兼三工业 | ②,⑦,⑧,⑭ |

注：材质栏中的数字，请参见"种类和特性"（P.56）。

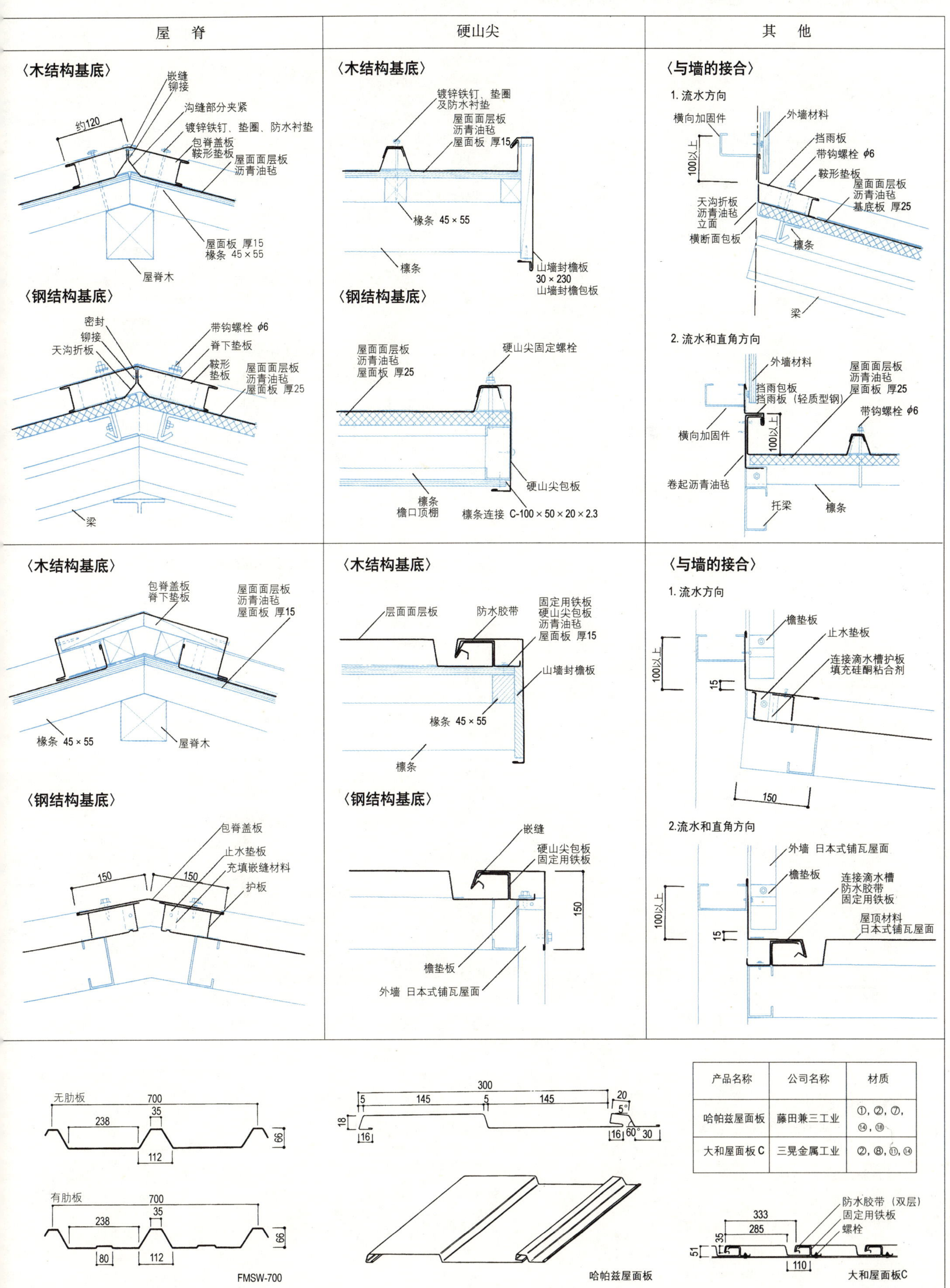


| 产品名称 | 公司名称 | 材质 |
|---|---|---|
| 哈帕兹屋面板 | 藤田兼三工业 | ①, ②, ⑦, ⑭, ⑱ |
| 大和屋面板 C | 三晃金属工业 | ②, ⑧, ⑪, ⑭ |

# 12.标准详图 9——金属瓦和 I 形成型板

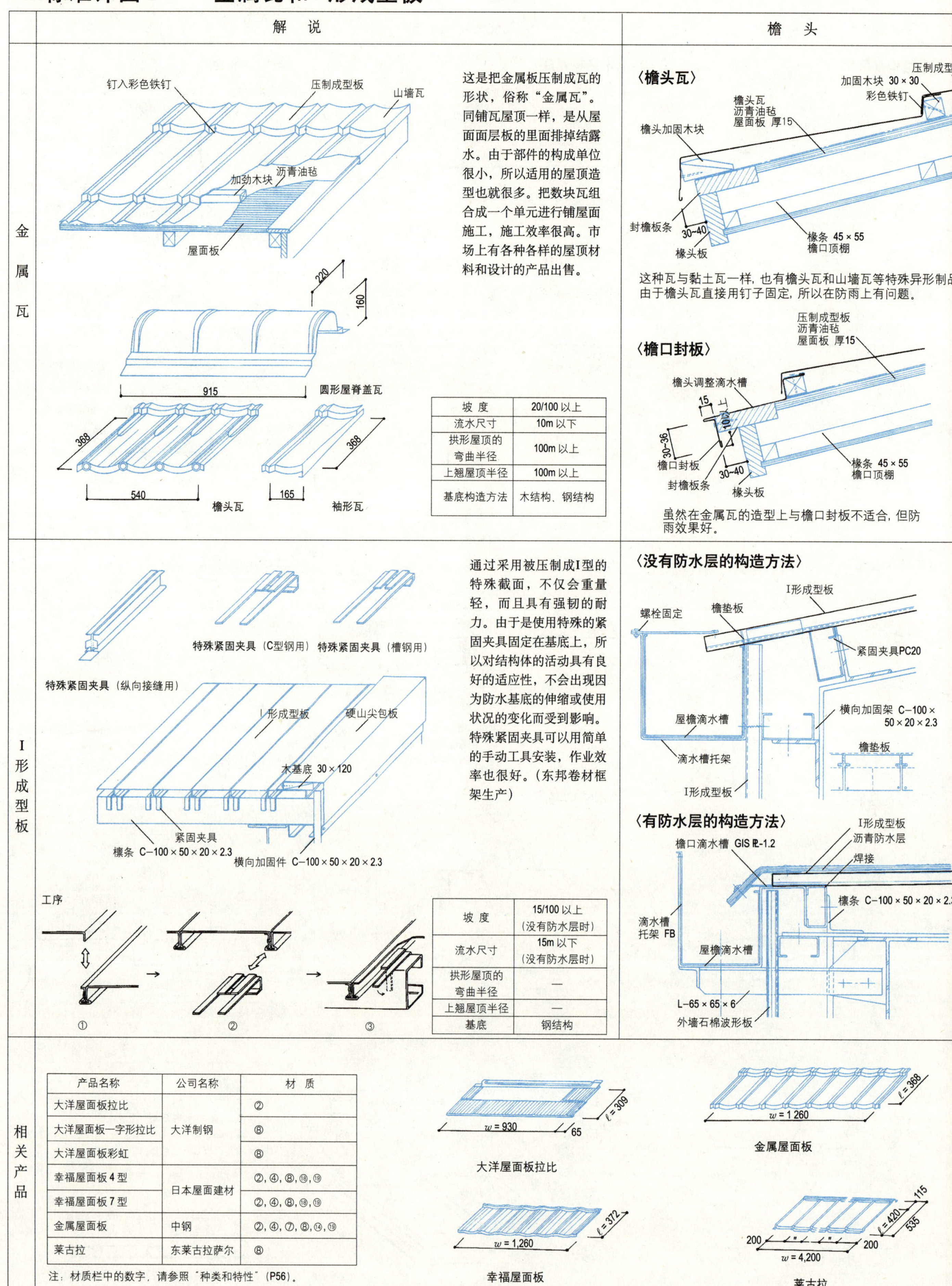

| | 解　说 | 檐　头 |
|---|---|---|

**金属瓦**

这是把金属板压制成瓦的形状，俗称“金属瓦”。同铺瓦屋顶一样，是从屋面面层板的里面排掉结露水。由于部件的构成单位很小，所以适用的屋顶造型也就很多。把数块瓦组合成一个单元进行铺屋面施工，施工效率很高。市场上有各种各样的屋顶材料和设计的产品出售。

| 坡 度 | 20/100 以上 |
|---|---|
| 流水尺寸 | 10m 以下 |
| 拱形屋顶的弯曲半径 | 100m 以上 |
| 上翘屋顶半径 | 100m 以上 |
| 基底构造方法 | 木结构、钢结构 |

〈檐头瓦〉

这种瓦与黏土瓦一样，也有檐头瓦和山墙瓦等特殊异形制品。由于檐头瓦直接用钉子固定，所以在防雨上有问题。

〈檐口封板〉

虽然在金属瓦的造型上与檐口封板不适合，但防雨效果好。

**I 形成型板**

通过采用被压制成I型的特殊截面，不仅会重量轻，而且具有强韧的耐力。由于是使用特殊的紧固夹具固定在基底上，所以对结构体的活动具有良好的适应性，不会出现因为防水基底的伸缩或使用状况的变化而受到影响。特殊紧固夹具可以用简单的手动工具安装，作业效率也很好。(东邦卷材框架生产)

| 坡 度 | 15/100 以上（没有防水层时） |
|---|---|
| 流水尺寸 | 15m 以下（没有防水层时） |
| 拱形屋顶的弯曲半径 | — |
| 上翘屋顶半径 | — |
| 基底 | 钢结构 |

〈没有防水层的构造方法〉

〈有防水层的构造方法〉

**相关产品**

| 产品名称 | 公司名称 | 材　质 |
|---|---|---|
| 大洋屋面板拉比 | 大洋制钢 | ② |
| 大洋屋面板一字形拉比 | | ⑧ |
| 大洋屋面板彩虹 | | ⑧ |
| 幸福屋面板 4 型 | 日本屋面建材 | ②, ④, ⑧, ⑲, ⑲ |
| 幸福屋面板 7 型 | | ②, ④, ⑧, ⑲, ⑲ |
| 金属屋面板 | 中钢 | ②, ④, ⑦, ⑧, ⑭, ⑲ |
| 莱古拉 | 东莱古拉萨尔 | ⑧ |

注：材质栏中的数字，请参照“种类和特性”(P56)。

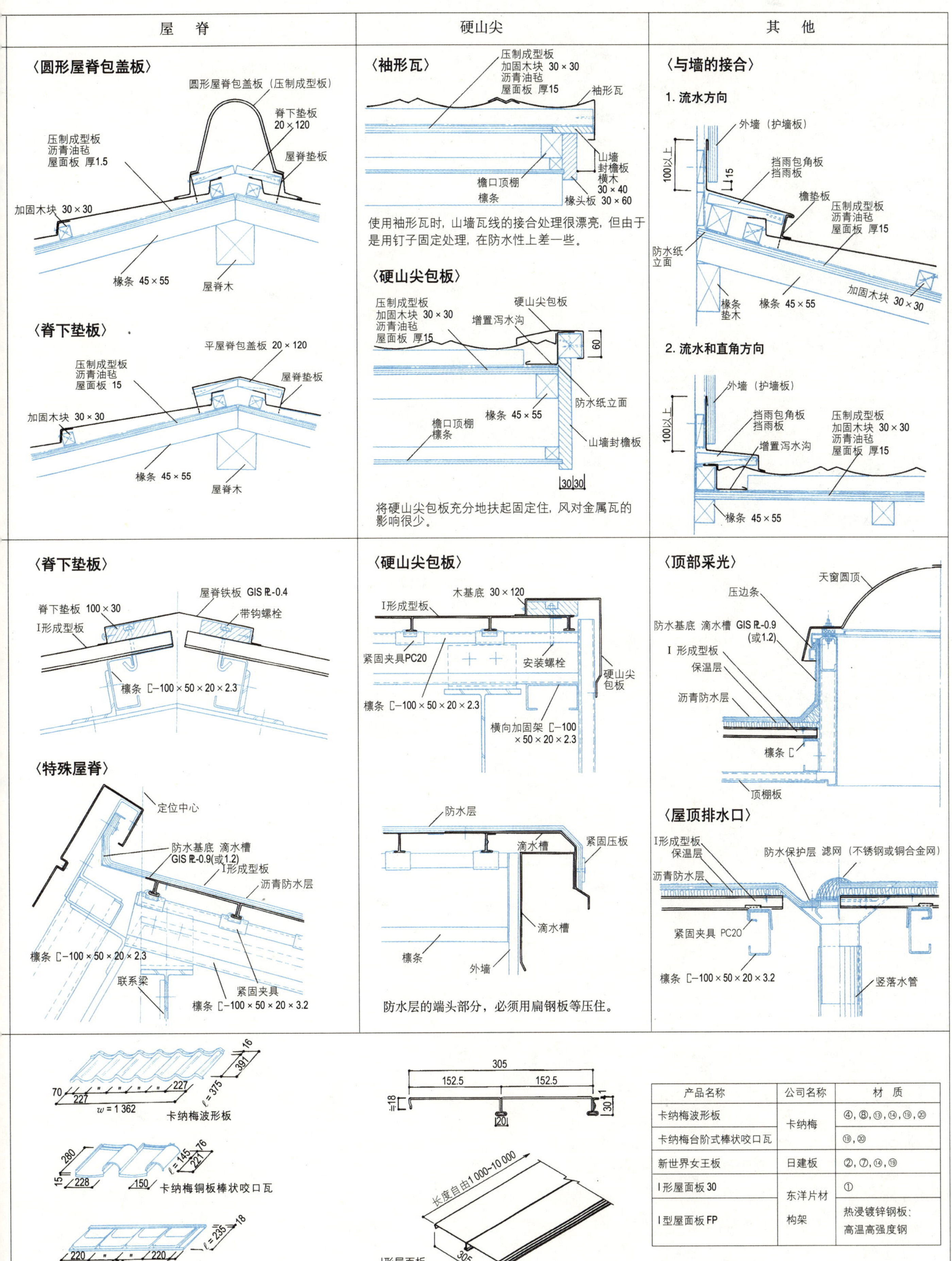


| 产品名称 | 公司名称 | 材 质 |
|---|---|---|
| 卡纳梅波形板 | 卡纳梅 | ④,⑧,⑬,⑭,⑲,⑳ |
| 卡纳梅台阶式棒状咬口瓦 | | ⑲,⑳ |
| 新世界女王板 | 日建板 | ②,⑦,⑭,⑲ |
| I形屋面板30 | 东洋片材 | ① |
| I型屋面板FP | 构架 | 热浸镀锌钢板；高温高强度钢 |

# 13.标准详图 10——缝焊构造方法（暴露与非暴露）

| | 解　说 | 檐　头 |
|---|---|---|

## 缝焊构造方法（暴露）

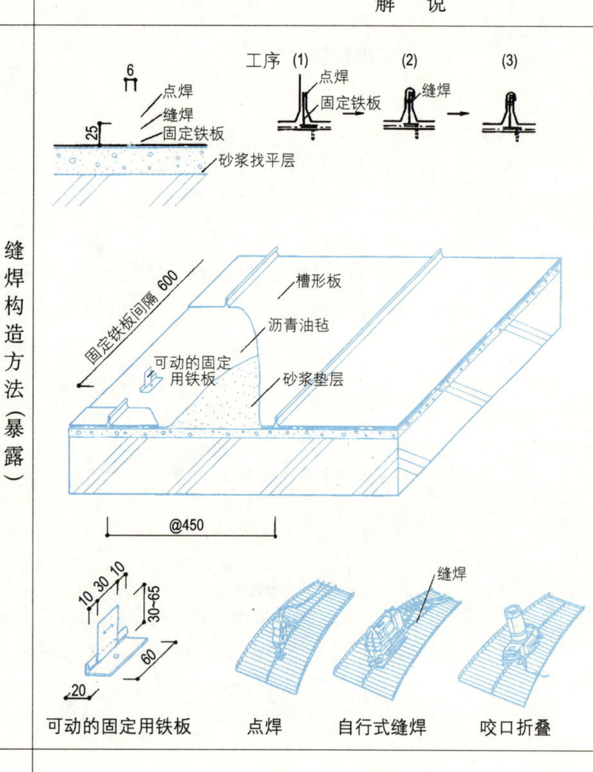


可动的固定用铁板　点焊　自行式缝焊　咬口折叠

这是把长板形立起咬口部分进行缝焊（电阻焊接）的屋面板，可以确保完全的水密性和气密性。但是，由于是使用小型的自行式焊接机，所以现阶段仅限于在导电电阻大的不锈钢或钛板上使用。最好是使用没有涂层的钢板，但在使用有涂层的钢板时，对焊接时损坏了的部分或焊接火花烧坏的部分，要重新涂刷油漆类涂料。另外，为了能够适应有温度变化时的热胀冷缩现象。固定用铁板要使用可动式铁板，并且立起咬口部分要用6mm左右的余地。

| 坡 度 | 0/100 以上 |
|---|---|
| 流水长度 | 80m 以下 |
| 拱形屋顶的弯曲半径 | 0.3m 以上 |
| 上翘屋顶半径 | 自由 |
| 基底构成 | RC 结构，钢结构，木结构 |

### 〈伸缩式檐头构造方法〉

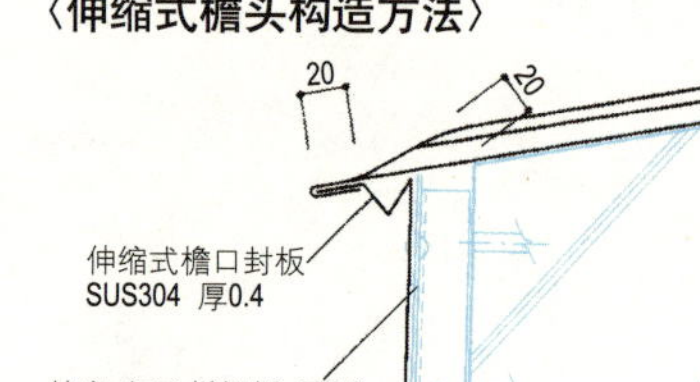


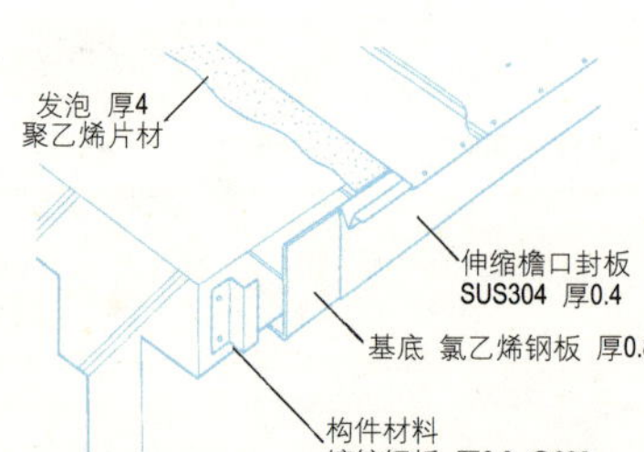


檐口封板的咬口部分要用焊接的方法保证水密性完好。有温度变化时的构件热胀冷缩现象，通过特殊形状的伸缩式檐口封板吸收伸缩。

## 缝焊构造方法（非暴露）

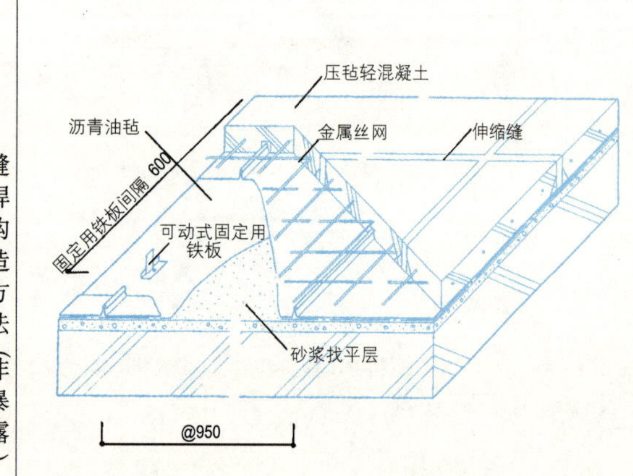


这种构造方法也可以用在平屋顶的防水，防水效果可以超过沥青防水，能够得到完全的水密效果。采用非暴露的构造方法时，屋面面层板不会受到直接的风压力作用，所以，可以把固定用铁板的间隔扩大到暴露构造方法时的2倍左右。为了防止因混凝土的热胀冷缩而使屋面面层板遭受损伤，最好先铺垫一层圆砾石或缓冲材料，然后在该绝缘层上再浇筑混凝土。

| 坡 度 | 0/100 以上 |
|---|---|
| 流水尺寸 | 80m 以下 |
| 拱形屋顶的弯曲半径 | — |
| 上翘屋顶半径 | — |
| 基底构成 | RC 结构，钢结构 |

### 〈可简易步行的非暴露构造方法〉

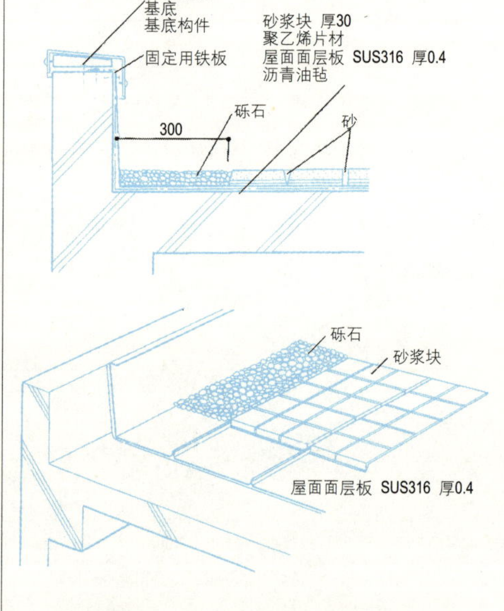


用于可简易步行时，为了保护不锈钢板，要先铺垫一层砾石，然后再放置砂浆块。

## 相关产品

| 产品名称 | 公司名称 | 材 质 |
|---|---|---|
| RT 施工法 | 三晃金属工业 | ⑫, ⑭, ⑮ |
| NZ 施工法 | 日本冶金 | ⑫, ⑭ |
| YSR 施工法 | 淀川制钢所 | ⑫, ⑬, ⑭ |
| P&P 不锈钢·钛防水施工法 | 住友金属建材 | ⑫, ⑬, ⑭ |
| SG 施工法 | 日本金属工业 | ⑫, ⑭ |

注：材质栏中的数字，请参见“金属板的种类和特性”（P56）。

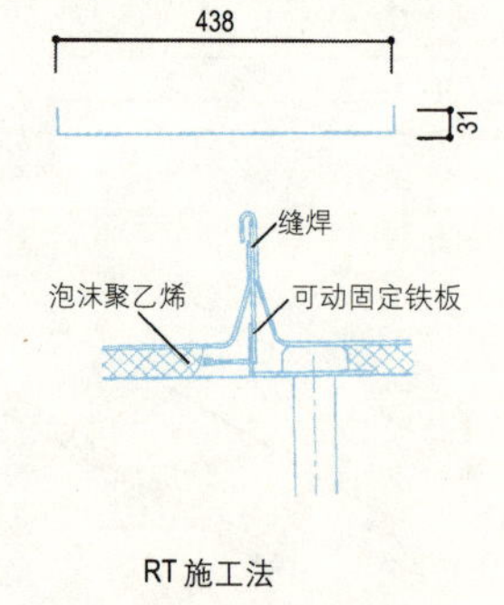


RT 施工法

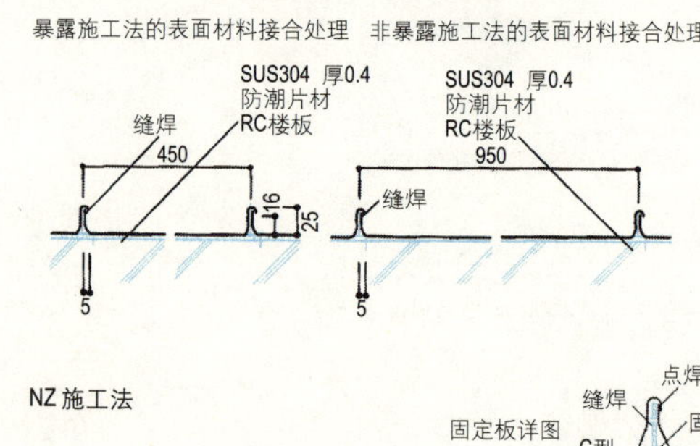


NZ 施工法

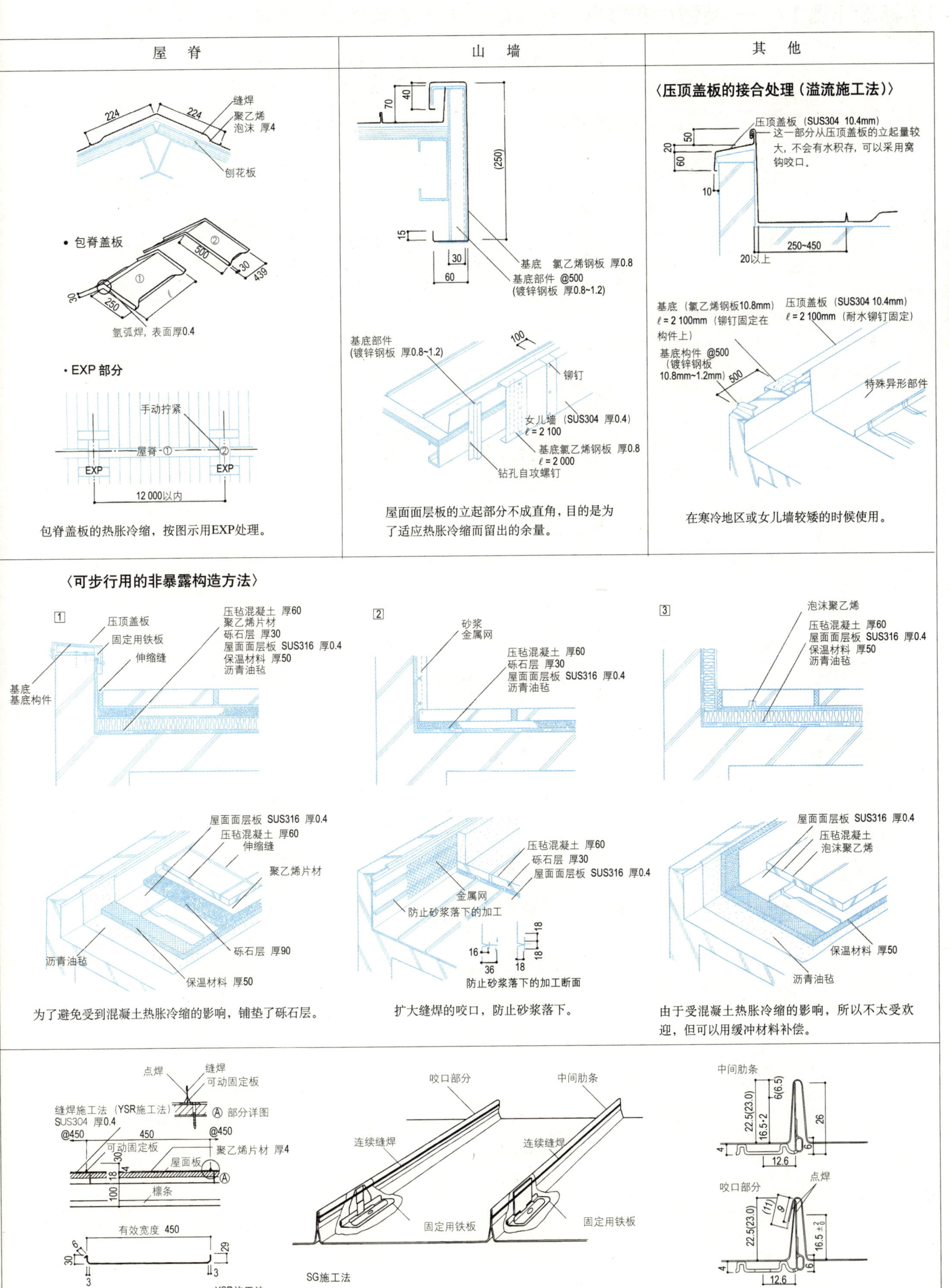
屋 脊
山 墙
其 他
224
224
缝焊
聚乙烯
泡沫 厚4
刨花板
• 包脊盖板
500
30
439
30
250
①
②
氩弧焊，表面厚0.4
• EXP 部分
手动拧紧
屋脊 ①
②
EXP
EXP
12 000以内
包脊盖板的热胀冷缩，按图示用EXP处理。
40
70
(250)
15
30
60
基底 氯乙烯钢板 厚0.8
基底部件 @500
（镀锌钢板 厚0.8~1.2）
基底部件
（镀锌钢板 厚0.8~1.2）
100
铆钉
女儿墙 （SUS304 厚0.4）
ℓ = 2 100
基底氯乙烯钢板 厚0.8
ℓ = 2 000
钻孔自攻螺钉
屋面面层板的立起部分不成直角，目的是为了适应热胀冷缩而留出的余量。
〈压顶盖板的接合处理（溢流施工法）〉
压顶盖板 （SUS304 10.4mm）
这一部分从压顶盖板的立起量较大，不会有水积存，可以采用窝钩咬口。
20
50
60
10
250~450
20以上
基底（氯乙烯钢板10.8mm）
ℓ = 2 100mm（铆钉固定在构件上）
压顶盖板 （SUS304 10.4mm）
ℓ = 2 100mm （耐水铆钉固定）
基底构件 @500
（镀锌钢板
10.8mm~1.2mm）
500
特殊异形部件
在寒冷地区或女儿墙较矮的时候使用。
〈可步行用的非暴露构造方法〉
1
压顶盖板
固定用铁板
伸缩缝
基底
基底构件
压毡混凝土 厚60
聚乙烯片材
砾石层 厚30
屋面面层板 SUS316 厚0.4
保温材料 厚50
沥青油毡
2
砂浆
金属网
压毡混凝土 厚60
砾石层 厚30
屋面面层板 SUS316 厚0.4
沥青油毡
3
泡沫聚乙烯
压毡混凝土 厚60
屋面面层板 SUS316 厚0.4
保温材料 厚50
沥青油毡
屋面面层板 SUS316 厚0.4
压毡混凝土 厚60
伸缩缝
聚乙烯片材
砾石层 厚90
沥青油毡
保温材料 厚50
为了避免受到混凝土热胀冷缩的影响，铺垫了砾石层。
压毡混凝土 厚60
砾石层 厚30
屋面面层板 SUS316 厚0.4
金属网
防止砂浆落下的加工
16
36
18
18
18
防止砂浆落下的加工断面
扩大缝焊的咬口，防止砂浆落下。
屋面面层板 SUS316 厚0.4
压毡混凝土
泡沫聚乙烯
保温材料 厚50
沥青油毡
由于受混凝土热胀冷缩的影响，所以不太受欢迎，但可以用缓冲材料补偿。
点焊
缝焊
可动固定板
缝焊施工法（YSR施工法）
SUS304 厚0.4
Ⓐ 部分详图
@450
450
@450
可动固定板
聚乙烯片材 厚4
屋面板
30
18
4
100
Ⓐ
檩条
有效宽度 450
6
30
29
3
3
YSR施工法
咬口部分
中间肋条
连续缝焊
连续缝焊
固定用铁板
固定用铁板
SG施工法
中间肋条
6(6.5)
22.5(23.0)
16.5-2
26
4
6
12.6
咬口部分
点焊
(11)
9
22.5(23.0)
16.5 ±0
4
6
12.6

# 14.标准详图 11——装饰性齐口压边金属板屋面和双层防水板屋面

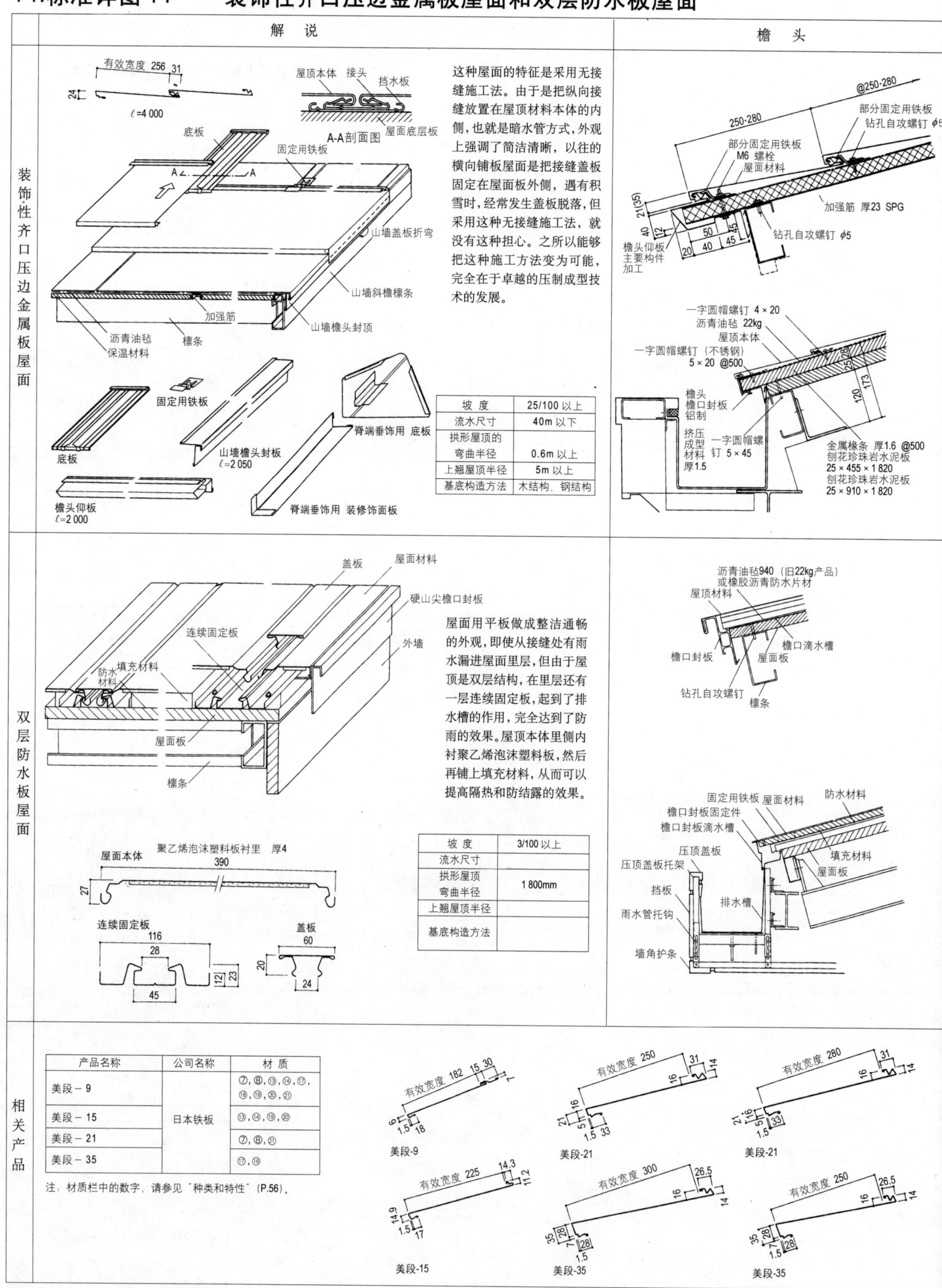


这种屋面的特征是采用无接缝施工法。由于是把纵向接缝放置在屋顶材料本体的内侧，也就是暗水管方式，外观上强调了简洁清晰，以往的横向铺板屋面是把接缝盖板固定在屋面板外侧，遇有积雪时，经常发生盖板脱落，但采用这种无接缝施工法，就没有这种担心。之所以能够把这种施工方法变为可能，完全在于卓越的压制成型技术的发展。

| 坡 度 | 25/100 以上 |
|---|---|
| 流水尺寸 | 40m 以下 |
| 拱形屋顶的弯曲半径 | 0.6m 以上 |
| 上翘屋顶半径 | 5m 以上 |
| 基底构造方法 | 木结构、钢结构 |

屋面用平板做成整洁通畅的外观，即使从接缝处有雨水漏进屋面里层，但由于屋顶是双层结构，在里层还有一层连续固定板，起到了排水槽的作用，完全达到了防雨的效果。屋顶本体里侧内衬聚乙烯泡沫塑料板，然后再铺上填充材料，从而可以提高隔热和防结露的效果。

| 坡 度 | 3/100 以上 |
|---|---|
| 流水尺寸 | |
| 拱形屋顶弯曲半径 | 1 800mm |
| 上翘屋顶半径 | |
| 基底构造方法 | |

| 产品名称 | 公司名称 | 材 质 |
|---|---|---|
| 美段－9 | 日本铁板 | ⑦,⑧,⑬,⑭,⑰,⑱,⑲,⑳,㉑ |
| 美段－15 | | ⑬,⑭,⑲,⑳ |
| 美段－21 | | ⑦,⑧,㉑ |
| 美段－35 | | ⑰,⑱ |

注：材质栏中的数字，请参见“种类和特性”（P.56）。

| 屋　脊 | 山　墙 | 其　他 |
|---|---|---|

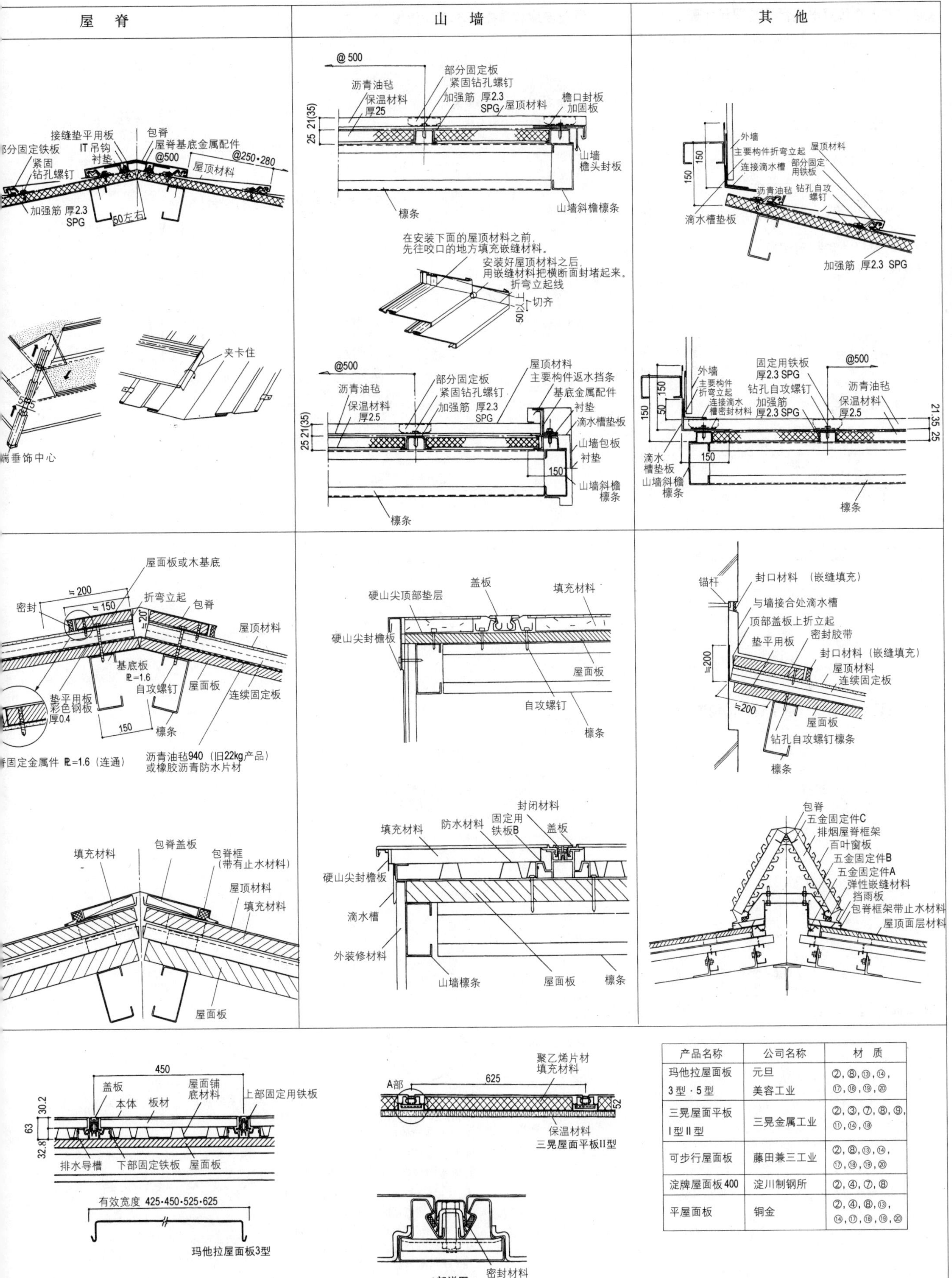


| 产品名称 | 公司名称 | 材　质 |
|---|---|---|
| 玛他拉屋面板 3型·5型 | 元旦 美容工业 | ②,⑧,⑬,⑭,⑰,⑱,⑲,⑳ |
| 三晃屋面平板 I型 II型 | 三晃金属工业 | ②,③,⑦,⑧,⑨,⑪,⑭,⑱ |
| 可步行屋面板 | 藤田兼三工业 | ②,⑧,⑬,⑭,⑰,⑱,⑲,⑳ |
| 淀牌屋面板400 | 淀川制钢所 | ②,④,⑦,⑧ |
| 平屋面板 | 铜金 | ②,④,⑧,⑬,⑭,⑰,⑱,⑲,⑳ |

# 15. 标准详图 12——落水管

## 〈屋檐滴水槽和雨水立管的概况尺寸表〉

屋檐滴水槽　雨水立管　雨水立管间隔

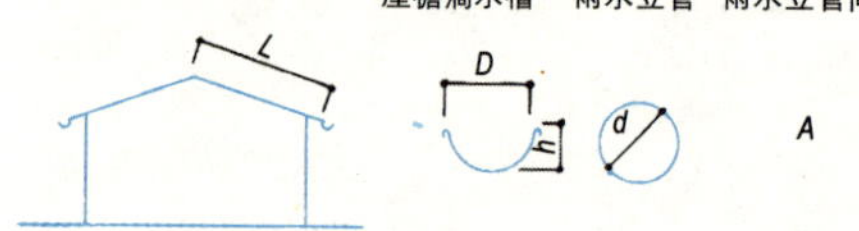


| L | D | h | | d | A |
|---|---|---|---|---|---|
| 1.5m 不足 | 8.0cm | 0.5*D* | 4.0cm | 4.5cm | 7.2m 不足 |
| 1.5m~5.5m | 10.0 | 0.5*D* | 5.0 | 6.0 | 7.2~11.0 |
| 5.5m~7.2m | 12.5 | 0.5*D* | 6.5 | 8.0 | 7.2~11.0 |
| 7.2m~11.0m | 15.0 | 0.6*D* | 9.0 | 10.0 | 7.2~11.0 |
| 11.0m~15.4m | 19.0 | 0.6*D* | 11.5 | 13.0 | 7.2~11.0 |

## 〈雨水管的尺寸和截面积〉

雨水管尺寸计算表

| $S=0.2d^2\sqrt{D}$ | *S*:落水管承担的屋顶水平面积 m² <br> *D*:屋檐滴水槽直径　cm <br> *d*: 雨水立管直径　cm | | | |
|---|---|---|---|---|
| 屋面的水平面积 *S* m² | 25 | 60 | 100 | 200 |
| 屋檐滴水槽直径 *D* cm | 9 | 12 | 15 | 18 |
| 雨水立管直径 *d* cm | 6 | 9 | 12 | 15 |

雨水立管的截面积表

| 落水管形状 | 雨水立管直径 *d* cm | 截面积 cm² | 落水管形状 | 方管尺寸 *a* × *b* cm | 截面积 cm² |
|---|---|---|---|---|---|
| 圆管 | 6 | 28.26 | 方管 | 7.5 × 5 | 37.5 |
| | 9 | 63.58 | | 10 × 5 | 50.0 |
| | 12 | 113.04 | | 10 × 7.5 | 75.0 |
| | 15 | 176.62 | | 12.5 × 10 | 125.0 |

## 〈屋面坡度和屋檐滴水槽的位置〉

屋檐滴水槽的尺寸及安装位置如图所示。在有积雪的地区采用与一般地区恰恰相反的安装位置比例。这是为了防止在雪融化滑动时，由于雪的积压而破坏落水管。

一般地区　屋顶檐头表面　屋檐滴水槽　a : b＝6 : 4

有积雪地区　屋顶檐头表面　在水面以上 屋檐滴水槽直径的1/2左右　屋檐滴水槽　a : b＝4 : 6~3 : 7

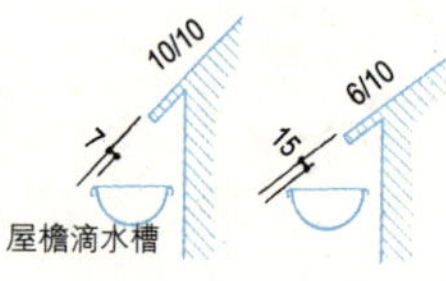


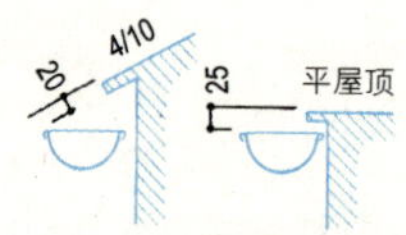


## 〈屋面材料和天沟雨水管的组合好坏〉

| 屋面材料 \ 天沟雨水管 | 镀锌钢板 | 彩色镀锌钢板 | 聚氯乙烯金属积层板 | 不锈钢板 |
|---|---|---|---|---|
| 镀锌钢板 | ○ | X | X | X |
| 彩色镀锌钢板 | △ | ○ | △ | △ |
| 聚氯乙烯金属积层板 | △ | ○ | ◎ | △ |
| 不锈钢板 | ◎ | △ | △ | ◎ |
| 沥青涂层钢板 | ◎ | ◎ | ◎ | ○ |
| 轧制钢板＋涂漆* | ○~◎ | ○~◎ | ○~◎ | ○~◎ |

◎：最好的组合　△：不太好的组合
○：好的组合　X：应该避免的组合
*涂漆的种类不同，条件会发生变化，所以必须注意。

## 〈伸缩部位的构造方法〉

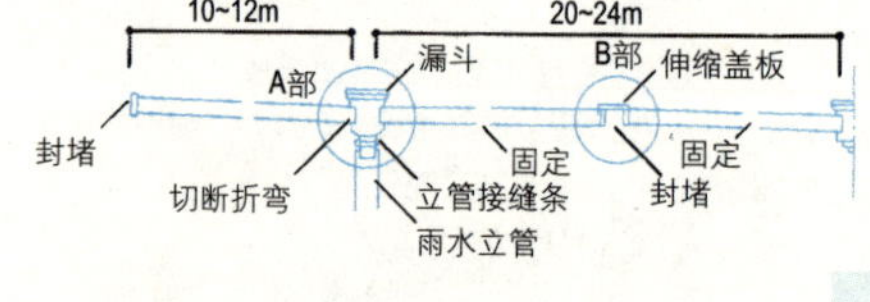


・A部详图

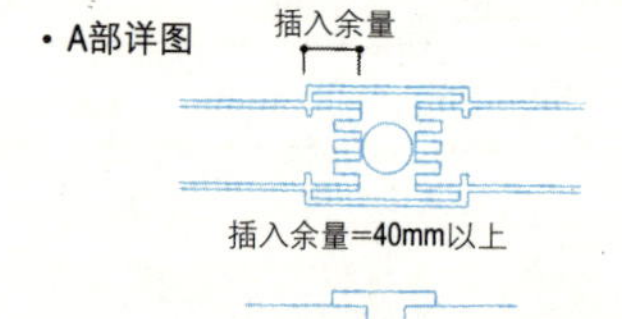
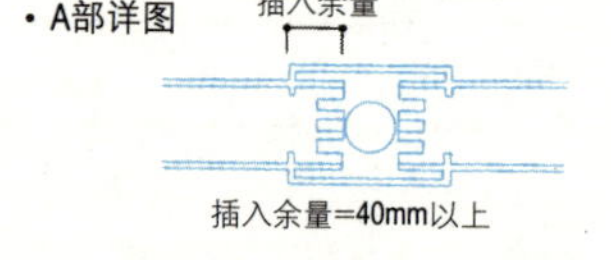


・B部详图

伸缩缝（伸缩盖板）
封堵

## 〈上下层直通雨水管（落水管）的构造方法〉

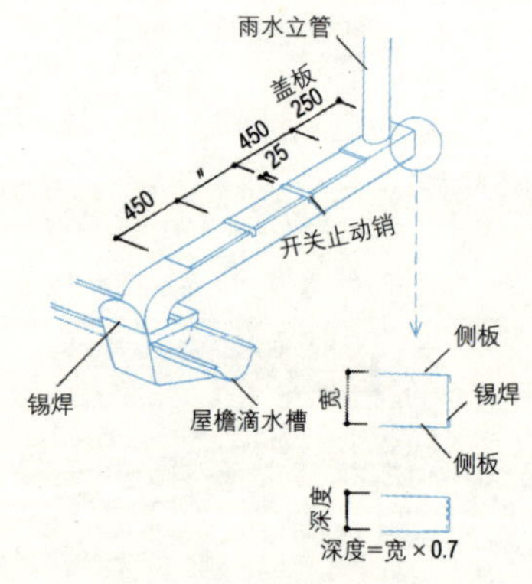


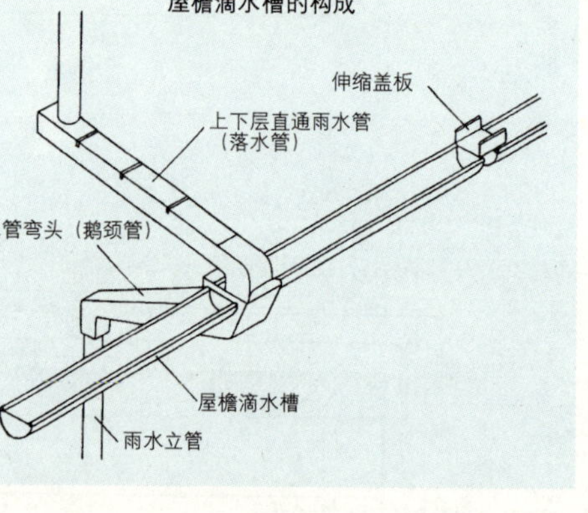


## 〈落水管弯头（鹅颈管）的构造方法〉

・方形

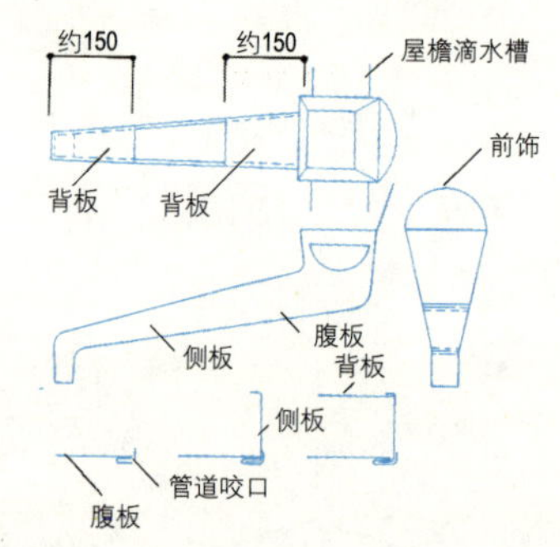


・圆形

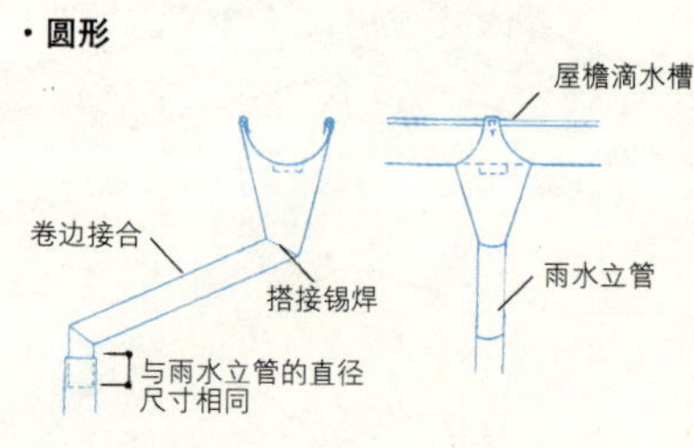


## 〈横断面的构造方法〉

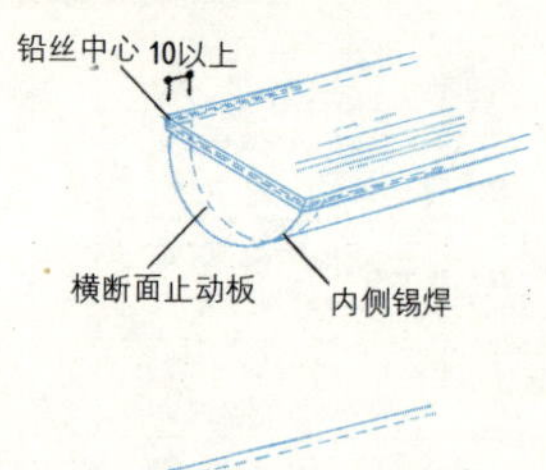


横断面齿形节流板雨水槽板折弯10mm以上平接并锡焊

## 〈雨水立管的构造方法〉

安装2个三角形止动件
接缝
紧固件
雨水立管
尺寸与直径相同
锡焊
接合
尺寸与直径相同

5以上
接缝

**〈屋檐滴水槽〉**　有时也需要使用相当长的屋檐滴水槽，但必须充分注意滴水槽的伸缩问题。伸缩缝的处理方法有2种，一是用通向雨水立管的落水口（图Ⓐ）作缓解伸缩的方法；二是用每隔10～12m设置一个伸缩盖板（图Ⓑ）的方法。

屋檐滴水槽的支承铁件大约每隔900mm安装1个，不要拧得过紧。在有积雪的地区要把间隔距离缩短1/2以下，不得超过450mm。

**〈雨水立管〉**　雨水立管与屋檐滴水槽一样，安装紧固件的间隔约为900mm，伸缩问题用接缝部分处理。

**〈雨水管弯头〉**　圆形雨水管弯头是使用最多的普及型弯头，但方形弯头的外观更显整洁。最近有一种设计很精致的雨水管弯头，已经产品化了。

**〈上下层直通雨水管〉**　每隔450mm设置一个开关止动销。为了防止被风吹掉，无论是水面以上还是水面以下，都要用铅丝与对方的落水管连接起来。

## 平板

### 〈屋檐滴水槽〉

屋面面层板
沥青油毡
屋顶 屋面垫层
屋面板
包檐封板
通用垫板
封檐板条
椽条
屋檐滴水槽
滴水槽托架

打入式托架容易使椽条的横断面破裂，钉入的效果也不好，容易滑落，所以，最好使用水平钉在椽条（顺着椽条方向）上的托架。

**滴水槽托架的种类**

打入式　水平钉入式　装饰用钉入式

### 〈暗沟〉

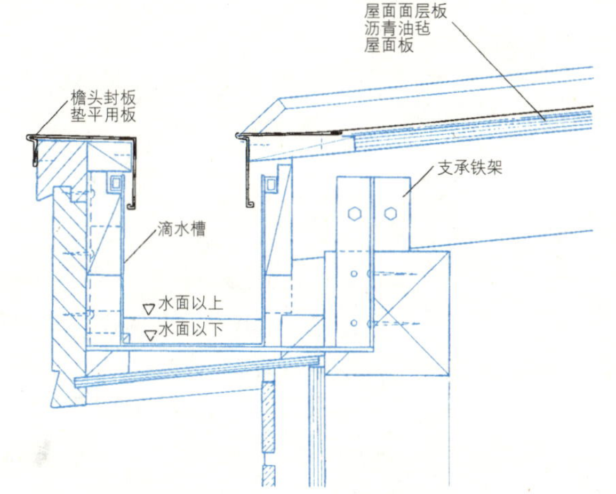


使用暗沟时，暗沟要与建筑分开，即使雨水从暗沟溢出来也不会流入建筑物一侧。

### 〈天沟雨水管〉

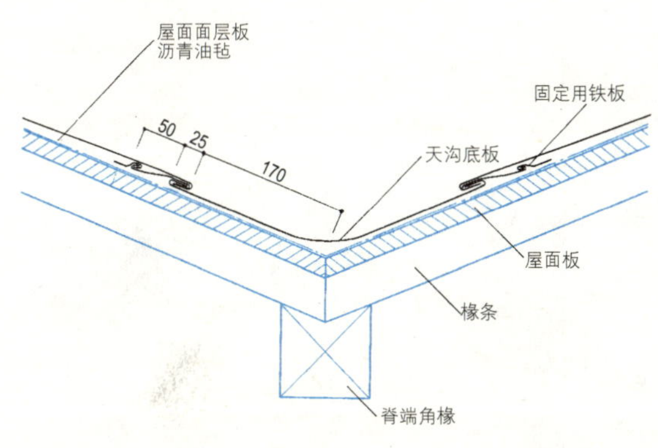


天沟底板长度超过6m时就要设置伸缩缝。天沟底板的两端要用卷边接缝方式，固定用铁板间隔为300mm左右。天沟底板的中间部分要考虑到伸缩问题，铺设时要从屋面板隆起一些。

## 折板

### 〈屋檐滴水槽〉

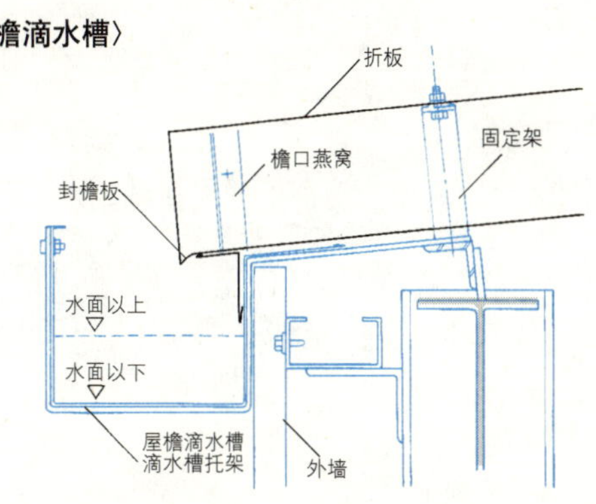


折板多用于平缓坡度的屋顶，屋面的雨水会从檐口流入到折板的里侧造成屋顶漏水。为了防止出现这种情况，可以在檐口上增设封檐板。

### 〈屋檐滴水槽〉

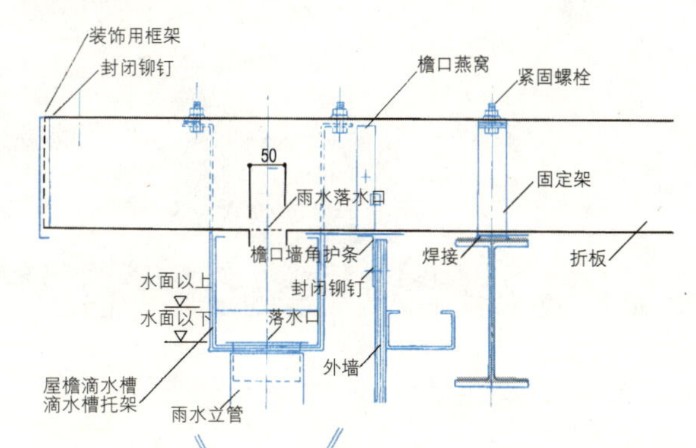


d
以5mm以上为宜
封檐板
落水口的孔

落水口不能挨着墙边设置。另外，落水口的形状也不要做成方形，最好使用圆形，方形落水口的效果不好，而且强度低下。如果落水口的孔洞面积不够，与其做成一个长圆形孔洞，不如做成数个圆形孔更好。封檐板的必要性与檐头一样。

### 〈天沟雨水管〉

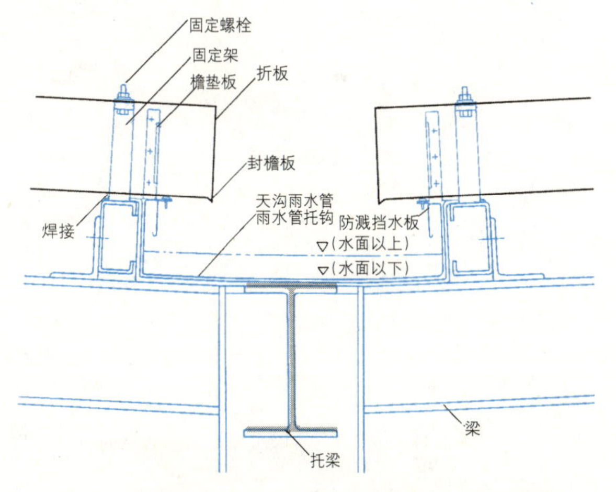


为了防止溅起的雨水从檐口燕窝浸入到屋顶内部，要在檐垫板周边插入定型密封材料，然后再装上防溅挡水板。

实例—1

# 与山峦融为一体的“连续伞形屋顶”

**JR 磐城塙车站：伊藤邦明和建筑研究所 MAIS**

车站设施就是塙镇的社区设施，车站内同时设有图书馆和画廊。由圆锥和角锥集合而成的屋顶，体现出了民居的规模，并融入到了形成民居背景的山峦当中。民居建筑的屋顶材料为铜板或镀锌钢板，采用立式卷边咬口铺屋顶方式，同时凸显出了金属屋顶所具有的独特的锐利感。

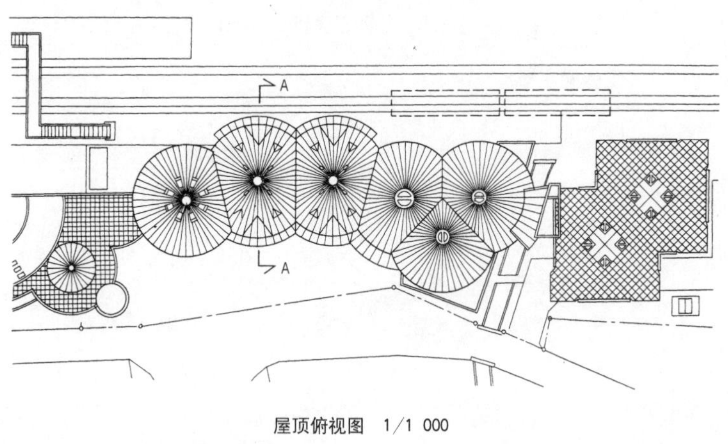


屋顶俯视图 1/1 000

（新建筑照相部）

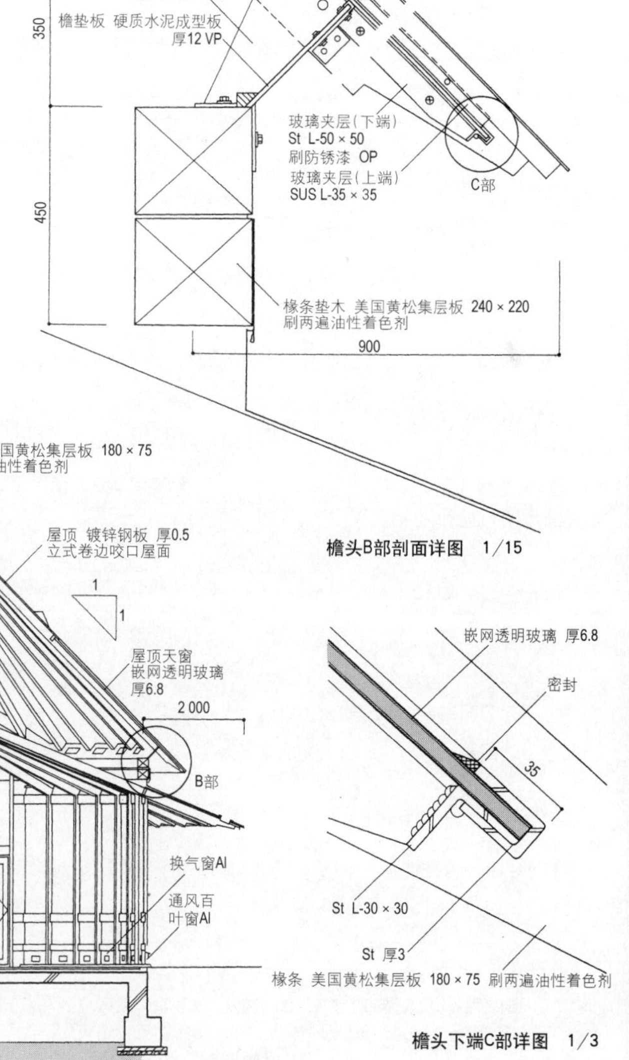


檐头B部剖面详图 1/15

檐头下端C部详图 1/3

排烟屋顶天窗
St 刷防锈漆 OP
$\phi$5 515.5
防虫网
SUS
椽条 美国黄松集层板 180 × 75
刷两遍油性着色剂
11 542.3
屋顶 镀锌钢板 厚0.5
立式卷边咬口屋面
屋面板
硬质水泥成型板 厚18+12
1
1
屋顶天窗
嵌网透明玻璃
厚6.8
丙烯酸塑料板 厚3
200 × 400 透明
单坡低房 屋顶 镀锌钢板 厚0.5
立式卷边咬口屋面
2 000
10
4
B部
展示柜
柱子 清水混凝土
3 300
展示室
换气窗Al
地板 瓷砖
100 × 100
通风百
叶窗Al
760
13 000

展示室A-A剖面图 1/150

# 耐候性钢板屋顶

大金高尔夫俱乐部会所 / 黑川雅之建筑设计事务所

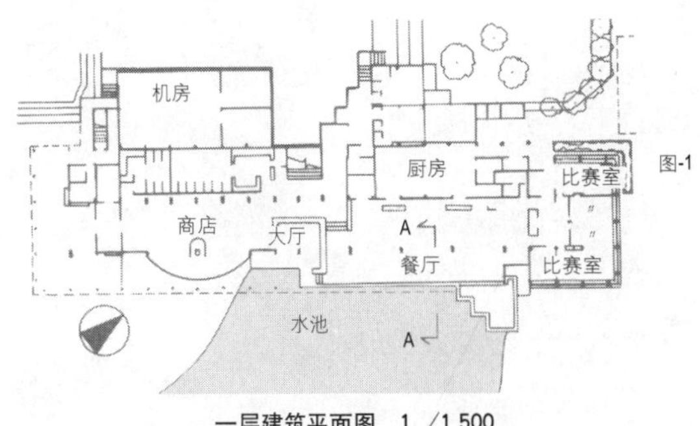


一层建筑平面图 1 /1 500

耐候性钢板厚4.5mm。这是把钢板分割开之后，通过排列铺设而成的钢板屋面。详图的重点在于屋顶耐候性钢板之间的接缝，接缝处完全依靠衬垫密封，衬垫的使用耐久性比密封材料好，只要在衬垫的截面形状上想办法，还可以使衬垫具有排水功能。45°的陡坡设计完全可以防止屋面漏水。

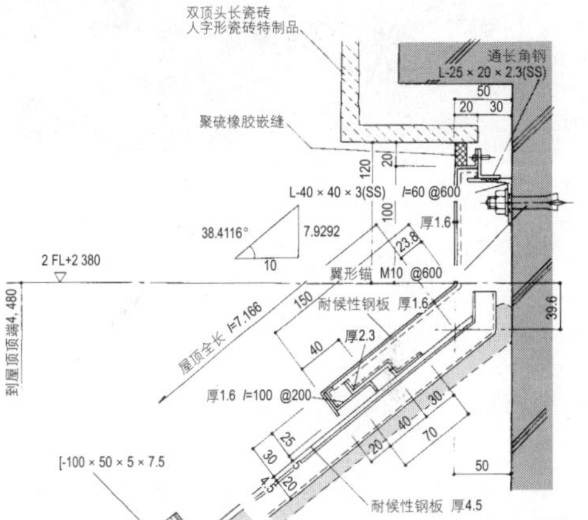

A部剖面（一般部分）

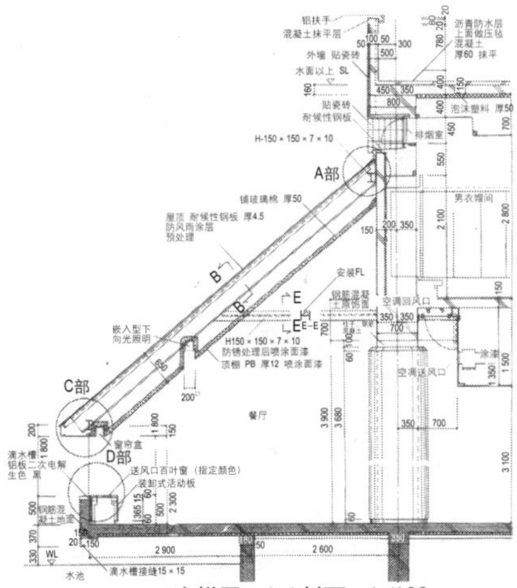

大样图 · A-A剖面 1/160

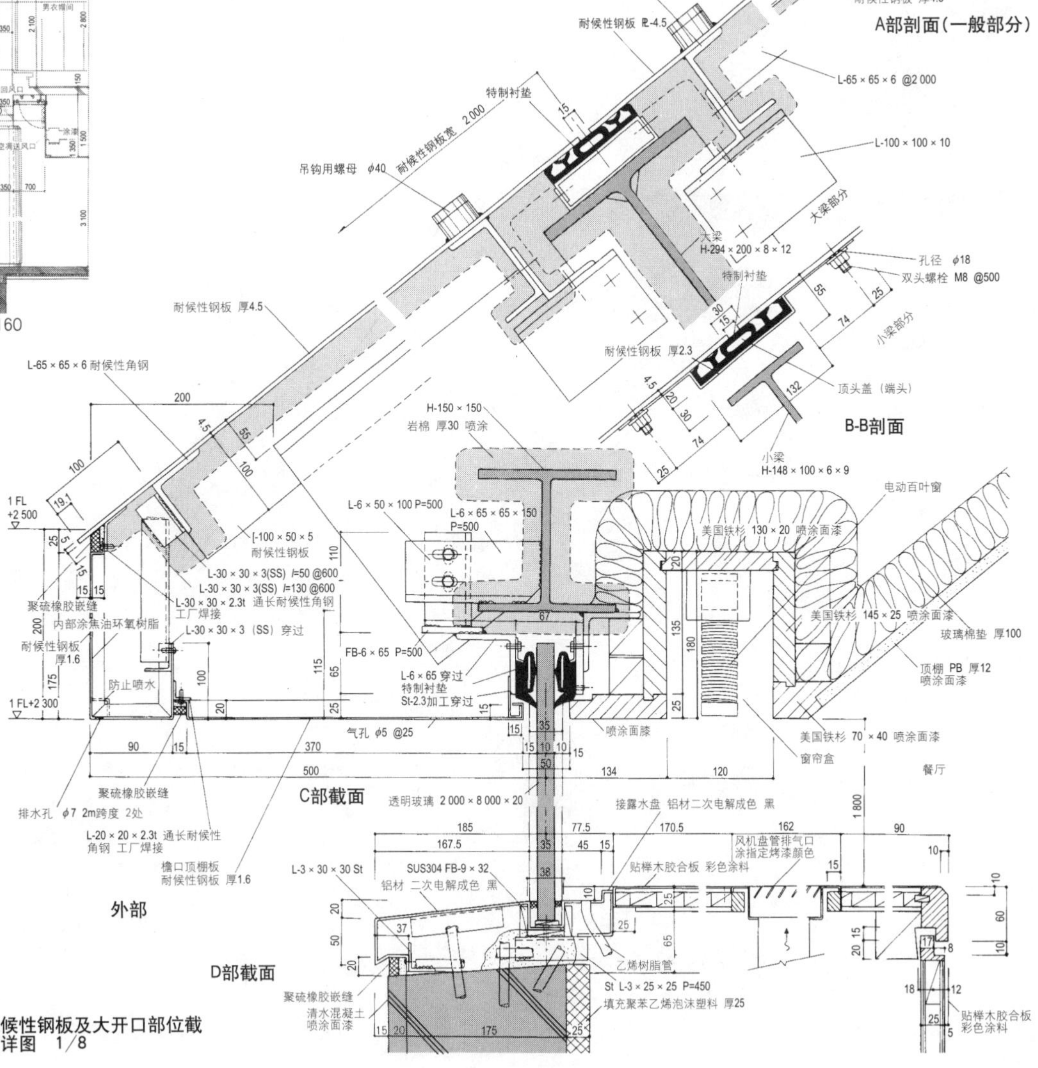

B-B剖面

C部截面

外部

D部截面

耐候性钢板及大开口部位截面详图 1/8

实例—3

## 双层结构的轻型大屋顶

**关西国际机场大楼**

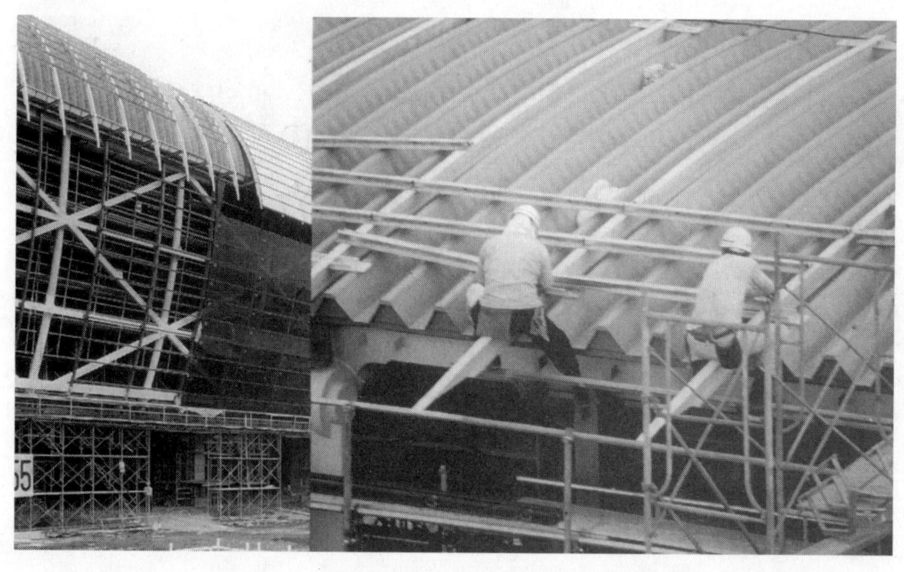

该建筑为了达到用一块大型屋顶把整栋建筑物都覆盖起来的目的，用金属镶嵌板把本来已经起到屋顶作用的宽波压型钢板全部覆盖起来，形成双层屋顶结构。

要用1 800mm×600mm的大板覆盖90 000m²的屋顶，要先考虑建设上的容许和建筑整体的几何学，然后再做决定。考虑到一个人可以搬动的一块板子的大小，其施工性很好，远看给人一种苗条的感觉。

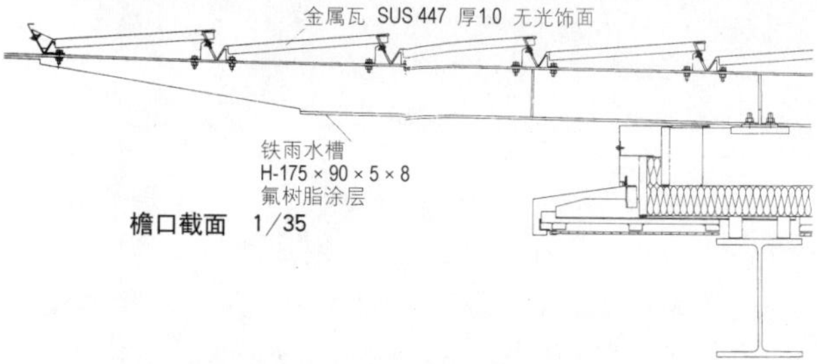
金属瓦 SUS 447 厚1.0 无光饰面
铁雨水槽
H-175×90×5×8
氟树脂涂层

檐口截面 1/35

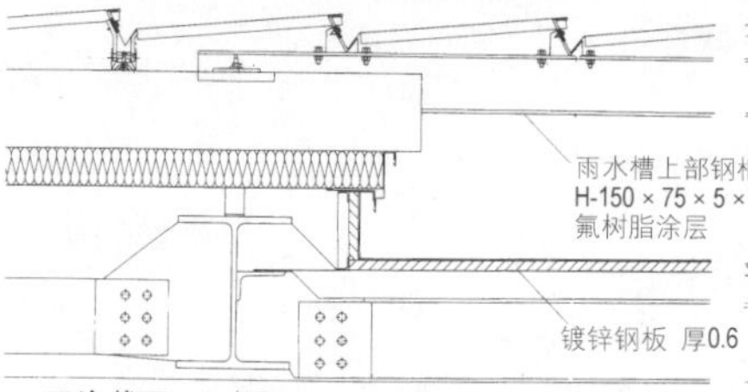
雨水槽上部钢框架
H-150×75×5×75
氟树脂涂层
镀锌钢板 厚0.6

天沟截面 1/35

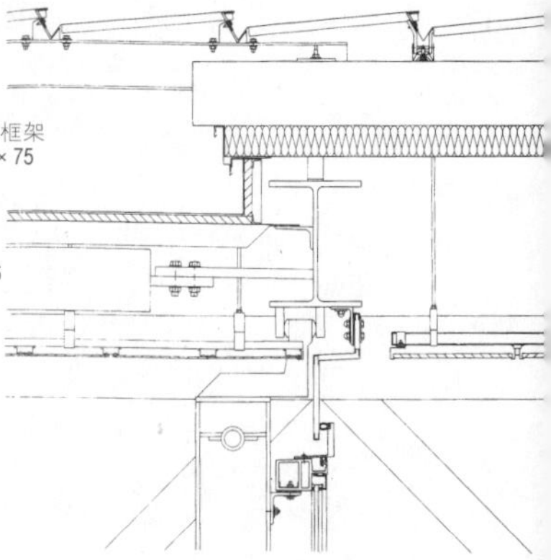

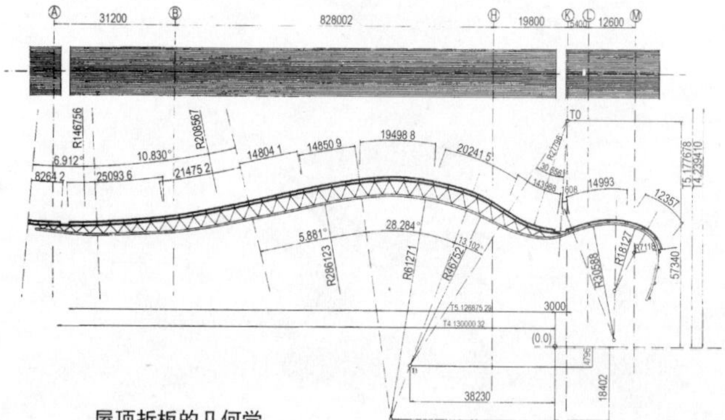
31200
828002
19800
12600
3000
38230
43300

屋顶折板的几何学

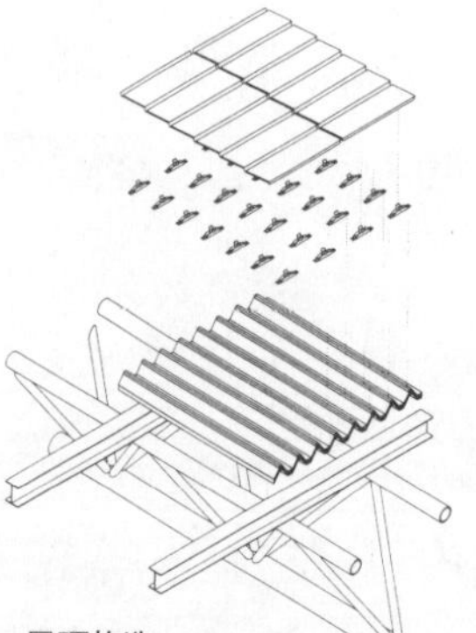

屋顶构造

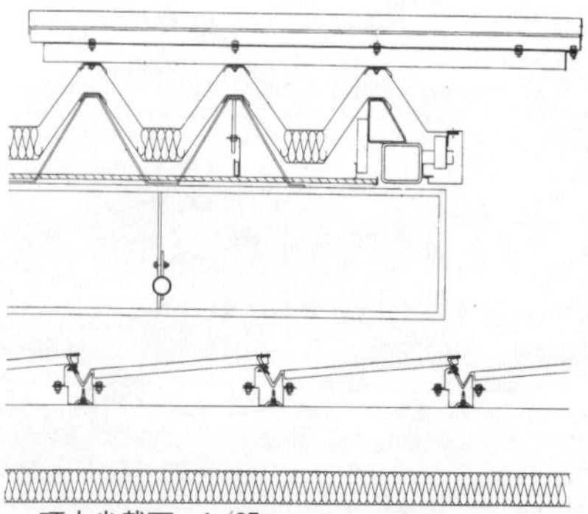

硬山尖截面 1/35

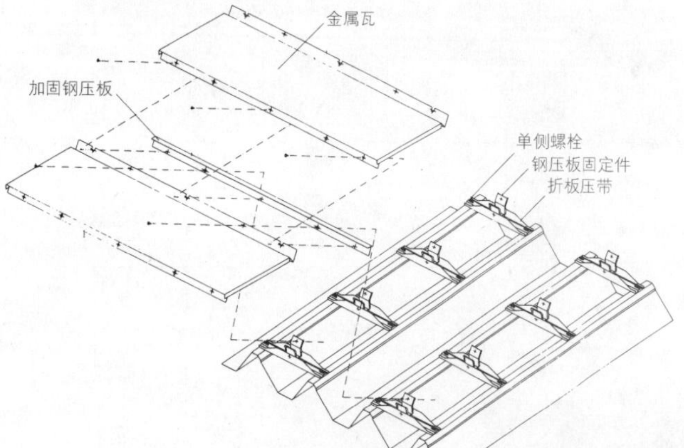
金属瓦
加固钢压板
单侧螺栓
钢压板固定件
折板压带

屋顶构造标准图 1/60

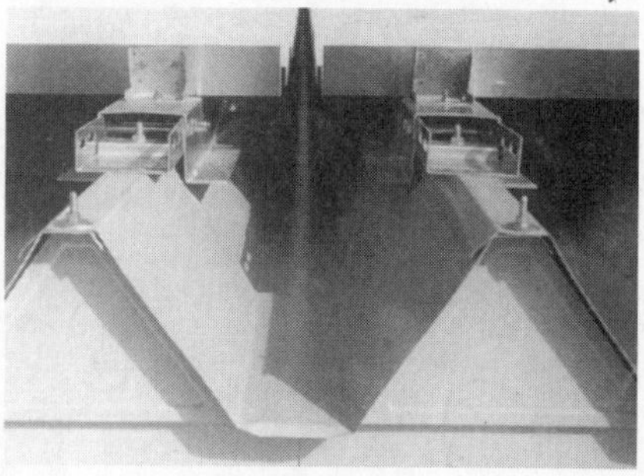

# 覆盖大空间的不锈钢长折板

**幕张展览馆/槙综合计划事务所**



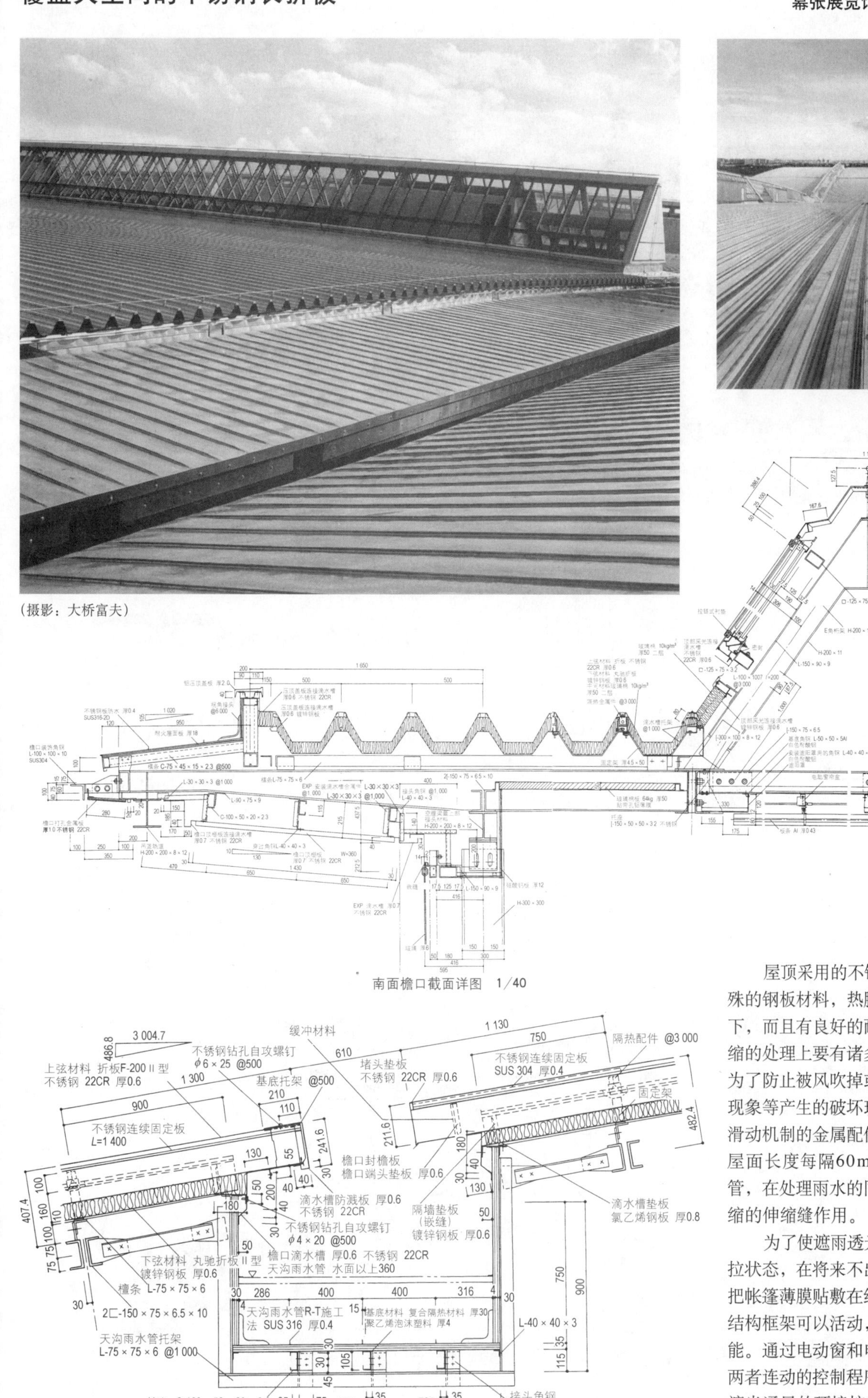


（摄影：大桥富夫）

南面檐口截面详图 1/40

西面檐头天沟雨水管截面详图 1/30

屋顶采用的不锈钢长折板是一种特殊的钢板材料，热膨胀率在一般钢材以下，而且有良好的耐候性，但在热胀冷缩的处理上要有诸多因素的考虑。例如为了防止被风吹掉或为了防止热胀冷缩现象等产生的破坏现象，折板要通过有滑动机制的金属配件安装在固定架上。屋面长度每隔60m设置一个天沟雨水管，在处理雨水的同时，起到了热胀冷缩的伸缩缝作用。

为了使遮雨透光的帐篷薄膜保持张拉状态，在将来不出现挠度变形，可以把帐篷薄膜贴敷在结构框架上，而且该结构框架可以活动，带有可以调节的功能。通过电动窗和电动百叶窗以及使这两者连动的控制程序，使玻璃天窗成为遮光通风的环境控制调节装置。

# 5片拱顶状的金属屋顶

**东京辰巳国际游泳场/仙田满环境设计研究所**

（摄影：和木 通）

东京辰巳国际游泳场的屋顶形状像是向大海展翅欲飞的水鸟。屋顶材料采用不锈钢材料，由于建筑靠近海边，屋顶材料的表面处理采用白色氟树脂烘干涂层，目的是为了防止被污染。全部屋顶由5块拱顶状屋顶构成，每一块屋顶的形状基本是三角形，底边部分被切削成拱状。从屋顶的顶部附近开始，把排水通道设计成斜向格子状，并设有拱肋，同时，为了不使大屋顶成为平面形状，通过造型创意赋予屋顶变化。

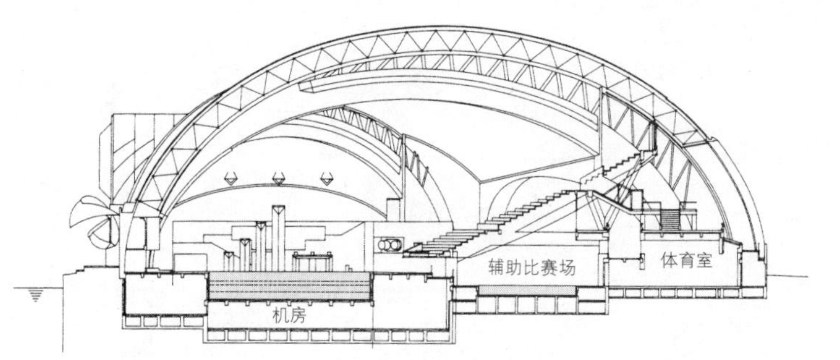


A-A截面 1/1 300

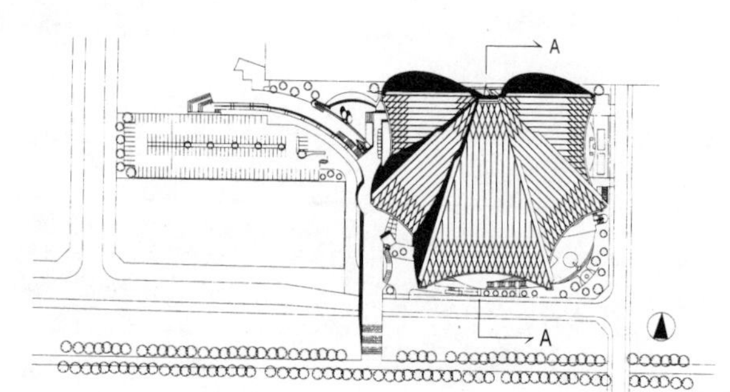


布置 1/5 000

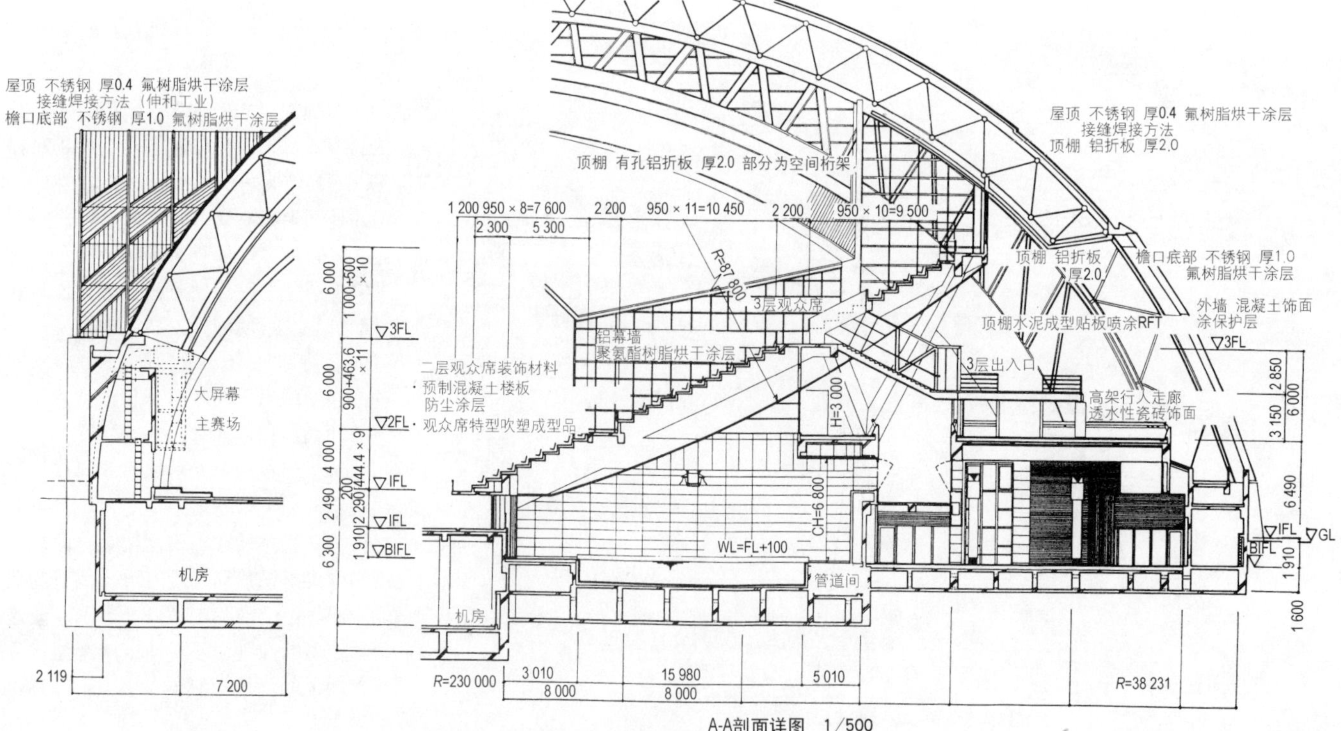


A-A剖面详图 1/500

实例—6

# 以“湖滨”为主题的金属钛平屋顶

**岛根县立美术馆／菊竹清训建筑设计事务所**

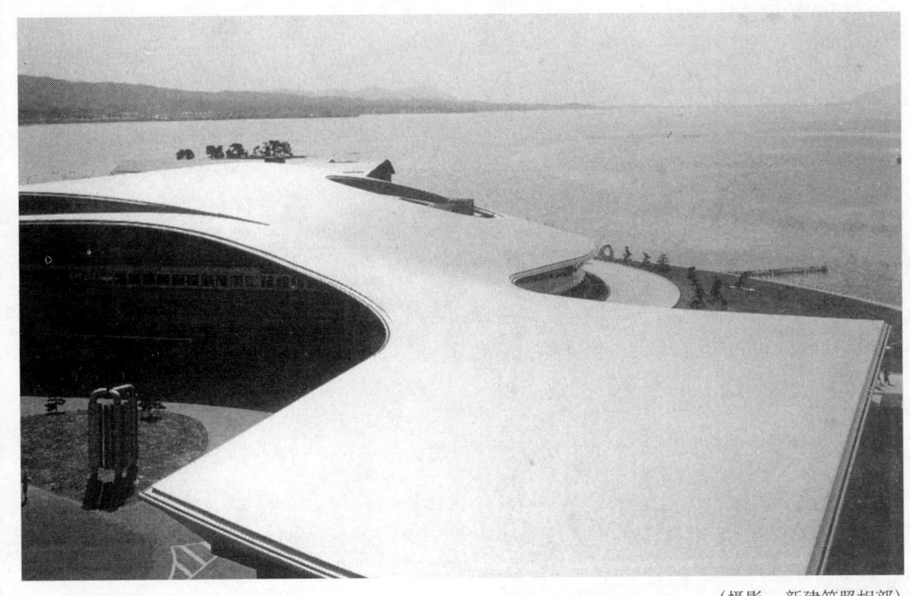

（摄影：新建筑照相部）

作为宍道湖的湖滨美术馆，首先建筑高度不能高，其次是建成后的建筑形状要优美，要沿着湖岸形成一个类似突出到湖中的砂洲一样的环境。屋顶要像大地有高低起伏一样，要成为有机结合的曲线形状，并与建筑内部的平面设计一致起来，为了不受淡咸水湖的影响，屋顶材料采用了耐久性优越的金属钛板，屋顶外观就像用硫黄熏成黑灰色的银子一样，给人的感觉是稳重，用其有机结合的形状完全融合到了周围的环境中，随着气候和时间的变化，将会看到各种各样的引人入胜的魅力无穷的外观形态。



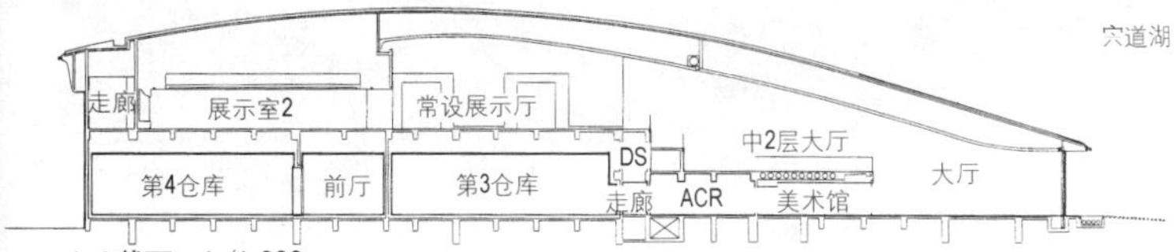
走廊
展示室2
常设展示厅
中2层大厅
DS
第4仓库
前厅
第3仓库
大厅
走廊
ACR
美术馆

A-A截面　1/1 000

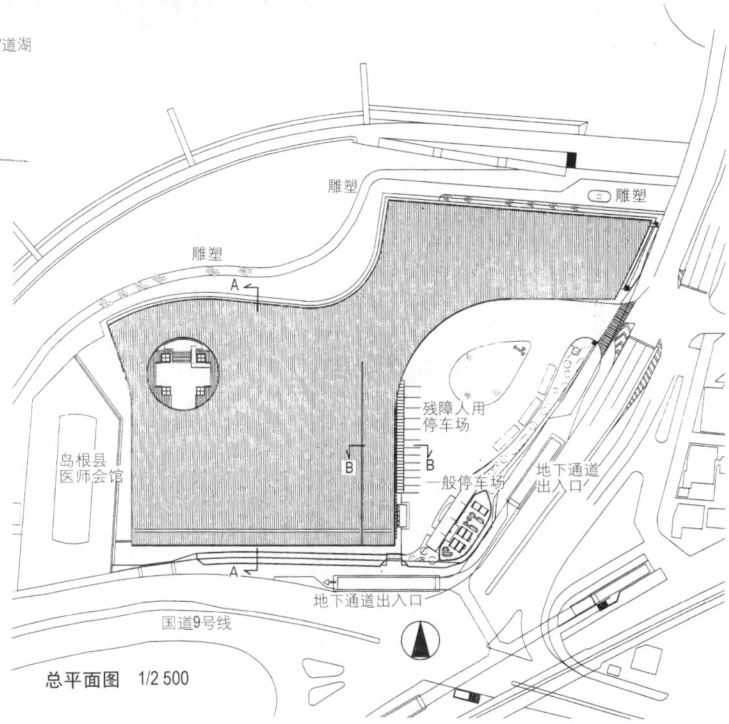
宍道湖
雕塑
雕塑
雕塑
A
残障人用
停车场
B
B
岛根县
医师会馆
一般停车场
地下通道
出入口
A
地下通道出入口
国道9号线

总平面图　1/2 500

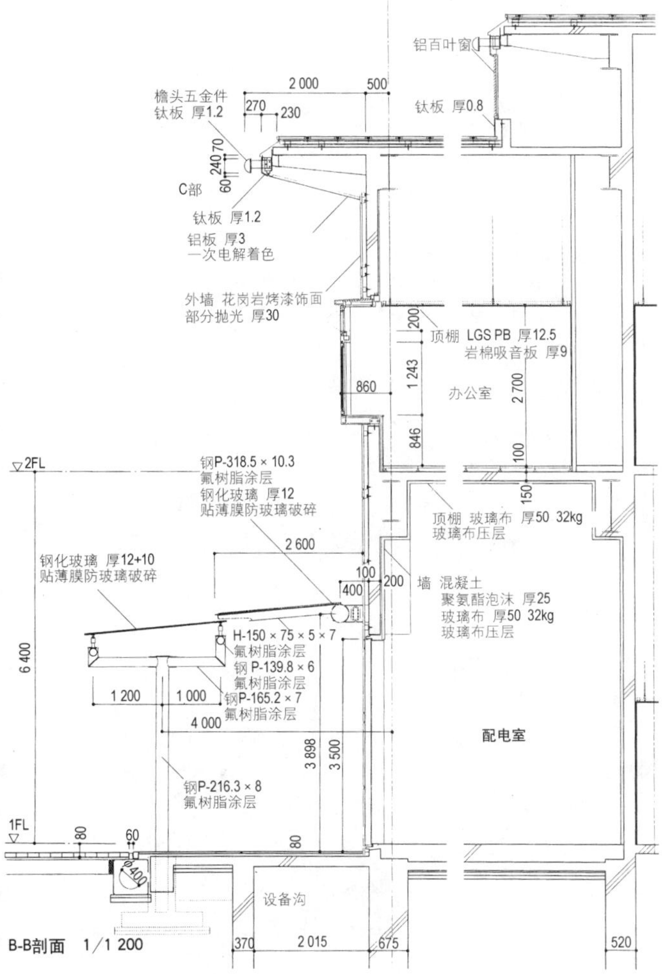
铝百叶窗
2 000
500
檐头五金件
钛板 厚1.2
270
230
钛板 厚0.8
C部
钛板 厚1.2
铝板 厚3
一次电解着色
外墙 花岗岩烤漆饰面
部分抛光 厚30
顶棚 LGS PB 厚12.5
岩棉吸音板 厚9
860
办公室
2FL
钢P-318.5 × 10.3
氟树脂涂层
钢化玻璃 厚12
贴薄膜防玻璃破碎
顶棚 玻璃布 厚50 32kg
玻璃布压层
2 600
钢化玻璃 厚12+10
贴薄膜防玻璃破碎
墙 混凝土
聚氨酯泡沫 厚25
玻璃布 厚50 32kg
玻璃布压层
H-150 × 75 × 5 × 7
氟树脂涂层
钢 P-139.8 × 6
氟树脂涂层
钢P-165.2 × 7
氟树脂涂层
1 200
1 000
4 000
6 400
配电室
钢P-216.3 × 8
氟树脂涂层
1FL
设备沟
370
2 015
675
520

B-B剖面　1/1 200

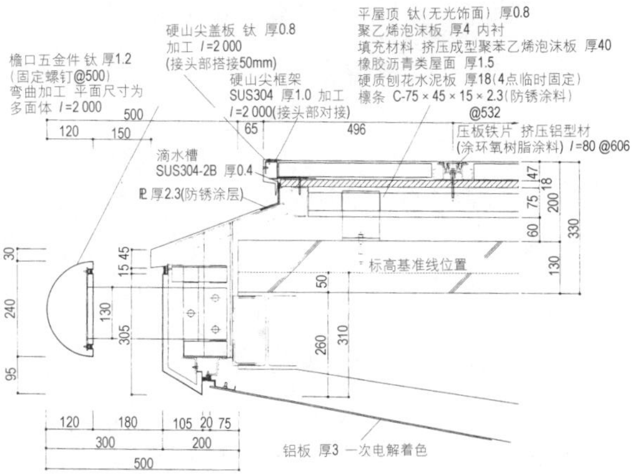
檐口五金件 钛 厚1.2
（固定螺钉@500）
弯曲加工 平面尺寸为
多面体 l=2 000
硬山尖盖板 钛 厚0.8
加工 l=2 000
（接头部搭接50mm）
硬山尖框架
SUS304 厚1.0 加工
l=2 000(接头部对接)
平屋顶 钛(无光饰面) 厚0.8
聚乙烯泡沫板 厚4 内衬
填充材料 挤压成型聚苯乙烯泡沫板 厚40
橡胶沥青类屋面 厚1.5
硬质刨花水泥板 厚18(4点临时固定)
檩条 C-75 × 45 × 15 × 2.3(防锈涂料)
@532
压板铁片 挤压铝型材
(涂环氧树脂涂料) l=80 @606
滴水槽
SUS304-2B 厚0.4
厚2.3(防锈涂层)
标高基准线位置
铝板 厚3 一次电解着色
500
120
150
65
496
120
180
105
300
200
500

C部详图　1/20

# 水泥板屋顶

以前把石棉瓦叫作石棉水泥板，这是按82：18的重量比，把硅酸盐水泥和石棉搅拌混合起来，然后压榨整形做成薄板，薄板分为平板和波形板两种。平板厚度为4～6mm，加工成适当的大小，主要用于屋顶的齐口压边和斜向菱形的铺设方法；从经济效果和施工的难易程度出发，波形板主要用于工厂的厂房和仓库。

石棉是一种矿物纤维，与水泥的搅拌混合性很好，无论是对火还是对水，都有很强的耐久性，而且价格便宜。但是，由于石棉是致癌物质，日本于1980年就全面禁止使用石棉。在这种情况之下，按照石棉瓦的特征，开发出了可以替代石棉的纤维，根据不同的使用目的，可以分别使用纤维素纤维、玻璃纤维、维尼纶纤维。

现在市场上销售的水泥板，用于铺盖屋顶的板材有两种，一是波形水泥板，二是平板形彩色水泥板。



与山脉协调的波形水泥屋面板
提供单位：浅野屋面板

## 1. 波形水泥板屋顶的性能

石棉水泥板于1900年在奥地利诞生，日本最早使用石棉水泥板是在1904年，由德国建筑师台拉兰泰设计建造的原G·托马斯官邸。由于石棉水泥板在价格上比天然石板便宜很多，而且施工简单、容易，耐火、耐水及耐久性优越，所以从欧洲开始，迅速在世界各地得到了广泛应用。

石棉水泥板的特点是既有强度又有韧性，也就是在水泥（一般使用硅酸盐水泥）里掺加石棉之后，弥补了水泥仅有脆性的不足。石棉是天然产生的惟一纤维状矿物，自古以来，就以不会燃烧的纤维材料而受到人们的珍重。但是，由于石棉有致癌性，日本于1980年全面禁止用喷射石棉作耐火覆盖材料，并于1991年年底以前，实现了石棉水泥板作内装修材料时的无石棉化，同时在1991年年底以前，实现了用石棉水泥板作外装修材料时，石棉的含量不超过5%的规定，并在1993年年底以前，实现了用石棉水泥板作屋顶材料时的波形水泥板，石棉含量不超过5%的规定。替代石棉的纤维材料，非常重视材料的安全性，主要使用的纤维材料有纤维素纤维（天然有机类）、耐碱玻璃纤维（人造无机类）、维尼纶纤维（人造有机类）等。但在使用时，往往不仅限于一种纤维材料，而是根据功能要求，要把数种纤维材料混合在一起使用，这是当前的一种现实情况。原因就是由1种替代石棉纤维的材料，达不到石棉的所有特性。如果从石棉中排除掉致癌性，石棉依然具有强度、防火性、耐火性、耐久性、水泥亲和性、吸声隔热性、电绝缘性、耐磨性等高性能，并且廉价。取代石棉的纤维开发，可以说是今后的重点工作。

使用最广的屋顶材料是〈波形水泥板〉。这种材料的基底处理简单、工期短、造价低廉，所以广泛应用于工厂厂房、仓库及车站站台建筑。

〈水泥板的性能〉

**①耐水性**

耐水性强。水泥板不仅有耐水性，而且由于干湿产生的伸缩变化也很少，仅为木材的1/10～1/20。另外，还有报告称，水泥板在达到某一个时间段之前，随着使用年限的延长，吸水率会减低，强度增加。

吸水率 22% 以下

含水率 10% 以下

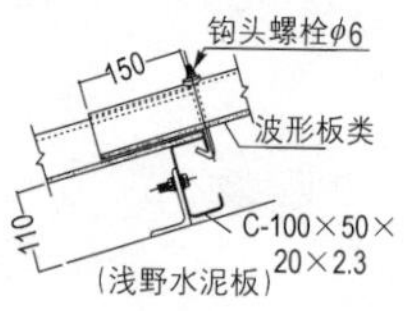


**②耐火性**

不燃烧。水泥板都是不燃材料，通过与其他材料的组合，可以在有法律规定的广大范围内使用。贴水泥板的墙，贴板厚度在3mm以上时，具有与抹泥墙同等以上的效果。

建设省认定的不燃材料：

水泥板　不燃第 1001 号

装饰水泥板　不燃第 1002 号

**③耐久耐候性**

结实、耐用。耐久性、耐候性优越，不怕日晒、不怕风吹雨淋，永不腐烂，属半永久性的材料。

**波形水泥板（大波纹板）的最大均布荷载**

| 檩条根数 | 产品长度（mm） | 容许均布荷载（kgf/m²） |
|---|---|---|
| 中 1 根 | 1820 | 966 |
| | 2000 | 813 |
| | 2120 | 694 |
| 中 2 根 | 1820 | 2724 |
| | 2000 | 2293 |
| | 2120 | 1956 |

**④隔声性**

隔断响声。把水泥板用在屋顶、外墙、隔墙上，具有很好的隔声性。

两面为厚度 10mm 的柔性水泥板，中间为 12mm 的石膏板，镀锌轻钢龙骨中空隔墙；建设省公告第1827号指定隔声结构。

（1 000Hz）

| 构　成 | 声响透射损失 |
|---|---|
| 大波纹板 | 29dB |
| 大波纹板＋刨花复合板 | 37dB |

**⑤隔热性**

不易导热。水泥板与硬质聚氨酯泡沫塑料或刨花水泥板复合起来，可以发挥出卓越的隔热性能。

A 公司夹层板：总传热系数 0.70kcal/m²h℃

**⑥轻质性**

有韧性且结实、重量轻，但脚踩上时，要注意扎脚。大波纹板的比重：柔性水泥板 1.70，硅酸钙板 1.0，混凝土的比重为2.3，所以，作为水泥制品，重量轻且容易施工。

**⑦施工适应性**

使用波形水泥板时，在屋面构成上无需再使用其他屋面板，施工简单，可大幅度缩短工期。在防火上或者在提高隔热性能上，还可以使用水泥板制品的复合材料，而且施工容易。在经济方面，比其他铺盖屋顶材料便宜。

**⑧防蚁、防鼠**

没有白蚂蚁和鼠害，可以用于隔墙、屋面板和铺设地板，且效果很好。

**⑨经济效果**

在防火、耐火、隔声、耐久性和施工简便性等方面，可以达到诸项性能平衡，可以说这是一种经济的实用材料。

**⑩美观**

从性质特点来说，水泥板的表面平滑，可以直接用作各种饰面装修之用，而且材料的成形容易，现在已经开发出多种造型丰富的水泥瓦制品。

**⑪应用性**

水泥板制品以波形板为主，可以加工成各种不同类型的板材，与其他材料复合起来使用，还可以进一步提高水泥板制品的性能。

**⑫无石棉**

石棉可以说是水泥板的生命线，但是，由于石棉被认定为致癌物质，所以，正在开发研究替代石棉的纤维材料，也就是在开发无石棉化的水泥板。一般来说，要保证耐热性、不燃性，可以使用玻璃纤维；从水泥亲和性和机械性质来说，使用纤维素、维尼纶纤维的效果很好。

# 2. 波形水泥板屋顶的部件和构成

〈水泥板的种类和用途〉

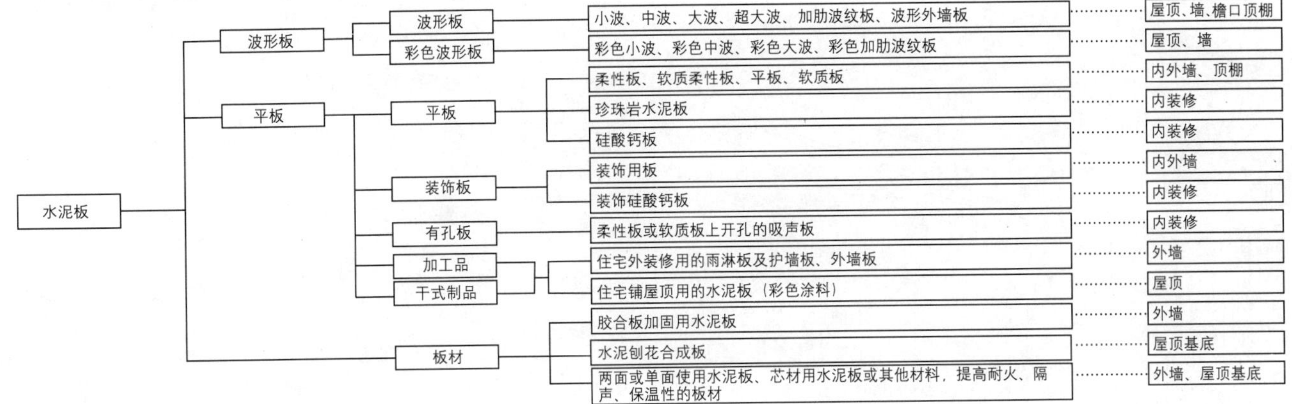


〈部件和构成〉

| 构　成 | 基　底 |
| --- | --- |
| 〈屋顶铺瓦图〉<br>弯脊瓦　人字形屋脊瓦　檐口弯板　人字形屋脊端头瓦　脊垫瓦　山墙瓦<br><br>〈部件〉<br>弯脊瓦　人字脊瓦　人字脊端头瓦　弯脊端头瓦　锯齿形屋脊瓦　锯齿形屋脊端头瓦　檐口弯板　滴水弯板　平檐垫板　山墙瓦　檐垫板　墙角板 | 〈木结构〉<br>150　大波形水泥板　打入式铁钉 φ15 l=115　固定檩条 60×60　结构材料上面<br><br>使用打入式铁钉时，要注意钉帽的防水性。要注意〈固定檩条〉因漏水产生的腐朽。<br><br>〈钢结构〉<br>150　大波形水泥板　槽形螺栓 φ6 l=175　檩条 [−100×50×20×2.3<br><br>水泥板的搭接量要达150以上。槽形螺栓要使用不生锈的不锈钢螺栓和镀锌螺栓。防水钉帽要使用有耐候性的钉帽。<br><br>〈屋顶耐火结构〉<br>150　大波形水泥板 厚6.3　水泥板 厚4以上　槽形螺栓 φ6 l=180　檩条 [−100×50×20×2.3 @835mm以下<br><br>注意事项以〈钢结构〉为准。用作基底的水泥板要具备耐火性能。 |

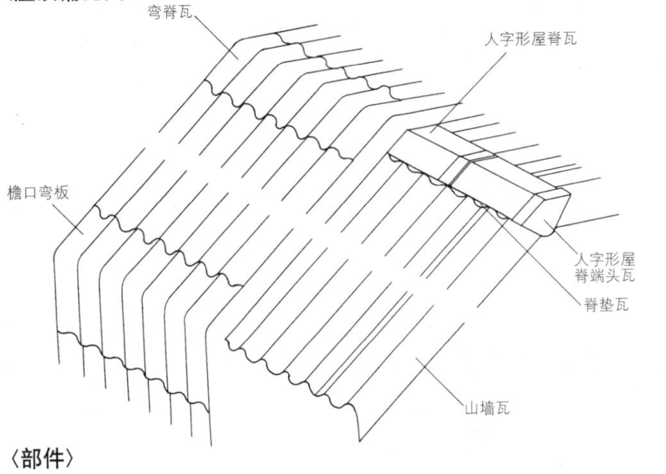

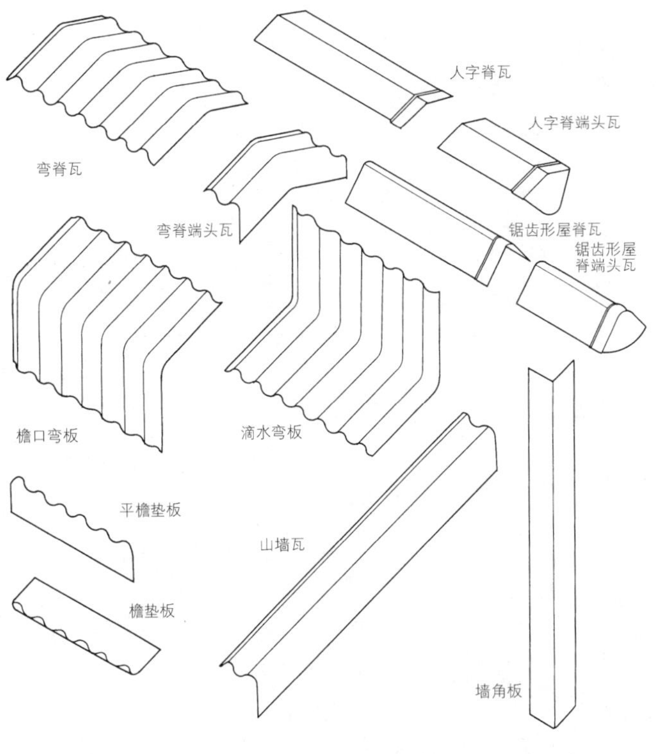

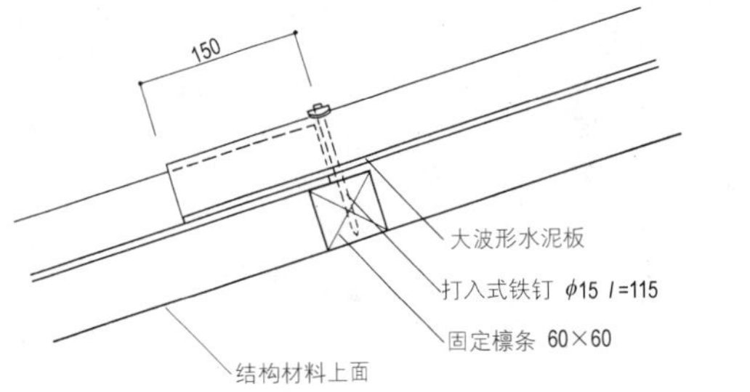

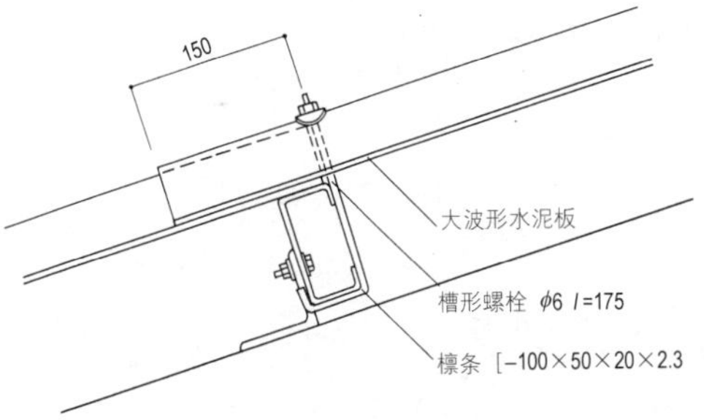

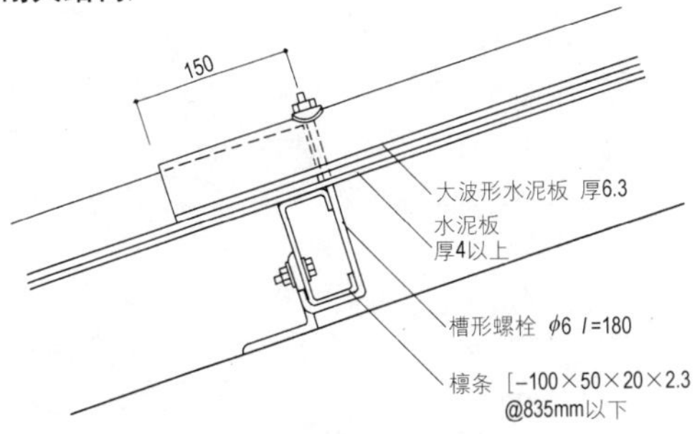

# 3. 波形水泥板屋顶的标准详图

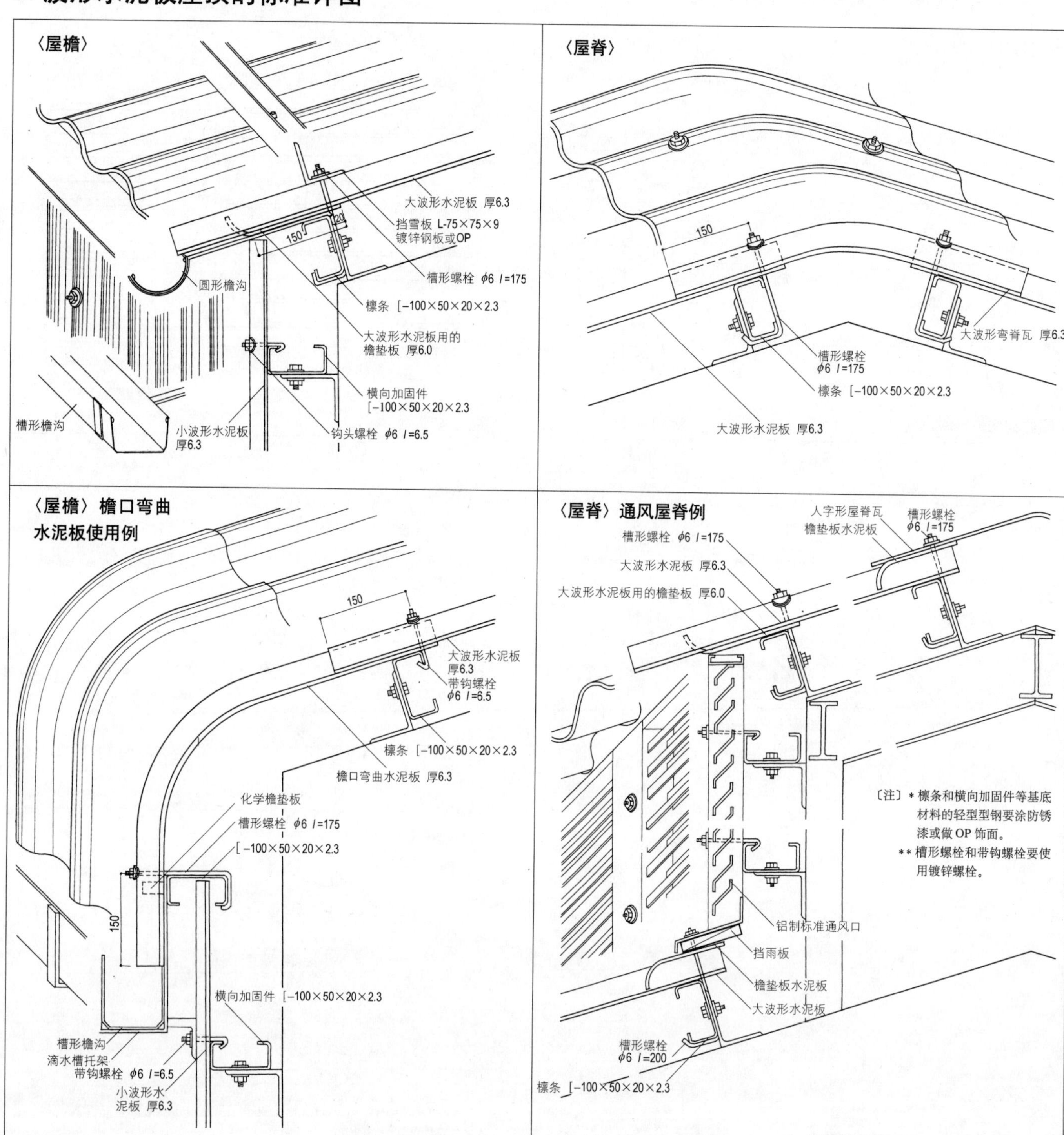


〈波形水泥板规格〉

（单位 mm）

| 种类 | 形状和尺寸 | 厚度 | 厚度容许误差 | 宽度 | 长度 | 单位重量（kg） | 峰谷深度 | 波峰间距 | 波峰数（个） |
|---|---|---|---|---|---|---|---|---|---|
| 超大波形板 | 波峰间距 波峰 峰谷深度 66.5 60 70 225 225 全厚 225 225 50 1 020(全幅度) 峰谷谷底 | 6.5 | ± 0.5 | 1,020 | 1 820 | 约24 | 约60 | 225 | 5 |
| | | | | | 2 000 | 约26 | | | |
| | | | | | 2 120 | 约28 | | | |
| | | | | | 2 420 | 约32 | | | |
| 大波形板 | 波峰间距 44.3 38 约53 130 950 130 约117 | 6.3 | ± 0.6 | 950 | 1 820 | 约20 | 35 以上 | 130 | 7.5 |
| | | | | | 2 000 | 约22 | | | |
| | | | | | 2 120 | 约23 | | | |
| | | | | | 2 420 | 约27 | | | |
| 小波形板 | 波峰间距 23.3 17 约25 63.5 63.5 约60 720 | 6.3 | ± 0.6 | 720 | 1 820 | 约15 | 15 以上 | 63.5 | 11.5 |
| | | | | | 2 120 | 约17 | | | |
| | | | | | 2 420 | 约20 | | | |

（浅野水泥板）

## 〈山墙瓦〉

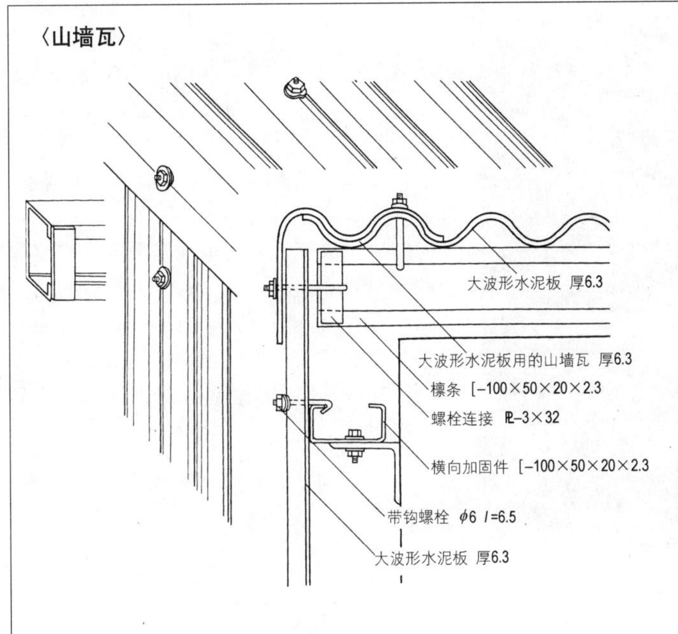


## 〈峰谷〉

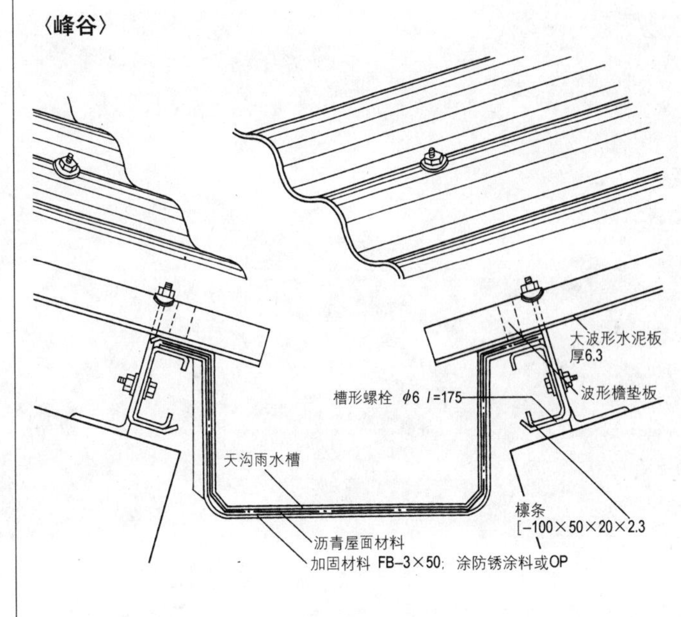


## 〈与墙的接合〉

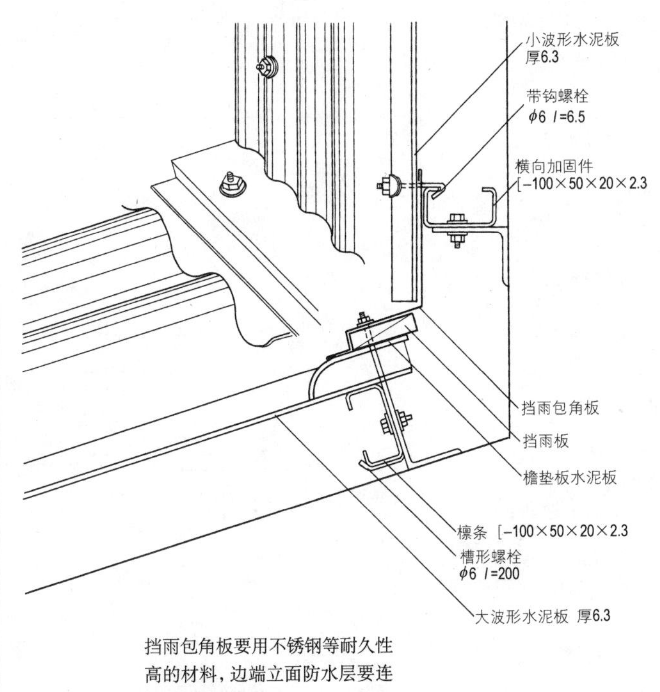


挡雨包角板要用不锈钢等耐久性高的材料，边端立面防水层要连接在横向加固件上。

## 〈与墙的接合〉流水方向和垂直方向

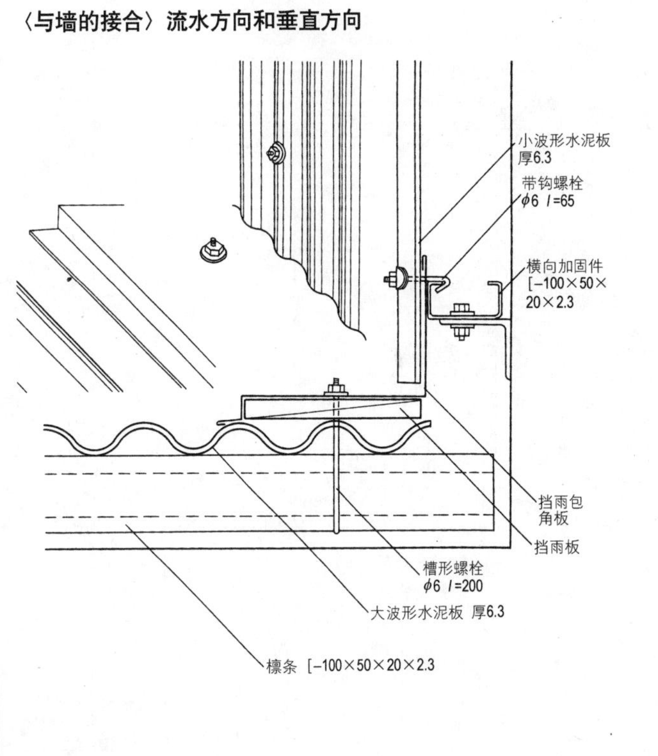


**〈波形水泥板的施工方法〉**

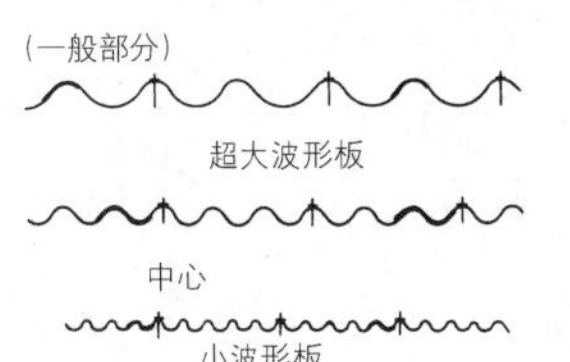


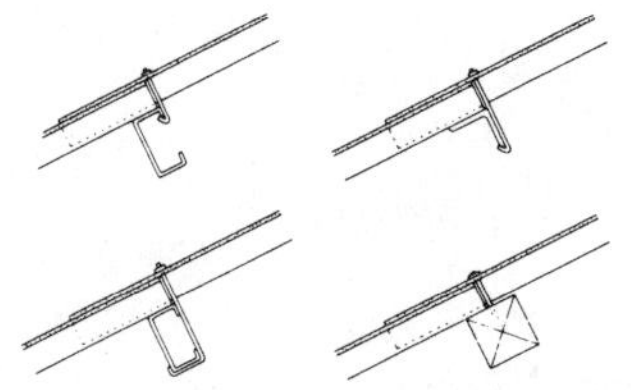

**〈波形水泥板用的附属材料〉**

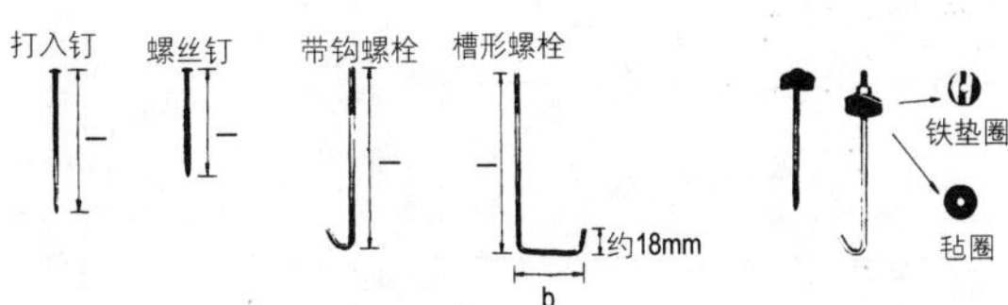


**横向搭接与横向有效尺寸**

**〈固定用五金件的标准尺寸〉**

(单位 mm)

| | 超大波形板 | 大波形板 | 小波形板 | 种 类 | 钢制基底螺栓类 | | 木制基底打入式铁钉 | |
|---|---|---|---|---|---|---|---|---|
| | | | | | 直 径 | 长 度 | 直 径 | 长 度 |
| 横 向 搭 接 | 1 波峰 | 1 波峰半 | 1 波峰半 | 超大波形板用 | 6 | 角钢及沟槽的大小 +90（搭接部分为 100） | 约 5 | 140 |
| 工 作 波 峰 顶 | 4 波峰 | 6 波峰 | 10 波峰 | 大 波 形 板 用 | 6 | 角钢及沟槽的大小 +65（搭接部分为 75） | 约 5 | 115 |
| 横向有效尺寸 | 900 | 780 | 635 | 小 波 形 板 用 | 6 | 角钢及沟槽的大小 +45（搭接部分为 55） | 约 5 | 90 |

# 波形水泥板的用途

TWO PAIRS HOUSE/ 小西敏正

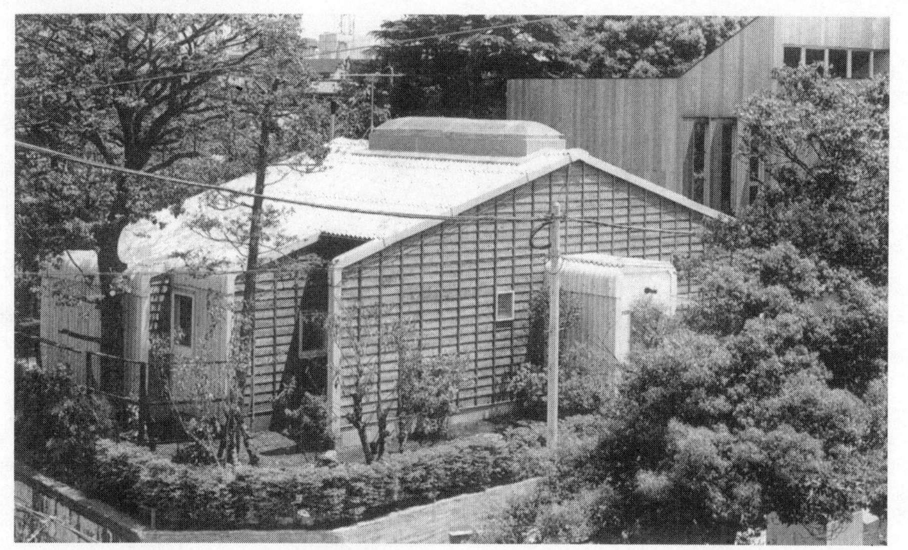

波形水泥板的最大特点是隔热性和经济效果以及遮风挡雨的作用都很好，适用于各种建筑物，一般当作建造工厂和车站建筑的简易材料使用。尤其是低造价住宅，波形水泥板可以说是一次性的材料。

在该建筑的顶部中心，有一个东西走向的屋顶天窗，天窗下面是兼做水平支撑的半透明的平屋顶，做成这样的结构形式，是为了缓解夏季时的阳光照射。另外，这种开放式的屋顶，据说可以散发室内的热气，同时能够使室外的凉风进入到室内。

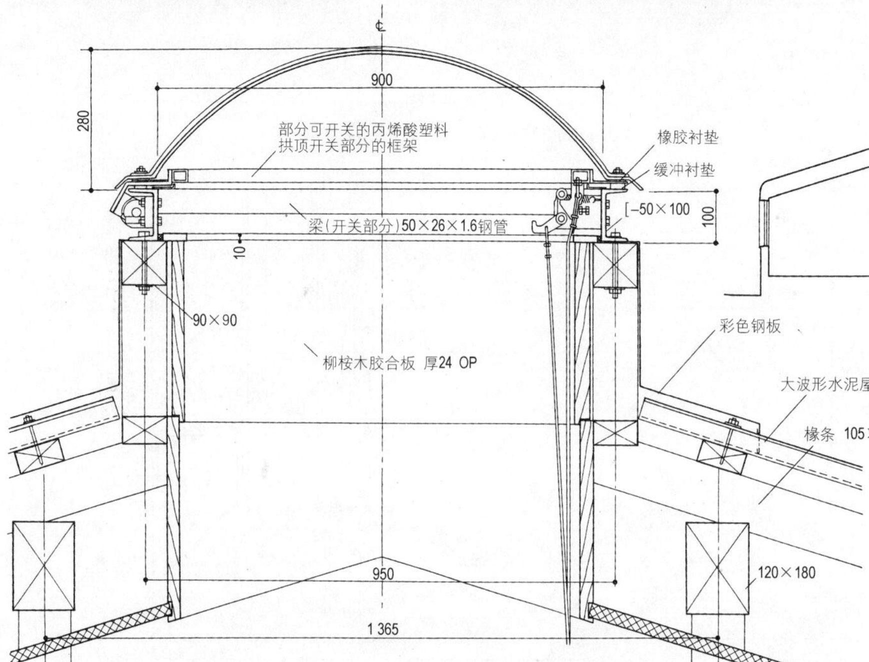

900
280
部分可开关的丙烯酸塑料
拱顶开关部分的框架
橡胶衬垫
缓冲衬垫
[-50×100
100
梁(开关部分)50×26×1.6钢管
10
90×90
柳桉木胶合板 厚24 OP
彩色钢板
大波形水泥屋面板
椽条 105×105
120×180
950
1 365


A部详图 1/15

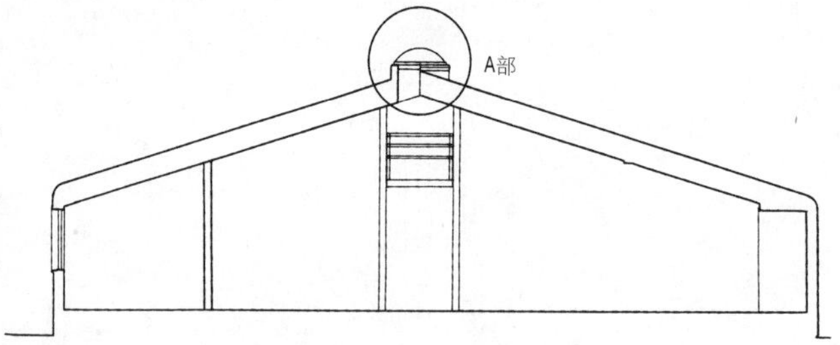

A部


南北截面 1/180

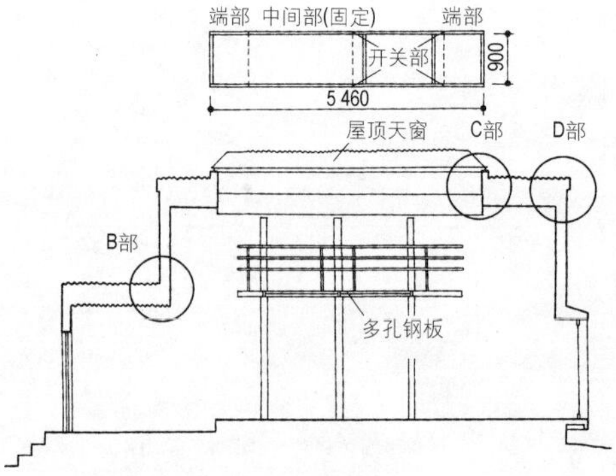

端部 中间部(固定) 端部
开关部
900
5 460
屋顶天窗
C部
D部
B部
多孔钢板


东西截面 1/180

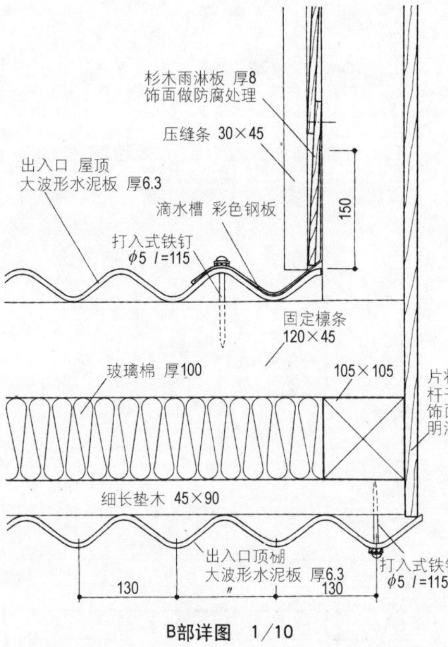

杉木雨淋板 厚8
饰面做防腐处理
压缝条 30×45
出入口 屋顶
大波形水泥板 厚6.3
150
滴水槽 彩色钢板
打入式铁钉
φ5 l=115
固定檩条
120×45
玻璃棉 厚100
105×105
片状电线
杆子 厚15
饰面刷透
明漆
细长垫木 45×90
出入口顶棚
大波形水泥板 厚6.3
打入式铁钉
φ5 l=115
130
130


B部详图 1/10

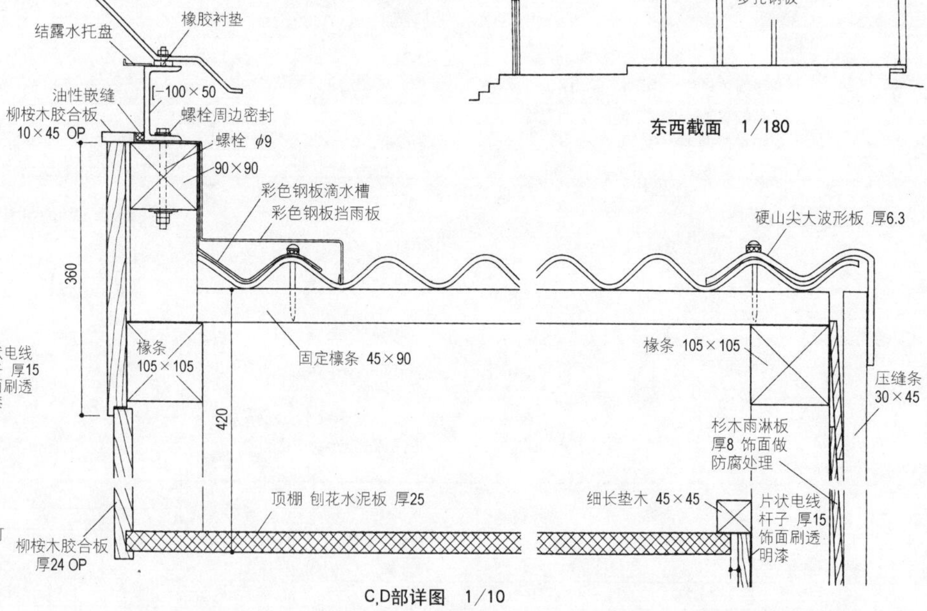

结露水托盘
橡胶衬垫
[-100×50
油性嵌缝
柳桉木胶合板
10×45 OP
螺栓周边密封
螺栓 φ9
90×90
彩色钢板滴水槽
彩色钢板挡雨板
360
椽条
105×105
固定檩条 45×90
420
顶棚 刨花水泥板 厚25
柳桉木胶合板
厚24 OP
硬山尖大波形板 厚6.3
椽条 105×105
压缝条
30×45
杉木雨淋板
厚8 饰面做
防腐处理
细长垫木 45×45
片状电线
杆子 厚15
饰面刷透
明漆


C,D部详图 1/10

# 顺着斜坡地形建造的水泥板坡屋顶

目神山之家／石井修

屋顶铺大波形水泥板 厚6.3
沥青油毡 22kg
横椽条 45×45 @500
混凝土板 厚12
纵椽条 60×90@450
檩条 120×120 @900
1 200
斜梁
顶棚 世纪板 厚12
玻璃棉
抹灰饰面 穿孔石膏板 厚7
泥土砖 半砖砌法
滑动轨道
480
主卧室
U形沟 W=180
5 460
9 360

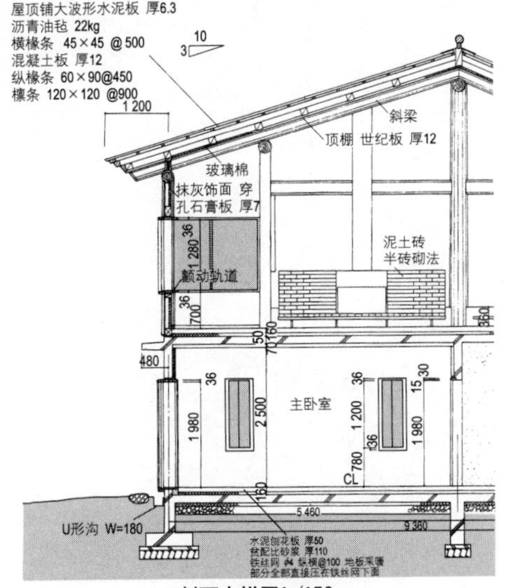

剖面大样图1/150

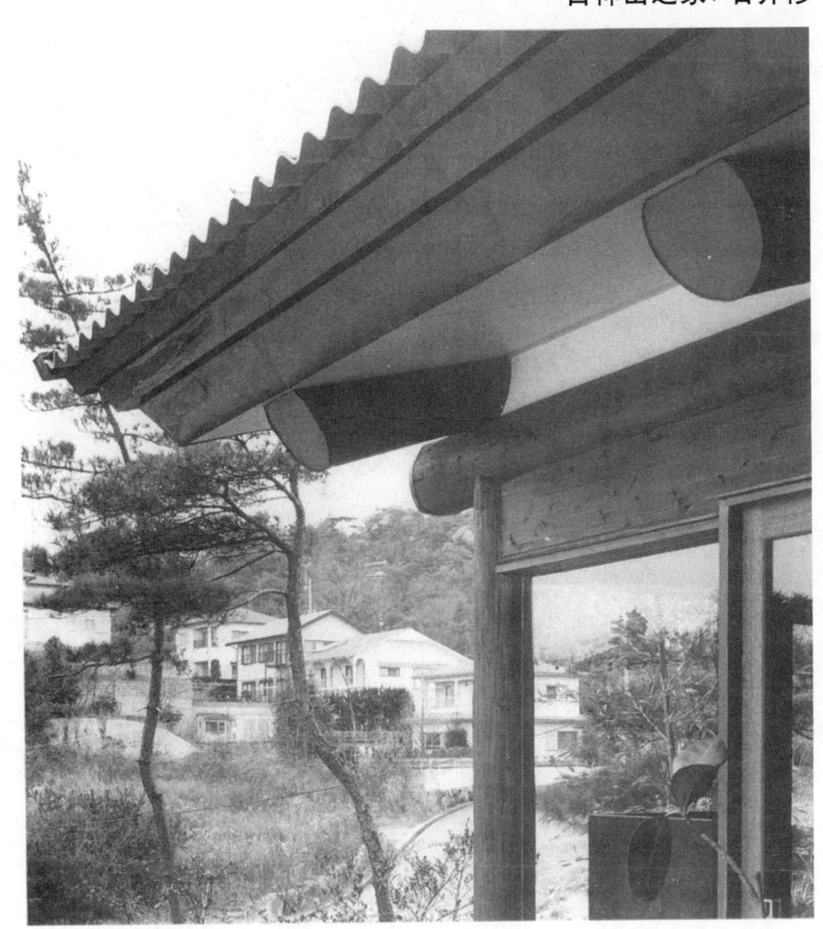

目神山的住宅建筑，几乎都是混合结构。与地基表面相接的底层建筑为钢筋混凝土结构，底层以上的建筑为木结构，框架结构使用圆木材料组成。屋顶随着斜坡形成坡屋顶，为了遮风挡雨，屋檐部分的挑出尺寸很大。混凝土部分做了表面艺术处理，木结构部分采用铺贴杉木板的板条抹灰墙，或者采用抹灰泥的露明柱墙。支撑屋顶的柱子和梁均采用粗大的圆杉木，而且露出在室内外，看上去，宛如是从大地生长出来的天然树木一样，与周边的自然环境融合在了一起。

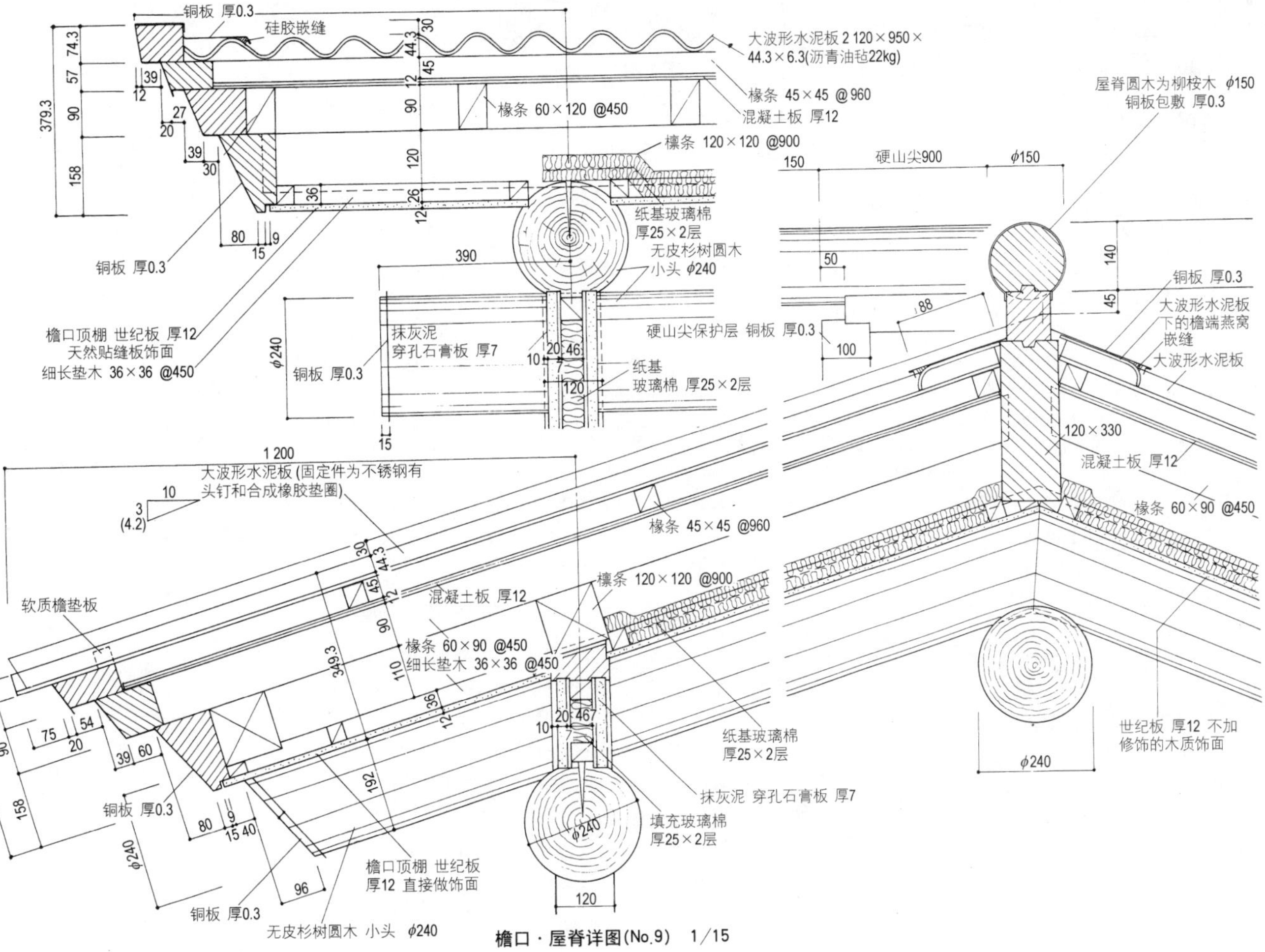

铜板 厚0.3
硅胶嵌缝
大波形水泥板 2 120×950×44.3×6.3(沥青油毡22kg)
椽条 45×45 @960
混凝土板 厚12
椽条 60×120 @450
檩条 120×120 @900
纸基玻璃棉 厚25×2层
无皮杉树圆木 小头 φ240
铜板 厚0.3
檐口顶棚 世纪板 厚12 天然贴缝板饰面
细长垫木 36×36 @450
抹灰泥 穿孔石膏板 厚7
铜板 厚0.3
纸基 玻璃棉 厚25×2层
屋脊圆木为柳桉木 φ150
铜板包敷 厚0.3
硬山尖900
硬山尖保护层 铜板 厚0.3
铜板 厚0.3
大波形水泥板下的檐端燕窝嵌缝
大波形水泥板
120×330
混凝土板 厚12
椽条 60×90 @450
大波形水泥板(固定件为不锈钢有头钉和合成橡胶垫圈)
椽条 45×45 @960
软质檐垫板
檩条 120×120 @900
混凝土板 厚12
椽条 60×90 @450
细长垫木 36×36 @450
纸基玻璃棉 厚25×2层
世纪板 厚12 不加修饰的木质饰面
抹灰泥 穿孔石膏板 厚7
填充玻璃棉 厚25×2层
铜板 厚0.3
檐口顶棚 世纪板 厚12 直接做饰面
铜板 厚0.3
无皮杉树圆木 小头 φ240

檐口·屋脊详图(No.9) 1/15

## 4.平板形彩色水泥板屋顶的性能

平板形彩色水泥板屋顶，一般是指喷涂彩色涂料的水泥板屋顶或用彩色石棉水泥板的一系列屋顶材料，基本材质是石棉水泥板。但是，自从禁止使用石棉以后，各个石棉水泥板厂家就开始开发石棉的代用纤维，竞相攀比产品特征。

水泥板与瓦相比，不仅重量轻而且生产和施工都很简单，比金属屋顶更显沉静稳重，无论是用在日本式建筑的屋顶还是用在西式建筑的屋顶上，都不会有不谐调的感觉，而且容易与木结构基底融于一体，再加上施工简单，很快就得到了大量的应用。但是，彩色水泥板表面的彩色部分，因产品不同，有的产品随着使用时间的延长，会出现褪色现象。

彩色水泥板生产厂家有：

久保田：产品有新彩色水泥板、新朗伯、城市拉尼布、新阿巴尼、灰色水泥板、新青年、埃博尔巴、鲁耐萨。松下电工：产品有阿尔代修、埃班那、夫鲁赛拉姆、符尔贝斯特20。积水化学工业：产品有积水瓦城市、积水瓦U。大和水泥板：产品有贝尔利那、贝莱。

各种屋顶材料的诸项性能

| 屋顶材料 \ 性能项目 | | 自重 | 耐候性 | 防火性 | 防水性 | 隔声性 | 隔热性 | 耐撞击性 | 抗风性 | 抗震性 | 施工适应性 | 维护与保养 | 经济效果 |
|---|---|---|---|---|---|---|---|---|---|---|---|---|---|
| 水泥板 | 彩色涂料 | ◎ | ○ | ○ | ◎ | ○ | ○ | ○ | ◎ | ◎ | ◎ | ○ | ◎ |
| 瓦 | 日式、西式 | × | ◎ | ○ | ○ | ○ | ○ | ○ | ○ | × | × | ○ | × |
| | 水泥瓦 | × | ○ | ○ | ○ | ○ | ○ | ○ | ○ | × | ○ | ○ | ○ |
| 金属板 | 水泥瓦、 | × | ○ | ○ | ○ | ○ | ○ | ○ | ○ | × | ○ | ○ | ○ |
| | 彩色钢板 | ◎ | ○ | × | ○ | × | × | ○ | ○ | ◎ | ○ | ○ | ◎ |
| | 铝板 | ◎ | ○ | × | ○ | × | ○ | ○ | ○ | ◎ | ○ | ◎ | × |
| | 铜板 | ◎ | ○ | × | ○ | × | × | ○ | ○ | ◎ | ○ | ◎ | × |

注：◎…好，○…一般，×…不好。

### 〈平板形彩色水泥板的性能〉

#### ①耐水性

由于水泥板的吸水和含水率都低，所以翘曲、起鼓、伸缩极少，很难受到温度变化的影响。另外，通过增大水泥板的搭接量，完全可以防止雨水的浸入，同时可以减少水分结冰产生的冻害。

JIS性能标准值：28%以下，

新彩色水泥板：14.1% 以下

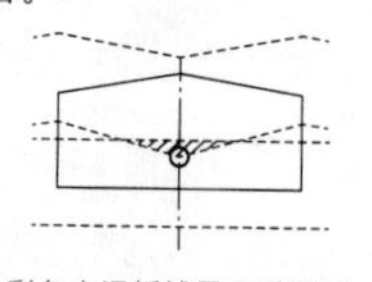

彩色水泥板铺屋顶透视图

#### ②抗震性

所谓抗震性，不仅仅是屋顶要有抗震性，而是整栋建筑物都要有抗震性能。屋顶重量轻（日式瓦重量的1/3）对于下部结构的框架也有利。试验数据证明，即使是在最大地震系数7(600 伽)的情况下，屋面也不会出现异常变化。

| 地震系数 | | 屋顶状况 |
|---|---|---|
| 地震系数（5）*1 | 硬土地基(200 伽) | 无异常变化 |
| | 软土地基(200 伽) | 〃 |
| 地震系数（6）*1 | 硬土地基(300 伽) | 〃 |
| | 软土地基(300 伽) | 〃 |
| 地震系数（7）*1 | 硬土地基(400 伽) | 〃 |
| | 软土地基(400 伽) | 〃 |
| | 硬土地基(600 伽) | 〃 |
| | 软土地基(600 伽) | 〃 |

*1 地震波形以宫城县近海地震的波形为准（50set）

#### ③耐候性

彩色水泥板的性能，基本与石棉板一样，只是着色面会褪色。把无机质着色材料喷刷在高温高压养护成的基底材料上，使彩色涂料与基底材料构成一体，然后再用彩色树脂喷刷水泥板表面，这样的彩色水泥板的耐候性要好于在湿法生产的基底材料上喷刷着色的水泥板。

#### ④抗风性

建筑屋顶的抗风性能取决于铺屋顶材料与其基底的施工性能。铺屋顶材料的形状、钉子孔的位置、钉子的材质等不同，施工性能就会有差异。彩色涂料水泥板屋顶的抗风试验结果示于右表中。

| 风速（m/sec） | 彩色涂料水泥板屋顶 | |
|---|---|---|
| | 整流 | 乱流 |
| 20 | ○ | ○ |
| 30 | ○ | ○ |
| 40 | ○ | ○ |
| *1 (0 → 53) | △ | △ |

但是，○：无异常

△：发生颤振

×：散落

从试验的结果来看，在试验设备性能的极限范围内，没有出现散落，只是发生了颤振现象。

#### ⑤强度性

按JIS性能规定值计算，平板彩色水泥板的强度被定为25kgf以上。水泥板的干式生产法与湿式生产法相比，不仅纵向和横向的强度差别小，而且强度稳定。但是，这种铺屋顶材料，在施工的过程中易被踩断裂。要充分注意屋面板的板厚、材质、椽条间隔。

#### ⑥防水性

铺屋顶材料，首先是不能漏雨。平板类的屋顶材料，重叠搭接量越大，防漏雨的效果就越好。一般情况下，要有三层以上的重叠搭接。另外，在材质上翘曲、扭曲变形少，可以有适当的坡度。

| | 洒水量 (l/m²·min) | 风速 (m/s) | 漏水量(cc/m²·min) 水泥板 3寸 | 水泥板 10寸 | 黏土瓦 4寸 | 黏土瓦 10寸 | 缓坡瓦 2.5寸 | 缓坡瓦 5寸 |
|---|---|---|---|---|---|---|---|---|
| 建设省试验 | 2.5 | 15 | 0.1 | 0 | 24 | 3.7 | 32 | 21 |
| | | 30 | 5.5 | 1.6 | 392 | 227 | 872 | 563 |
| | 5 | 15 | 0 | — | 24 | 11 | 31 | 38 |
| | | 20 | 0.6 | 0 | 241 | 62 | 204 | 242 |
| | | 30 | 12 | 1.1 | 946 | 392 | 980 | 691 |

（建设省）

#### ⑦耐久性

随着时间的变迁，在维修管理方面也要注意铺屋顶材料的变化。即使基底材料在性能上没有出现异常现象，但在外观表象上，如果表面涂层有褪色或劣化变质现象，或者在表面上产生了苔藓类，从美观上来说，也是不受欢迎的。下表是久保田彩色水泥板公司的从业人员，在公司住宅屋顶上取得的有关数据。

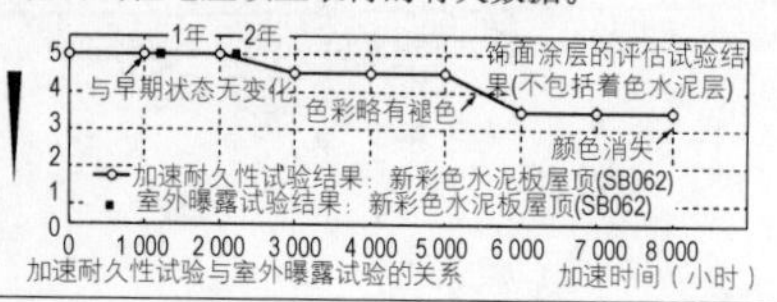


加速耐久性试验与室外曝露试验的关系

#### ⑧抗冻害性

吸水和含水率高的铺屋顶材料会遭受冻害。另外，铺屋顶材料的翘曲或起鼓现象多的时候，积雪的溶水会通过毛细管现象深深地浸入到铺屋顶材料的里面，从而构成漏雨和冻害的原因。一般情况下，高密度的基底材料吸水性低，内部的结冻现象也少。温度为105℃，干燥24小时以后的比重在2以上为宜。此处，更为重要的是，会产生冻害的有害气孔要少，材料强度要高，使用时没有方向性，表面涂料能够透到基底材料的里面。

#### ⑨抗撞击性

物体散落或落下物砸在屋顶上，至使屋顶破损，雨水从裂纹处进入到屋顶材料的里面，即成为漏雨的原因。用下图所示的方法做彩色水泥板的撞击试验，结果没有发现水泥板表面涂膜的剥离和基底材料的龟裂现象。但是，该水泥板怕尖锐物体的撞击，所以在搭施工脚手架时要注意。

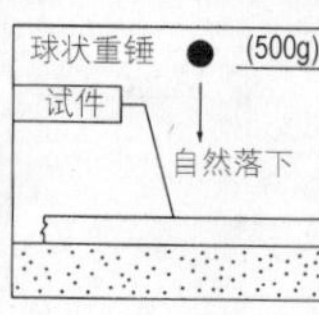


#### ⑩隔热性

彩色水泥板的平均重叠搭接厚度的导热率（kcal/m²·h·℃)为20℃（风干）0.40，热阻(m²h℃/kcal)为0.023。导热率的数值越小，越有利于建筑物的隔热保温，反之，热阻越大，对建筑物的隔热保温就越有利。这是因为减少了从屋顶产生的热损失，同时使屋顶上的太阳辐射热很难传入到室内的原因。

#### ⑪隔声性

为了隔断来自室外的噪声，获取舒适的室内空间，就要从外墙开始，包括开口部位和屋顶在内，都要做好隔声处理。下表是用日本瓦和彩色水泥板做的声响透射损失对比试验结果。

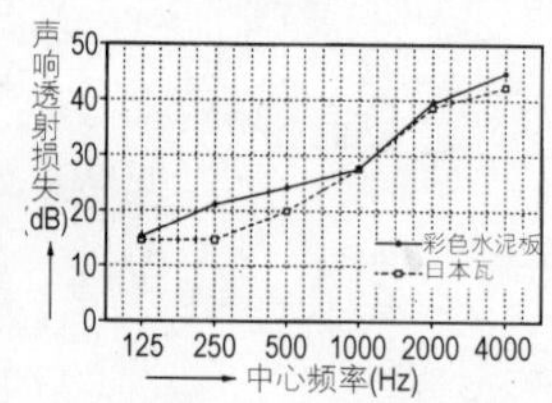


#### ⑫施工适应性

由于彩色水泥板重量轻，是平板，用钉子固定，而且不需要划线定位，所以施工简单方便。施工速度是铺日本瓦的2倍，而且适用于复杂的屋顶形状。

## 5. 平板形彩色水泥板屋顶的部件与构成

平板形彩色水泥板屋顶的构成包括两种水泥制品的平板（即基本板和檐头板两种）和金属制品的包脊瓦、斜脊、檐头滴水槽、山墙滴水槽、承雨线脚等部件。这些部件的形状与材质，因生产厂家不同而各有特征，构成屋顶表面的状况也各不相同。流水坡度一般为3寸以上，但通过对基底采取措施，也有时流水坡度不足3寸。另外，为了丰富屋顶的外观表现形式，也可以局部或是部分做单独表现形式，例如檐头部分做成数块水泥板重叠搭接，突出檐头的重量感和原材料感，或在屋脊上阶梯式铺瓦或用金属包脊瓦等独特的造型。

基底施工方法

| 基底施工方法 | 基底项目 | | 平板形彩色水泥板（彩色水泥板屋顶） |
|---|---|---|---|
| 木结构原有施工方法 | 椽条 | 间隔 | 455mm以下 |
| | 屋面板 | 种类 | ●普通胶合板Ⅰ类，厚12mm以上<br>●混凝土模板用胶合板，厚12mm以上（JAS适用品） |
| 框架结构承重墙施工法（2×4施工法） | 椽条 | 间隔 | 455mm以下 |
| | 屋面板 | 种类 | 结构用胶合板Ⅰ级，厚9mm以上（JAS适用品） |
| 屋顶耐火时间30分钟（不燃基底） | 椽条（檩条） | 尺寸 | [钢：[-100×50×20×2.3mm以上 |
| | | 间隔 | 606mm以下 |
| | 屋面板 | 种类 | 耐火20分钟屋面板或硬质刨花水泥板，厚18mm以上 |
| 混凝土类基底 | 珍珠岩砂浆基底 | | 厚40mm以上 |

（久保田样本，部分有修改）

〈部件与构成〉

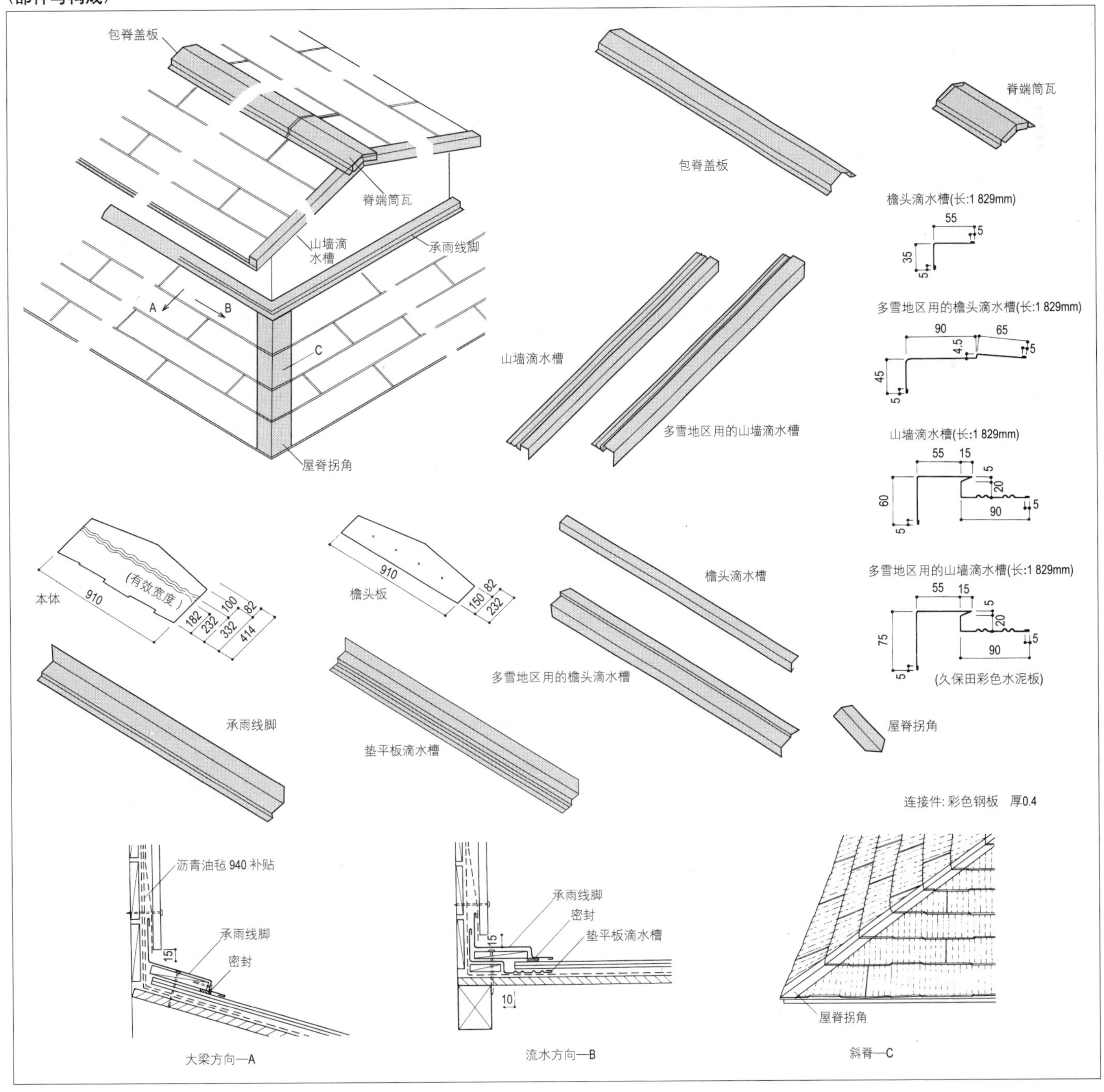

## 6. 平板形彩色水泥板屋顶的标准详图

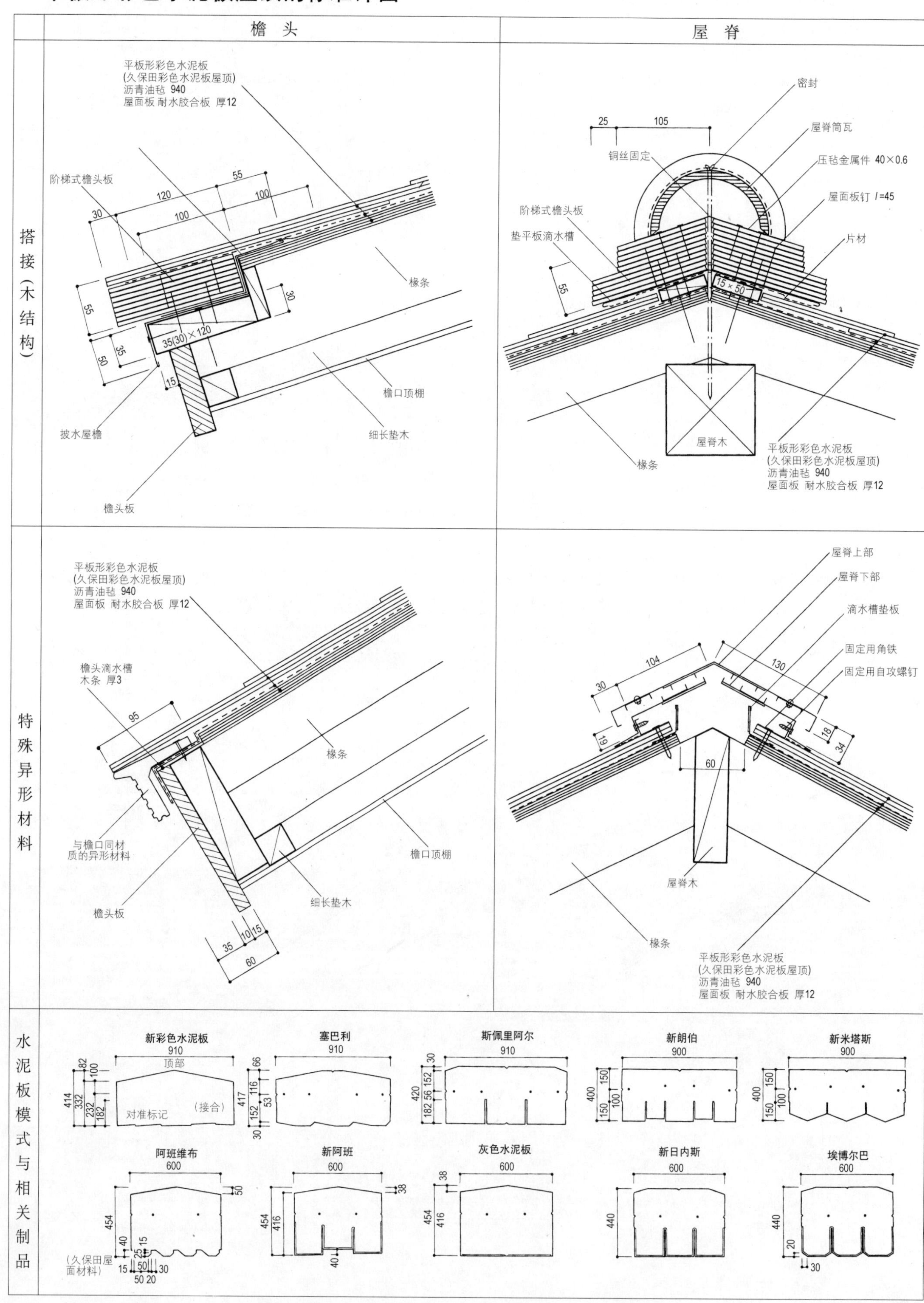

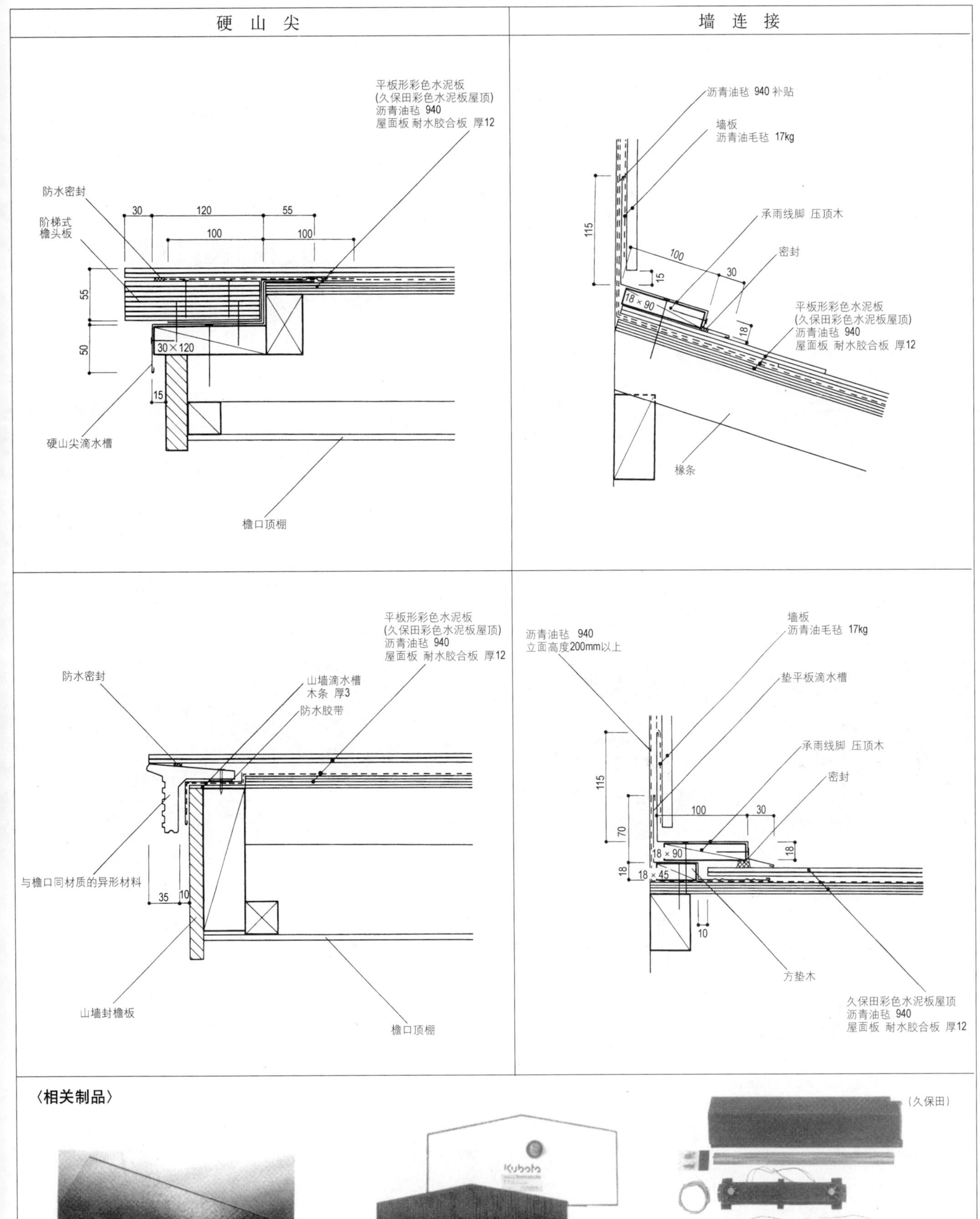


**〈相关制品〉**

(久保田)

玻璃板屋顶

带有天线的彩色水泥屋面板

太阳能通风系统

实例一1

# 用水泥成形板做成的木板瓦式屋顶

妙寿寺的居室/内田祥士・习作舍

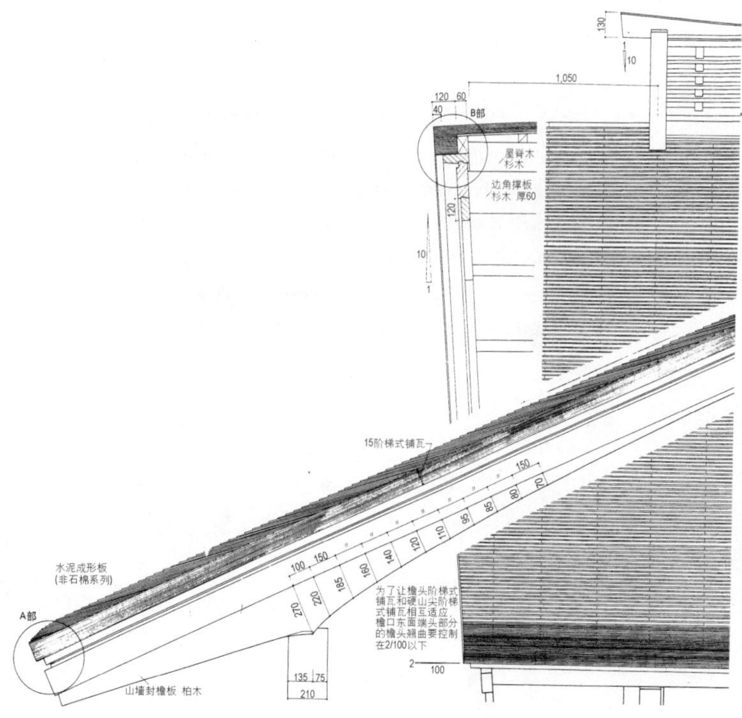
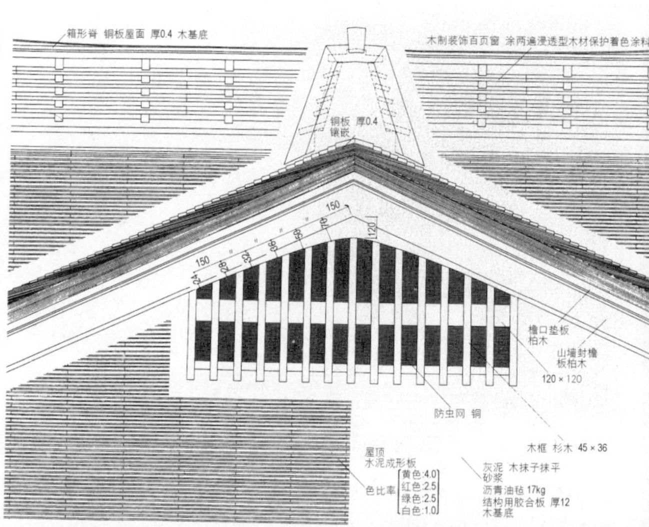

屋顶立面 1/40

（摄影：和木 通）

由于造价比较低，所以一般屋顶都使用铜板。但是，如果是在城市里，即使是使用铜板也很难得到真正的铜绿色。如果没有均匀的铜绿，就无法保障足够的耐久性。如果使用经过预先处理的铜板，虽然使用起来放心，但造价会很昂贵，有一种水涨船高的感觉。于是就想到了，能否花铜板的价钱铺盖廉价材料的水泥成形板，从而得到具有高耐久性的屋顶呢？原本水泥成形板是一种轻质材料，即使大量使用也不会有很大的重量。如果耐久性与使用的材料数量成比例，则按通常的4倍材料使用，也许就能够制造出高出一般材料耐久性於数倍的屋顶。如果把瓦的挂钩再做得细小一些，其铺出的屋顶效果就应该接近于木板瓦。于是，用绘画的素描法和木板瓦的色彩一并表现出了建筑外观特色。

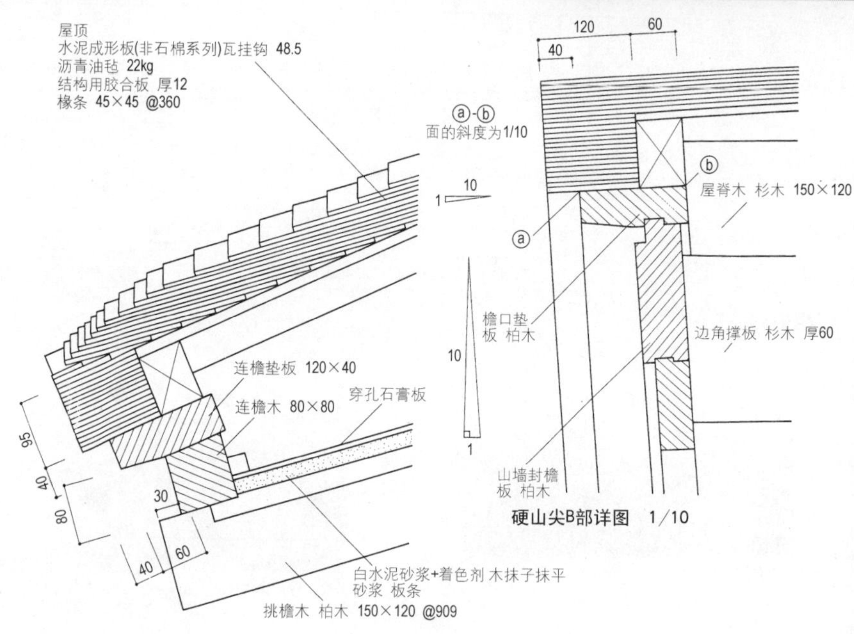


檐头A部剖面详图 1/10

硬山尖B部详图 1/10

# 大屋顶与通风

小仓官邸／内井昭藏建筑设计事务所

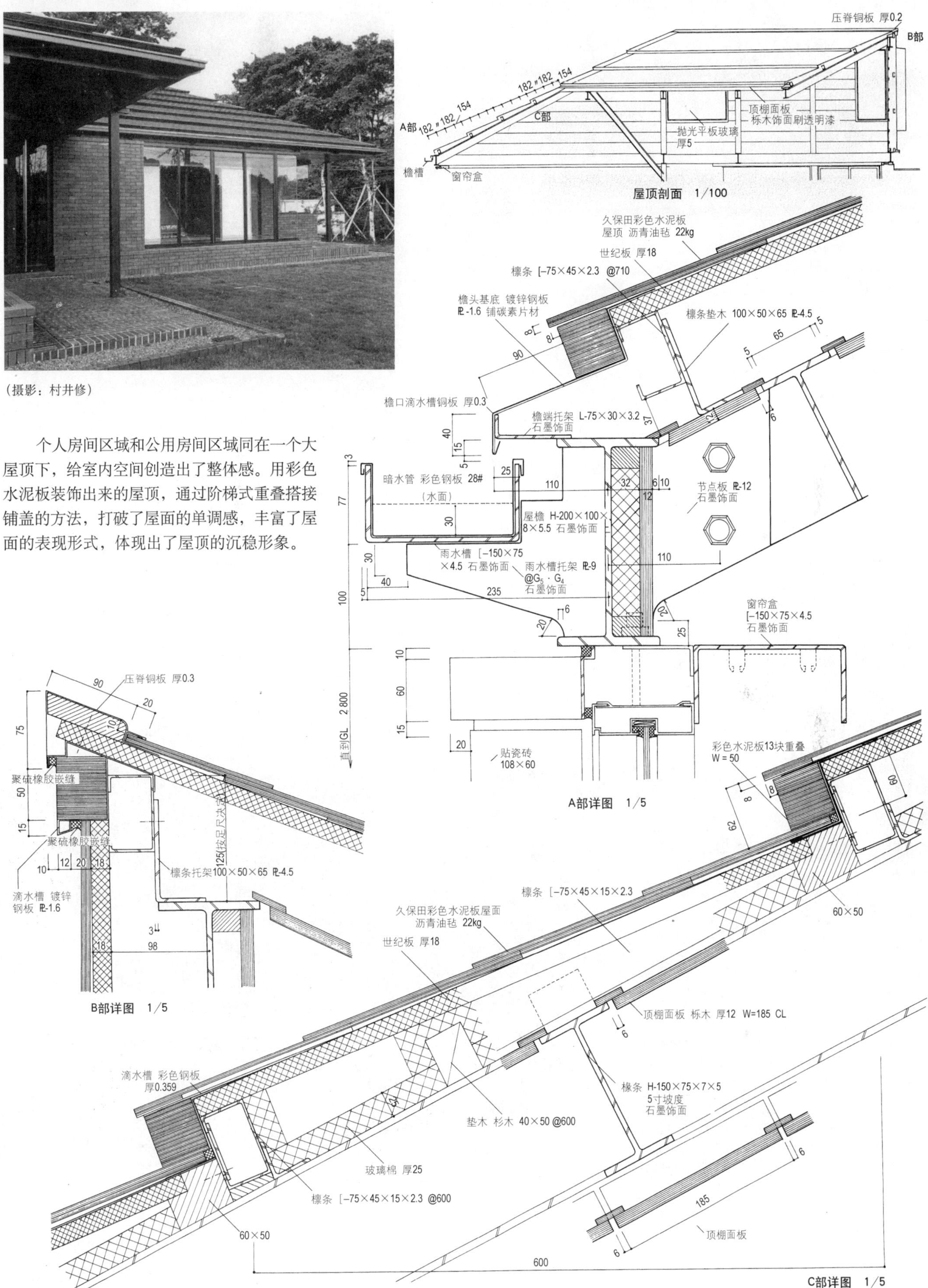


（摄影：村井修）

个人房间区域和公用房间区域同在一个大屋顶下，给室内空间创造出了整体感。用彩色水泥板装饰出来的屋顶，通过阶梯式重叠搭接铺盖的方法，打破了屋面的单调感，丰富了屋面的表现形式，体现出了屋顶的沉稳形象。

# 沥青瓦屋顶

沥青瓦原产于加拿大，是一种优质的沥青屋面材料，距今大约已有100多年的历史。但如果从屋顶材料的历史来说，它又不是古老的材料。在屋顶原材料的历史上，虽然有天然石板瓦和木板瓦等屋面瓦，但这些瓦类屋面材料都缺乏柔软性和施工适应性。沥青瓦可以说是一种既有柔软性又便于施工操作的屋顶材料。

铺盖屋顶材料，重量很轻，能够适用于任何一种基底材料，而且质地柔软，能够弯曲应用在曲面上，还可以重叠在旧的屋面板上，重新铺盖屋面也很简单，这些都是其他屋面材料所没有的优点。然而，过去人们都认为，沥青制品在防火性能上有问题。今天的不燃沥青屋面瓦，已被指定为法定不燃材料，防火性能差的沥青材料，摇身一变，变成了防火性能很强的屋面材料。



榛原的住宅／坂仓准三建筑研究所
摄影：彰国社写真部

## 1. 性能

沥青瓦在加拿大已有100多年的历史。这是因为加拿大盛产优质的沥青，同时还因为沥青瓦施工简单、防水性能好，这是沥青瓦在屋顶上使用，长久不衰的重要原因。

沥青瓦的构成包括，抄制有机纤维，形成多孔毛毡一样的纸，把纸放在液态的沥青里，经过充分地浸泡之后，在表面上涂敷沥青化合物，最后撒上直径为2mm左右的石英砂粒，从而形成具有弹性、延性、粘合性、耐冲击性、耐候性、施工适应性好等多种性能的屋顶材料。不燃沥青瓦是由100%玻璃纤维板的芯材和掺入不燃性合成树脂的无机物构成，富有耐久性和柔软性。

产品有3种类型，即屋面平板瓦，屋脊瓦和屋顶排水沟瓦，没有特别的异形制品。可以根据屋顶的形状，现场做裁剪或进行弯曲加工，做成符合现场需求的形状进行施工。作为檐口和硬山尖、端头立面等的滴水板，备有铝制和不锈钢制的遮雨材料，可以造出轮廓清晰的建筑屋面。

沥青瓦因基底的性能好坏不同，会在耐久性和性能上产生差异，所以要用经过良好处理的基底。沥青瓦的基底处理方法有以下几种。

①冷法施工　这是在表面上贴敷一层带有粘合性的橡胶沥青片材的施工方法。

②钉合施工　这是木结构基底用的一般性施工方法。

③隔热施工　这是用硬质隔热板作隔热材料。为防止隔热材料产生滑动位移，隔热材料的下面要每隔3m垫一块棱木。在寒冷地区，隔热材料的厚度最好在30mm以上。

④热法施工　这是在热沥青层的上面铺贴沥青瓦的施工方法。

⑤粘结施工　这是在大坡度·装修粘贴施工中使用的沥青瓦专用特殊沥青类粘接剂的施工方法。同时使用防止沥青瓦滑动位移的钉子。

〈沥青瓦的性能〉

**①防水性**

构思的出发点是把平屋顶沥青防水面层用的撒砂沥青油毡裁剪成零散部件。由于是以底层防水为标准，所以防水性能接近于沥青外露式防水。在沥青底层防水性能好的时候，如果重叠2块以上的沥青瓦，就会得到可靠的防水效果。

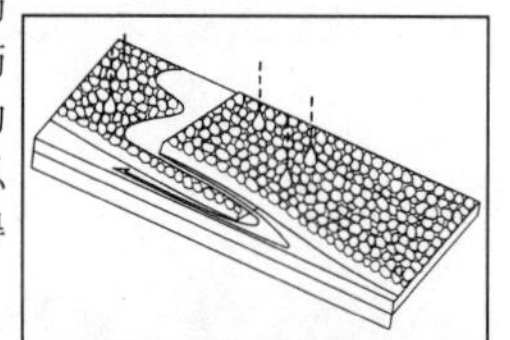

**②耐久性**

因为在1～2层的沥青防水层上面，要重叠贴敷2～3块的沥青瓦，所以厚度可达10mm左右。作为沥青防水系统，可以认为是稳定的防水层。

外露式沥青防水的耐用年限，一般为10～15年。使用沥青瓦的坡屋顶，由于雨水的排水效果好，可以达到同等材料以上的耐用年限。

**③隔热性**

虽然沥青瓦本身没有隔热性，但把耐热型硬质聚氨酯泡沫塑料加工成板状隔热材料，用作沥青瓦的基底垫层，即可提高隔热效果。由于沥青瓦属于屋顶外保温，所以对于夏季的发热现象和冬季的骤冷都能够适应。

**④抗风性**

只要按照规范正确地施工，基本就不会有台风等产生的风害。原因就是因为采用了粘结施工方法。屋顶铺盖材料多数都是用钉钉子的方法，以“点”固定在基底上，而沥青瓦则是用粘结的方法，以“面”固定在基底上，从而保证了抗风压性能。

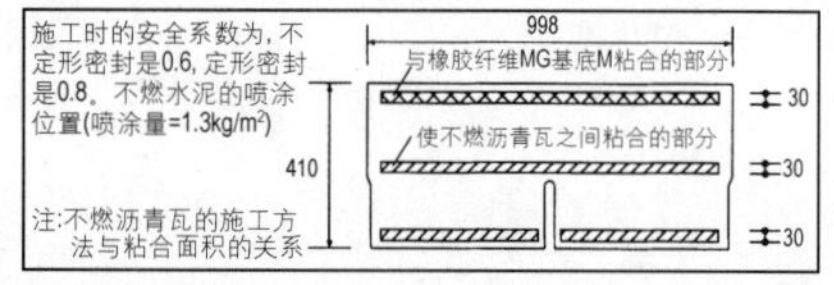


**⑤抗震性**

从铺屋顶材料的性质和施工方法来说，沥青瓦是极富柔软性的材料，在地震时容易与建筑随动，很少发生剥离、开裂以至沥青瓦脱落等现象。

**⑥抗雪荷载性**

雪在屋顶上滑落与否，虽然与屋顶的坡度有关，但屋顶积雪不滑动，很难滑落是其特征之一。因此很少有由于积雪而造成的屋檐破坏或给建筑物周围带来的影响。另外，还有符合加拿大标准CSA STANDARD A 123.1-1964的厂家产品，抗寒性能也很好。

**⑦耐火性**

正如沥青瓦的名称所标示的那样，沥青瓦是以沥青油为主要原料，所以不能成为不燃材料。在建筑标准法第22条指定的地区，屋顶要使用被指定为法定不燃材料的“不燃沥青瓦”。

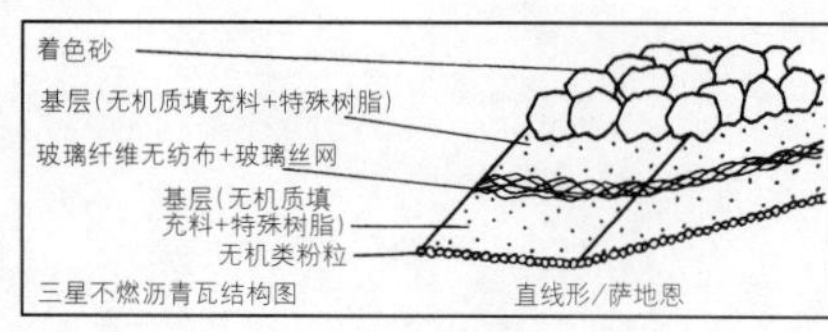


**⑧隔声性**

下雨时，金属屋顶会有雨声，令人厌烦。沥青瓦的表面有一层细砂粒，能够起到消声作用。

**⑨轻质性**

沥青瓦的重量约为12kg/m²，是日式瓦的1/4～1/5，可大幅度地减轻对建筑主体的负担。

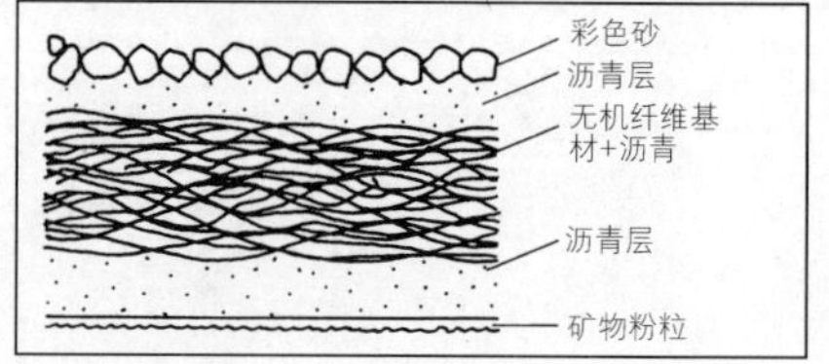


**⑩经济效果**

防水层采用标准规格的铺屋面材料，造价比较低廉。尤其是加拿大产的〈达姆塔沥青瓦〉，新开发出一种带有粘结剂的自动密封施工方法，可以利用太阳辐射热进行自然粘合，工期仅是铺盖一般沥青瓦的1/3。

**⑪柔软性**

从主体铺屋面材料的材质来说，沥青浸渍的棉状衬纸和玻璃纤维富有柔软性，适用于曲面、圆形、多角形等复杂的屋顶造型。

**⑫美观**

在建筑外观上，屋顶是最重要的部位。由于着色砂粒而使沥青瓦具有稳重的质感和外观表现，既可用于日式建筑又可用于西式建筑。尤其是在檐头和硬山尖上，通过阶梯式铺瓦或进行弯曲加工，可以创造出更丰富的外观表现形式。另外，由于表面的彩色砂粒是通过烘干无机颜料而着色，所以，不仅很少有褪变色，而且还很难有砂粒脱落。

## 2. 部件与构成

沥青瓦屋面施工简单，不仅防水性能好，而且还可以利用瓦的柔软性，把沥青瓦裁剪成零散的小块进行粘贴施工，可以用于曲面等自由而又复杂的屋顶形状，因而得到了广泛的普及应用。但是，沥青瓦材料在防火性能上，还存在问题，在城市区域内的应用受到了极大的限制。通过对不燃沥青瓦材料的开发，沥青瓦的优点将会得到重新认识。沥青瓦的部件包括：铺屋面用的沥青平板瓦和金属檐口、硬山尖等的滴水槽或滴水板。基底垫层的防水结构不同，部件的性能和耐久性也有差别。

**沥青瓦的结构构成**

彩色砂
罩面沥青
多孔衬纸+浸渍用的沥青
罩面沥青
矿物粉粒


**不燃沥青瓦的结构构成**

浅蓝色碎石
有机高分子和无机胶合剂构成的无机物层
以聚酯为主,同玻璃纤维混合抄制而成的软垫薄层
有机高分子和无机胶合剂构成的无机物层
以聚酯为主,同玻璃纤维混合抄制而成的软垫薄层
有机高分子和无机胶合剂构成的无机物层
矿物粉粒


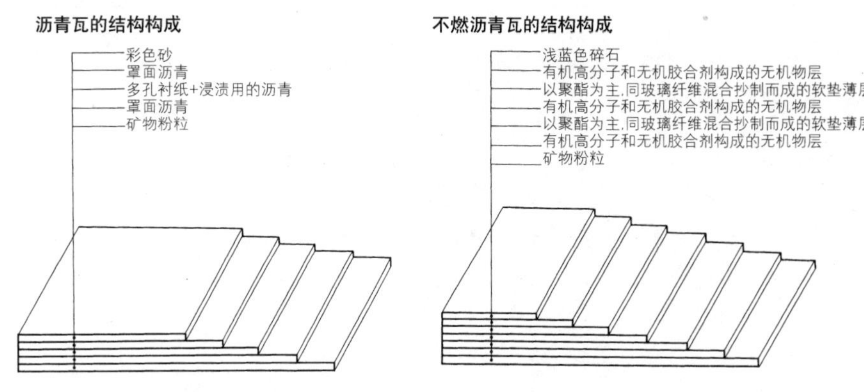

〈部件与构成〉

〈钉合施工法〉
沥青瓦(钉合)
沥青屋面
檐头滴水板
耐水胶合板
硬山尖滴水板
基底: 木结构(耐水胶合板,
厚12或者屋面板厚15)
坡度: 2.5/10~5/10
〈冷法施工〉
单面粘合型橡胶沥青屋顶
贴敷沥青瓦
檐头滴水板
底层粘接剂
双面粘合型橡
胶沥青屋顶
硬山尖滴水板
基底: 钢筋混凝土,加气混
凝土,预制混凝土
坡度: 1/10~3/10
〈热法施工〉
底层粘接剂
有孔屋面片材
粘接剂
沥青屋面片材
粘敷沥青瓦
檐头滴水板
基底: 钢筋混凝土,加气
混凝土,预制混凝土
坡度: 1/10~3/10
〈隔热施工法〉
隔热材料 厚25
沥青屋面片材
贴敷沥青瓦
檐头滴水板
加劲木条
底层粘接剂
粘合剂
硬山尖滴水板
基底: 钢筋混凝土,加气混凝土,
预制混凝土
坡度: 2/10 ~ 5/10
〈修复工程标准〉
原有的屋面板瓦不拆除,直接铺贴沥青瓦。
沥青屋面片材
隔热材料
铺贴沥青瓦
金属滴水板
防水胶带
加劲木条
原有屋面板瓦
〈粘贴施工法〉
压顶盖板
贴敷沥青瓦
粘贴剂
沥青屋面片材
底层粘接剂
贴敷沥青瓦
檐头滴水板
粘贴剂
止动钉
基底: 钢筋混凝土,加气混凝土,
预制混凝土(陡坡)
坡度: 10/10以上

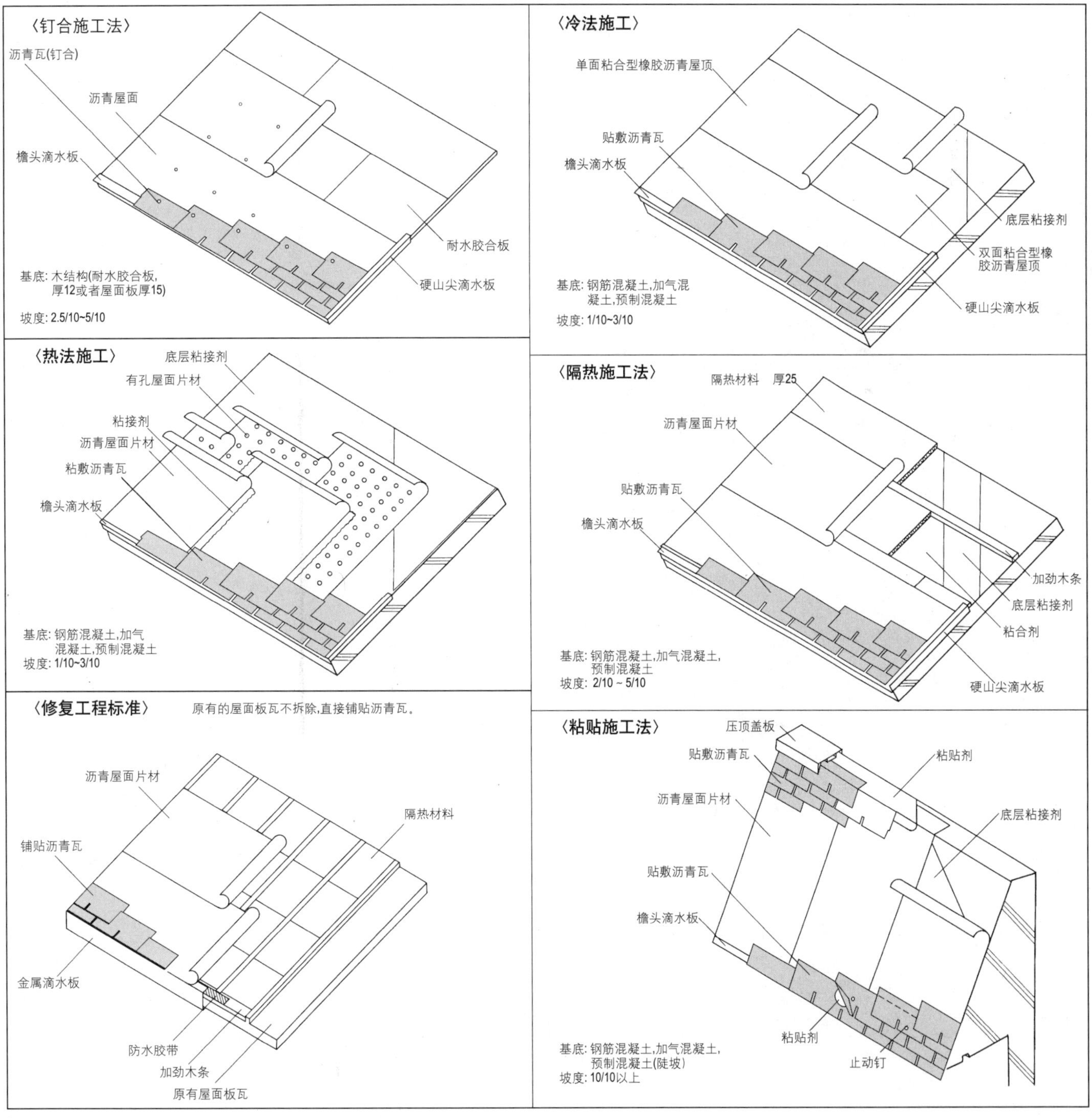

## 3. 标准详图

〈檐头〉

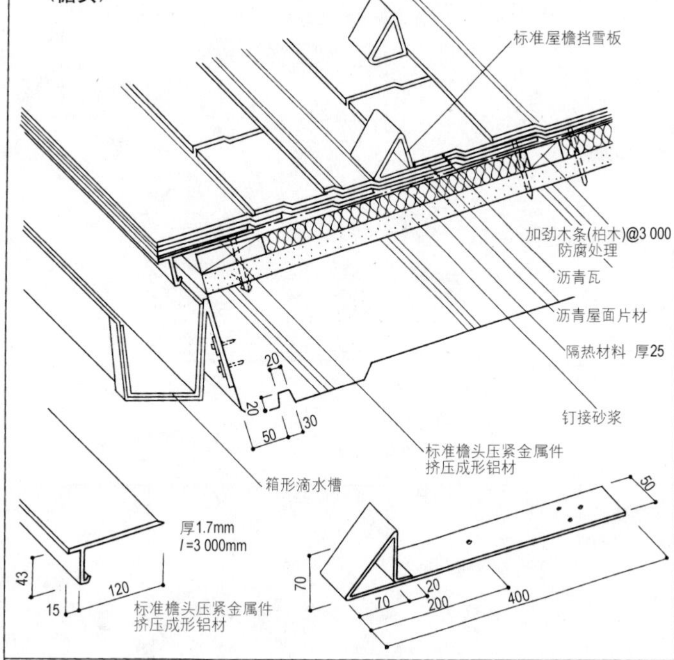

标准屋檐挡雪板
加劲木条(柏木)@3 000
防腐处理
沥青瓦
沥青屋面片材
隔热材料 厚25
钉接砂浆
标准檐头压紧金属件
挤压成形铝材
箱形滴水槽
20
20
50
30
厚1.7mm
l=3 000mm
43
15
120
标准檐头压紧金属件
挤压成形铝材
70
70
20
200
400
50


〈檐头〉重叠粘贴沥青瓦例

檐头
150
50
15
20
20
50
30
加劲木条(桧木)
@3 000
防腐处理
沥青瓦
沥青屋面片材
隔热材料 厚25
钉接砂浆
不锈钢板(部件)
标准檐头压紧金属件
挤压成形铝材
将檐头做成曲面的梁
沥青瓦
防水层
滴水槽
R=100
以上
※把檐头、硬山尖做成曲面时，R要在100mm以上。如果做成卷边形状，会有排水上的弱点，应避免有卷曲现象。


〈屋脊〉 从下面的A侧向上铺的沥青瓦，在屋脊部分切断。从B侧向上铺的沥青瓦，要高出10cm盖在A侧上。然后再以127cm的间隔把屋脊瓦重叠在B侧铺上去的沥青瓦上。

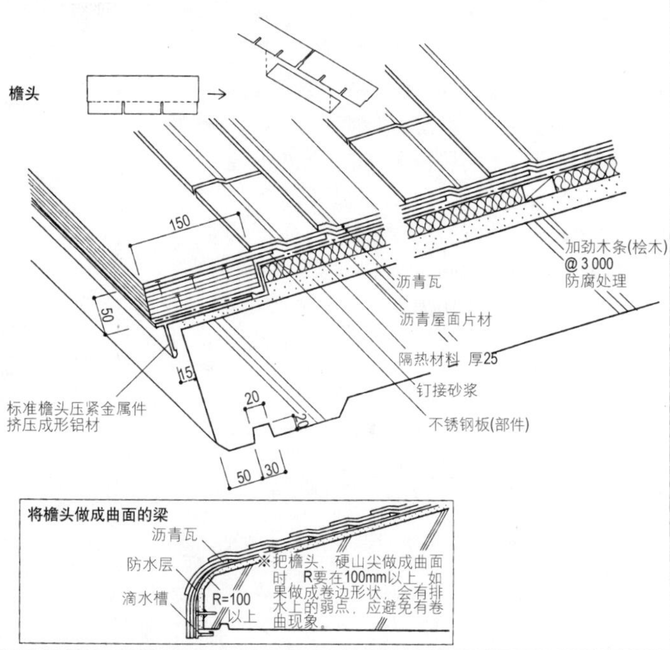

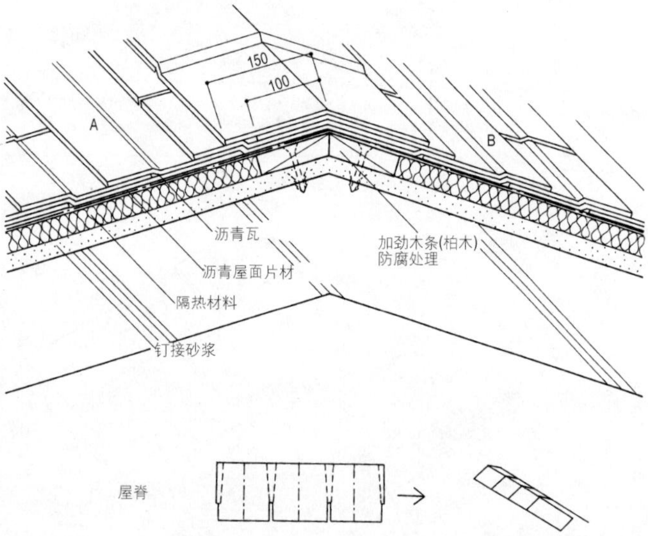

150
100
A
B
沥青瓦
沥青屋面片材
隔热材料
钉接砂浆
加劲木条(柏木)
防腐处理
屋脊


〈屋脊〉使用挡雨板例

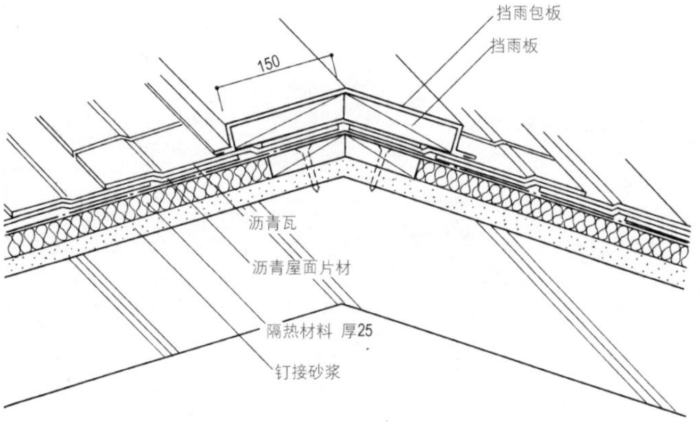

挡雨包板
挡雨板
150
沥青瓦
沥青屋面片材
隔热材料 厚25
钉接砂浆


与沥青瓦的压脊做法一样，要做基底，安装金属板的屋脊(档雨包板)。形状依挡雨板而定，可以做成有艺术形状的屋脊。

〈形状分类〉

马鲁埃斯沥青瓦
三星沥青瓦
305
127
915
多姆塔沥青瓦
352
1 000
直线形三星不燃沥青瓦
410
180
998
228
915
马鲁埃斯洛基沥青瓦
340
1 000
三星不燃沥青瓦
205
998

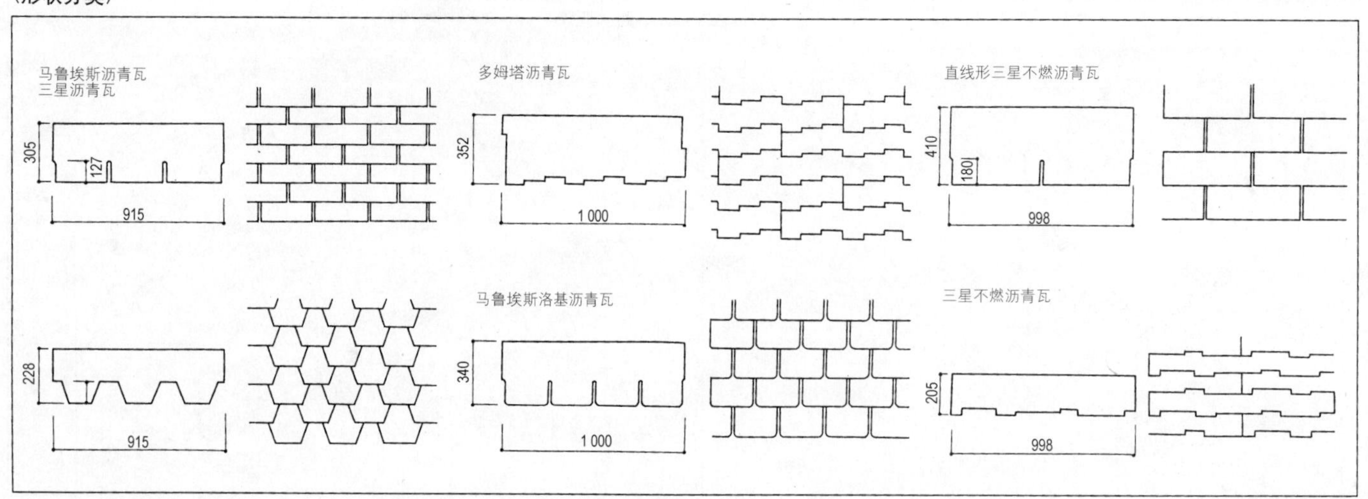

## 〈硬山尖〉

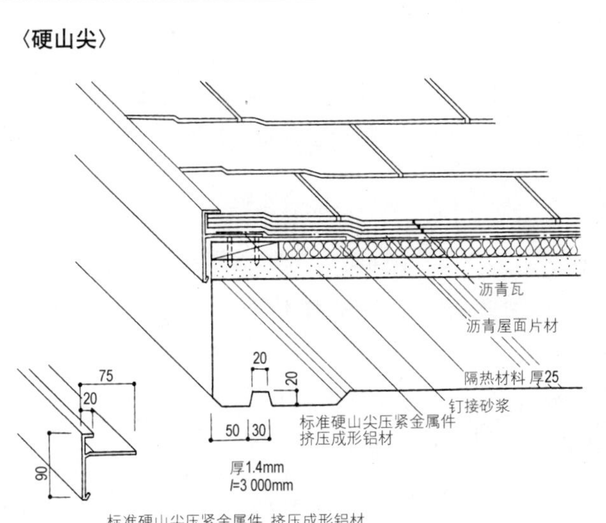


硬山尖的接合收边处理做得不好，是造成漏雨的原因。虽然一般都要使用标准的硬山尖金属件，但都要像边缘去毛刺那样，要做边端收边处理。

## 〈屋顶排水沟〉

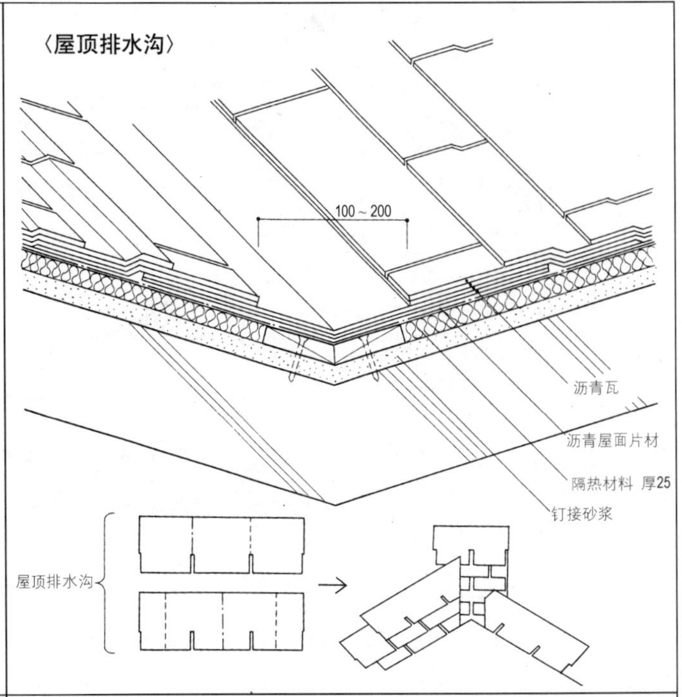


## 〈与墙的接合〉流水方向

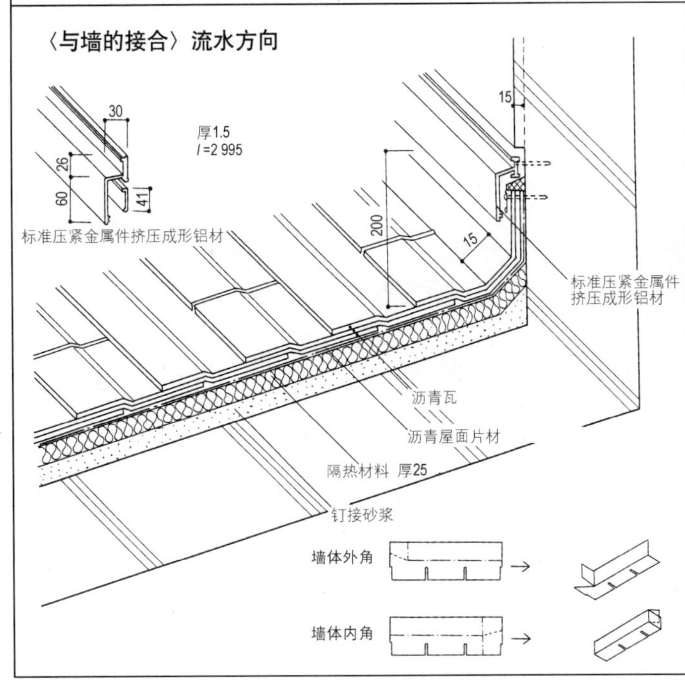


## 〈与墙的接合〉流水方向和垂直方向

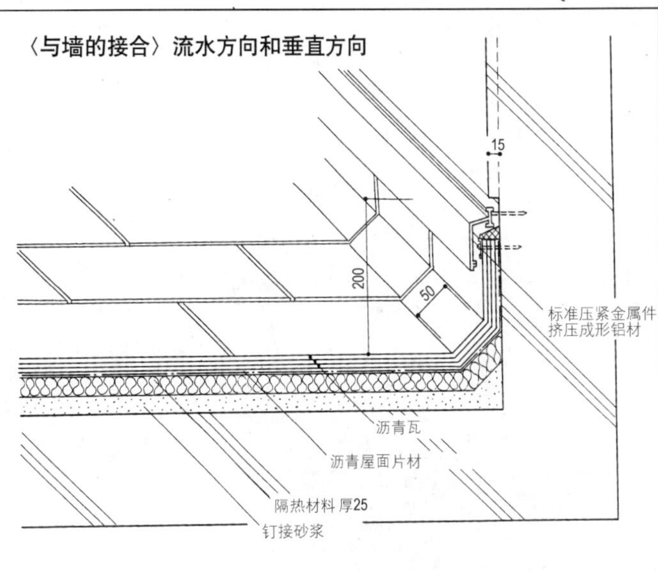


披水材料的形状及材质，因厂家不同而有差异，一般边端收边处理要在200mm以上。

## 〈滴水板及披水材料〉

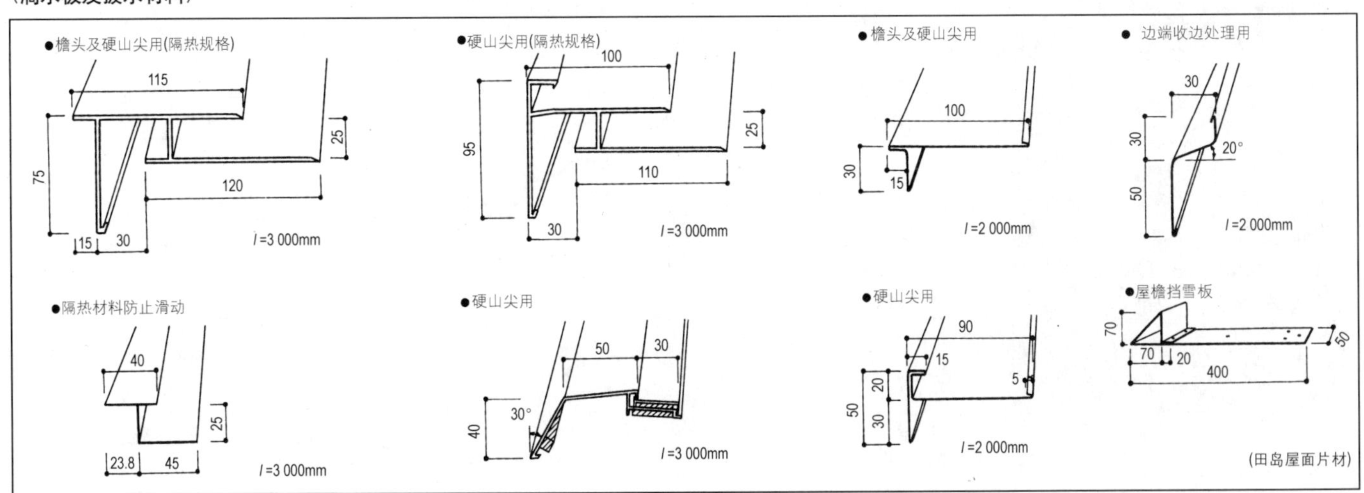

# 大雪地区的屋顶

## 驹木宅邸/久慈一户建筑事务所

该建筑位于积雪厚度达3.5m以上的大雪地区，而且是在气象条件十分恶劣的山区，在岩手山山脚下，有一座八幡平国立公园。当然，大雪后的屋顶积雪、冰柱、冰坨子、雪堆等都需要在当地的现场解决。屋顶坡度为4/10，在方形的屋脊上装有除雪装置。檐头挑出的长度为1.82m，目的是为了让屋顶上的雪一下子掉下，不能使屋顶和檐头破损，掉下来的雪和冰块不能损坏外墙。屋顶隔热是把玻璃棉放在顶棚里面，厚度为200mm；外墙隔热是把玻璃棉压缩成100mm厚放在墙体内。不用屋顶里面隔热而用顶棚里面隔热的理由，是为了避免屋顶里层的温度升高，避免屋顶的积雪融化。所以，通柱、斜撑、金属配件等都比一般住宅用得多。

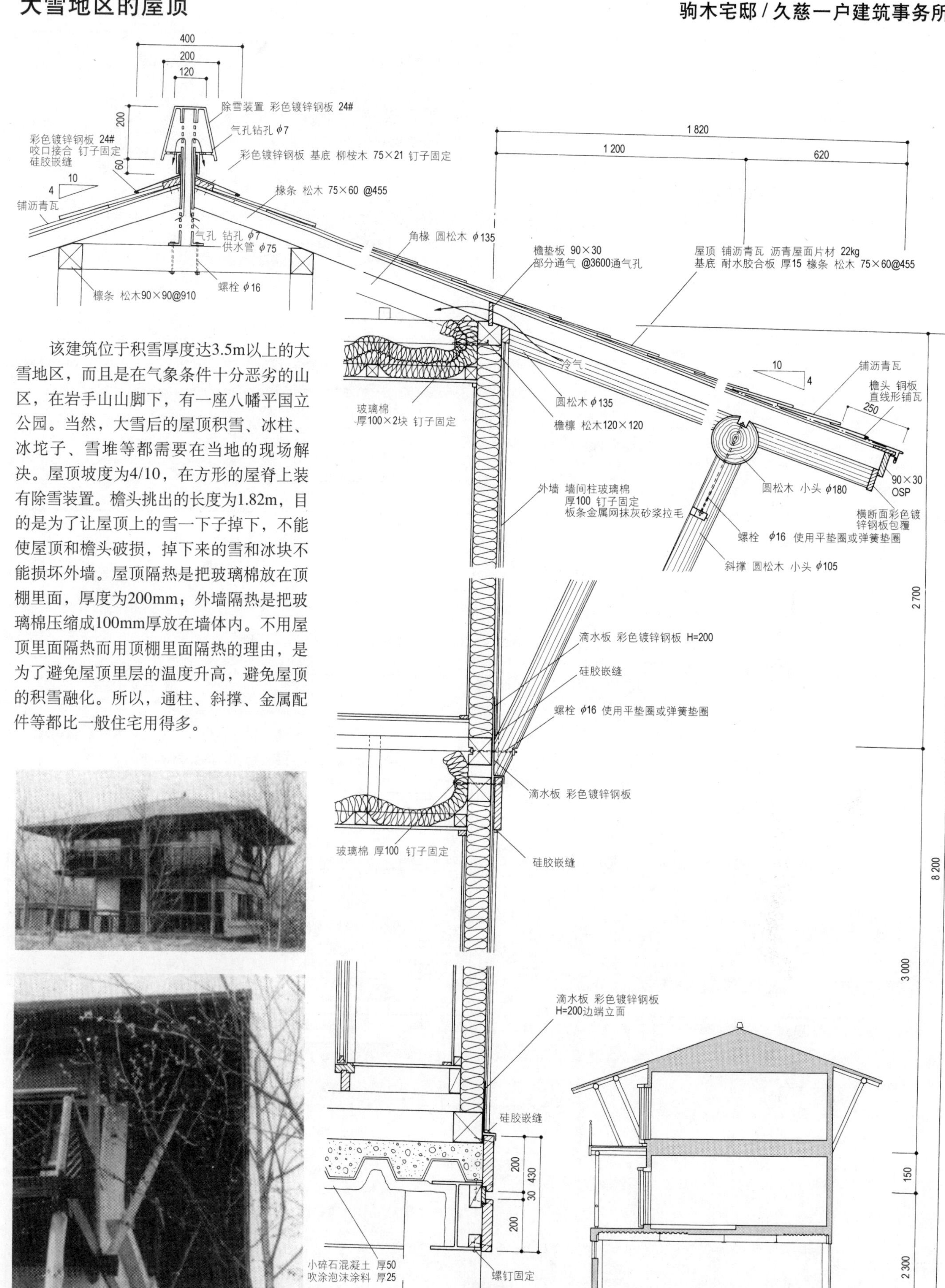

剖面大样图 1/20

截 面 1/180

# 半圆形屋顶

## 东洋大学丰丘神学院中央建筑／饭吉建筑设计事务所

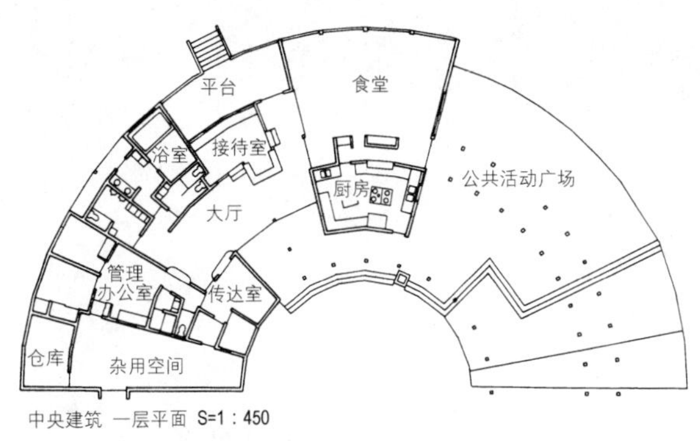

中央建筑 一层平面 S=1：450

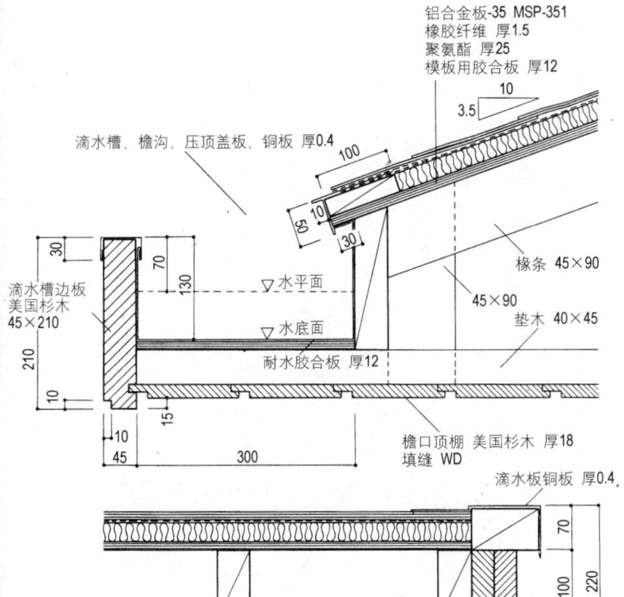


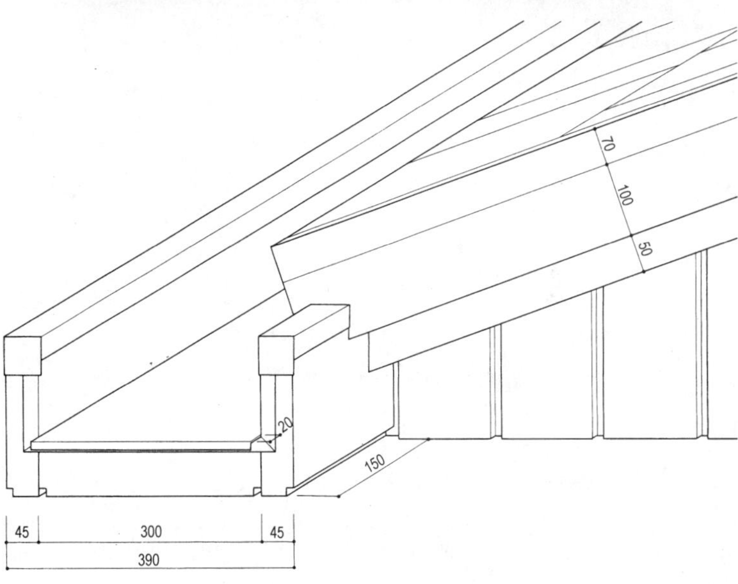


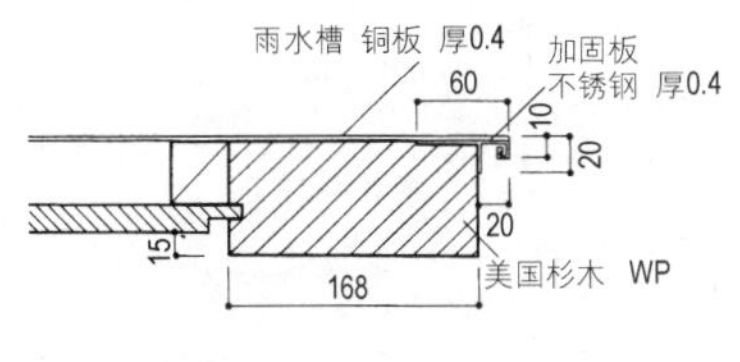


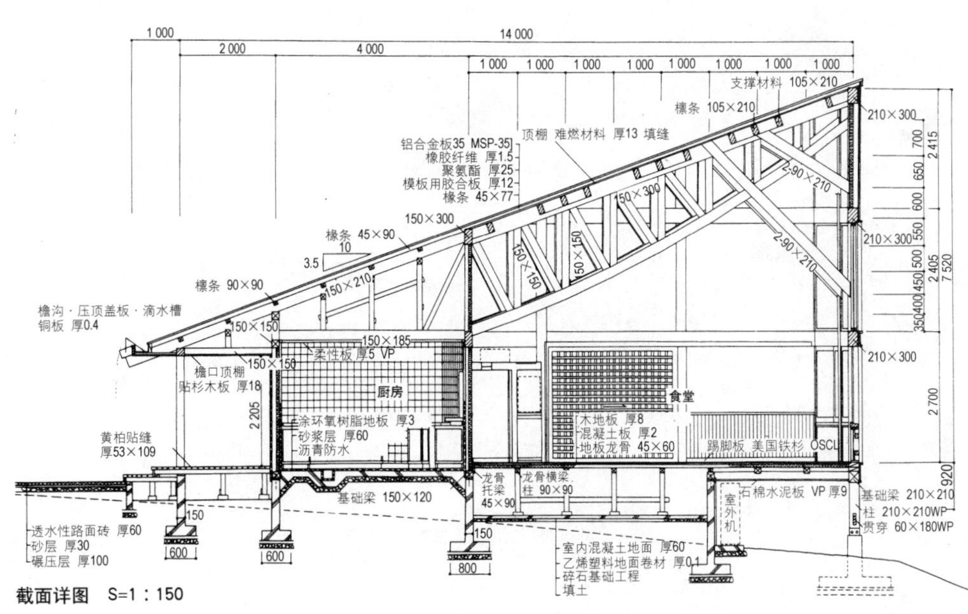

截面详图 S=1：150

该建筑为东洋大学神学院建筑群的中枢建筑，屋顶形状为展开的半圆形扇面一样，建筑前面的瞭望广场由铺在地面上的条形木板构成，眼前就象展开的一幅全景画卷一样，画中有天龙河与中央阿尔卑斯山。屋顶上的沥青瓦不是采用平铺方式，而是采用了带有阴影的铺设方法，在设计上是要表现出类似用树皮铺盖的屋顶。包括苹果园在内，茶褐色的屋顶，与周围的自然环境很好地融为一体。

# 塑料屋顶

作为塑料屋顶材料，现在还只是在发展的过程中，产品种类很多。有用塑料作为胶合板或纤维板的表面材料；有用塑料作为多孔心材做成夹层板材，然后用作屋顶面板；有在金属板上压贴一层塑料，经过烘烤做成屋顶金属板，用作有透光性的波形板或半球形的天窗铺盖材料。铺屋顶材料充分利用塑料的特性，可以创造出新的建筑空间。

塑料屋顶材料的最大特点有，透光性不低于玻璃，但重量比玻璃轻，有坚韧的耐冲击性，可塑性强，可以加工成任意形状。本文将重点介绍有透光性的塑料屋顶材料。



浪合学校的廊桥／汤泽建筑设计研究所
摄影：大桥富夫

## 1. 性能

塑料是一种新材料，19世纪中期，在一次偶然的机会中被发现，到了20世纪以后才开始使用。后来在1868年，美国发明了赛璐珞，接着又发明了胶木，这些名称都是塑料的代名词。1930年又有法国发明的聚氯乙烯，美国发明的醋酸乙烯酯，德国发明的聚苯乙烯等高分子物质，从此，塑料工业就像鲜花一样盛开了。

所谓塑料是相对于有弹性物体的名称，指的是在受热或受力的情况下产生变形后，不会恢复到原有形状的物体。但是，一般认为在常温条件下，即使施加人为外力也不会产生变形的固体高分子物质有很多，可分为橡胶状物质、热塑性物质、热固性物质等三种。在建筑领域使用的塑料，基本都是热塑性塑料。主要有氯乙烯薄膜片材，混凝土的粘接和修补裂缝用的环氧树脂，木材浸渗剂聚乙二醇，生产层积板材用的（苯）酚、尿素，洗澡盆用的FRP（玻璃钢），隔热材料聚氨酯泡沫、聚苯乙烯泡沫，防弹玻璃聚碳酸酯、丙烯酸，以及其他聚氨酯涂料、粘接剂、地毯、人造大理石垫圈（片）、嵌缝材料等。

热塑性树脂具有超群的抗冲击性、透明性、耐热性、耐寒性、难燃性、电的特性等诸多特性，下表介绍聚碳酸酯树脂板的性能。

**〈聚碳酸酯的性能〉**

**①透光性**

总光通系数与板厚关系为：板厚1mm，总光通系数90%，与玻璃不分上下。用作天窗采光时，约可得到侧窗采光的3倍光量。

**光通系数对比** （厚3mm）

| 材料 | 色相 | 总光通系数（%） | 扩散光通系数（%） | 平行光通系数（%） | 扩散系数 |
|---|---|---|---|---|---|
| 聚碳酸酯 | 半乳白 | 60 | 57 | 3 | 95 |
| 丙烯酸 | 半乳白色 | 60 | 58 | 2 | 96 |
| FRP | 无色 | 57～60 | 49～50 | 8～11 | 82～86 |

**②耐候性**

对紫外线有极强的耐候性，但如果长期被紫外线照射，也会逐渐地出现劣化变质现象。这种劣化变质现象，越是靠近板材的表层越厉害，板材的内部受到表层的保护，所以最好使用厚的板材。

**③可加工性**

聚碳酸酯板很容易加工，就象一般的塑料那样，可以切断、开孔、切削等机械加工，以粘接、弯曲、真空成形等广泛加工。

**④抗冲击性**

在塑料材料中，强度最高，不怕投石击打和落物撞击，安全性高，不会象其他材料那样，被撞击后碎片四溅，没有危险性。

| 品名 | 抗冲击强度 |
|---|---|
| 玻璃 | 1 |
| 聚碳酸酯 | 400～450 |
| 丙烯酸 | 20～30 |
| FRP | 250～300 |

* 以玻璃为1时的对比值

**⑤耐热性**

材料本身具有自灭火性，很难燃烧，不含难燃剂，所以不会产生有毒气体。有防火规定时，要使用有准难燃材料认定（建设省告示101号的难燃级别）的材料。热变形温度为135℃，在热塑性树脂当中是温度高的。

**聚碳酸酯和其他材料的热变形温度**

| 材 料 | 热变形温度（℃） 1.82 MPa |
|---|---|
| 聚碳酸酯 | 135 |
| 硬质氯乙烯(透明) | 65～70 |
| ABS(透明) | 82～85 |
| 丙烯（PMMA） | 87～100 |

**⑥耐热水性**

聚碳酸酯板长期接触热水和蒸汽会慢慢水解，降低机械性质。只是单面断续地接触热水时，在使用上几乎没有问题，但如果是在热水中使用，尚需认真研究。

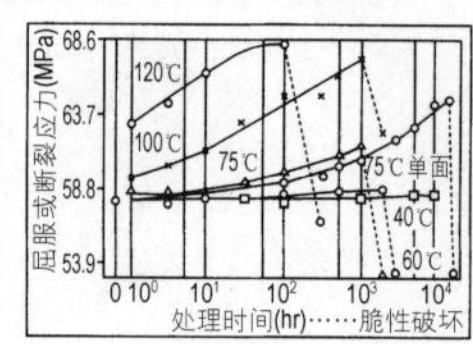


热水、蒸汽中的拉伸屈服或断裂应力的变化

**⑦耐擦伤性**

塑料制品易受擦伤，所以一般都要做表面硬化处理，并按使用目的进行选择。

**⑧耐化学药剂性**

一般对酒精、油类、盐类、弱酸等较为稳定，对弱碱、强酸也有一定程度的抗耐性，但对强碱、强酸、芳香族烃会产生膨胀分解。

**对聚碳酸酯产生影响的主要化学药品**

| 类 型 | 适合的药品 |
|---|---|
| 表面白化（水解恶化） | 苛性钠，苛性钾，氨等水溶液 |
| 变黄 | 硝酸、过氧化氢等水溶液、氯（Cl） |
| 表面湿胀白化 | 苯，甲苯，二甲苯，二噁烷，丙酮，甲基-乙基甲酮，醋酸甲酯，三氯乙烯 |
| 溶解 | 亚甲基氯化物，聚氯乙烯，四氯乙烷，三氯乙烷，三氯甲烷 |

**⑨耐寒性**

使用温度范围广，热变形温度为130℃，脆化温度为零下135℃。在夏季烈日阳光下不会出现软化变形，在严冬寒冷的环境中，也不会出现脆化龟裂现象。

**⑩隔声性**

下表是与玻璃的声响透射损失比较。

| 板厚 \ 中心频率数(Hz) | | 100 | 125 | 160 | 200 | 250 | 315 | 400 | 500 | 630 | 800 | 1000 | 1250 | 1600 | 2000 | 2500 | 3150 | 4000 | 5000 |
|---|---|---|---|---|---|---|---|---|---|---|---|---|---|---|---|---|---|---|---|
| 聚碳酸酯 | 3.0mm | 13 | 14 | 15 | 15 | 15 | 16 | 17 | 20 | 22 | 22 | 25 | 26 | 28 | 29 | 31 | 33 | 34 | 35 |
| | 5.0mm | – | 16 | 17 | 20 | 19 | 20 | 22 | 23 | 24 | 26 | 28 | 29 | 31 | 33 | 35 | 37 | 38 | 38 |
| | 8.0mm | – | 17 | 21 | 25 | 24 | 23 | 25 | 27 | 28 | 30 | 31 | 32 | 34 | 36 | 39 | 40 | 40 | 35 |
| | 10.0mm | – | 19 | 23 | 24 | 23 | 25 | 27 | 29 | 30 | 31 | 33 | 35 | 36 | 38 | 39 | 40 | 38 | 29 |
| | 12.0mm | – | 23 | 23 | 25 | 24 | 26 | 26 | 28 | 30 | 32 | 34 | 36 | 37 | 38 | 39 | 36 | 28 | 33 |
| | 15.0mm | – | 22 | 23 | 26 | 26 | 28 | 28 | 30 | 32 | 34 | 36 | 38 | 39 | 39 | 37 | 29 | 34 | 38 |
| 玻璃 | 3.0mm | 12 | 14.5 | 17 | 17.5 | 18.5 | 21.5 | 21.5 | 22.5 | 23.5 | 26.5 | 28.5 | 29.0 | 29.0 | 32.0 | 32.0 | 30.5 | 26.0 | 25.5 |

**⑪隔热性**

可见光线的透过比例为，红外线的透过率少，导热系数约为玻璃的1/5，铁的1/300，铝的1/1000，铜的1/2000，都很小，可以说隔热性极好。

**聚碳酸酯和其他材料的总传热系数**

| 材料名称 | 总传热系数（W/m²·K） |
|---|---|
| 聚碳酸酯（3.0mm厚） | 5.5 |
| 丙烯（3.0mm厚） | 5.5 |
| FRP(0.7mm厚) | 7.0 |
| 玻璃(3.0mm厚) | 6.4 |

**⑫施工适应性**

重量轻，强度高，在搬运、保管及施工过程中，不用担心会有破损。备有安装部件，省力省时，施工费用低，维修保养容易。

## 2. 部件与构成

### 材料的分类与特性

①聚氯乙烯：这是一种通用树脂，产量多用途广。但在提高耐热性和改善抗冲击强度上，还有问题。

②聚碳酸酯：历史短，价格高，但优点是抗冲击性好，耐热性好，透明性好，加工尺寸稳定性好，自然消化性好。

③FRP板：这是用不饱和聚酯树脂固化玻璃纤维的板材，主要是加工成波形板，用在简易车库的屋顶上。缺点是耐久性差。

④丙烯树脂：有耐久性，有强度。抗冲击性不够理想，但比玻璃好。主要是以成品形式用于屋顶采光。

### 按加工特点分类

塑料的特点是可以造型，可以任意地做成各种不同的形状。造型就是让塑料成为流动化，成形、硬化。塑料有两种，一是加热后有溶解软化的性质，属热塑性树脂，如氟树脂、聚碳酸酯、丙烯树脂等；另一种是加热后产生化学变化，成为不溶解不融合的热硬性树脂，如三聚氰酰胺树脂，环氧树脂，聚氨酯树脂等。最早以成品形式用在屋顶采光上的材料是丙烯树脂和用在屋顶上的各种波形板。

用在屋顶上的塑料材料

| 塑料种类 \ 适用划分 | | 屋顶：屋顶采光 | 屋顶：防水材料 | 屋顶：接缝构成材料 | 屋顶：密封材料 |
|---|---|---|---|---|---|
| 热塑性 | 聚氯乙烯 | ○ | ○ | ○ | ○ |
| | 有机玻璃 | ○ | | | ○ |
| | 聚碳酸酯 | ○ | | | |
| | 聚对苯二甲酸乙二（醇）酯 | | ○ | | |
| | 聚酰胺 | | ○ | | |
| | 低密度聚乙烯 | | ○ | | |
| | 聚异丁烯 | | ○ | | ○ |
| | 线状聚氨（基甲酸）酯 | | | ○ | |
| | 氟树脂 | | | ○ | |
| | 硅酮 | | ○ | | ○ |
| 热硬化性 | 聚酯 | ○ | | | |
| | 聚氨（基甲酸）酯 | | | | ○ |

〈部件与构成〉

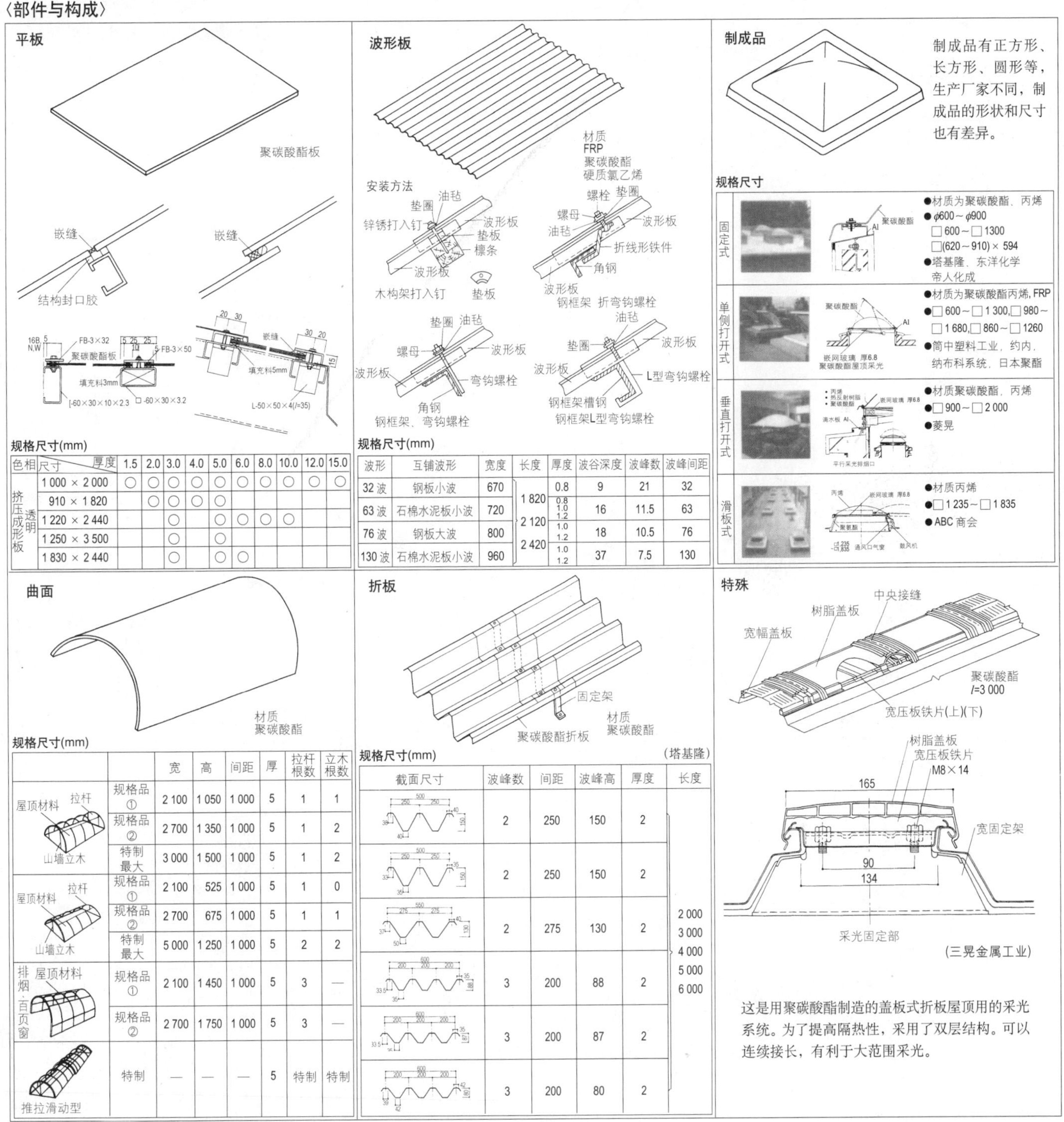


平板 规格尺寸(mm)

| 色相 | 尺寸 \ 厚度 | 1.5 | 2.0 | 3.0 | 4.0 | 5.0 | 6.0 | 8.0 | 10.0 | 12.0 | 15.0 |
|---|---|---|---|---|---|---|---|---|---|---|---|
| 挤压成形板 透明 | 1 000 × 2 000 | ○ | ○ | ○ | ○ | ○ | ○ | ○ | ○ | ○ | ○ |
| | 910 × 1 820 | | ○ | ○ | ○ | ○ | | | | | |
| | 1 220 × 2 440 | | | ○ | | ○ | ○ | ○ | ○ | | |
| | 1 250 × 3 500 | | | ○ | | ○ | | | | | |
| | 1 830 × 2 440 | | | ○ | | ○ | ○ | | | | |

波形板 规格尺寸(mm)

| 波形 | 互铺波形 | 宽度 | 长度 | 厚度 | 波谷深度 | 波峰数 | 波峰间距 |
|---|---|---|---|---|---|---|---|
| 32 波 | 钢板小波 | 670 | 1 820 | 0.8 | 9 | 21 | 32 |
| 63 波 | 石棉水泥板小波 | 720 | 2 120 | 0.8 1.0 1.2 | 16 | 11.5 | 63 |
| 76 波 | 钢板大波 | 800 | 2 420 | 1.0 1.2 | 18 | 10.5 | 76 |
| 130 波 | 石棉水泥板小波 | 960 | | 1.0 1.2 | 37 | 7.5 | 130 |

制成品 规格尺寸

|  |  |
|---|---|
| 固定式 | ●材质为聚碳酸酯、丙烯<br>● $\phi600 \sim \phi900$<br>□600～□1300<br>□(620～910)×594<br>●塔基隆、东洋化学、帝人化成 |
| 单侧打开式 | ●材质为聚碳酸酯丙烯, FRP<br>●□600～□1 300,□980～□1 680,□860～□1260<br>●筒中塑料工业，约内，纳布科系统，日本聚酯 |
| 垂直打开式 | ●材质聚碳酸酯，丙烯<br>●□900～□2 000<br>●菱晃 |
| 滑板式 | ●材质丙烯<br>●□1 235～□1 835<br>●ABC 商会 |



曲面 规格尺寸(mm)

| | | 宽 | 高 | 间距 | 厚 | 拉杆根数 | 立木根数 |
|---|---|---|---|---|---|---|---|
| 屋顶材料 拉杆 山墙立木 | 规格品① | 2 100 | 1 050 | 1 000 | 5 | 1 | 1 |
| | 规格品② | 2 700 | 1 350 | 1 000 | 5 | 1 | 2 |
| | 特制最大 | 3 000 | 1 500 | 1 000 | 5 | 1 | 2 |
| 屋顶材料 拉杆 山墙立木 | 规格品① | 2 100 | 525 | 1 000 | 5 | 1 | 0 |
| | 规格品② | 2 700 | 675 | 1 000 | 5 | 1 | 1 |
| | 特制最大 | 5 000 | 1 250 | 1 000 | 5 | 2 | 2 |
| 排烟百页窗 屋顶材料 | 规格品① | 2 100 | 1 450 | 1 000 | 5 | 3 | — |
| | 规格品② | 2 700 | 1 750 | 1 000 | 5 | 3 | — |
| 推拉滑动型 | 特制 | — | — | — | 5 | 特制 | 特制 |

折板 规格尺寸(mm)（塔基隆）

| 截面尺寸 | 波峰数 | 间距 | 波峰高 | 厚度 | 长度 |
|---|---|---|---|---|---|
| | 2 | 250 | 150 | 2 | 2 000<br>3 000<br>4 000<br>5 000<br>6 000 |
| | 2 | 250 | 150 | 2 | |
| | 2 | 275 | 130 | 2 | |
| | 3 | 200 | 88 | 2 | |
| | 3 | 200 | 87 | 2 | |
| | 3 | 200 | 80 | 2 | |

## 3. 标准详图

〈电动开关天窗〉

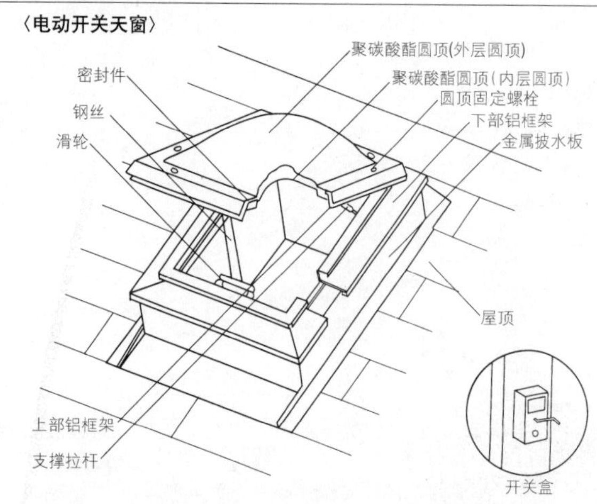


这是一般住宅用的采光装置，通过电动开关可以进行自然通风。利用双层圆顶，可以达到提高隔热效果和防止结露的目的。有的天窗同时使用湿度计，还可以在下雨时自动关闭天窗。

〈木结构〉

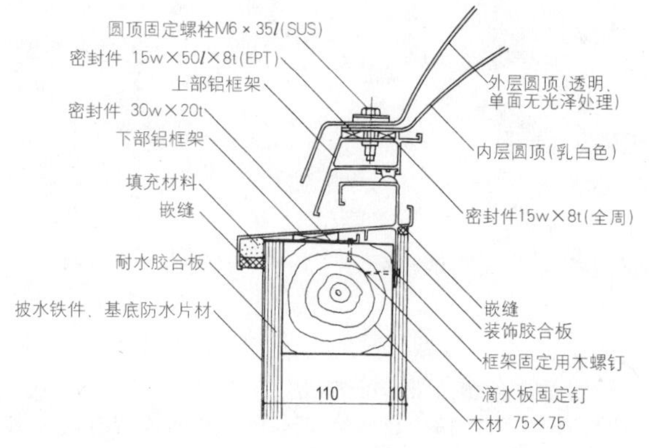


这是一般木结构住宅屋顶天窗的详图。从内侧用木螺钉把附属配件铝框架固定在木结构基底上。

〈塑料屋顶形状〉

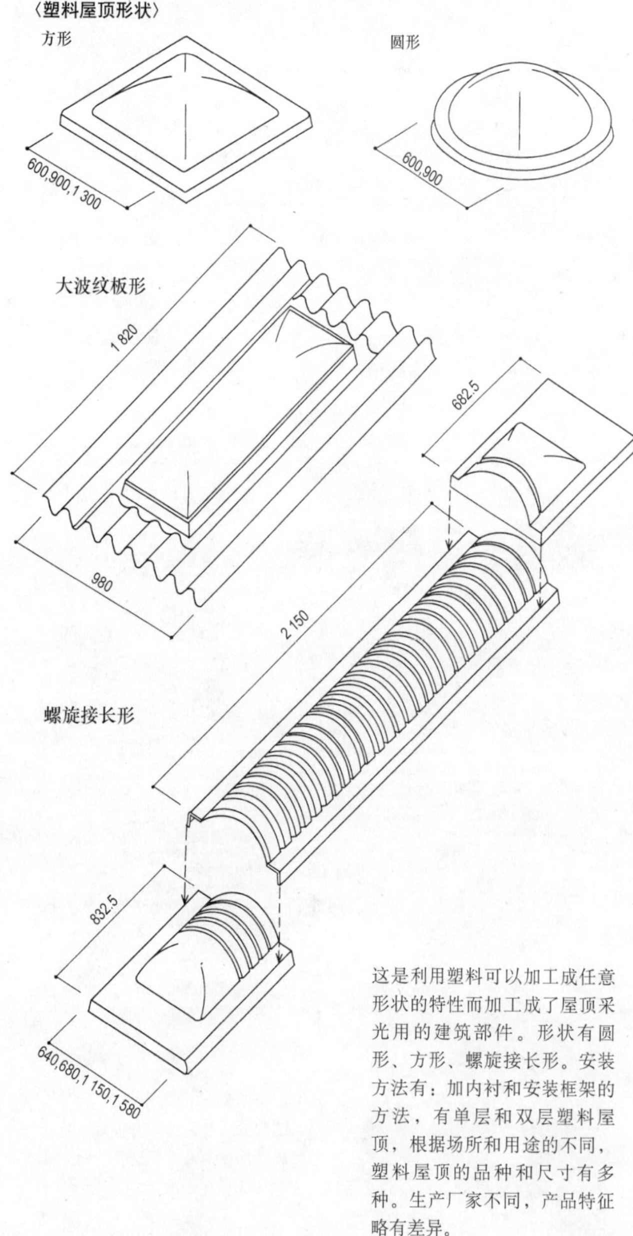


这是利用塑料可以加工成任意形状的特性而加工成了屋顶采光用的建筑部件。形状有圆形、方形、螺旋接长形。安装方法有：加内衬和安装框架的方法，有单层和双层塑料屋顶，根据场所和用途的不同，塑料屋顶的品种和尺寸有多种。生产厂家不同，产品特征略有差异。

〈钢框架结构屋顶折板〉

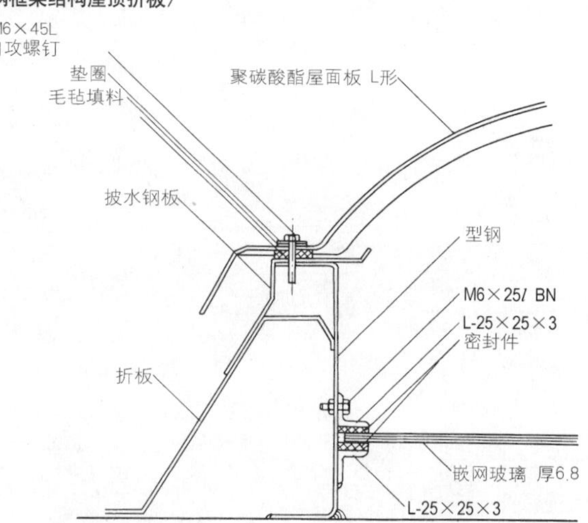


这是折板屋顶用的屋顶天窗详图。折板上安装型钢作为基底，然后安装附件披水板。同时使用嵌网玻璃，不仅可以提高防火性能，还可以提高隔热效果。

〈钢筋混凝土结构〉

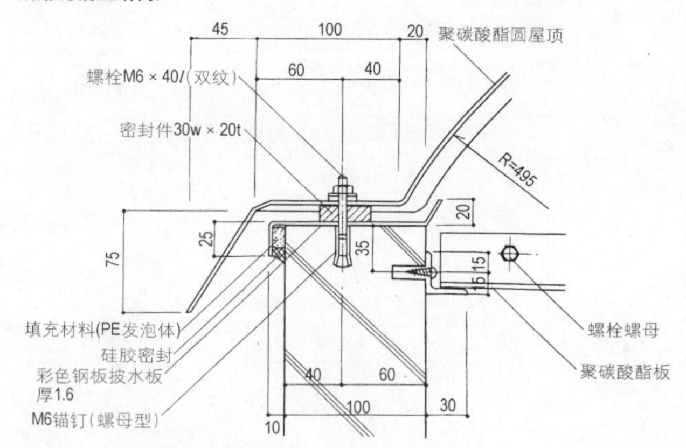


这是在混凝土上，直接安装屋顶天窗和圆屋顶的详图。用密封件作螺钉孔的防水，所以施工时一定要注意。

## 〈螺旋接长型采光屋顶〉

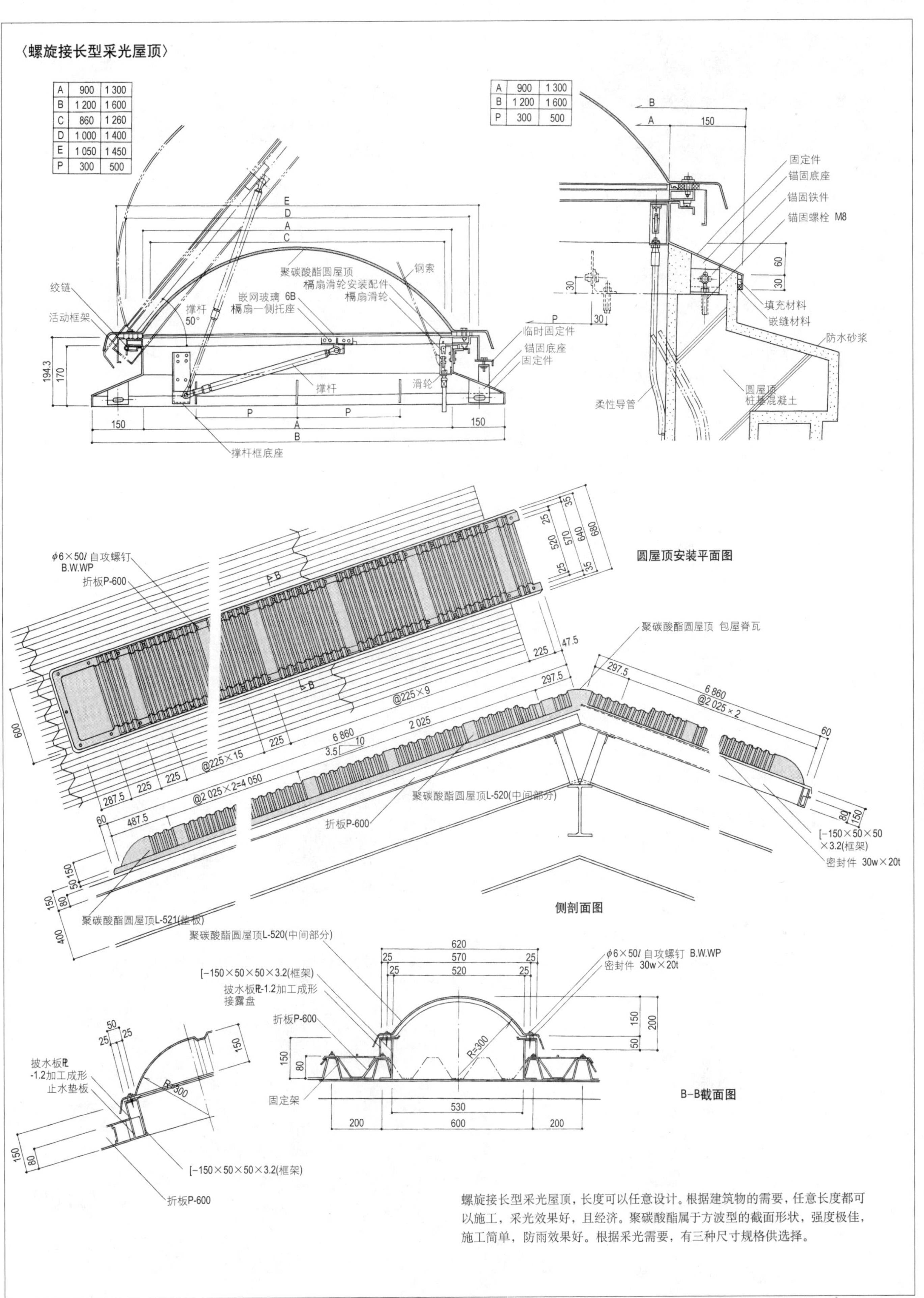


螺旋接长型采光屋顶，长度可以任意设计。根据建筑物的需要，任意长度都可以施工，采光效果好，且经济。聚碳酸酯属于方波型的截面形状，强度极佳，施工简单，防雨效果好。根据采光需要，有三种尺寸规格供选择。

# 悬浮的大屋顶

帕劳·桑·焦尔代建筑/ARATA ISOZAKI y ASOCIADOS ESPANA S.A.

大屋顶在空中的轮廓与略高出一点的小山丘的平缓山脊棱线十分和谐。在夜幕下，往往是大屋顶的顶面漆黑一片，与其说大屋顶下的大空间会给人带来愉快心情，还不如说大屋顶给人的压迫感更为印象深刻。然而，帕劳·桑·焦尔代建筑的大屋顶却给人一种轻松的感觉。这是因为该建筑的大型圆屋顶坐落在方形的基座上，屋顶与基座之间的连接处和方形基座的四个角向屋顶延伸的接缝以及采光屋顶等都有采光效果。不由得让人想起过去模型飞机的翅膀。

与主建筑相连的单坡低矮建筑，屋顶曲线呈波浪形状。为了防止强烈的阳光照射，该屋顶的上端采用冲孔不锈钢板，可以起到“挂帘”的作用。在主建筑的大型圆屋顶与附属建筑的曲线屋顶的接合处，采用可以开合的铝制百页窗，从而可以把地中海上吹来的凉风引入到室内。

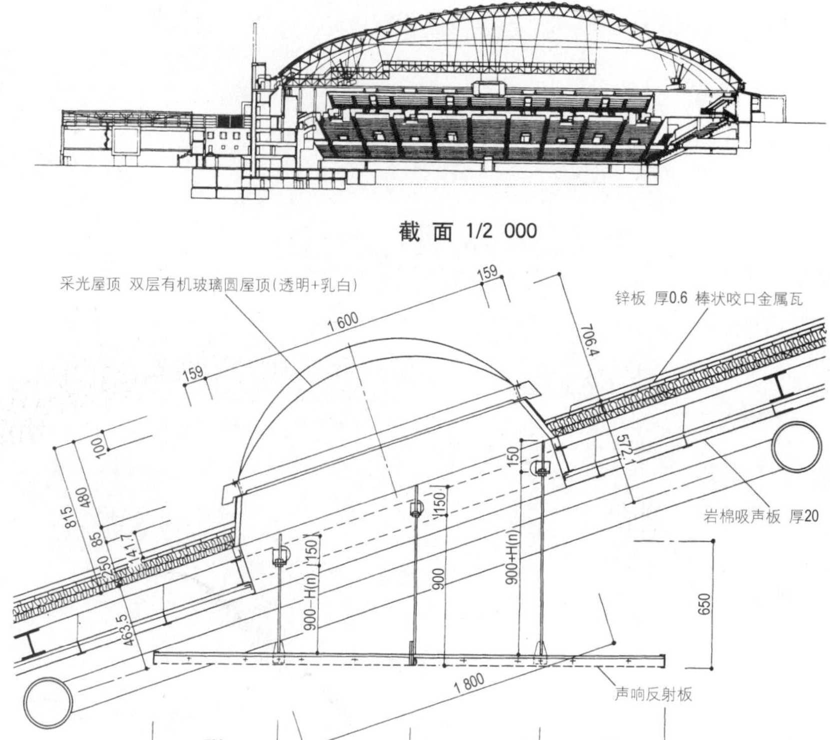


截 面 1/2 000

圆顶型采光屋顶及声响反射板截面详图 1/40

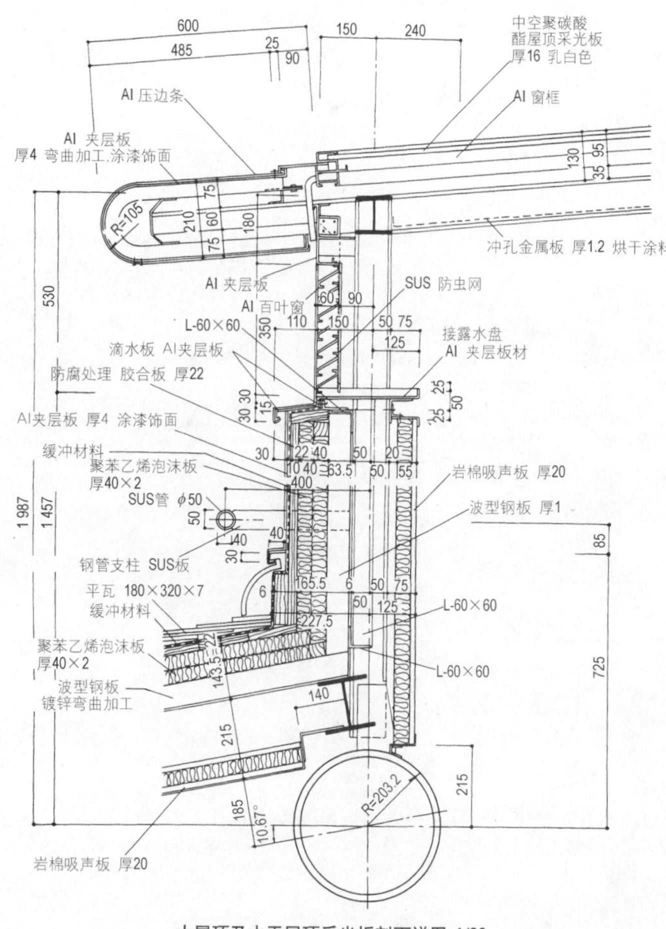


大屋顶及水平屋顶采光板剖面详图 1/20

Photos: H. 铃木

# 预制混凝土的百叶窗式屋顶采光

## 加古川健身公园/日建设计

公园建筑的大厅30m×30m，厅外通道为20m×10m，屋顶结构体全部外露透天，自然光直接进入内部。锯齿形采光屋顶为Z形截面的预制混凝土板。该板用预应力控制板的厚度，屋顶跨度为10m，用铁板三角架作支撑，支撑间距为1.25m，梁为2根钢管组合而成，整个屋顶显得十分轻飘。

从屋顶上的细小缝隙，可以看到天空，缝隙的用途主要是间接采光。此外，在2根钢管梁之间，还用上部的反光板做间接的人工照明。预制混凝土板的屋顶排水沟坡度为1/100，不锈钢屋面板采用小幅缝焊方法，可达30m钢板无接头。

(摄影：和木 通)

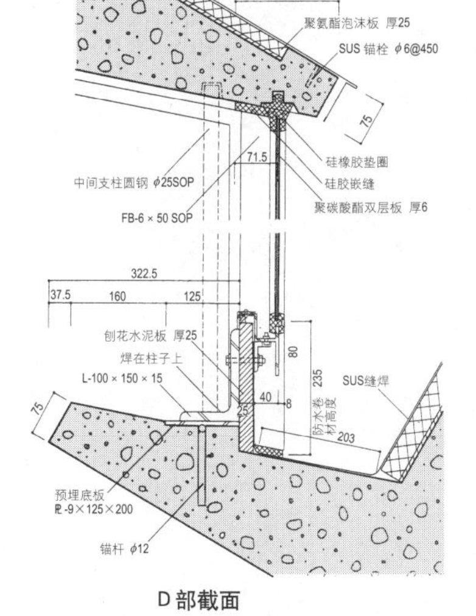


D部截面

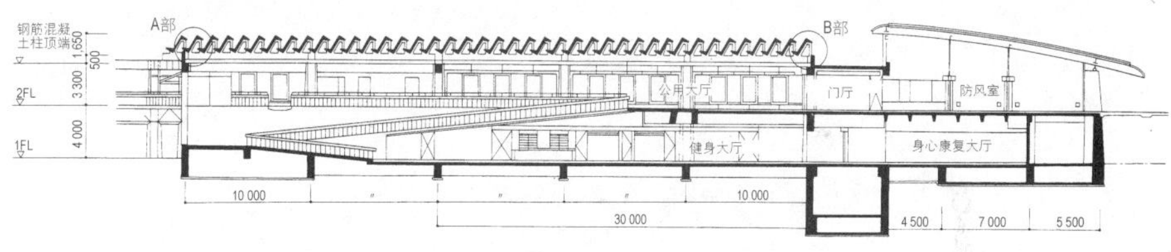


剖面 1/750

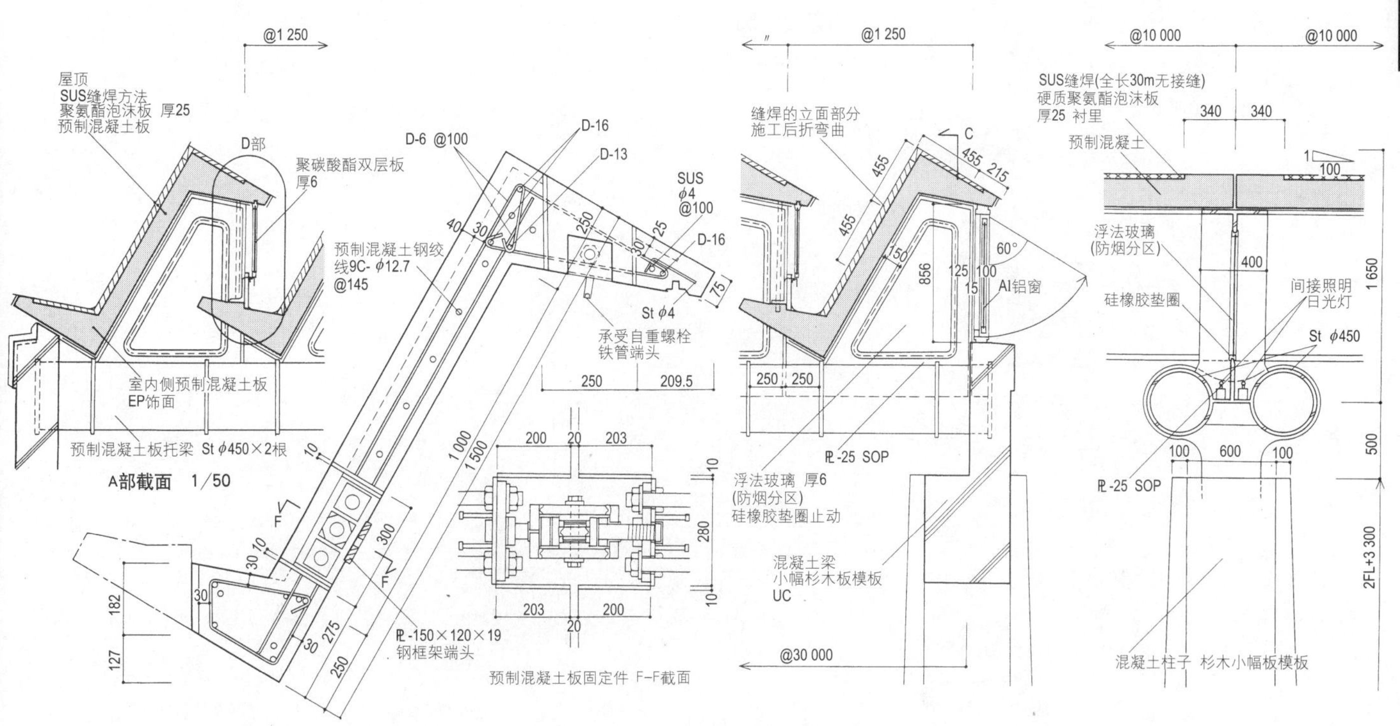


A部截面 1/50

屋顶预制混凝土板接头剖面详图 1/20

B部截面 1/50

C部截面 1/50

塑料屋顶

# 玻璃屋顶

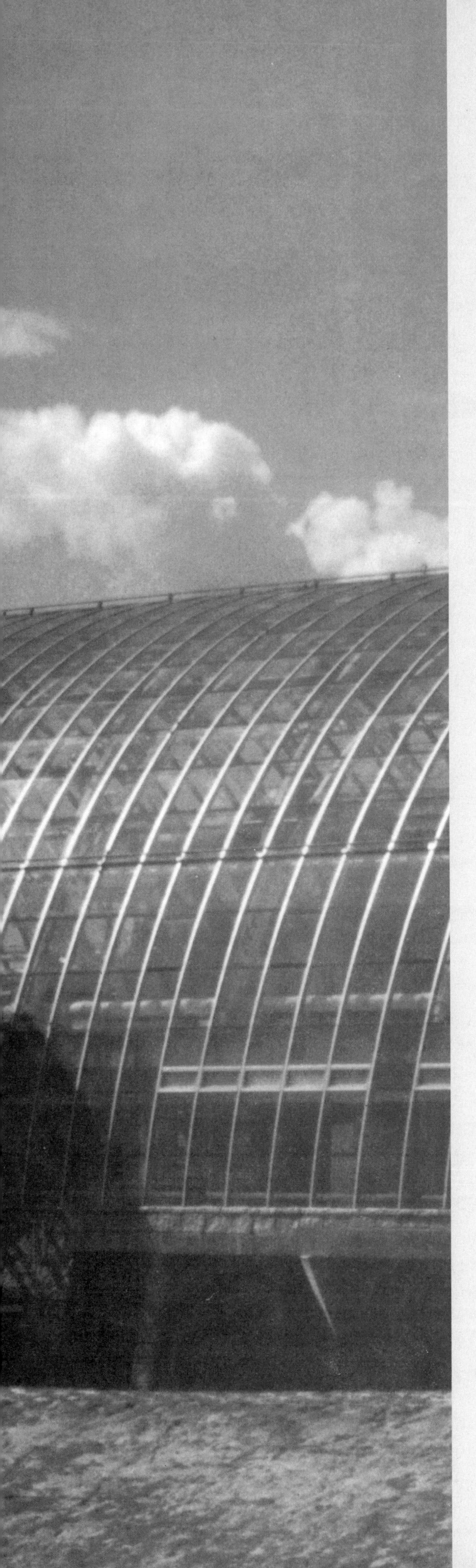

用玻璃作屋顶材料的目的,完全是为了采光,虽然塑料屋顶材料，正在抢夺着玻璃的使用份额。但是，玻璃的水晶透明感和卓越的耐候性，是其他材料无法替代的。

采光用的玻璃屋顶材料是板状的钠钙玻璃，从玻璃的安全性能和耐候性能出发，钠钙玻璃又有嵌网玻璃和嵌网瓦楞玻璃，有加工成瓦楞形状的玻璃瓦（在瓦屋顶项目中介绍过），有在平屋顶上使用的棱镜玻璃，叫做铺地玻璃砖采光厚玻璃或屋顶采光玻璃等。本文将以平板玻璃和双层中空玻璃为主，介绍在屋顶采光上使用时的施工方法。



玻璃温室／横河健／横河设计工房＋木村建筑设计事务所
照片提供：横河设计工房

# 1.性能

公元前79年，意大利的维苏威火山爆发，埋没了庞培城市。后来，用考古挖掘出来的玻璃同现在的玻璃作比较，在材质上似乎没有太大差别。说明玻璃被用在建筑上，是在公元前79年以前。从屋顶到墙体，玻璃被大量地用在建筑上，是从帕克斯顿设计的水晶宫（1851年伦敦第1届万国博览会）开始的。后来，玻璃作为近代建筑的主角，在建筑上变成了不可或缺的材料。

玻璃的最大特征是透明、坚硬、不漏液体不透气，抗化学腐蚀性能强等，具有其他材料不可比拟的优点。但是，一旦遭到破碎，就会变成锐利的断面，十分危险。在建筑上使用的玻璃，主要是钠钙玻璃。为了弥补玻璃易破碎的缺欠，开发出来的安全玻璃有嵌网玻璃、夹丝玻璃、钢化玻璃、夹层玻璃等。

玻璃不像金属或塑料那样会产生塑性变形，是易破碎的代表性物质。在拉伸应力作用下，从玻璃表面产生破裂。强度不均匀是最大的问题之一。理由是在玻璃的表面上，有很多肉眼看不到的伤痕，一旦有拉伸应力作用在玻璃上，应力就会集中在小的伤痕处，直至玻璃破碎。一般的窗玻璃破坏强度约为500kg/cm²，但理论强度竟有300 000kg/cm²。

玻璃因受拉伸应力而破碎，但玻璃破碎的原因却有弯曲、受热、撞击、平面变形等4种。弯曲应力由风压力和天窗的积雪荷载产生。玻璃受热时，玻璃的内面和外面会有温度差别，镶嵌在窗框里边的玻璃边缘部分也会有温度差别，从而使玻璃产生温度应力，直到玻璃破碎。由撞击产生的破碎，会因为撞击到的物体不同而使破碎现象不一样。具有代表性的平面变形破碎是地震产生的破坏。

〈玻璃的性能〉

### ①抗风压性

一块玻璃的抗风压强度（耐风压强度），如果玻璃的厚度相同，面积越大，强度越小，面积越小，强度越大。

平板玻璃的抗风压力，会因为负载的性质、负载时的环境、平板玻璃的品种、尺寸、厚度以及玻璃的支承条件不同而有差异。要考虑到这些因素再作决定。实际上在决定使用的玻璃的种类和开口部位的大小时，要依据玻璃厂家的技术资料作出决定。

### ②抗撞击性

采光天窗和有倾斜面的窗户，在垂直以外的任意角度上使用玻璃时，要根据风压、积雪荷载、玻璃自重等诸多因素研究玻璃的强度。对于玻璃的破碎问题，必须采取如下措施，或使用夹层玻璃，或粘贴玻璃防碎膜，或使用嵌网玻璃等等。

### ③耐热性

太阳辐射吸收率越高，玻璃的热破坏就越容易。虽然玻璃越厚，强度就越大，但是，在玻璃的热破坏上，还是薄玻璃有利。使用吸热玻璃、热反射玻璃等太阳辐射吸收率高的玻璃、或嵌网玻璃、或厚玻璃时，必须研究防止产生温度应力破坏的方法。

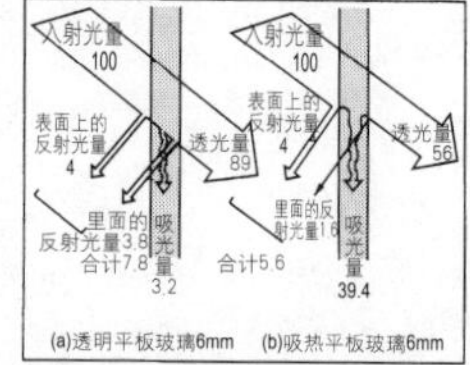

(a)透明平板玻璃6mm　(b)吸热平板玻璃6mm

### ④抗震性

地震时的玻璃破坏,是由于窗框和建筑物的变形一起发生变形,而且嵌入式窗框和玻璃的边缘缝隙不足造成的。要不约束嵌入式窗框和玻璃的变形，就要使用弹性密封材料或使用镶玻璃衬垫。

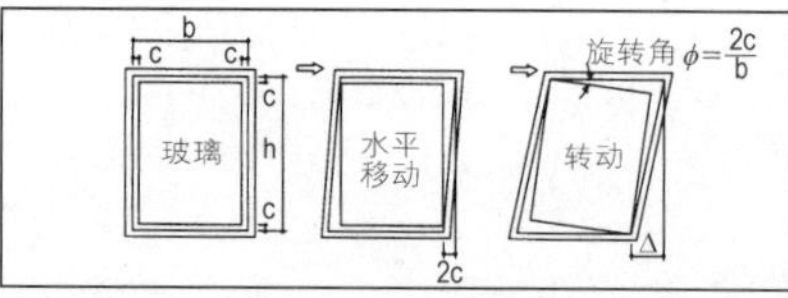


### ⑤加工性

如果在玻璃上开槽或开孔，槽口的凹角或孔口处的强度就会明显地降低。需要在承受外力的部分做开槽或开孔的加工时，要使用钢化玻璃或钢化夹层玻璃。浮法平板玻璃的表面经过毛面酸蚀后，弯曲强度将会下降到压花玻璃的程度。弯曲加工的最大尺寸可达4.5m × 3.6m左右，最小曲率为玻璃厚度的4～5倍。

### ⑥防火性

“在发生火灾时，有可能会产生火灾蔓延的地方”设置玻璃窗时，要使有防火性能的嵌网玻璃和窗框。嵌网玻璃遇火燃烧后，即使出现破裂，但由于有金属丝连接，玻璃碎片也很难脱落，从而可以防止火焰进入室内。

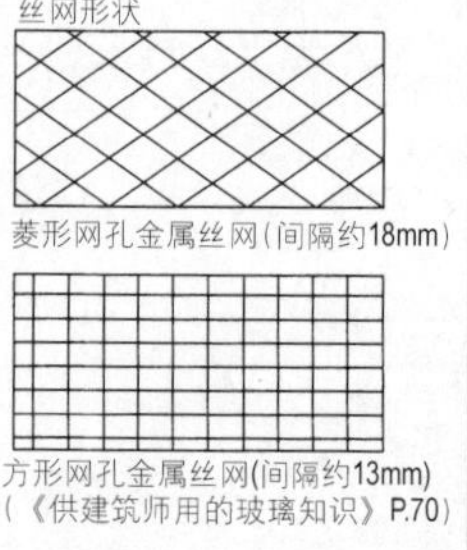
丝网形状

菱形网孔金属丝网（间隔约18mm）

方形网孔金属丝网(间隔约13mm)

（《供建筑师用的玻璃知识》P.70）

### ⑦节能

在北海道寒冷地区和其他地区，由于区域不同，节能玻璃的选择措施也会有差异。最好把吸热玻璃和热反射玻璃分开使用，或使用双层中空玻璃或高隔热双层中空玻璃。

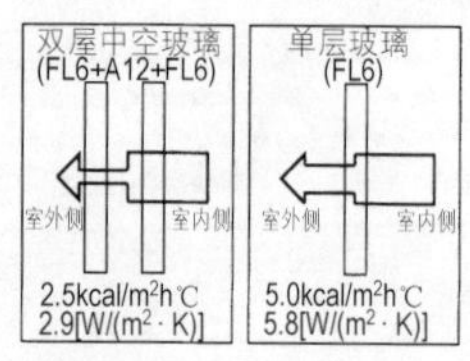


### ⑧结露

当玻璃和金属窗框的表面温度在室内气温的露点以下时，空气中的水蒸汽就会在表面上结露。冬季无法避免在单层玻璃上结露。最好使用双层中空玻璃。

**产生结露时的室外空气湿度比较**

| 种　类 | 室内湿度 | －40　－30　－20　－10　0　10(℃) |
|---|---|---|
| 双层中空玻璃(FL6+A12+FL6) | 40% | |
| | 50% | |
| | 60% | |
| 单层玻璃(FL6) | 40% | |
| | 50% | |
| | 60% | |

(室温20℃、室内自然对流，室外风速3.5m/s时）（室内舒适湿度40%～60%)

结露温度范围

### ⑨隔声性

进入到室内的噪声多种多样，传播的途径也复杂。有从窗户或门等的缝隙进入到室内的空气传播声，有声压使窗户或门产生振动的固体传播声。防止噪声的方法有，使用气密性高的气密窗户或隔声窗户，或增加窗玻璃的厚度，或使用隔声双层中空玻璃，或使用充气隔声的双层玻璃，或使用双层窗户等等，总之，要使用气密性高的隔声窗户。

### ⑩抗雪荷载性

采光屋顶或玻璃屋顶或有倾斜面的窗户等，除垂直之外，凡有角度的玻璃面，除风压力之外，都要考虑积雪荷载、玻璃自重作用下的特殊强度，然后决定玻璃的种类和厚度。选用双层中空玻璃或嵌网玻璃，或粘贴防玻璃破碎膜等。

### ⑪维护保养

玻璃透光，有脏污就很明显。玻璃脏污造成的可见光线透过率降低为10%～20%，如果达到30%～50%，就会像毛玻璃一样，几乎不能透光。如果玻璃的脏污不严重，可以用水冲洗掉，但脏污严重时，要用清洗剂冲洗，或用抛光粉研磨，或把清洗剂和抛光粉混合在一起做成去污剂进行清洗。此外，还要注意玻璃面上的裂缝或热破坏的原因。

### ⑫平板玻璃的一般性质

| 项目＼材料 | 平板玻璃 | 亚丙烯酸酯树脂 | 聚碳酸酯树脂 | 不锈钢(SUS 304) | 铝合金(6063) |
|---|---|---|---|---|---|
| 折射率 | 约1.52 | 1.49 | 1.58 | — | — |
| 比热(cal/g℃) | 0.18(0～50℃) | 0.35 | 0.26～0.28 | 0.12 | 0.21 |
| 导热系数(kcal/mh℃) | 0.65(0℃) | 0.14～0.21 | 0.17 | 14.0 | 180 |
| 线膨胀系数 × $10^{-4}$ | 8.5(常温～350℃) | 90 | 60～70 | 17.3 | 23.4 |
| 维氏硬度 kg/mm² | 548 | 20 | 13 | 327 | 86 |
| 比重 | 约2.5 | 1.18～1.19 | 1.20 | 7.93 | 2.70 |
| 拉伸弹性模量 kg/cm² | 730.000 | 32.000 | 21.000～25.000 | 1 969.000 | 720.000 |

## 2.部件与构成

### 〈玻璃的种类〉

| 名称 | | 浮法平板玻璃 | 压花玻璃 | 压花嵌网玻璃 | 压花夹丝玻璃 | 抛光嵌网玻璃 | 抛光夹丝玻璃 | 吸热玻璃 | 吸热嵌网玻璃 | 吸热夹丝玻璃 | 吸热压花嵌网玻璃 | 热反射玻璃 | 高性能热反射玻璃 | 钢化玻璃 | 双倍强度玻璃 | 夹层玻璃 | 双层中空玻璃 |
|---|---|---|---|---|---|---|---|---|---|---|---|---|---|---|---|---|---|
| 规格尺寸(mm) | 厚度 | 2~19 | 2.2~12 | 6.8 | 6.8 | 6.8<br>10 | 6.8<br>10 | 3~15 | 6.8 | 6.8 | 6.8 | 6~12 | 6~12 | 4~19 | 6~12 | 5~30 | 12~36 |
| | 最大尺寸 | 914×813<br>≀<br>10 160×2 291 | 914×813<br>≀<br>3 658×2 438 | 2 438×1 829<br>3 048×1 524 | 2 438×1 829<br>3 048×2 438 | 3 048×2 438<br>(厚6.8)<br>4 572×2 438<br>(厚10) | 3 048×2 438<br>4 572×2 438 | 1 676×1 219<br>≀<br>6 096×2 921 | 2 438×1 829 | 2 438×1 829 | 2 438×1 829 | 有使用浮法·吸热玻璃的热反射玻璃，使用的玻璃品种不同，最大尺寸也不一样。 | 有使用浮法·吸热玻璃的热反射玻璃，使用的玻璃品种不同，最大尺寸也不一样。 | 各种不同厚度的最大尺寸，因玻璃生产厂家的不同而有差异。 | 各种不同厚度的最大尺寸，因玻璃的生产厂家不同而有差异。 | 夹层玻璃的构成有浮法玻璃、吸热玻璃、热反射玻璃、嵌网玻璃、夹丝玻璃、钢化玻璃等（因玻璃的生产厂家不同，夹层玻璃的尺寸和构成有多种多样） | 双层中空玻璃的构成有浮法玻璃、吸热玻璃、热反射玻璃、嵌网玻璃、夹丝玻璃、钢化玻璃等（构成玻璃和空气层的厚度为6mm和12mm） |
| 类型 | | — | 梨皮纹、石纹、工字纹、麻织纹、工字纹单面抛光、工字纹 | 十字交叉金属丝网<br>[工字纹]<br>菱形金属丝网<br>[工字纹、凹凸不平玻璃] | 加气<br>[工字纹] | 磨光十字交叉金属丝网玻璃<br>磨光菱形金属丝网玻璃<br>磨光菱形金属丝网玻璃 | 磨光加气 | | 灰色磨光菱形金属丝网玻璃，<br>褐色磨光菱形金属丝网玻璃 | 灰色磨光加气<br>褐色磨光加气 | 褐色磨光菱形金属丝网玻璃（工字纹） | | | | | | |

### 〈部件与构成〉

玻璃屋顶不能遮挡视野和光线，只有隔断空气和隔热的二种功能。随着建筑的大规模化发展，相继出现了巨大的室内公用空间。下面介绍玻璃屋顶采光的基本造型和部件与构成情况。

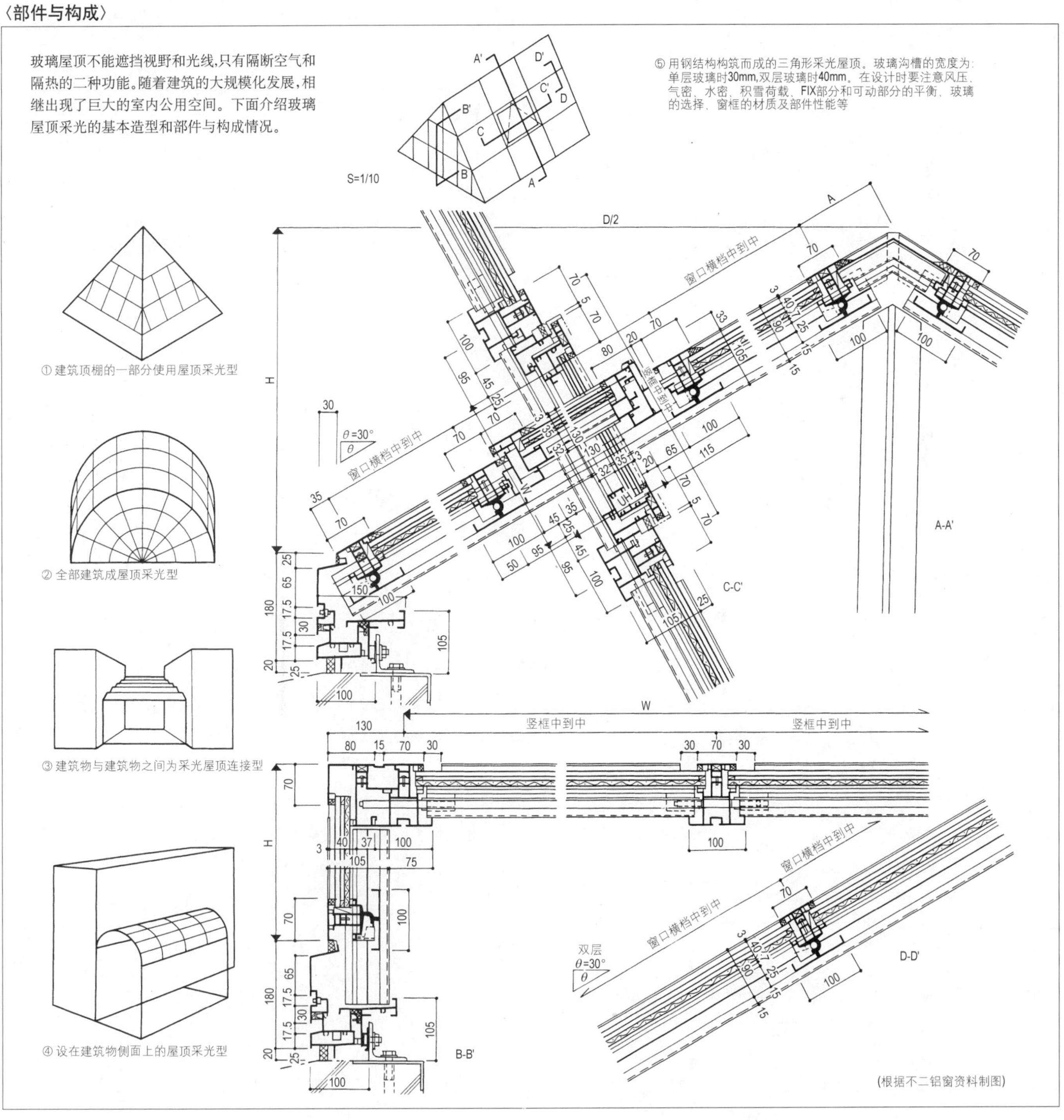


① 建筑顶棚的一部分使用屋顶采光型

② 全部建筑成屋顶采光型

③ 建筑物与建筑物之间为采光屋顶连接型

④ 设在建筑物侧面上的屋顶采光型

# 3. 标准详图(1)

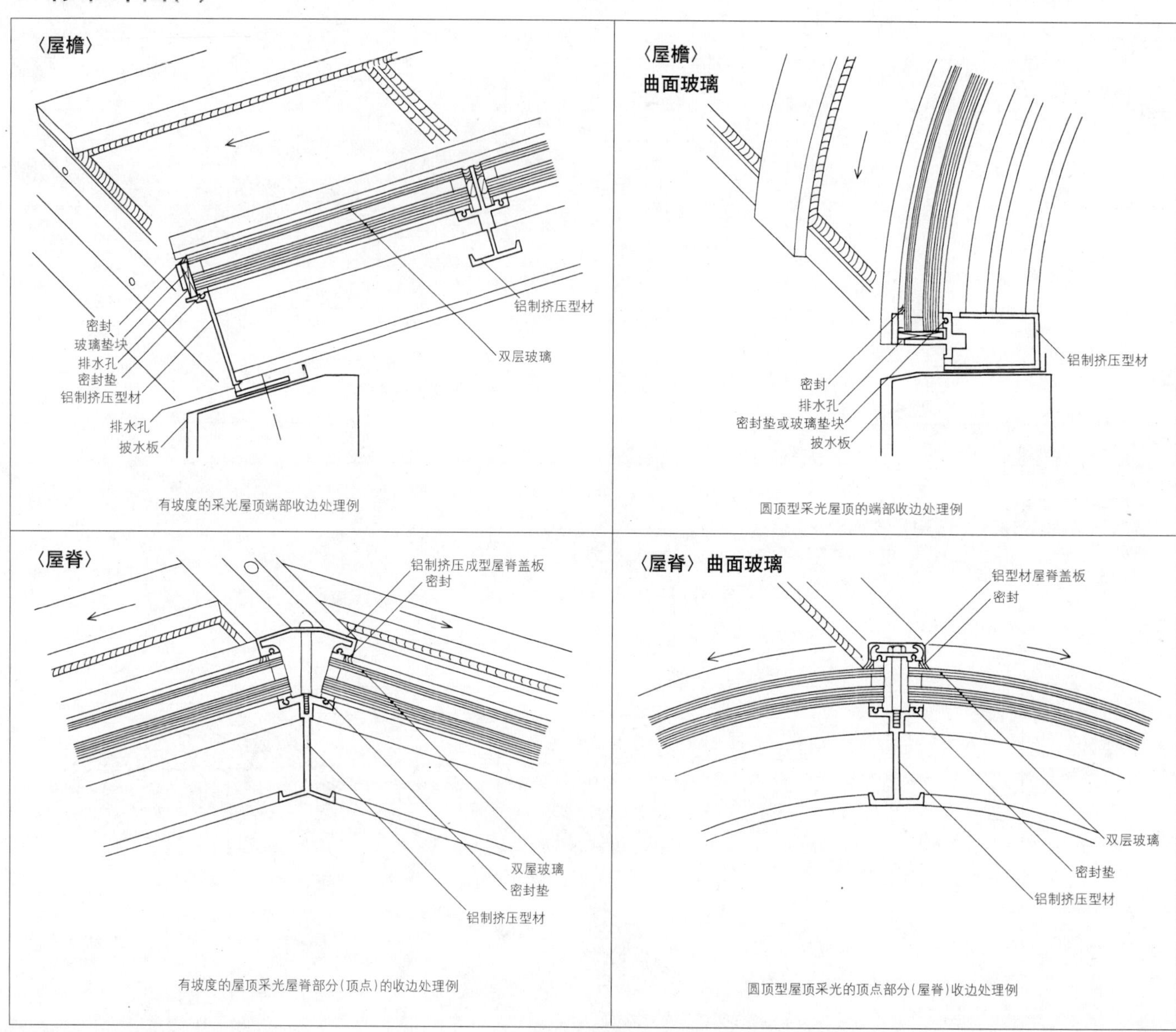


有坡度的采光屋顶端部收边处理例

圆顶型采光屋顶的端部收边处理例

有坡度的屋顶采光屋脊部分(顶点)的收边处理例

圆顶型屋顶采光的顶点部分(屋脊)收边处理例

## 〈玻璃的种类、性能、用途 1〉

| 种类 | 特征和用途 | 性能 | | | 节能 | | | 安全 | | | | | | | 隔声性 | 装饰 | | 切断·加工性 | 主要用途 | | | | 公共设施 | 使用位置 | | | | | | |
|---|---|---|---|---|---|---|---|---|---|---|---|---|---|---|---|---|---|---|---|---|---|---|---|---|---|---|---|---|---|---|
| | | 透光透视性 | 透光不透视性 | 防眩性 | 遮挡太阳辐射 | 隔热性·减轻结露 | 减少制冷采暖负荷 | 抗冲击性 | 破碎防止性 | 耐穿透性 | 防范性 | 防弹性 | 防火性 | 耐热撞击性 | | 色彩 | 设计 | | 住宅 | 写字楼 | 店铺 | 工厂 | | 屋顶 | 屋顶天窗 | 窗户 | 幕墙 | 出入口 | 护栏 | 建筑立面 |
| 透明平板玻璃(浮法平板玻璃) | 这是完全平滑且透明的平板玻璃,广泛应用于写字楼和住宅建筑,因为是把玻璃飘浮在熔融金属上面制造而成,所以叫作浮法平板玻璃。 | ◎ | | | | | | | | | | | | | | | | ◎ | ○ | ○ | ○ | ○ | ○ | | | ○ | ○ | ○ | | ○ |
| 压花玻璃 | 这是在玻璃的单侧表面上,用模具压出花纹图案的玻璃,可以使光线柔和地扩散,适当地遮挡视线。可以用作住宅的窗玻璃或作为大楼建筑的隔断和家具等的装饰使用。 | | ◎ | | | | | | | | | | | | | | ◎ | ◎ | ○ | ○ | ○ | ○ | ○ | | | ○ | | | | |
| 抛光嵌网玻璃<br>抛光夹丝玻璃 | 这是把金属丝网或金属丝密封在玻璃里面的平板玻璃,通过金属网或金属丝的作用,即使玻璃破碎了,也不容易有碎玻璃片掉落。主要作为防火门使用(夹丝不能在防火玻璃上使用)。 | ○ | | | | | | | ○ | | ○ | | ◎ | | | | ○ | ○ | ○ | ○ | ○ | ○ | ○ | | ○ | ○ | | ○ | | |
| 压花嵌网玻璃<br>压花夹丝玻璃 | 这是在压花玻璃里加入了金属网或金属丝的玻璃,一般是在想用防火门遮挡视线时使用。 | | ◎ | | | | | | ○ | | ○ | | ◎ | | | | ○ | ○ | ○ | ○ | ○ | ○ | ○ | | ○ | ○ | | ○ | | |
| 吸热玻璃 | 这是一种平板玻璃,可以吸收20%~60%左右的太阳辐射热能(辐射热),防止辐射热进入室内,提高室内的空调制冷效果。玻璃的颜色有蓝青色、灰色、青铜色等3种。 | ○ | | ◎ | ◎ | | ◎ | | | | | | | | | ◎ | | ◎ | ○ | ○ | ○ | ○ | ○ | | | ○ | ○ | ○ | | ○ |
| 抛光嵌网吸热玻璃<br>抛光夹丝吸热玻璃<br>压花嵌网吸热玻璃 | 这种玻璃是在吸热玻璃里加入金属网或金属丝,提高玻璃在破碎时的防止碎片飞散性,主要用在建筑物的开口处。 | ○ | | ◎ | ◎ | | ◎ | | ○ | | ○ | | | | | ◎ | ○ | ○ | ○ | ○ | ○ | ○ | ○ | | | ○ | ○ | ○ | | ○ |
| 热反射玻璃 | 这是在浮法平板玻璃的表面上,镀一层反射率高的薄膜,可以反射30%左右的可视光线或太阳辐射热能,除可以减轻空调制冷负荷之外,还可以在设计上充分利用玻璃的镜面效应。 | | ◎ | ◎ | ◎ | | ◎ | | | | | | | | | ◎ | | ◎ | ○ | ○ | ○ | ○ | ○ | | | ○ | ○ | ○ | | ○ |
| 吸热热反射玻璃 | 这是在吸热玻璃的表面上,镀一层反射性能好的薄膜,通过薄膜的反射及吸收性能,可以控制可视光线或太阳辐射热能流入室内,减轻空调制冷负荷。此外还有镜面效应。 | | ◎ | ◎ | ◎ | | ◎ | | | | | | | | | ◎ | | ◎ | | ○ | ○ | ○ | ○ | | | ○ | ○ | | | ○ |

◎特别好 ○好 △可以根据使用的材料构成补充性能

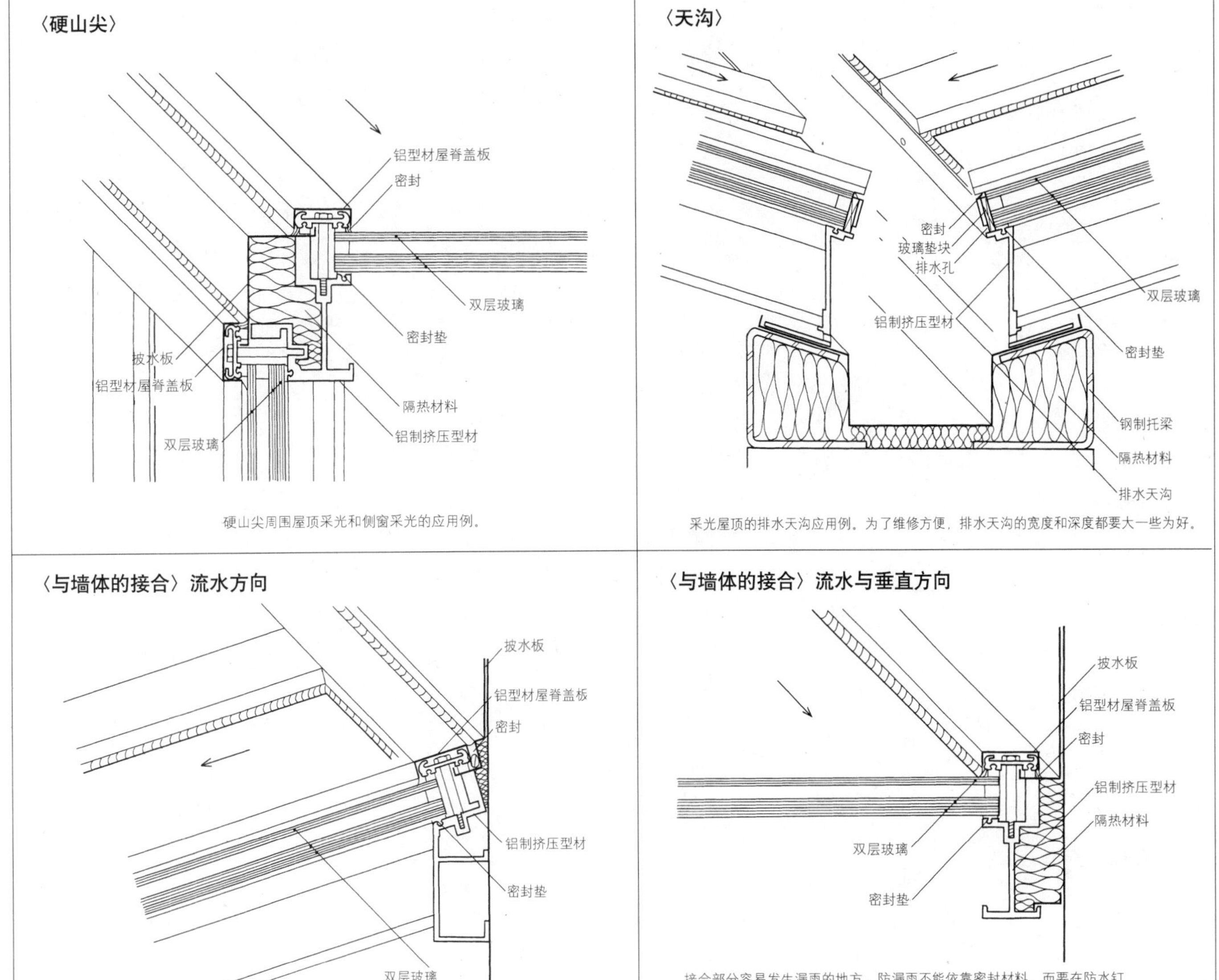


硬山尖周围屋顶采光和侧窗采光的应用例。

采光屋顶的排水天沟应用例。为了维修方便，排水天沟的宽度和深度都要大一些为好。

接合部分容易发生漏雨的地方。防漏雨不能依靠密封材料，而要在防水钉帽或主体结构的十字嵌接上想办法。



## 〈玻璃的种类、性能、用途 2〉

| | | 性能 | | | 节能 | | | 安全 | | | | | | | 隔声性 | 装饰 | | 切断·加工性 | 主要用途 | | | | 公共设施 | 使用位置 | | | | | | |
|---|---|---|---|---|---|---|---|---|---|---|---|---|---|---|---|---|---|---|---|---|---|---|---|---|---|---|---|---|---|---|
| 种　类 | 特　征　和　用　途 | 透光透视性 | 透光不透视性 | 防眩性 | 遮挡太阳辐射 | 隔热性·减轻结露 | 减轻制冷采暖负荷 | 耐冲击性 | 防止破碎性 | 耐穿透性 | 防范性 | 防弹性 | 防火性 | 耐热撞击性 | | 色彩 | 设计 | | 住宅 | 写字楼 | 店铺 | 工厂 | | 屋顶 | 屋顶天窗 | 窗户 | 幕墙 | 出入口 | 护栏 | 建筑立面 |
| 高遮挡性能热反射玻璃 | 主要是在平板玻璃的单侧表面上，用溅射涂膜法涂一层热反射薄膜，用于提高遮挡太阳辐射热性能的玻璃。 | | ◎ | ◎ | ◎ | | ◎ | | | | | | | | | ◎ | | ◎ | | ○ | ○ | ○ | ○ | | | ○ | ○ | | | ○ |
| 双倍强度玻璃 | 这是通过加热淬火而提高了强度的玻璃。强度可达同样厚度浮法平板玻璃的2倍以上。但经过加工的玻璃，不能再作切割加工。 | ○ | | △ | △ | | △ | ○ | | | | | | ○ | | △ | | | | ○ | | ○ | ○ | | | | ○ | | | |
| 钢化玻璃 | 这是经过对浮法玻璃和吸热玻璃进行热处理之后，具有原来强度3～5倍的加工玻璃。即使玻璃破碎也很难成碎片，变成细小颗粒状，不易给人带来重大伤害，所以被广泛用于大楼建筑、学校及住宅等建筑。 | ○ | | △ | △ | | | ○ | | | | | | ○ | | △ | | | ○ | ○ | ○ | ○ | ○ *1 | | | ○ | | ○ | ○ | ○ |
| 压花钢化玻璃 | 这是对压花玻璃进行过钢化处理的玻璃。由于雕刻深度大的图案不能再作钢化加工，所以，作为钢化玻璃使用，仅限于专门制做的玻璃图案（板厚4mm）。 | | ◎ | | | | | △ | | | | | | △ | | | | | ○ | | | ○ | ○ *2 | | | ○ | | ○ | | |
| 夹层玻璃 | 这是用透明而又坚韧的中间膜，把两片平板玻璃粘合在一起的玻璃，耐穿透性好，即使受到强烈的撞击并已破裂，但由于有薄膜连结，玻璃碎片也不会脱落，安全性很好。 | △ | △ | △ | △ | | | ◎ | ◎ | ◎ | ◎ | △ | △ | | ○ | ◎ | | | ○ | ○ | ○ | ○ | ○ | ○ | ○ | ○ | ○ | ○ | ○ | ○ |
| 嵌网夹层玻璃 | 这是在2片玻璃当中，有一片玻璃是使用金属嵌网玻璃的粘合玻璃。 | △ | △ | △ | △ | | | ◎ | ◎ | ◎ | ◎ | △ | △ | | ○ | △ | | | ○ | ○ | ○ | ○ | | ○ | ○ | ○ | | ○ | ○ | |
| 双层玻璃 | 这是以一定的间隔把2片平板玻璃组合起来，然后用金属把玻璃周边密封起来，使两片玻璃之间的空气保持在干燥状态的玻璃。这种玻璃的隔热效果比普通平板玻璃高出2倍以上。 | △ | △ | △ | △ | ◎ | ◎ | △ | △ | △ | ○ | | △ | △ | ○ | △ | △ | | ○ | ○ | ○ | ○ | ○ | | ○ | ○ | ○ | | | |
| 嵌网双层玻璃 | 这是在双层玻璃的2片玻璃当中，有1片玻璃是嵌网玻璃的双层玻璃。这种玻璃防破碎飞散性高，可用于防火门。 | △ | △ | △ | △ | ◎ | ◎ | △ | △ | △ | ○ | | ◎ | ○ | ○ | △ | △ | | ○ | ○ | ○ | ○ | | ○ | ○ | ○ | ○ | | | |
| 真空玻璃 | 这是在2片玻璃之间设有0.2mm的真空层，达到了高隔热性和隔声性能。 | △ | △ | △ | △ | ◎ | ◎ | | | | | △ | | ◎ | △ | | | | ○ | | ○ | ○ | ○ *3 | | ○ | ○ | ○ | | | |

◎特别好 ○好 △根据使用的材料构成，可以补充性能。* 1特别是体育设施。* 2特别是学校、体育设施。* 3医院、弱智儿童抚育机构　根据（「建筑知识」1992，1，日本平板玻璃、主要玻璃样本绘制而成）

## 4. 标准详图(2)

〈屋顶天窗〉

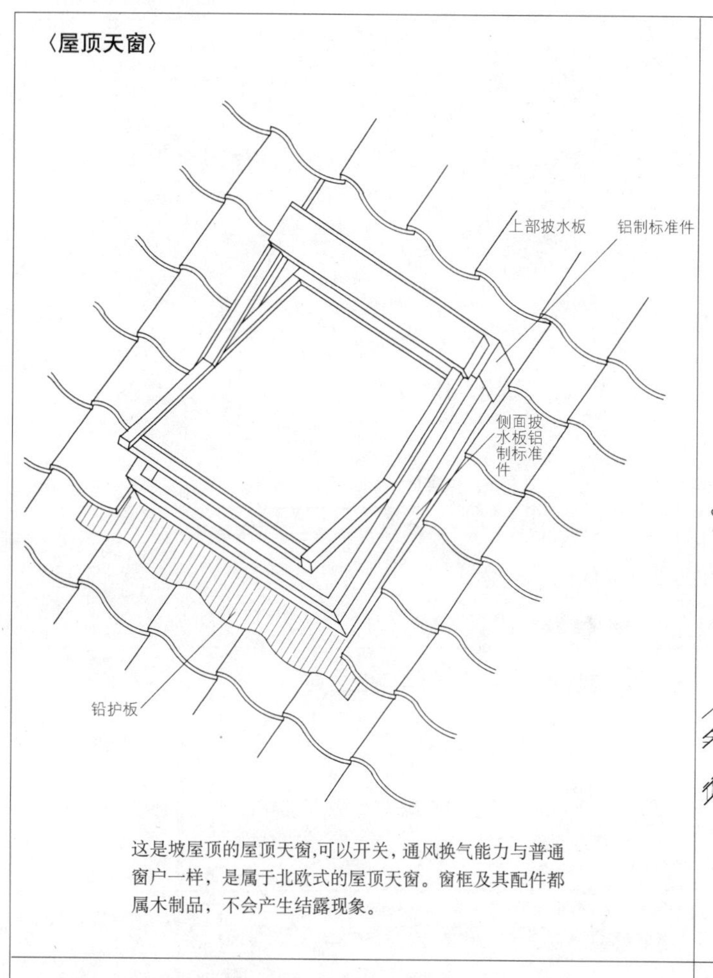


这是坡屋顶的屋顶天窗,可以开关,通风换气能力与普通窗户一样,是属于北欧式的屋顶天窗。窗框及其配件都属木制品,不会产生结露现象。

〈流水方向〉

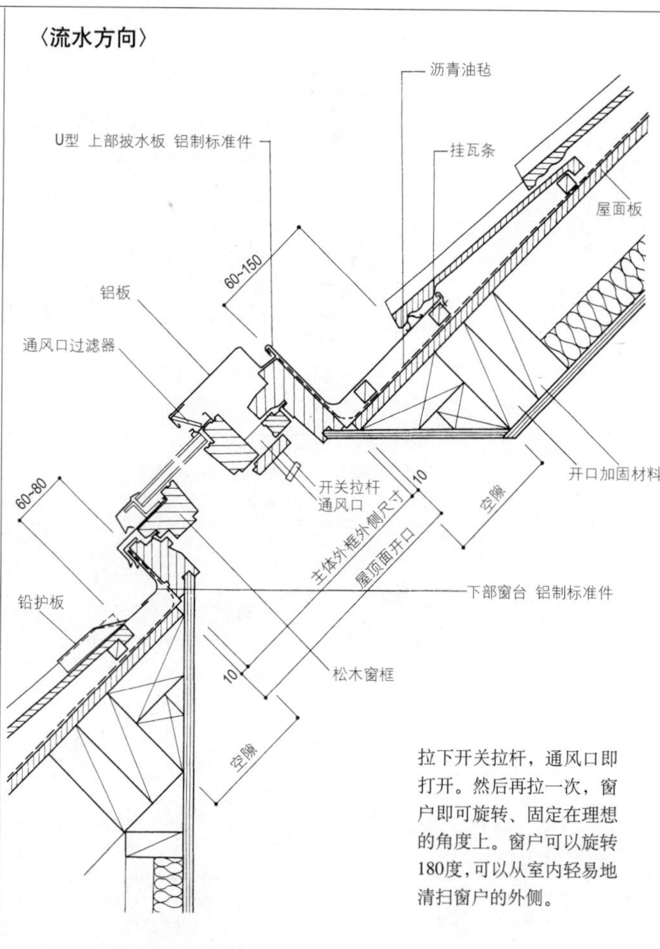


拉下开关拉杆，通风口即打开。然后再拉一次，窗户即可旋转、固定在理想的角度上。窗户可以旋转180度,可以从室内轻易地清扫窗户的外侧。

〈屋顶天窗的承雨线脚〉

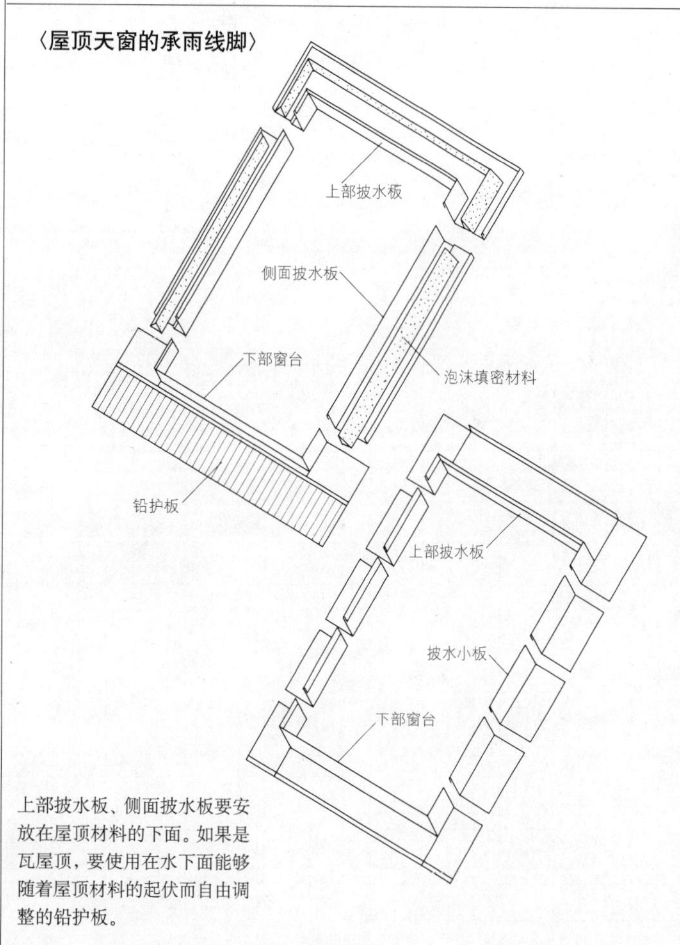


上部披水板、侧面披水板要安放在屋顶材料的下面。如果是瓦屋顶，要使用在水下面能够随着屋顶材料的起伏而自由调整的铅护板。

〈流水与直角方向〉

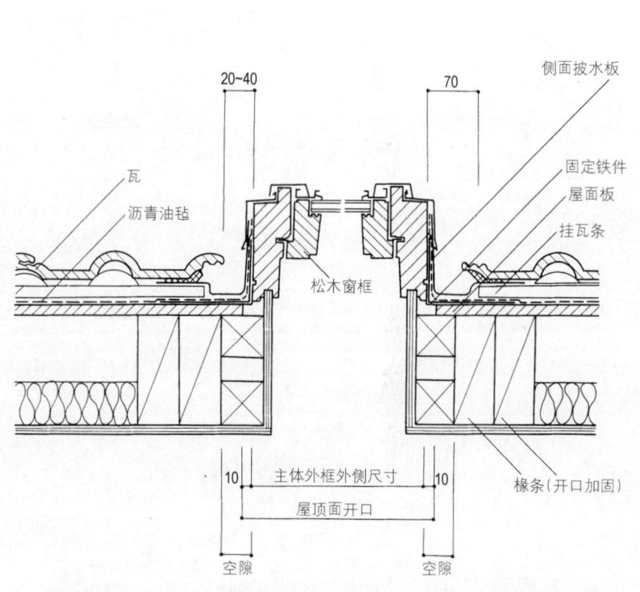


工厂生产的瑞典松木窗框的侧面,有4处用L型铁件固定在基底上。侧面的披水板,用钉子固定在窗框的侧面上，然后用螺钉把承雨脚线固定在窗框顶上，最后安装旋转天窗。施工简单，装饰也很漂亮。

# 中央大厅的玻璃屋顶

## 京都车站大楼／原广司工作室建筑研究所

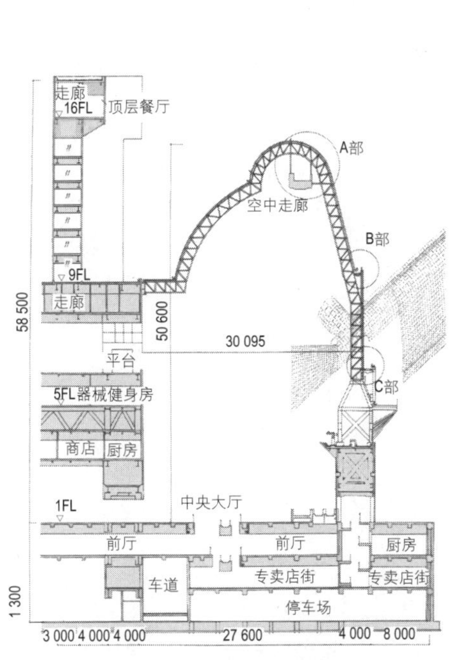


中央大厅截面　1/1 000

车站大厅的玻璃屋顶全长145m，进深30m，高50m，侧面的山墙部分和屋顶的下方，全部呈对外开放式，100mm的方钢管在施工现场刷漆后，构成1 440mm的双层网格状结构，根据不同的部位，调整板的厚度。接缝的地方用铸件进行现场焊接，明显的地方要用砂轮做抛光处理。高架走廊的展望台是从公用空间顶部悬吊下来的悬吊结构，下面有照明灯具和维修时用的吊篮轨道，为了隔声，采用了内衬玻璃棉的冲孔铝板饰面。

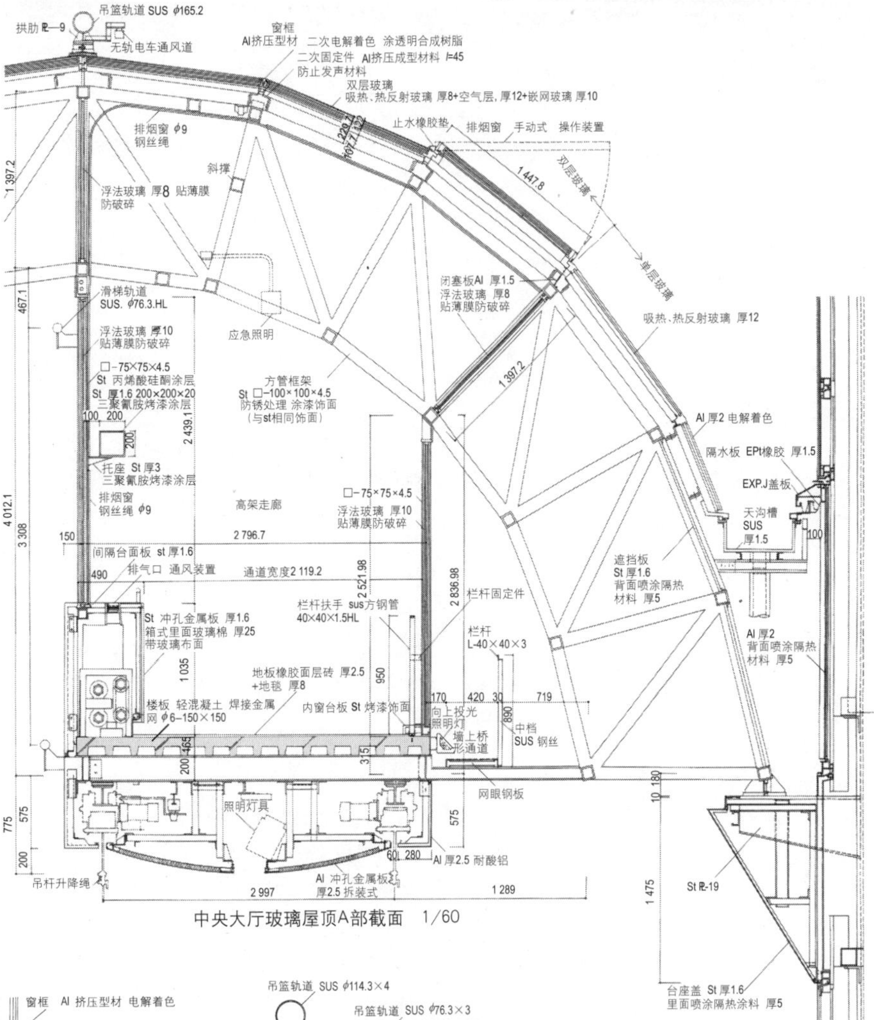

中央大厅玻璃屋顶A部截面　1/60

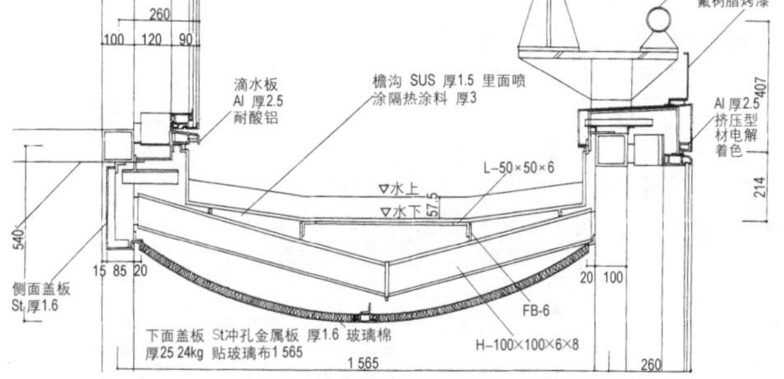

玻璃屋顶C部截面详图　1/30

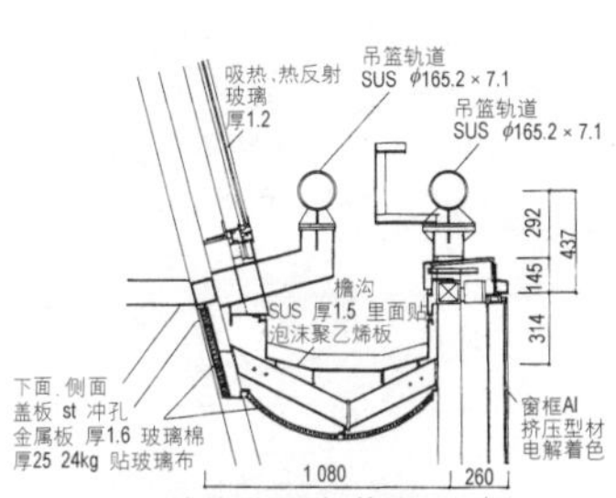

玻璃屋顶B部截面　1/60

# 音乐厅的屋顶天窗

草津音乐之森音乐厅／吉村顺三设计事务所

天窗设置在音乐厅大厅的顶棚顶部，自然光线就象声响反射板一样，从照明灯具的上部天窗射入到室内。从天窗射进来的自然光，通过贴布墙面的银幕作用得到扩散，从而又反射回去照射在顶棚面上。

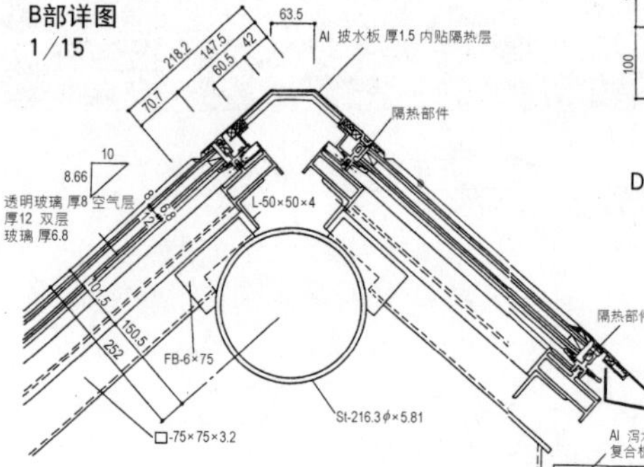

B部详图 1/15

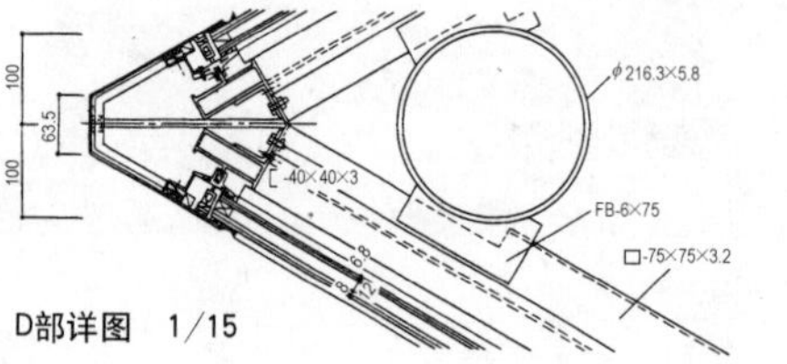

D部详图 1/15

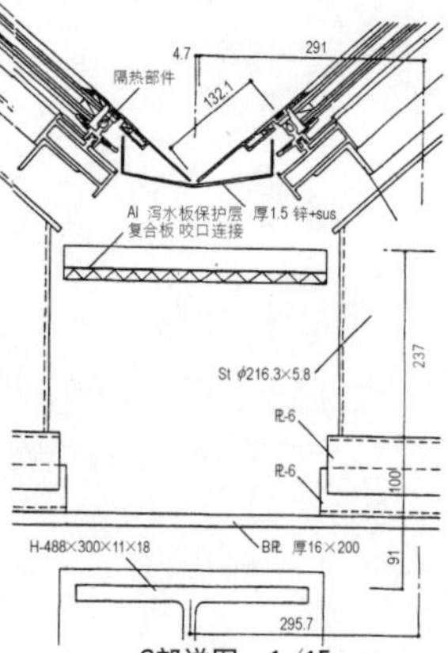

C部详图 1/15

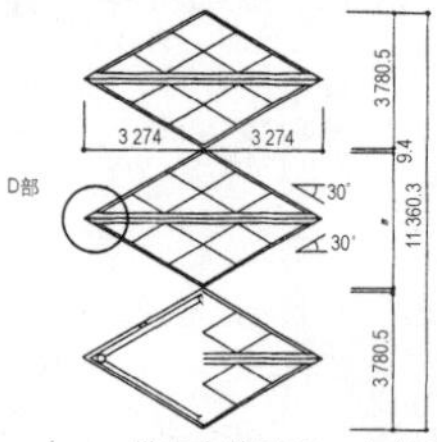

带天窗的屋顶 1/400

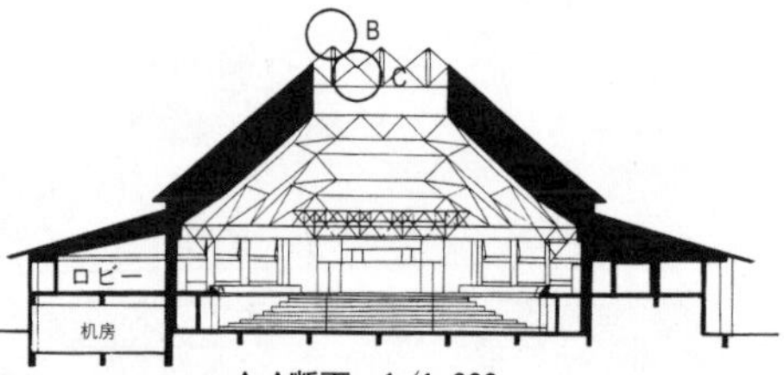

A-A断面 1/1 000

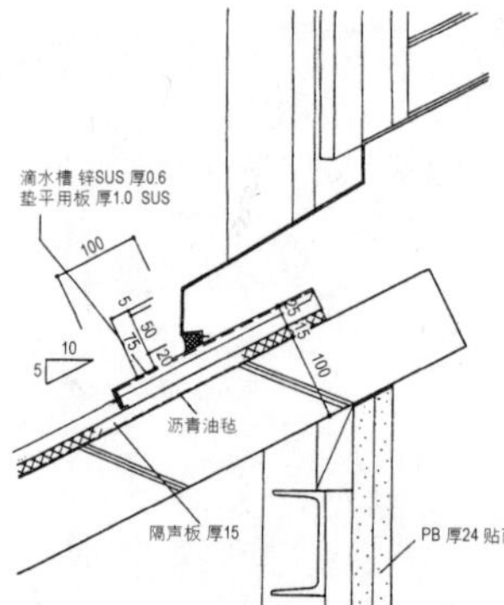

G部详图 1/15

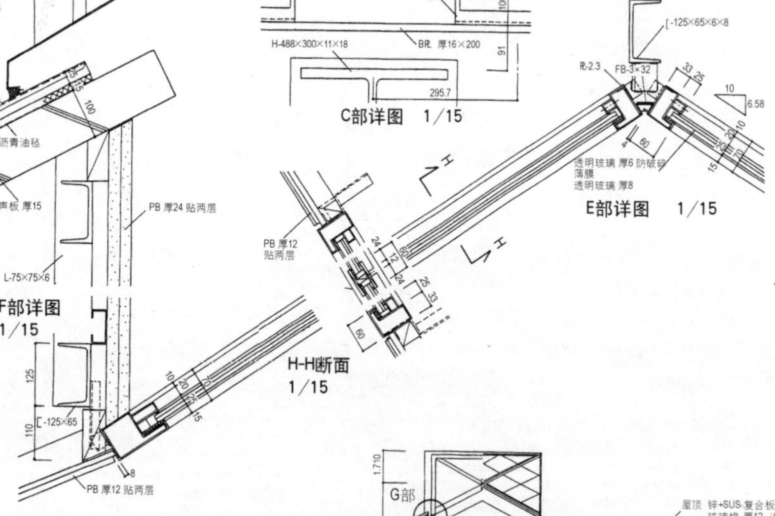

E部详图 1/15

F部详图 1/15

H-H断面 1/15

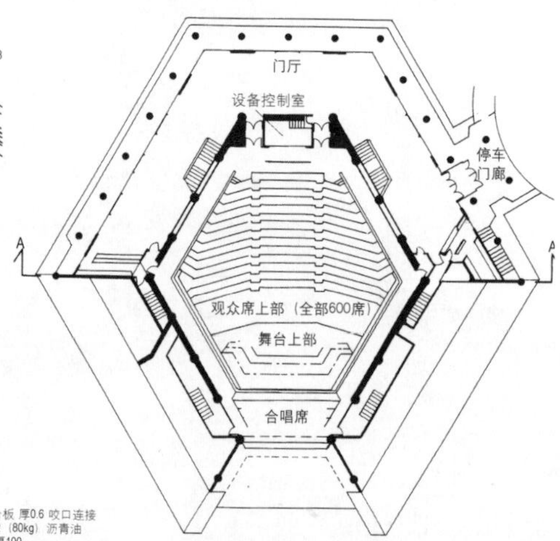

门厅水平面 1/1 000

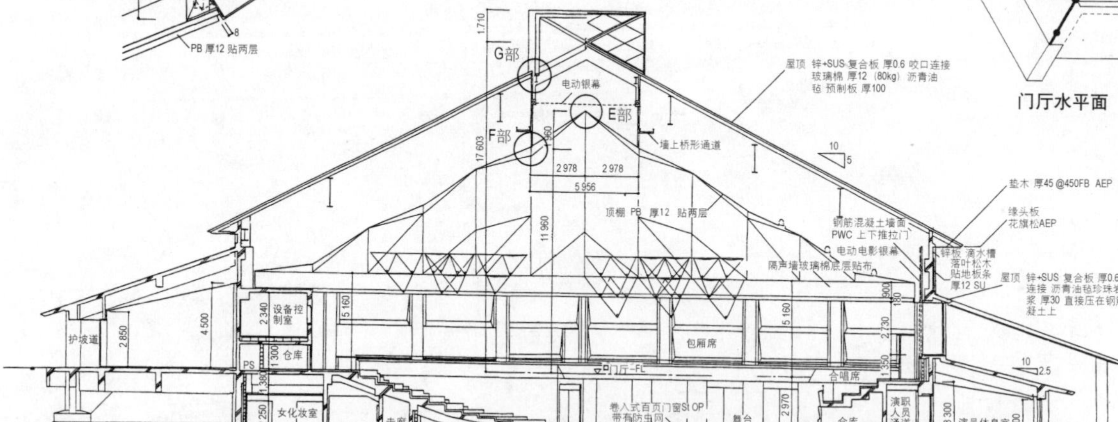

剖面详图 1/400

# 雪花形的屋顶天窗

## 中谷宇吉郎雪之博物馆 / 矶崎新工作室

（摄影：K · K · 佐岳）

这是以雪花结晶体为原型设计的六角锥型屋顶天窗，自下而上观看时，十分漂亮。组合结构的轻型屋顶是由木质层积材料和型钢及不锈钢杆件组合而成。六角形屋顶是连结六根圆木立柱的主要结构，同为六角形的出入口大厅或展示画廊与六角形的屋顶，在造型上浑然构成了一个整体。

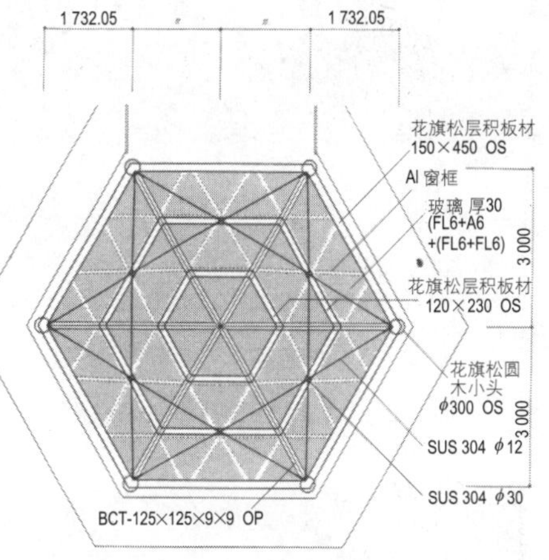


顶棚平面图 1/180

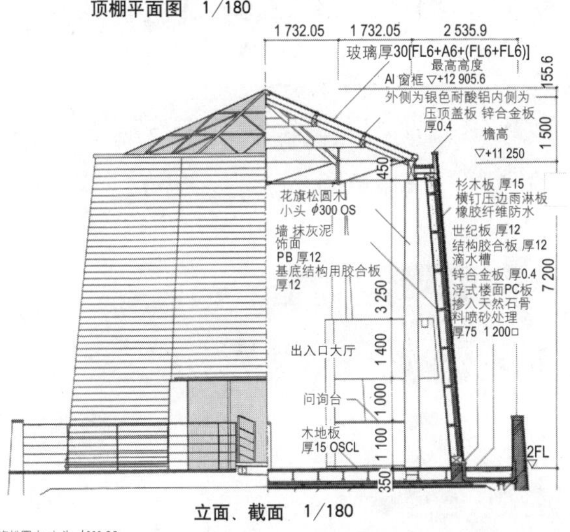


立面、截面 1/180

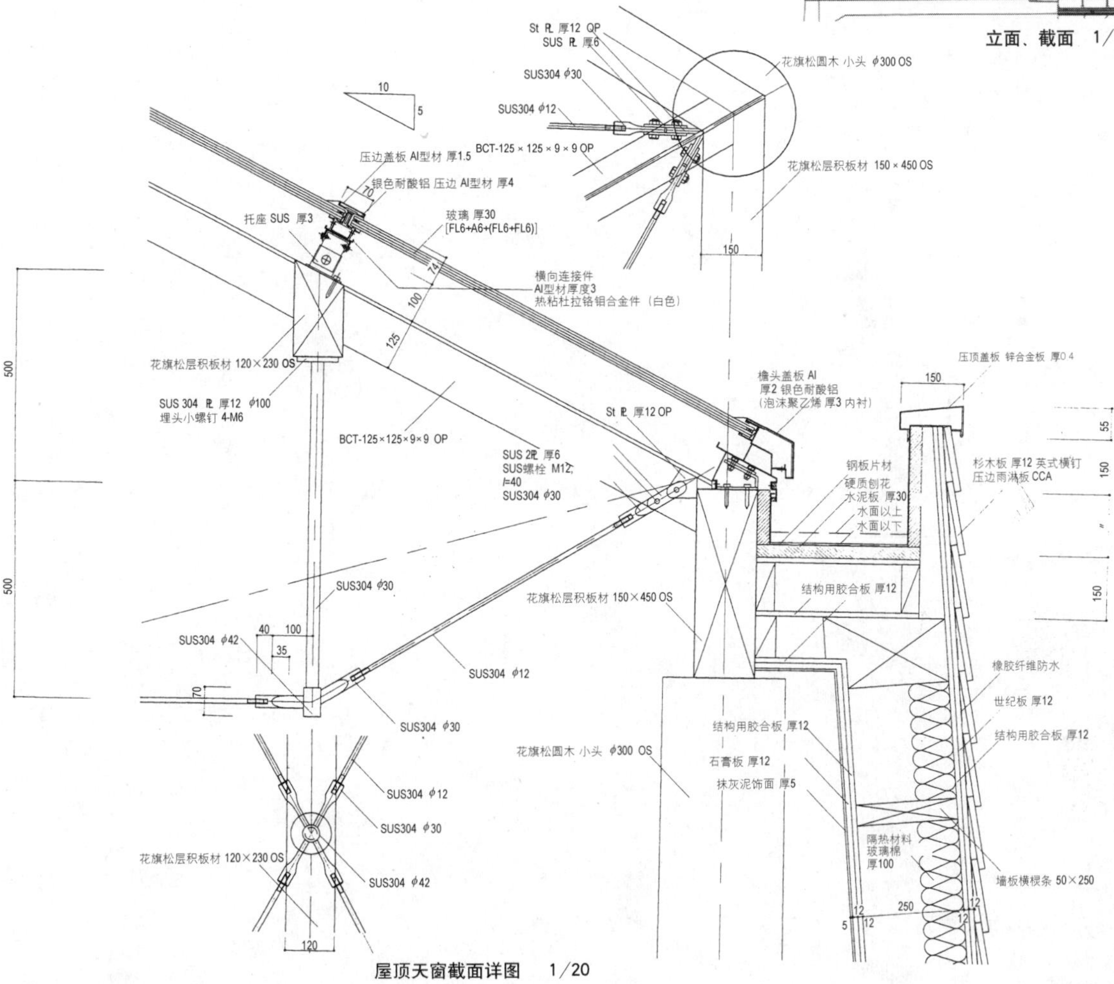

屋顶天窗截面详图 1/20



玻璃屋顶

# 膜结构屋顶

沙漠牧民，也就是贝督印人，是阿拉伯半岛和北非沙漠地区从事游牧生活的阿拉伯人。特定的生活方式和环境令他们创造出了美丽的临时居住结构物，也就是宿营帐篷，和现代的膜结构基本一样。当今建筑界的最大成就，是向高度发起挑战，建造超高层建筑，向有阳光射入的大空间、圆顶结构发起挑战。过去的大空间，主要是由混凝土薄壳结构和悬挂式钢屋盖结构构成。膜结构材料给这两种屋顶结构带来了巨大变化，不仅材料结实，有韧性，而且有良好的耐候性，通过溶敷还可以扩大覆盖面积。重量轻而有透光性的薄膜空间，由气压、钢架、木材等材料支撑而成。新的建筑需求促进了薄膜材料和膜结构的发展。



大馆树海圆屋顶棒球馆／伊东丰雄建筑设计事务所
摄影：和木 通

## 1. 性能

膜结构的历史已经很久远。人类诞生时的最早的置身场所，一定是洞穴或是在堆积的木棍上面覆盖野草或兽皮形成的简陋掩体。即使是在今天，游牧民使用的帐蓬和毡房以及美洲印地安人居住的窝棚等，都是轻而结实、富有柔软性、便于搬运、拆装容易的居住空间。与有坚固的墙壁和在厚重的屋盖下，令人感到窒息的空间相比，这种让人感到自然气息、轻而柔和的自由空间，似乎更加适合游牧民族的性格。

据说现代的膜结构，也和游牧民一样，是从移动拆装方便的马戏表演用的帐蓬开始的。既经济又可以在短时间内创造出巨大空间的膜结构，通过新材料的开发，已经在永久建筑上得到了应用。首先是在1948年，由美国康奈尔大学的沃尔塔·W·巴多建造的雷达天线保护罩的充气结构和1950年福赖·奥德提出的悬索膜结构的理论，以及1957年在《生命》杂志上介绍的沃尔塔·W·巴多的充气膜结构。

这些充气膜结构的实际应用之尝试，是在1970年的大阪万国博览会上。长径达142m的巨大椭圆形美国展馆（建筑设计：L·迪维斯等，结构：D·盖格）是促进室内加压式低型直立式充气建筑之发展的开始；富士集团公司展馆（建筑设计：村田丰，结构：川口卫）采用的是真正管型充气膜结构，只是在管道内部加压，建筑内外无需使用气塞即可得到开放性的空间。

现在膜结构有充气膜结构、框架膜结构和吊挂膜结构，今后通过新材料和新技术的开发，膜结构将会得到进一步的发展。

〈膜结构的性能〉

### ①耐久性

薄膜材料的生产厂家不同，其耐久性亦有差别。但据说凯姆法布公司生产的聚四氟乙烯纤维薄膜，耐用年限可达20年以上。这种材料耐热，耐候，耐化学药剂性以及强度和不燃等综合特性都很好。实验结果证明，耐用年限可达40年以上。

### ②透光性

膜结构使用的材料，主要是四氟化乙烯树脂（特氟隆树脂薄膜），透光率为10%～13%，不产生眩光，可以得到透光性良好的扩散光。使用时的膜结构内部空间十分明亮，白天几乎不需要照明。

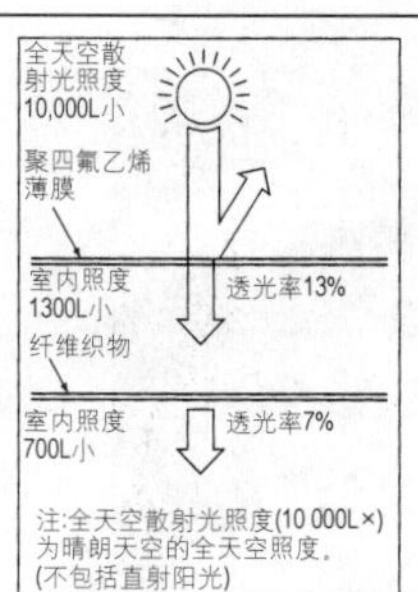

注:全天空散射光照度(10 000L×)为晴朗天空的全天空照度,(不包括直射阳光)

### ③防污性

特氟隆树脂是作为薄膜材料的涂层材料而被开发出来的，最大的特点是有疏水性，非粘结性好。防污性能与不粘锅或炒锅相同，很少产生赃污，下雨降雪后粘染的灰尘污垢或鸟粪等污物，可以刷洗干净，始终保持清洁美丽。

### ④防积雪措施

膜结构屋顶与以往的屋顶材料相比，很少有积雪，由于坡度平缓，雪可以自然滑落。另外，由于总传热系数大，还可以用加热器进行融雪。在多雪地区，除雪费用少，经济实惠。

### ⑤热特性

膜结构材料的太阳光反射率为73%，可以隔断太阳辐射热的3/4，吸热少，很难受到夏天强烈阳光辐射的影响。该材料在－73℃到232℃之间的温度变化当中，不会产生材质变化。

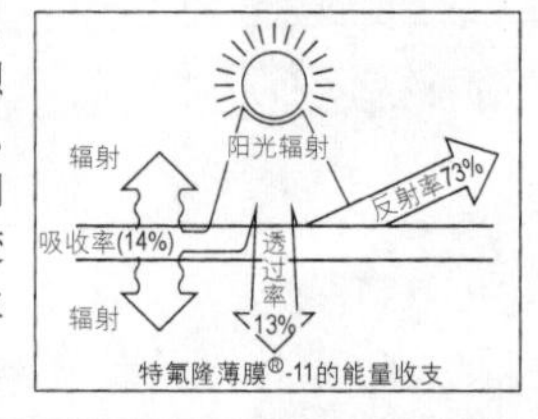

特氟隆薄膜®-11的能量收支

### ⑥不燃性

膜结构材料是由玻璃纤维和特氟隆树脂构成，由于不燃而被认定为不燃材料。另外，（社团法人）日本膜结构协会认定的A种薄膜材料，被认定为建筑标准法的同等不燃材料。

### ⑦隔热性

总传热系数接近于玻璃，夏天为5.5 kcal/m²h℃，冬天为6kcal/m²h℃。如果内外的环境条件超过了一定的数值，就会有可能发生内部结露，所以要通过双层薄膜方式，采取通风换气和空调的措施。

**各种不同结构的空调负荷一览表**

| 屋顶结构规格 | 光学、物理特性 | | | | 设计条件 | 空调负荷(kcal/m²h℃) | | 白天照明设备 | 平价 | |
|---|---|---|---|---|---|---|---|---|---|---|
| | 阳光辐射透过率(%) | 阳光辐射吸收率(%) | 总传热系数(kcal/m²h℃) 夏季 | 冬季 | | 制冷负荷 | 采暖负荷 | | 夏季 | 冬季 |
| 特氟隆®III | 13 | 14 | 5.5 | 6 | 1)室内设定条件<br>夏季：28℃，60%，冬季：18℃，50% | 143 | 124 | 不要 | △ | △ |
| 混凝土(150mm) | 0 | 75 | 3.5 | 3.7 | 2)室外条件<br>夏季：33℃，58%，冬季：0℃，37% | 143 | 72 | 要 | △ | ○ |
| 平板玻璃(8mm) | 75 | 18 | 5.3 | 5.9 | 5)照明负荷 40W/m²<br>6)夜间照明使用时间 4h/天<br>7)使用时间AM 8:00～PM10:00 | 623 | 122 | 不要 | × | △ |

＊根据气象数据，数值多少会有些变化。

### ⑧维护保养

主要是对薄膜和绳索张力的管理，薄膜本身不需要清洁打扫和更换，日常的维护管理极为简便。薄膜为氟树脂涂层，化学稳定性很高，无需维护保养，功能卓越，适合任意气候条件，透光性、疏水性、防污性、抗拉强度等等，均不会有丧失。另外，利用透过的自然光，还可以控制照明和制冷取暖等的光热费用，有利于建筑物的维修管理。

### ⑨声响特性

根据屋顶形状的不同，有时会产生某种程度的回声，但用于体育设施或商业设施时没有关系。在需要提高声响特性时，如果采用双层膜结构，不仅可以使吸声性提高，还可以提高隔热性。

### ⑩经济效果

薄布材料兼负着铺盖屋顶和结构两个方面的作用，不仅重量轻，而且有耐候性，由于材料的透光性好，所以白天室内无需照明，即使是使用复合性新型材料“A类薄膜材料”，在综合性上，依然可以说是经济的。

**不同材料对比表**

| 材料名称 | 价格比 | 特 征 |
|---|---|---|
| 屋面瓦（与屋面板一起）（彩色钢板厚0.4） | 1.0 | 可加工性好，价格低廉 |
| 屋面·瓦（与屋面板一起）（彩色不锈钢板厚0.4） | 1.84 | 高耐候性 |
| 屋面瓦（与屋面板一起）（金属钛板厚0.4） | 4.84 | 重量轻、强度高，耐腐蚀性强 |
| 玻璃（与铝窗框一起）（嵌网玻璃厚6.8） | 8.65 | 高耐候性，高透光性 |
| 聚碳酸酯（与铝窗框一起厚6.0） | 8.74 | 高强度，曲面加工容易，高透光性 |
| 薄膜材料A种（厚0.8） | 3.37 | 高耐候性，防污性，可自由地做大跨度设计，高透光性 |

（太阳帐蓬施工科）

### ⑪施工适应性

不仅容易加工成巨大的布屋面，而且在固定薄膜材料的地方，只要有作业用的脚手架（有高空作业车也可以）就可以施工，从而可以降低临时费用。另外，薄膜的固定安装是把薄膜周围的固定部分固定在夹紧底板上盖起来即可，与以往的屋顶施工方法相比，可以大幅度地缩短工期。

### ⑫造形设计随意性

薄膜材料的特点是有透光性、重量轻而且柔软，这是其他材料无法比拟的，所以，建筑造形可以自由设计。尤其是造形设计和结构设计的协调，创造出了前所未有的新的空间。

## 2. 部件与构成

**结构形式**

①充气膜结构：这是用空气压力支撑起薄膜材料的屋顶，形成圆顶形的结构物，可以制造出没有柱子、没有梁的巨大的空间。

②框架膜结构：这是以各种各样的不同形状，把薄膜材料组装在桁架等框架上的结构物，开口部位容易处理，通风和人员等的进出容易。

③吊挂膜结构：这是通过钢结构、钢筋混凝土结构等的框架和薄膜材料、钢缆的组合，可以制造出自由曲面的结构。能够创造出具有紧张感的造形。

**薄膜材料的构成**

自从施行《特定膜结构建筑技术标准》以来，就把过去称之为涂层织物、加筋薄膜、帆布、橡胶薄膜、油布、亚麻布、苫布等用在建筑物上的材料，统称为《薄膜材料》。所谓薄膜材料，就是在玻璃纤维或合成树脂纤维织物上涂抹一层塑料或橡胶的复合材料。纤维织物主要负担薄膜材料的力学特性（抗拉强度、延伸性能、拉裂强度、耐弯曲性、耐热性、防火性等）。表面涂层材料主要分担薄膜材料的耐候性、耐摩耗性、防污性、着色、接合加工性、耐热性等。每卷薄膜材料的长度为50～200m，由薄膜材料厂家负责发货。

纤维织物一般使用平织织物，在经纱和纬纱的交叉点上会产生纤维弯曲。这种弯曲会影响纤维织物的力学特性。织物有平织、斜纹织和缎纹织物等三种。平织又有变形的平织，例如柳条编织、棱形织等，但很少使用。这是有待今后逐步开发的材料。

**〈薄膜材料和施工程序〉**

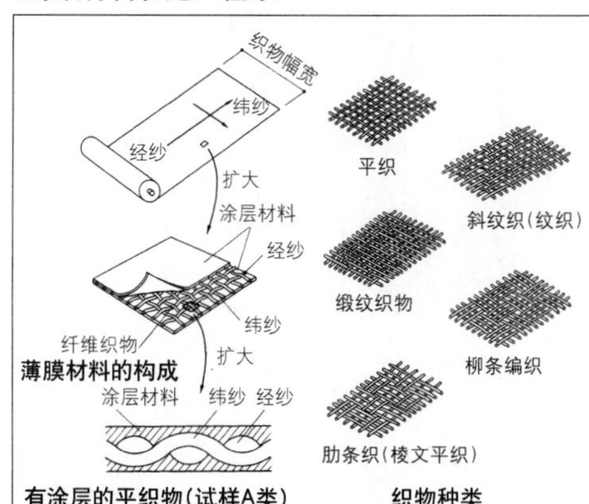


**有涂层的平织物(试样A类)截面模式图**

**织物种类**

**薄膜作业工序(框架膜结构例)**

1) 薄膜的搬运及施工准备
※长大薄膜用拖车搬运
※铺装养护橡胶
※配有工卡模具

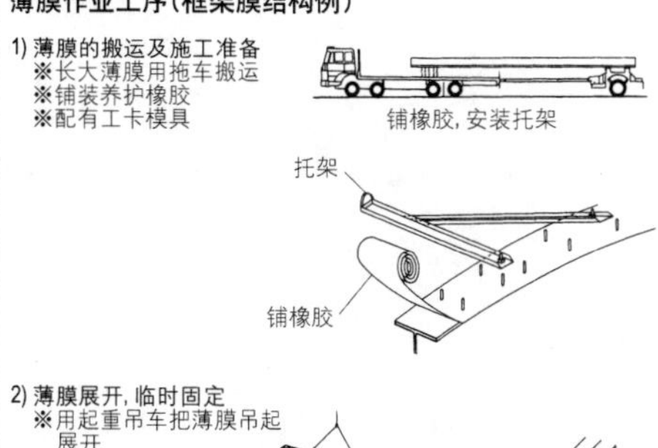


2) 薄膜展开，临时固定
※用起重吊车把薄膜吊起展开
※在展开薄膜的同时，做临时固定

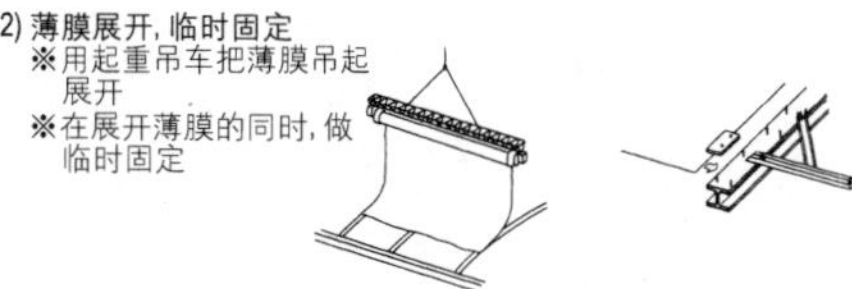

3) 铺装薄膜
※用工卡模具拉引铺平薄膜

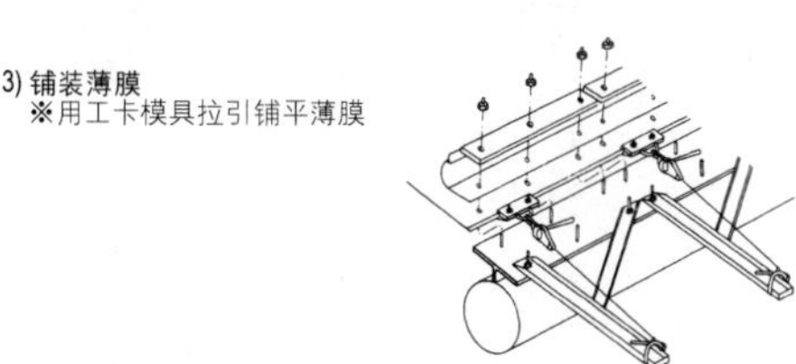

4) 泻水坡度、检查
※用橡胶片覆盖薄膜的固定部位
※检查螺栓扭矩
※测定薄膜张力
※用肉眼做全面检查

**薄膜材料的种类**

用于膜结构建筑的薄膜材料，按照《特定膜结构建筑技术标准》要符合下面的a～c的规定，并可分为1.～3.的三种薄膜。

a.纤维织物的重量为150g/m$^2$以上。

b.涂层材料的重量为400～1100g/m$^2$。

c.薄膜材料的厚度为0.5mm以上。

①A种薄膜材料：这是在玻璃纤维织物上涂抹以四氟化乙烯为主要成分的树脂(仅限于四氟化乙烯树脂的含有量在90%以上的树脂)之后形成的薄膜材料。

②B种薄膜材料：这是在玻璃纤维织物上涂抹聚氯乙烯树脂、氯丁二烯橡胶、氯磺化聚乙烯橡胶或其他与这些涂层材料类似的涂料之后形成的薄膜材料(包括在表面上粘接了氟树脂薄膜的薄膜材料)，这是经过难燃处理的薄膜材料。

③C种薄膜材料：这是在聚酰胺类、聚酯类、聚乙烯醇类纤维织物上涂抹聚氯乙烯树脂、氯丁二烯橡胶、氯磺化聚乙烯橡胶或其他与这些涂层材料类似的涂料之后形成的薄膜材料(包括在表面上粘接了氟树脂薄膜的薄膜材料)，但要符合日本工业标准JIS A 1322（建筑用薄膜织物材料的难燃试验方法）中规定的防燃2级试验合格品。

**薄膜材料的接合**

①缝纫机缝合：薄膜材料被针缝合扎伤之后，不仅会降低薄膜的接合效果，同时还会降低薄膜的耐水性。缝纫机的缝制要在强度和耐水性上都没有问题的薄膜上使用。

②高频熔敷：这是用高频电功率加热物质的一种方法。由于这种加热不会损伤内侧的织线，只是使外侧的涂层树脂发热而粘合在一起，所以，操作要求非常严格，必须在狭小的范围内达到接合条件（频率、接合时间等）。

③热风熔敷：这是先把打算接合起来的薄膜材料的边端重合起来，然后往两层薄膜之间吹入高温热风，同时用压接轧滚滚动加压使之熔接起来的方法。

④热板熔敷：这是为了在熔融温度高的A种薄膜材料上使用而开发出来的熔敷方法，熔敷机可以移动，可以高效率地进行薄膜材料的接合作业。

⑤粘接剂：粘接剂主要在橡胶类覆盖材料上使用，如果覆盖材料是属于塑料性质，会降低覆盖材料的接合强度，所以只能在简单的修补作业中使用。

**薄膜材料的剪裁**

不作剪裁加工的薄膜材料，在铺盖施工中会增加浪费扔掉的部分，对工程造价和工程设计影响很大。所以，薄膜材料要剪裁成接近于正方形使用，面积越大越好，这样可以降低每个单位面积的铺装施工费用。

**现行薄膜材料的种类**

| 薄膜类别 | 织物 | 覆盖材料 | 表面处理 | 用途 |
|---|---|---|---|---|
| A | 玻璃 | PTFE | FEP | 永久膜结构 |
| B | 玻璃 | PVC | 丙烯酸酯涂层 | 一般膜结构 |
|  | 玻璃 | PVDF-FR | — | 永久膜结构 |
|  | 玻璃 | SI | — | 透明（在日本无工程实例） |
| C | PET | PVC | 丙烯酸酯涂层 | 一般膜结构 |
|  | PET | PVC | PVF 薄膜叠层 | 游泳池屋顶（四季常夏） |
|  | PET | PVC | PVDF 薄膜叠层 | 卡车篷 |
|  | PET | PVDR-FR |  | 永久膜结构 |
|  | PET | NP-PVC |  | 一般膜结构 |
| 标准 | PET | PVC | — | 帐篷、仓库 |

（太阳工业）

**开发中的薄膜材料**

| 薄膜类别 | 织物 | 覆盖材料 | 组合材料 | 目的 |
|---|---|---|---|---|
| A | 玻璃 | PTFE | 玻璃纤维板 * | 透光隔热性 |
|  | 玻璃 | PTFE | 附加质量 * | 透光隔声性 |
| B | 玻璃 | FEP | — | 高透光性薄膜材料 |
|  | 玻璃 | ETFE | — | 高透光性薄膜材料 |
|  | 玻璃 | PVC-FR | 空气隙 * | 透光隔热性 |
| C | PET | TPO | — | PCV 替代品 |

* 可以在其他种类的材料上应用。（太阳工业）

# 充气支撑的巨大空间

**东京圆屋顶球场/日建设计竹中工务店**

东京圆屋顶室内棒球场是日本最早的大型充气结构建筑，可容纳5万观众，是一个多功能的大型室内运动场。

运动场的主要用途是举办棒球比赛，场地的两翼100m，中心122m，从赛场到屋顶的高度为61.69m。

屋顶呈超椭圆形，水平投影面积为28 592m²，在双向配置的加强钢索之间，用玻璃纤维布做成225块双层薄膜板构成屋顶，玻璃纤维布表面有特氟隆®涂层。这种薄膜材料透光性好，白天没有人工照明也能够确保充足的亮度。通过鼓风机的送风，支撑起室内棒球场的巨大空间，鼓风机设置在棒球场建筑的最上层，室内气压比室外气压高0.3%，利用室内外的压力差保持屋顶的形状。

（摄影：SS东北）

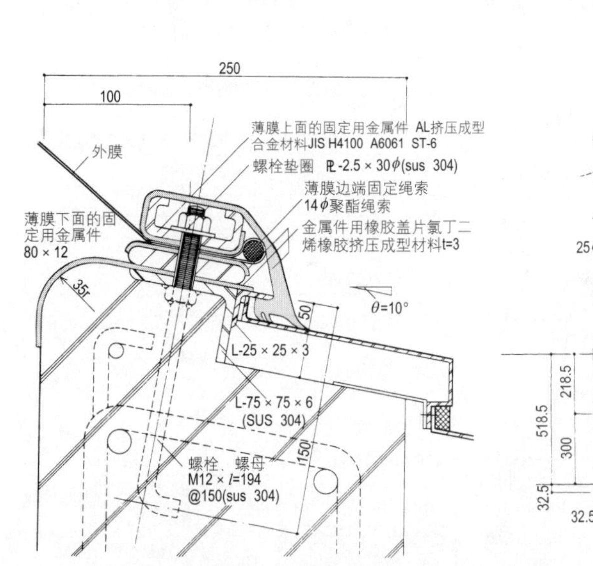


压缩密封环部分的薄膜边端详图 1/5

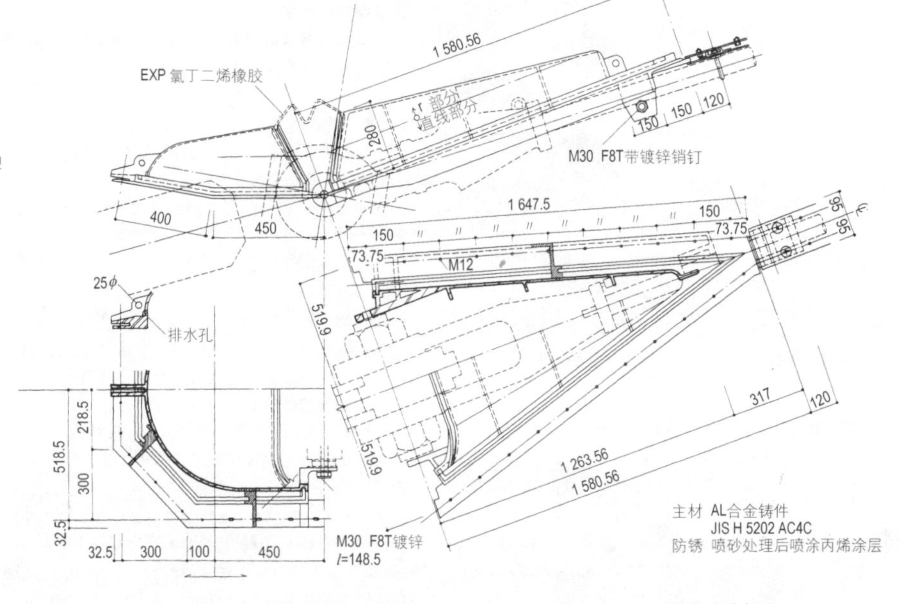


（钢索端头部分）
空气净化器详图 1/30

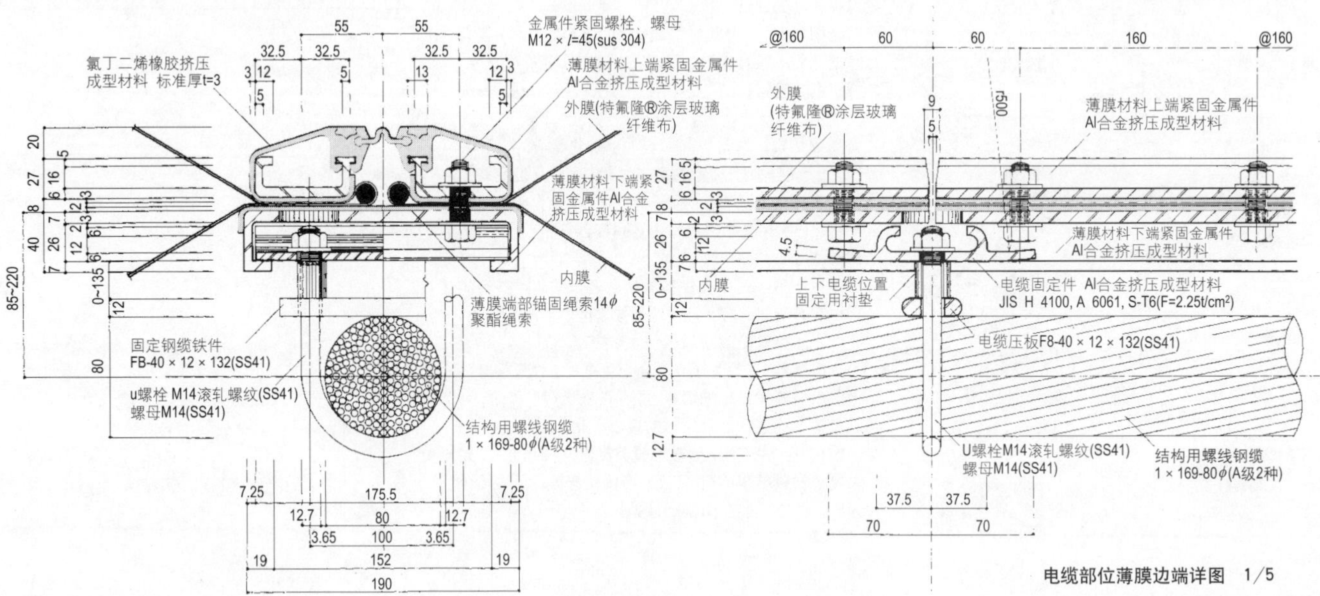


电缆部位薄膜边端详图 1/5

# 能让积雪自然滑落的薄膜屋顶

## 岩濑体育公园圆顶运动馆/阿尔赛特建筑研究所+富山县建筑设计管理共同体

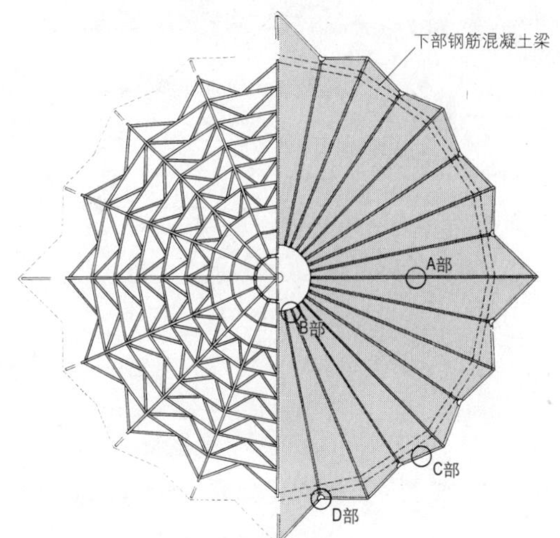


屋架、屋顶平面图 1/1 000

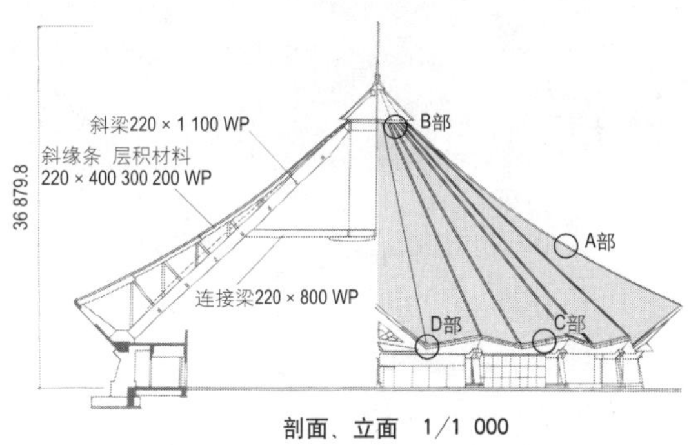


剖面、立面 1/1 000

在半径31.8m、有16个角锥的木结构框架上，以40°以上的坡度铺设特氟隆涂层的薄膜材料，目的是让积雪能够自然滑落，减轻薄膜屋顶的荷载。框架已用16根大截面的斜梁支撑着，折板屋顶铺设在斜梁之间的木结构桁架上，作为结构材料，其实要让薄膜材料具有一定的垂度，然后用折板沟底的钢索把薄膜垂度部分压住，为了防止薄膜被风吹起，钢索要始终把张力压在薄膜表面上。提高4处入口的木结构桁架高度，使建筑物的整体轮廓显得柔和宽阔。

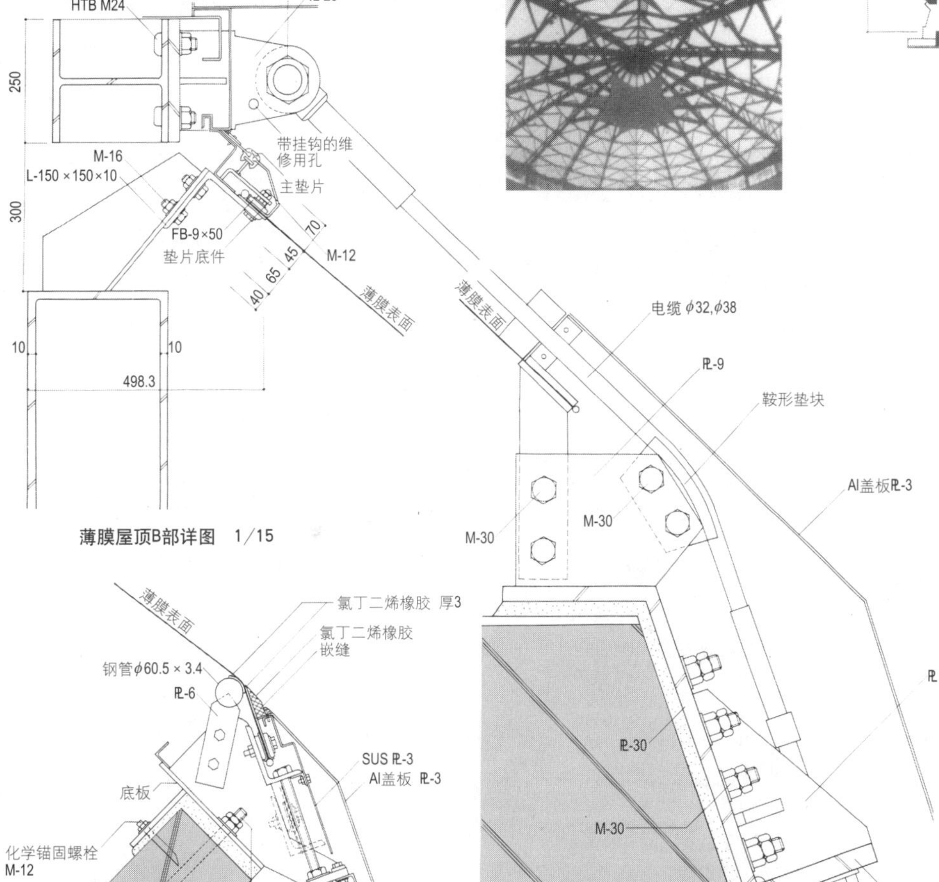


薄膜屋顶B部详图 1/15

薄膜下端一般部位C部详图 1/15

薄膜下端排水沟槽部位D部详图 1/15

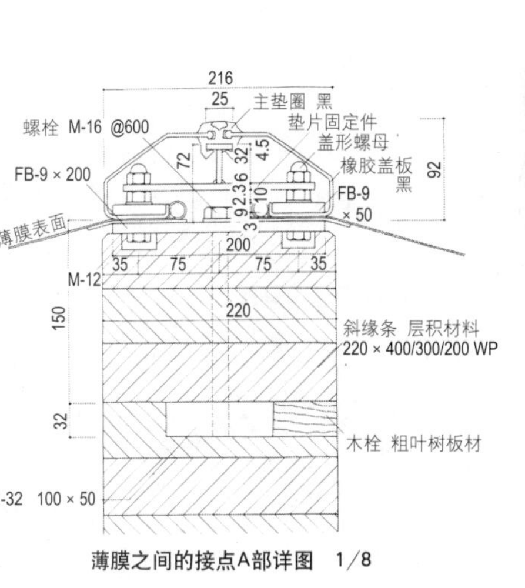


薄膜之间的接点A部详图 1/8

# 屋檐漂浮的屋顶

## 早稻田大学游泳馆 / 池原义郎·建筑设计事务所

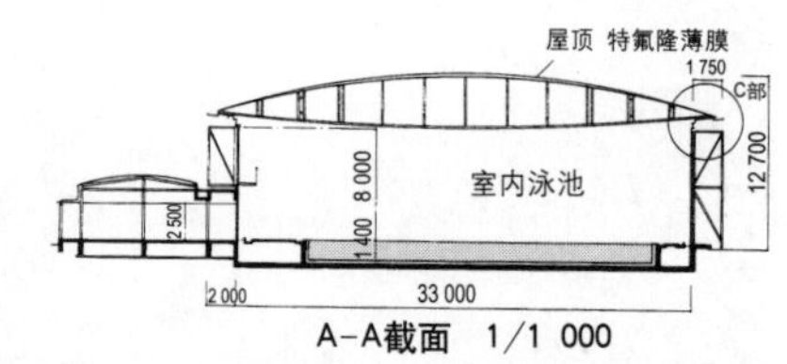

A–A截面 1/1 000

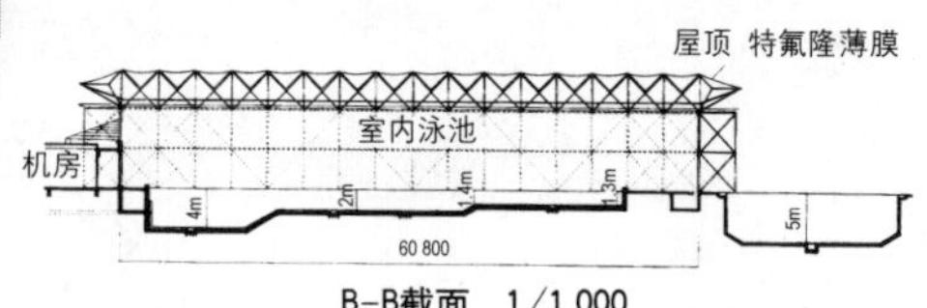

B–B截面 1/1 000

由钢管桁架构成的机翼状轻型屋顶，静静地坐落在同样用钢管框架组装成的轻快箱体上。拐角处的墙体呈倾斜开放式，至使厚重的体育设施凸现出了明亮轻快的感觉。为了使屋顶就象漂浮在空中一样，关键是屋顶支撑点的位置和形状，从细部来说，檐头又是重点要害部位。

最近，在膜结构的檐头收边处理上，已经达到了十分熟练的边缘处理水平。

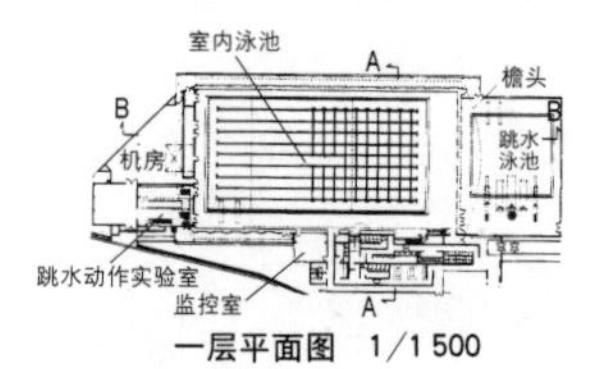

一层平面图 1/1 500

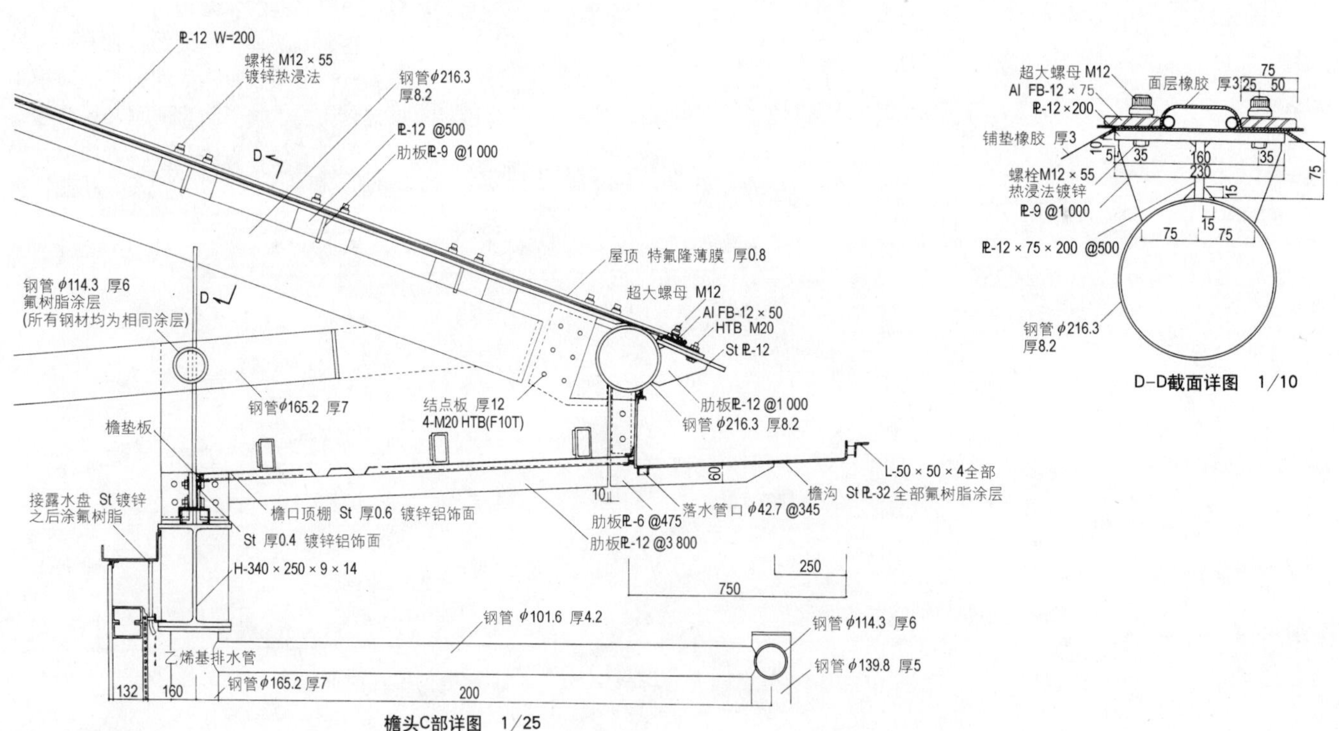

檐头C部详图 1/25

D–D截面详图 1/10

# 适于一般风向的“卵形圆屋顶”

## 大馆树海圆屋顶棒球馆 / 伊东丰雄建筑设计事务所·竹中工务店

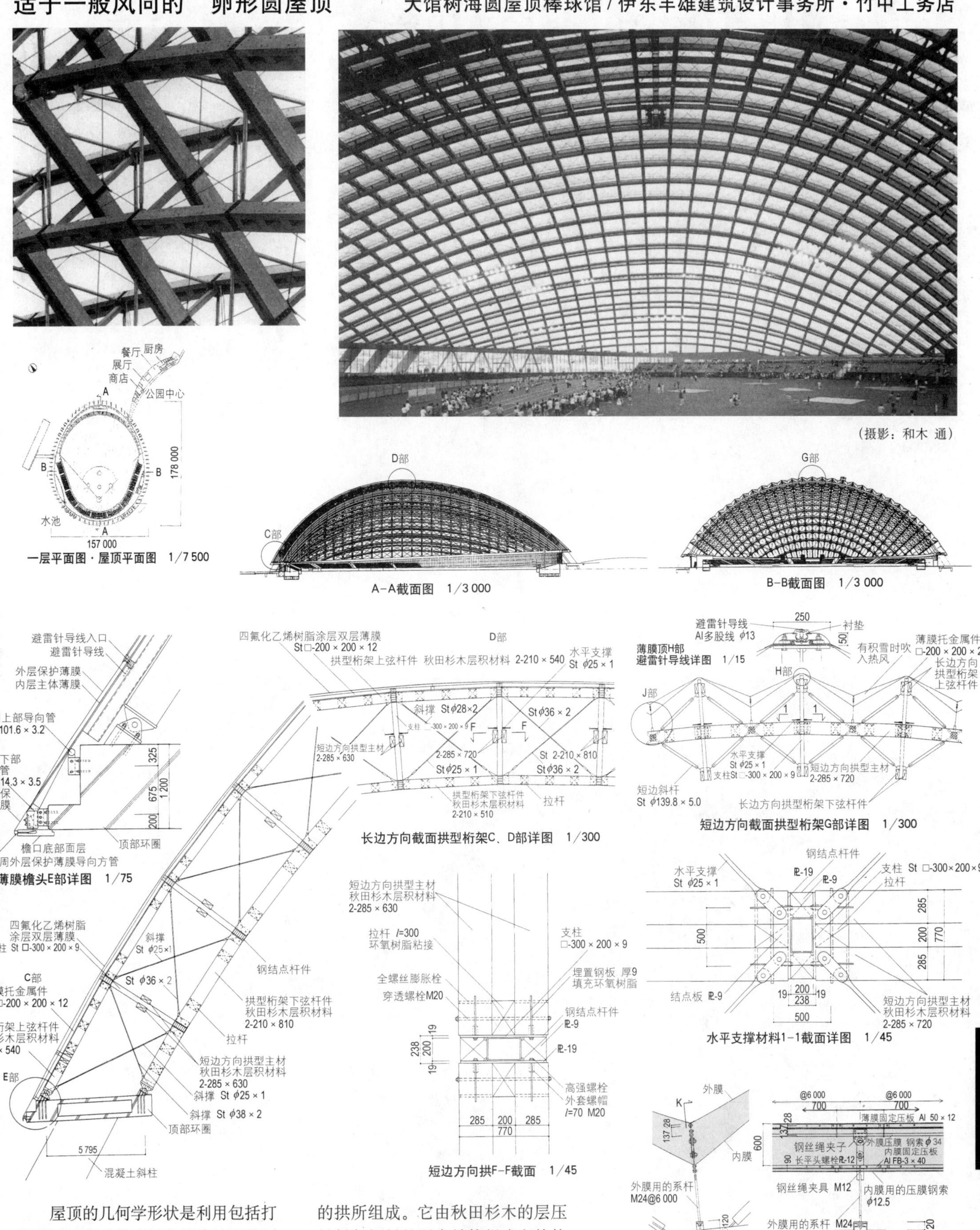


一层平面图·屋顶平面图 1/7 500

A-A截面图 1/3 000

B-B截面图 1/3 000

薄膜檐头E部详图 1/75

长边方向截面拱型桁架C、D部详图 1/300

薄膜顶H部避雷针导线详图 1/15

短边方向截面拱型桁架G部详图 1/300

水平支撑材料1-1截面详图 1/45

短边方向拱F-F截面 1/45

J部详图 1/75

薄膜屋顶排水沟K-K截面 1/75

屋顶的几何学形状是利用包括打棒球时的击球轨迹的曲线旋转所得到的曲面来决定的，平面上长方向直径为178m，短方向直径157m的卵形，覆盖这么大面积的屋顶的结构是由在长轴及短轴二个方向上布设的格子状的拱所组成。它由秋田杉木的层压材料与钢材的混合结构组成立体构架，内、外膜的各自厚度为0.8mm，0.35mm的四氟化乙烯树脂涂层的玻璃纤维布组成整体双层膜结构。

# 平屋顶·绿化屋顶

20世纪，的确是一个物质极大丰富的时代，但这些物质丰富的代价也很大。尤其是环境污染，不仅危及着人类的生存，同时还使地球陷入了危机状态。

在这种情况下，绿化屋顶呈现出了人与城市、城市与自然的应有状态，这是最简单的屋顶表现之一。

另外，平屋顶与铺盖屋顶材料的概念不同，只要具有覆盖和保护内部空间的功能，就是屋顶。平面的屋顶可以建造屋顶花园、停车场、运动设施等，可以说这是赋予建筑的新的功能。



电通生协八岳原木房屋／日本综合建筑事务所

摄影：和木 通

## 1. 平屋顶

平屋顶上使用的铺屋顶材料，在概念上与坡屋顶用的铺屋顶材料不同。从建筑立面来说，坡屋顶的铺屋顶材料在建筑外观上起着重要的作用，所以，坡屋顶的屋面材料不仅有遮挡风雨的功能，同时在建筑美观上也起到了重要的作用。与坡屋顶相比，平屋顶的屋面材料没有美化建筑外观的作用，只有蓄存和排泄雨水的用处。蓄存雨水的要求是屋面要有完全的防水性和排泄雨水的能力，并且要有适应人在平屋顶上行走和植树、运动和有停车空间的性能。

平屋顶的防水材料、防水施工方法、材料的防水性能等示于下页表中，但没有完美的标准做法，对新材料、新施工方法的研究开发，今后将会越发激烈。可以说，现阶段使用的不锈钢和钛的接缝焊接方法（参见金属屋顶）和热塑性聚烯烃片材、片材防水防火屋顶施工法、隔热涂膜防水施工法等，就是新材料、新施工法。在施工方面，有用沥青材料做成改性沥青片材之后进行机械化施工的方法和聚氨酯喷涂施工方法。今后还将会从超耐久性和环境问题、循环使用等方面，开发出新的施工方法和新的材料。

美国巴比伦屋顶花园 (Berrall. Julia S, *The Garden*, The Viking Press, New York, 1966)

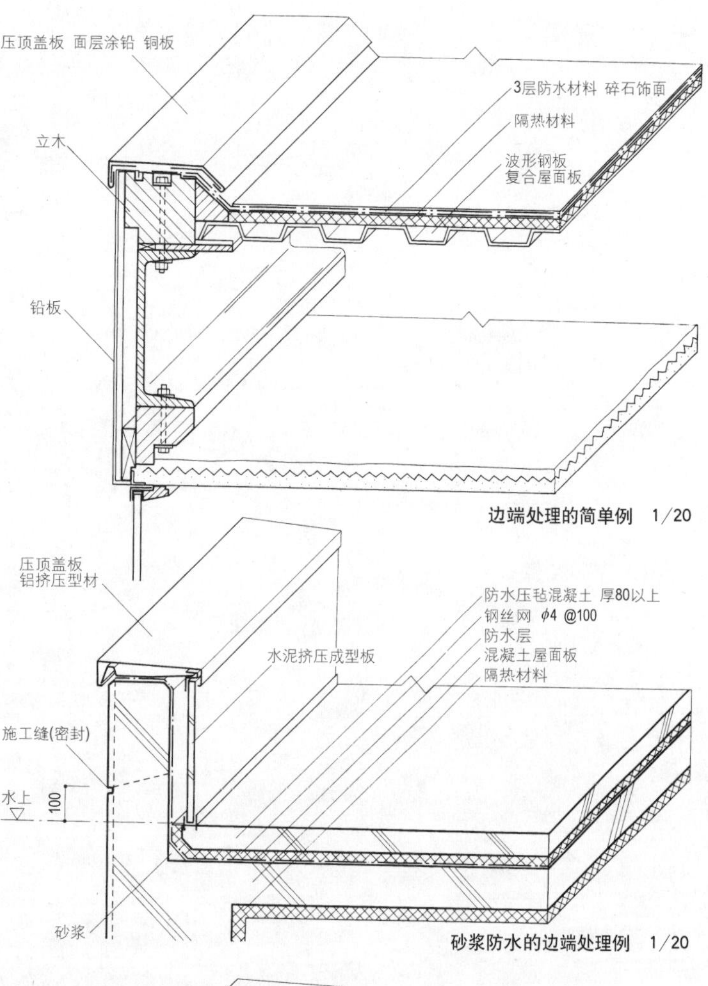


平屋顶的防水处理有很多种方法，下面仅介绍三种极为一般的防水方法。

首先是在一般的三层沥青防水材料上铺垫砂砾的平屋顶。这种屋顶的屋面不能供人行走。防水层上可以设置排气孔。屋顶坡度为1/50～1/100左右。

第二种是供人行走的一般沥青防水屋面。为防止屋面产生热膨胀，防水压毡混凝土层上设有伸缩缝。使用炉渣混凝土时，每2～3m×2～3m设一道15mm宽的伸缩缝；使用炉渣釉面砖等贴铺材料时，每6m×6m～10m×10m设一道宽20～30mm的接缝。屋面排水坡度由防水压毡混凝土决定。墙壁的边端处理，采用防水压毡砖的方法。但这种方法现在已经被简化了。

供人轻步行走用的防水屋面和非供人行走用的防水屋面。这种屋面的收边处理简单，可以快速施工，修补容易，所以得到了广泛的应用。缺点是易受损伤、怕受撞击，会产生膨胀。防水层需要有排气孔，防水的精度和性能取决于防水层的基底处理好坏，所以，施工时一定要注意。

| 分类 | | | 施工方法的特征 | 用途·基底 | 优点 | 缺点 |
|---|---|---|---|---|---|---|
| 沥青防水 | 热法施工方法 | 概要 | ·最底下的一层使用有拉伸特性的沥青油毡，贴铺油毡用的沥青有3～4种，要使用防水工程用的沥青<br>·使用1层改性沥青油毡，可使防水层从3层减少到2层，这是一种省工省力的施工方法 | 一般性屋顶 | ·连续的厚防水层，可靠性高<br>·施工上的不均匀现象很少 | ·施工时出现烟和臭味<br>·作业费时<br>·熟练工老龄化 |
| | | 粘合法 | ·先在基底上涂沫底层胶粘剂，然后三油两毡或五油四毡作防水层。原则上，在防水层的面层上要有保护层 | 有覆盖层的一般屋顶 | | |
| | | 绝缘法 | ·最下层使用有孔沥青油毡重叠贴铺的施工方法，主要用于露明防水的施工 | 露明防水 | | |
| | 常温施工法 | | ·用胶结粘合的方法，把拉伸型的防水片材粘贴在基底上的施工方法 | | ·无烟害无臭味<br>·有作业安全性 | ·在低温下要注意粘接力不够 |
| 改性沥青防水 | 喷灯施工法 | | ·这是用液化石油气喷灯把改性沥青片材的粘接面加热熔化之后贴铺在基底上的施工方法。虽然最好是把片材重叠起来贴铺2层，但一般都是采用铺一层的方法 | 一般屋顶改建工程 | ·烟害、臭味少<br>·比热法施工有作业安全性<br>·工期短 | ·略显造价昂贵 |
| | 常温施工法 | | ·这是用带有自粘胶（粘接层）的防水片材，一边剥离自粘胶上的离型纸，一边把片材压贴在基底上的施工方法 | 一般屋顶改建工程 | ·不是熟练工也能施工<br>·工期短 | ·在基底粘接性上略有难点 |
| | 热法施工方法 | | ·这是把改性沥青加热熔化之后，把改性沥青片材重叠粘贴2层的施工方法 | 耐久性的一般屋顶 | ·耐久性好<br>·施工上的不均匀现象很少 | ·略显造价昂贵 |
| 片材防水 | 概要 | | ·在基底上涂抹底层涂料之后，再用胶粘剂把防水片材粘贴在基底上的施工方法<br>·机械地部分固定在基底上的施工方法<br>·原则上是单层粘贴，属于露明防水施工法 | | ·工期短 | ·对于粘接剂的熔剂要注意安全卫生<br>·不利于对复杂的形状进行施工 |
| | 硫化橡胶类 | | ·把丁基橡胶和EPDM（乙烯·丙烯·焦油聚合物）混合硫化之后的片材<br>·防水片材之间的接缝部分和边端部分用胶粘剂和定形密封胶带粘贴密封的施工方法，边端部分还要用金属件固定起来 | 露明非步行屋顶 | ·抗基底龟裂性强<br>·耐候性好<br>·耐化学药剂性好 | ·在粘接性上略有不足<br>·耐油性差 |
| | 非硫化橡胶类 | | ·把丁基橡胶和EPDM混合之后，在非硫化状态下形成的片材<br>·与硫化橡胶类相比，非硫化橡胶片材之间的粘接性得到了改进 | 聚合物砂浆等的保护层 | ·粘接性好 | ·片材略显软弱，机械强度好 |
| | 氯乙烯树脂类 | | ·氯乙烯聚合物通过增塑剂而被软化形成的片材<br>·片材的铺贴方法有两种，一是用胶粘剂进行全面粘贴的方法，另一种是用机械的固定方法进行部分固定的方法 | 露明，可以轻步行走，机械固定法适于潮湿基底，改建工程 | ·也有可以轻步行走的 | ·长期失去塑性，所以收缩略显大些 |
| 涂膜防水 | 概要 | | ·先在基底上涂刷底层涂料，然后再用刮刀或毛刷或喷涂的方法，反复涂刷多遍液态防水涂料，最终形成1.5～5mm厚的防水涂膜的防水方法<br>·织物防水施工法是把玻璃纤维或合成纤维的织布或无纺布重叠起来用作防水材料，确保防水材料的增强效果和均匀涂层厚度的施工方法<br>·透气缓冲片材防水施工法是在基底与防水层之间放置除气装置，防止基底的潮气使片材产生膨胀起鼓的防水施工方法 | | ·收边处理简单 | ·硬化时受气候条件影响<br>·基底处理精度要求高<br>·缺点是外角和基底上的砂粒等突起部分无法保证涂层厚度<br>·要注意底层涂料和溶剂会使人中毒<br>·在积雨水的地方，有时会出现防水层湿胀 |
| | 聚氨酯类 | | ·这是在以聚异氰酸、多元醇、交联剂为主要原料的聚氨酯橡胶里掺加填充材料的防水材料，可分为焦油聚氨酯和无焦油聚氨酯（碳素聚氨酯，彩色聚氨酯），无焦油聚氨酯当中，彩色聚氨酯用得比较多<br>·除去织物防水施工法和透气缓冲片材防水施工法之外，还有把硬度不同的材料涂二道涂料之后，用于体育运动或重步行走的楼板上，超速硬化型聚氨酯的喷涂，主要在坡屋顶防水和修复工程中使用 | 适宜复杂形状的屋顶运动场地板改建工程 | ·可以涂沫砂浆<br>·薄膜厚度可以厚一些<br>·也有适宜步行走动的规格 | |
| | 玻璃钢类 | | ·在液态的不饱和聚酯树脂里掺加混合硬化剂及促凝剂，然后与玻璃纤维等织物或无纺布片材组合起来，形成无缝薄膜防水层的防水施工方法 | 室内泳池、大型浴室栽植楼顶板 | ·耐撞击性、耐摩擦性好<br>·工期短<br>·护根性好，适宜屋顶绿化 | ·一旦有空气卷入，就会明显地降低耐久性，要彻底排除气泡<br>·对于基底产生的裂缝不会有随动性 |
| 复合防水 | 概要 | | ·即使是单一的一种材料，也具有防水性，但是，如果把不同种类的两种以上的防水材料复合起来，就会产生出更加高级的防水性能 | 多功能楼顶板改建工程 | | |
| | 〔涂膜〕+〔玻璃钢〕类 | | ·在基底材料上涂刷2mm厚的聚氨酯橡胶，然后在该涂层上再涂1～2层的聚酯树脂的防水施工方法 | 露明屋顶湿润基底 | ·可在湿润基底上施工<br>·通过复合的方法施工，可以提高防水层的水密可靠性 | ·改性沥青片材的接缝施工方法对防水层的水密可靠性有影响 |
| | 〔涂膜〕+〔改性沥青〕层叠类 | | ·用常温液态橡胶沥青把改性沥青片材粘贴在基底上，可以根据用途进行多次层叠施工的防水方法 | 需要有耐久性的人造地基等 | ·可以做成层积防水层，水密可靠性更高，在耐久性上，比热沥青防水更好 | ·因是在常温下施工，所以防水层的形成比热法施工更需要时间 |
| | 〔改性沥青〕+〔玻璃钢〕类 | | ·把带有无纺布的改性沥青片材粘贴在基底上，然后在片材上面再涂二遍聚酯树脂的防水施工方法 | 可供人走动的楼顶板 | ·玻璃钢的保护功能好，可以做到轻量化 | ·改性沥青片材的接缝施工方法对防水层的水密可靠性有影响 |
| | 〔片材〕+〔涂膜〕类 | | ·粘贴或机械固定合成橡胶（树脂）片材，然后在片材上面涂刷聚氨酯橡胶或者喷涂超速硬化型聚氨酯的防水施工方法 | 露明屋顶湿润基底 | ·把单一防水层时的不足之处复合起来，提高防水层的水密可靠性 | ·除喷涂超速硬化聚氨酯之外，基底和片材的凹凸不平也会影响涂膜的厚度 |
| | 〔改性沥青〕+〔涂膜〕类 | | ·用粘结或粘贴的方法，把改性沥青片材贴铺在基底上，然后在片材上面再涂刷橡胶沥青的防水施工方法 | 停车场，屋顶花园，屋顶游乐设施地板 | ·把涂膜防水层的水密性和玻璃钢的保护功能复合起来，可以提高防水层的耐化学药品性，耐摩擦性、耐撞击性，耐烟性等，可以在防水层上重步行走 | ·要注意涂膜防水层和玻璃钢保护层之间的层间粘附状况 |
| | 〔片材〕+〔玻璃钢〕类 | | ·粘贴或机械固定合成橡胶（树脂）片材，然后在片材上面再涂1～2层的聚酯树脂的防水施工方法 | 可以步行走动的屋顶楼板湿润基底 | ·通过片材的机械固定，可以不受基底条件的约束 | ·下层片材的接缝处理方法影响防水层的水密可靠性 |

## 〈保护防水层的种类〉

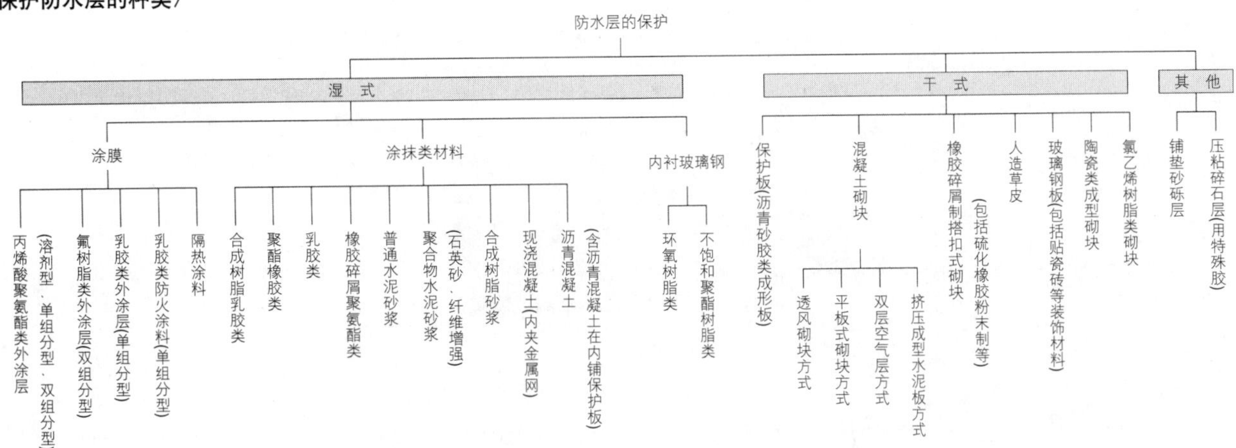

## 2. 绿化屋顶

屋顶绿化的历史，已经十分久远。据传，新巴比伦王国的帝王奈布卡多奈扎尔，为了王妃米堤亚的诞生而建设的〈巴比伦空中花园〉，就是在多层的梯台上堆土，栽植大小树木，整体状况犹如树林一般，覆盖在小屋上。

在日本也时常可以看到，在民房的屋顶上种草坪或在茶馆建筑的墙壁上种蔬菜，不仅在功能上使花草与建筑形成了一体，而且还可以欣赏到当地的风情。但在日本没有见到过巴比伦式的空中花园的构思。在四季变化极为明显的日本，新的一年是从春天发新芽开始，经过新绿、开花、浓绿、红叶、落叶以及在细小的枝头上积雪的景色和自然变化的全过程，都可以连续地欣赏到。

屋顶绿化没有铺盖屋顶和防水材料的功能与目的，但从景观上来说，这种屋顶或屋面的外观，具有很大的意义。从细节上来说，紫外线的照射会使屋面防水层产生劣化变质，混凝土的热胀冷缩会产生龟裂造成屋顶漏水，绿化屋顶时的屋顶堆土和栽种植物，可以使屋顶保持适当的温度，具有防止屋顶防水层出现劣化变质或屋顶混凝土产生热胀冷缩裂缝漏水的功能。

用植物覆盖建筑物的表层，可以起到隔热和散热的效果；也就是通过建筑物内部空调的节能以及植物散发潜热等，可以缓解热岛现象。而且用绿色装扮城市，主要是恢复自然和人的关系。

下面简要地介绍有关屋顶、阳台等屋顶绿化的荷载、防水、给排水、土壤、植物材料的选择，栽植方法，安全措施，维护管理等。日本绿化屋顶的技术，还只是刚刚开始，还要期待今后的开发与发展。

### 〈绿化屋顶在设计上的注意事项〉

（文中①②③④⑦的图引自1994年彰国社出版、舆水肇总编的《城市建筑物的绿化方法》）

#### ①荷载

该荷载是指树木和土壤的重量。但还要充分估计到植物生长过程中的荷载增加量，要通过主体结构应对荷载。要尽量减轻土壤的重量，人造土壤<d · 地基>为土的1/3重量。

| | 材料名称 | 容　重 |
|---|---|---|
| 土壤 | 关东亚黏土 | 1.8 |
| | 黑色田地土 | 1.6 |
| | 珍珠岩 | 0.56 |
| | 蛭石 | 0.6 |
| | 泥炭苔 | 0.8 |
| | 混合土壤（田地土7：珍珠岩3） | 1.3 |
| | 混合土壤（田地土5：珍珠岩5） | 1.1 |
| | 人造轻质土壤 | 0.56～0.7 |
| 排水材料 | 砂利 | 1.7～2.1 |
| | 火山砂利 | 1.0～1.4 |
| | 人造轻骨料 | 1.2～1.5 |
| | 黑曜石珍珠岩 | 0.2 |
| 边端材料等 | 混凝土 | 2.3 |
| | 砖 | 1.9 |
| | 石材（花岗岩） | 2.8 |
| | 木材 | 0.9～1.1 |

在计算荷载上必须有的土壤，排水材料及边端材料等的容重（湿润时）

#### ②防水

防水处理要用钛的接缝焊接方法或用玻璃钢的复合防水方法等，按照性能高的标准进行施工。尤其要注意与土壤接触的部分和排水沟的防水处理。

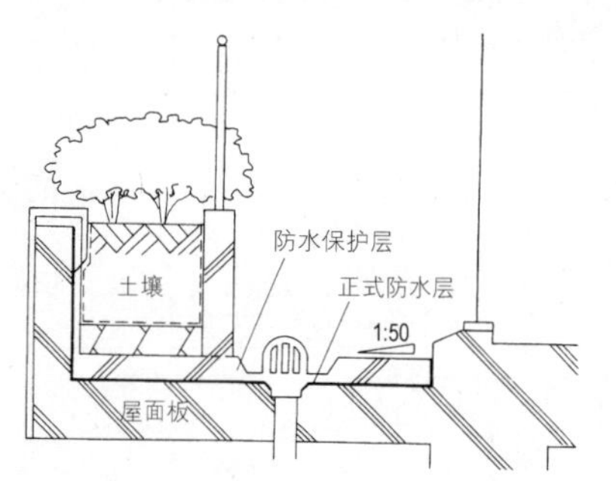


#### ③给水和排水

考虑到会有连续的无降雨天气，因此要备有供水设备。在设计上要考虑到贮存雨水、利用中水和保证上水。排水坡度为1：50以上。土壤里不能长期有水滞留。为防止排水管出现堵塞，要使用同一标准的排水管。给栽植草木浇水或排水的设备，因生产厂家不同，产品标准也各不相同。

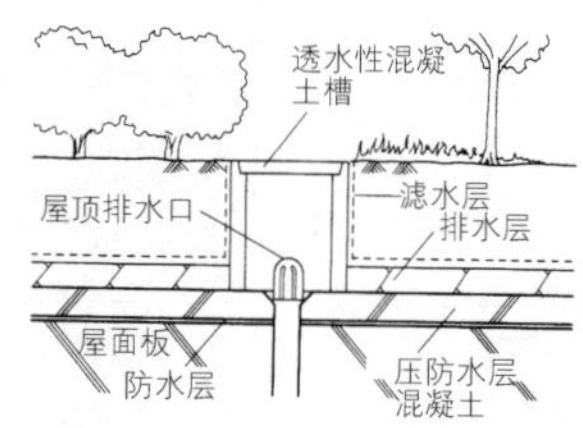


#### ④防植物生根的措施

如果让植物的根系侵入到防水层的缝隙里，就会造成屋顶漏水。所以，屋顶要成为能够承受植物根系生长的防水结构，这就要使用复合型的防植物生根的防水片材。尤其要注意栽种竹子类的植物。

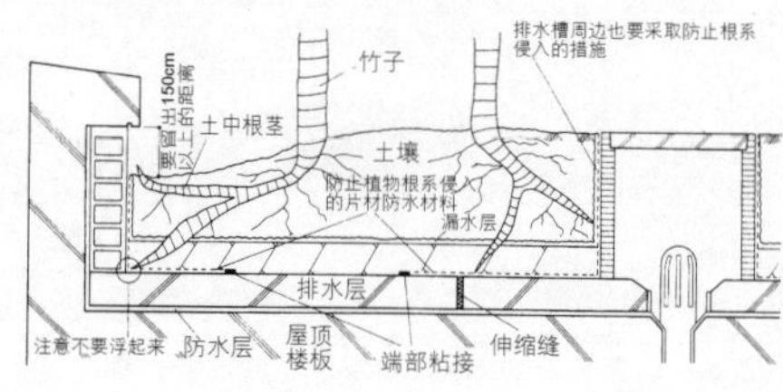


#### ⑤降低总造价

不是使用一般的土壤，而是使用轻质人造土壤（天然土重量的1/8左右），通过给水和排水装置的利用减小土壤的厚度。结果减少了主体结构的荷载负担，达到了经济的效果。

#### ⑥缩短工期

人造土壤的重量仅为天然土壤的1/3左右，可以用电梯搬运。不仅不需要使用起重设备，而且操作起来也很简单，工期可以缩短1/2～1/3。

#### ⑦绿化位置

越是高处，风的影响就越大，而且越干燥，所以要预测到这一点，然后再决定栽种的树种、栽种的位置以及栽种用的地基土。

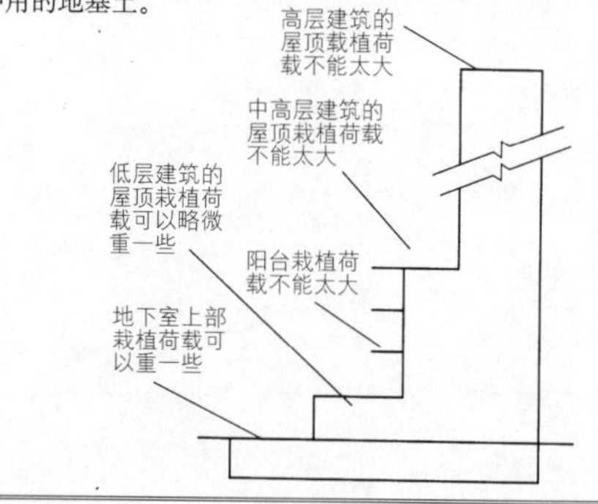


#### ⑧隔热

避免混凝土的热幅射，防止产生热岛现象，利用土壤的隔热，使室内温度稳定，节省制冷采暖费用。尤其是人造土壤，隔热效果可以达到天然土壤的3倍以上。

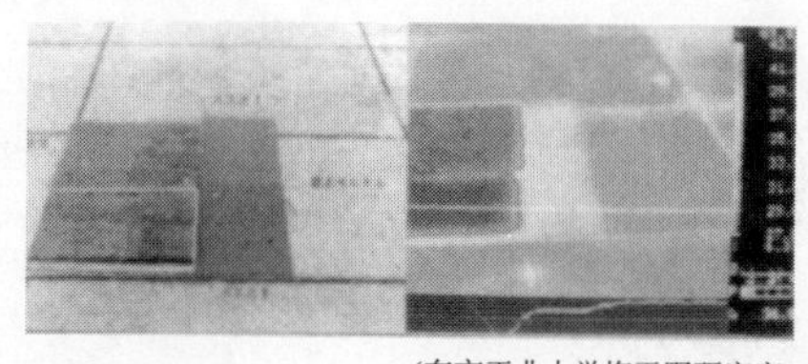

（东京工业大学梅干野研究室）

#### ⑨人造土壤

生产厂家不同，人造土壤的性能也大不一样，如果参照<α · 地基>，人造土壤的重量为天然土壤的1/3，含水量为天然土壤的3倍，隔热性能为天然土壤的3倍，透水系数为天然土壤的100倍。

| 湿润时的容重(kg/l) | | 0.58 |
|---|---|---|
| 三相分布(%) | 固　相 | 18.0 |
| | 液　相 | 37.6 |
| | 气　相 | 44.4 |
| 透水系数(cm/sec) | | $2.8\times10^{-2}$ |
| 有效水分保持量pF1.8～3.0(l/m²) | | 256.9 |
| pH($H_2O$) | | 7.4 |
| 碱置换容量(me) | | 7.3 |
| 导热率（湿润时）(25℃)(Kcal/mh℃) | | 0.271 |

（东邦列奥）

## 〈城市建筑物的绿化设计流程〉

为了让植物能够长期而又良好地在建筑物上生长，在规划设计阶段必须进行周密的技术研究。(图为舆水肇总编、彰国社出版的《城市建筑物的绿化方法》中的部分修正内容)

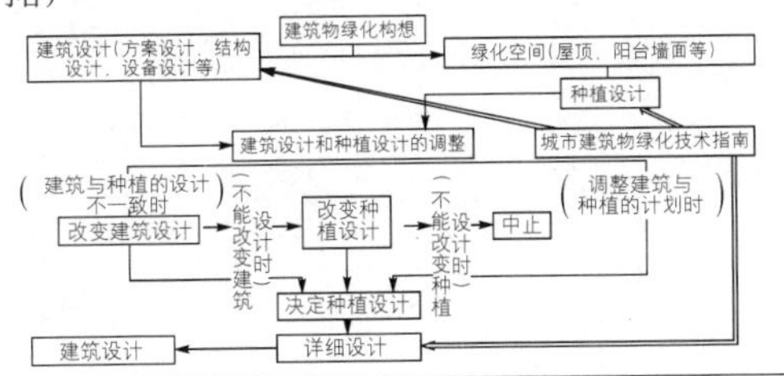


## 〈植物的选择〉

城市建筑物用的绿化植物，其选择的条件与一般园林用的植物不一样。也与栽种在一般地上的植物不同。生长在人造地基和屋顶上、阳台上、墙面上的植物，对于生长的环境条件要求非常严格，必须选择<符合绿化目的>的植物。也就是要符合以下特性要求。首先是<环境特性>，选择的植物要适合在干燥、有建筑气流风一样的强风的地方以及背阴地方生长；其次是<生长特性>，也就是选择的植物要适应移植和容易生长；第三是<管理性>，也就是选择的植物要病虫害少、枝条修剪容易；第四是<社会性和观赏性>，也就是选择的植物要与周边环境协调，树形要有观赏性。

①屋顶绿化。选择的植物要抗干旱，耐风吹。要从种植的面积大小、有无日照、雨水的利用等多方面考虑种植某种植物的可能性。

②阳台绿化。个人的兴趣爱好不同，关系到阳台的管理方法差异，选择阳台绿化的树种，要注意建筑整体的统一性，一般以种植草花或灌木类花木为主。

③墙面绿化。除要考虑墙面结构的造型、规模大小、方位朝向之外，场地的选择条件和气象条件以及对植物生长的环境情况、绿化后的形象和可以生长的年限等等，都要认真地考虑周到。一般来说，攀缘植物要从苗木开始栽培，要想达到覆盖墙面的程度，将会需要很长时间。

## 〈荷载与土壤厚度〉

| | | | | | | |
|---|---|---|---|---|---|---|
| (1)草皮草 | A | C | C | C | C | C |
| (2)小灌木 | — | A | C | C | C | C |
| (3)大灌木、中灌木 | — | A | B | C | C | C |
| (4)浅根性高乔木 | — | — | A | B | C | C |
| (5)深根性高乔木 | — | — | — | A | B | C |

1.5～2%排水坡度

| | | | | | | | |
|---|---|---|---|---|---|---|---|
| 填土厚度 | | ~15cm | 30cm | 45cm | 60cm | 90cm | 150cm~ |
| 排水层厚度 | | 5cm | 10cm | 15cm | 20cm | 30cm | 30cm~ |
| 荷载 | 天然土 | 250kg | 500kg | 750kg | 1000kg | 1500kg | 2460kg |
| | 轻质土 | 100kg | 200kg | 300kg | 400kg | 600kg | 960kg |

—：很难栽种，不可能生长
A：通过灌溉补充水分，可能生长
B：从幼树时栽种，可能生长
C：只需一般维护管理即可充分生长

《建筑空间的绿化方法》舆水肇修改

(摘自《建筑空间的绿化方法》舆水肇总编)

## 〈绿化效果〉

**基本层面图**

水分供给
超轻质有机人造土壤(α·地基)
过滤层(也有时不使用)
贮水和防腐(白壤土层4F)($\phi$3～$\phi$5)
保水、排水层
滞水槽的保护
耐根片材(隔开根和防水层)
防水压毡混凝土
防水层
排水

**浇灌水装置**

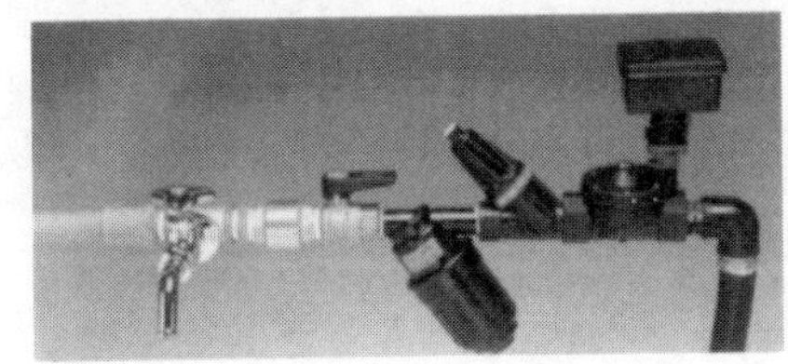

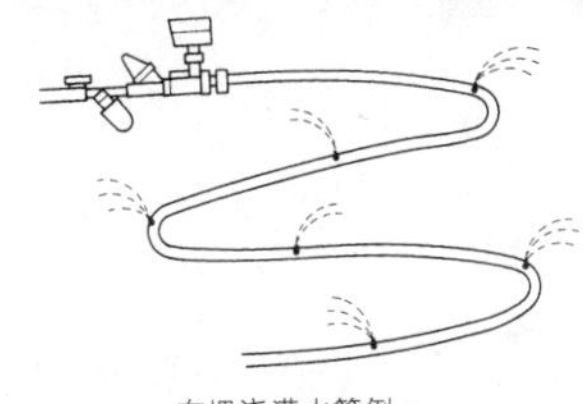

布埋浇灌水管例

可在地上和地下浇灌水的水管。浇灌水压力为水龙头水压的1/6，0.5kg/cm²，300m长的水管以同样的水压力浇灌水，无需特别加压。

**栽植和支柱**

●α·地基与土不同，无论如何踩踏也不会被踩硬实。在浇灌水的时候，可以使树根与α·地基土紧密地结合在一起。

●栽种2m以上的中高乔木时，必须使用支柱稳定树木。

**(地下支柱)的使用例**

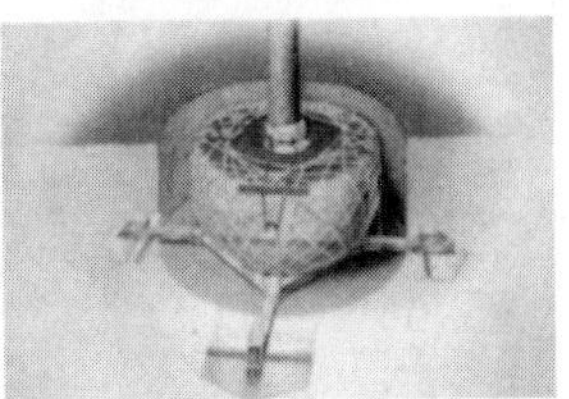

(东邦列奥)

## 〈绿化效果〉

①提高景观效果：不仅润泽了建筑物的外观效应，同时还可以从建筑物的内部改善视觉效果。可以产生一种新的城市街景。

②保护生活环境：避免产生光线反射，有防风作用，可以改善城市中的热岛现象等城市气候。吸收$CO_2$,呼出氧气，吸附污染物，降低噪声污染。

③防止灾害的效果：在发生火灾时，有保护建筑物的作用，在下雨时，有抑制雨水流失的作用。

④经济效果：土和植物不仅可以遮挡夏季的阳光辐射，同时还起到了保温的作用，不仅稳定了室内的温度，同时产生了节能的效果。

⑤心理效果：绿色使人心情平静，栽种植物有调节情操的效果。

⑥恢复自然环境：绿化可以使鸟类和昆虫类的动物恢复造巢和繁殖活动。

# 变成绿色小山的“体育馆屋顶”

## 大阪市中央体育馆／日建设计

（摄影：樋口尚俊）

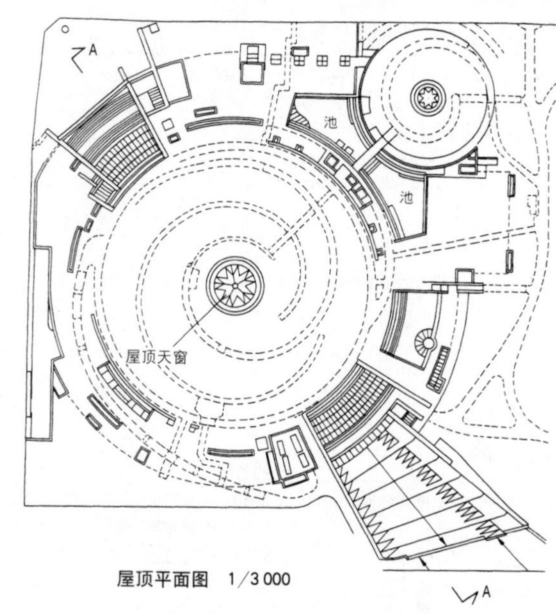


屋顶平面图　1/3 000

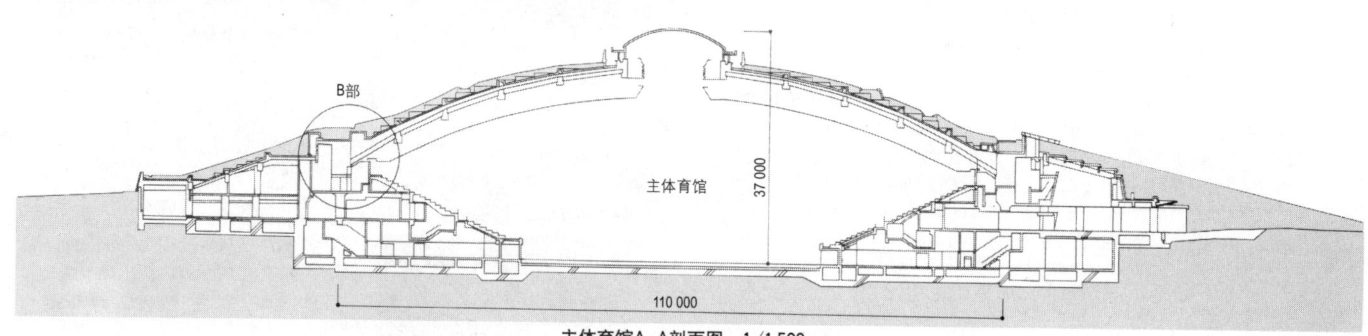


主体育馆A-A剖面图　1/1 500

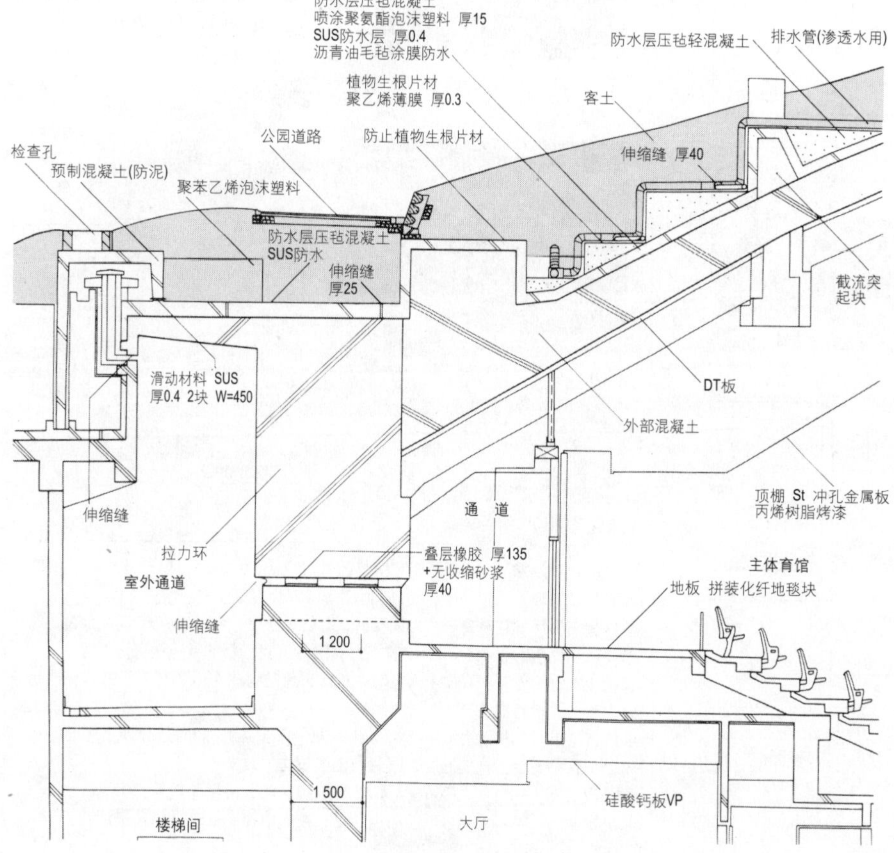


体育馆屋顶B部截面图　1/150

体育馆的屋顶全部用绿色植物覆盖起来，目的就是为了创造出一个体育馆与相邻公园连成一体的绿色景观。体育馆的外观就像古坟或小山包一样。主体育馆直径为110m，屋顶结构为预应力混凝土球形薄壳结构，在圆周方向上，由5层预制构件和现浇混凝土组合而成。矢高为16m，包括屋顶上的栽种用土和栽种植物等的荷载在内，总重量约7万t。对于垂直荷载产生的下向力，则用设置在最外侧的拉力环和30根PC钢索，施加约2万t的预应力，用以抗衡垂直荷载所产生的力。为了防止产生变形，在上部结构和下部结构之间采用了可以变形的层积橡胶作支承，使上、下结构体完全分离开。

# 四季不变的绿色屋顶

## 福冈交响音乐厅 / 日本设计・竹中工务店

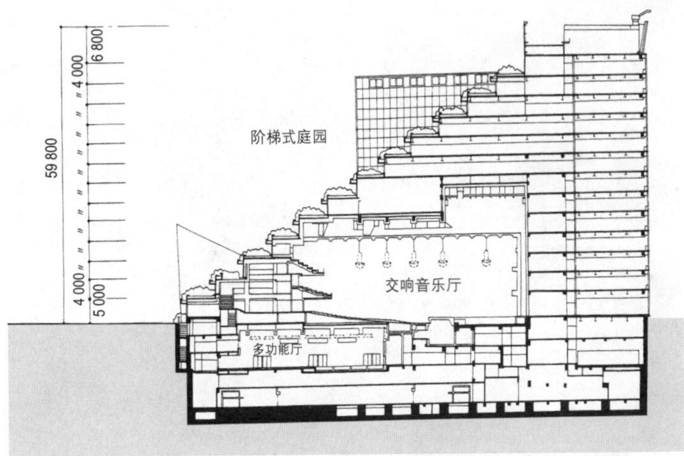

剖面图 1/1 500

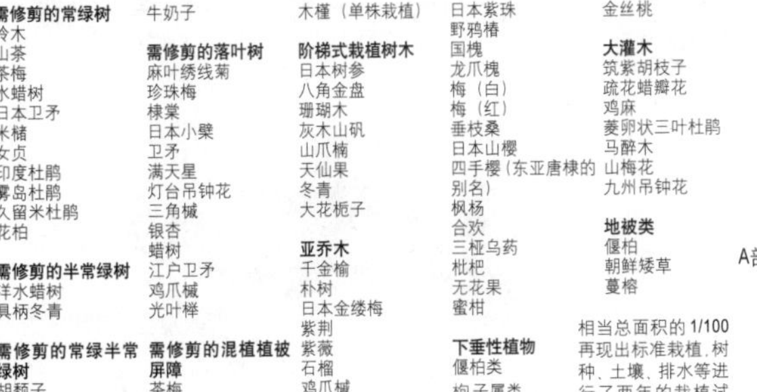

**阶梯式庭园的栽植树木**

**需修剪的常绿树**
柃木
山茶
茶梅
水蜡树
日本卫矛
米槠
女贞
印度杜鹃
雾岛杜鹃
久留米杜鹃
花柏

**需修剪的半常绿树**
洋水蜡树
具柄冬青

**需修剪的常绿半常绿树**
胡颓子
连翘

牛奶子

**需修剪的落叶树**
麻叶绣线菊
珍珠梅
棣棠
日本小檗
卫矛
满天星
灯台吊钟花
三角槭
银杏
蜡树
江户卫矛
鸡爪槭
光叶榉

**需修剪的混植植被屏障**
茶梅
齿叶木樨

木槿（单株栽植）

**阶梯式栽植树木**
日本树参
八角金盘
珊瑚木
灰木山矾
山爪楠
天仙果
冬青
大花栀子

**亚乔木**
千金榆
朴树
日本金缕梅
紫荆
紫薇
石榴
鸡爪槭
野茉莉

日本紫珠
野鸦椿
国槐
龙爪槐
梅（白）
梅（红）
垂枝桑
日本山樱
四手樱（东亚唐棣的别名）
枫杨
合欢
三桠乌药
枇杷
无花果
蜜柑

**下垂性植物**
偃柏类
栒子属类
浓香探春

金丝桃

**大灌木**
筑紫胡枝子
疏花蜡瓣花
鸡麻
菱卵状三叶杜鹃
马醉木
山梅花
九州吊钟花

**地被类**
偃柏
朝鲜矮草
蔓榕

相当总面积的1/100再现出标准栽植，树种、土壤、排水等进行了两年的栽植试验。

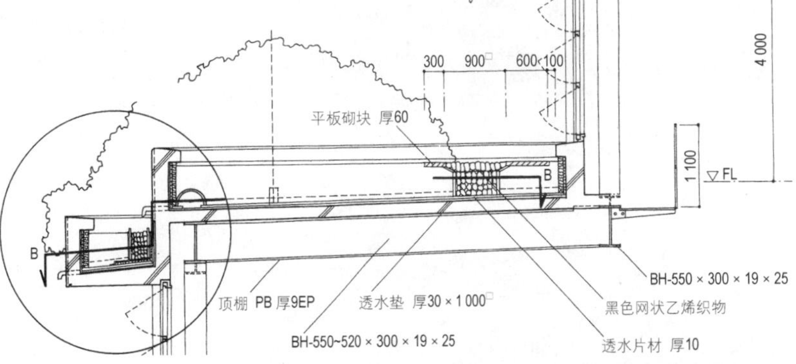


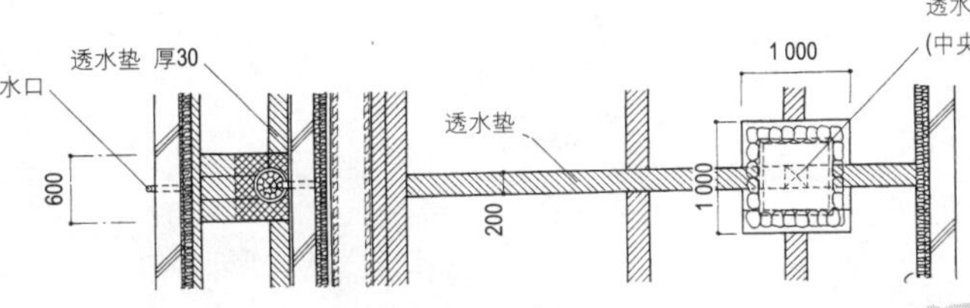

B-B截面图 1/100

阶梯式庭园是把建筑物比作为山，并以花鸟风月为主题，通过空间构成和花草树木的栽植，可以欣赏到一年四季的景致。为了使交响音乐厅南侧公园的绿色一直延伸连续到建筑的屋顶上，对混植花草树木采取了强度修剪方法。阶梯式庭园的排水采用山体自然流水的方法，也就是所有植物的根部都不用培土，只用保水性良好的人造土壤，提高雨水贮留功能即可。雨水渗透土层之后，多余出来的雨水通过纵横铺设的通气透水层流进压檐墙边缘上横铺的泄水管里，然后从等间距设置的渗水口排出，再经过栽培箱渗流到下一层，直至大面积的花草树木栽植处或水池里。

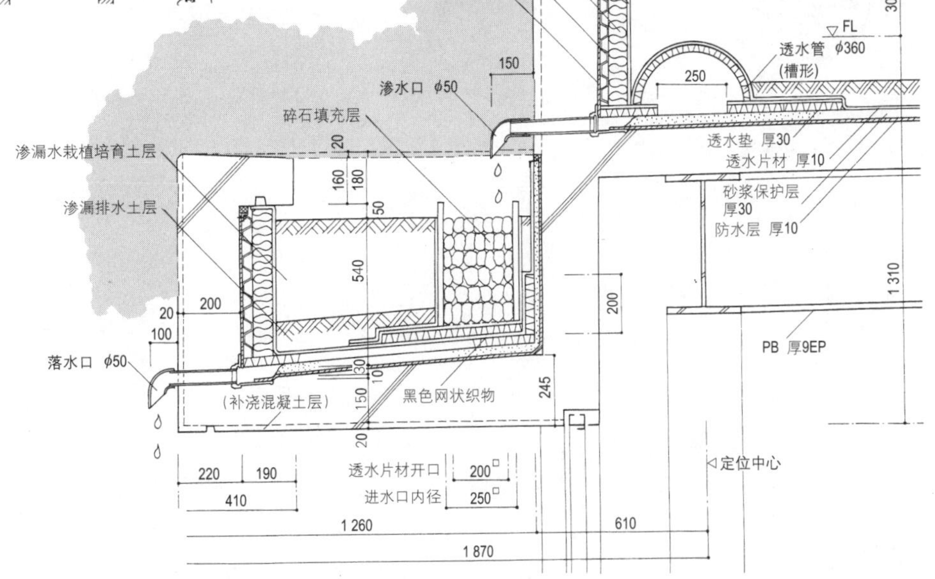

A部详图 1/30

# 长满青草的屋顶

## 贤岛干别墅住宅 / 竹中工务店 +M・计划

（摄影：新建筑照相部）

为了具体表现出屋顶绿化的形象，特意开发出了绿化斜坡屋顶。这种屋顶“不是栽植树木用的屋顶，而是像杂草丛生的大地，是长满青草的屋顶”。

以前，无论是平屋顶还是坡屋顶，人们对在屋顶上的绿化，总是担心屋顶防水层的应用和栽种植用土的滑落，一般都是在屋檐上方立起的女儿墙里侧栽种植物，在屋顶上围成花坛一样的栽种设施，给人的印象十分深刻。然而，本文实例的屋顶植物栽种，一直栽种到了檐口边缘和硬山尖的边缘，自下而上，抬头即可看到屋顶上栽种的草类植物。施工方法是把掺有胶粘剂的特殊土喷涂在屋顶防水层上，胶粘剂在土壤中形成纤维，与植物的根系构成一个整体，即使屋顶坡度达到60°，绿化用的土壤也不会出现滑落。栽植之后，植物很快就会在纤维土里生根，从而也就进一步使纤维土更加稳固。

屋顶防水层的边缘端部，包括檐口和硬山尖在内都必须使防水层向下折弯处理，并与檐口下边的滴水檐沟连为一体。

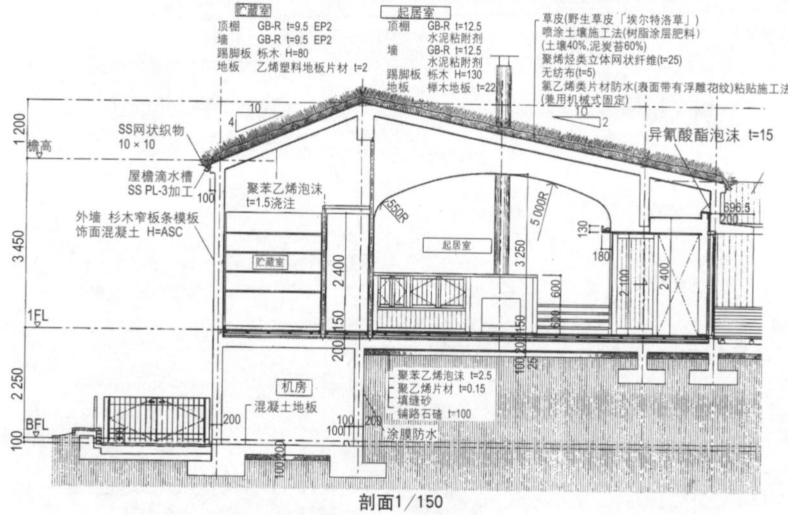


剖面1/150

硬山尖部分

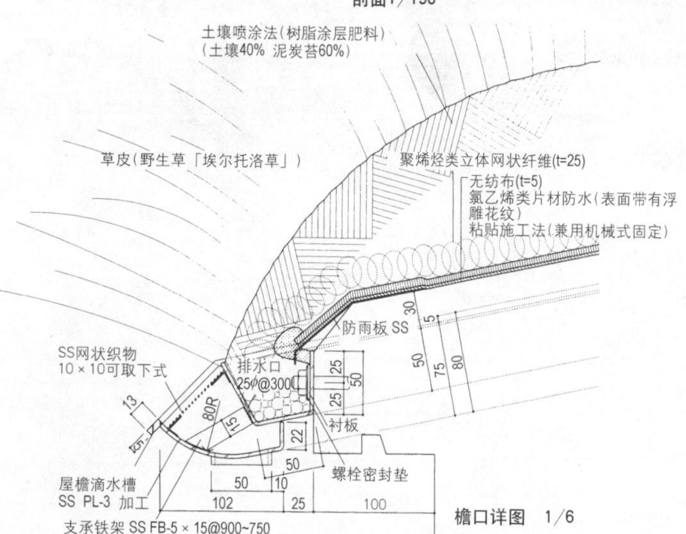


檐口详图 1/6

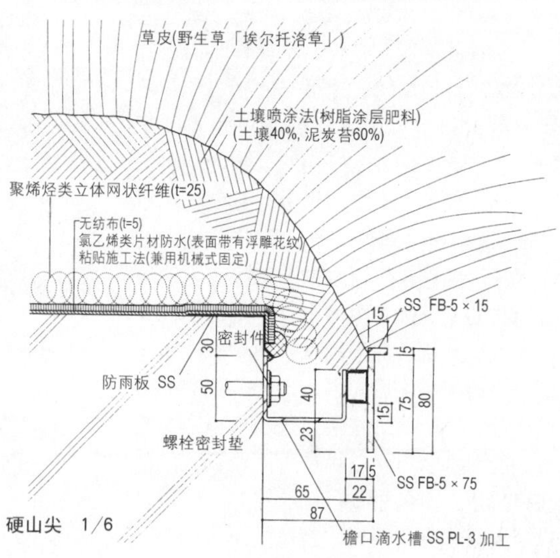


硬山尖 1/6

# 原木房屋的草屋顶

## 电通生协八岳原木房屋 / 日本综合建筑事务所

（摄影：和木　通）

草屋顶就是把土放在木结构建筑的屋顶上种草。顾名思义，其实在日本不仅限于在屋顶上种草。在川崎市的民居庭园里也可以见到草屋顶建筑，在欧洲的民居建筑中就更不新奇了。但在木结构建筑的屋顶上，全部放满土的实例很少。

平缓的坡屋顶只能是木板屋顶或水泥板屋顶。然而屋顶上的土体，还要采取措施使之稳定，种草的种类正如图中所示，大约有19种之多，一年四季，皆有绿色，随时可观赏到鲜花的美丽。

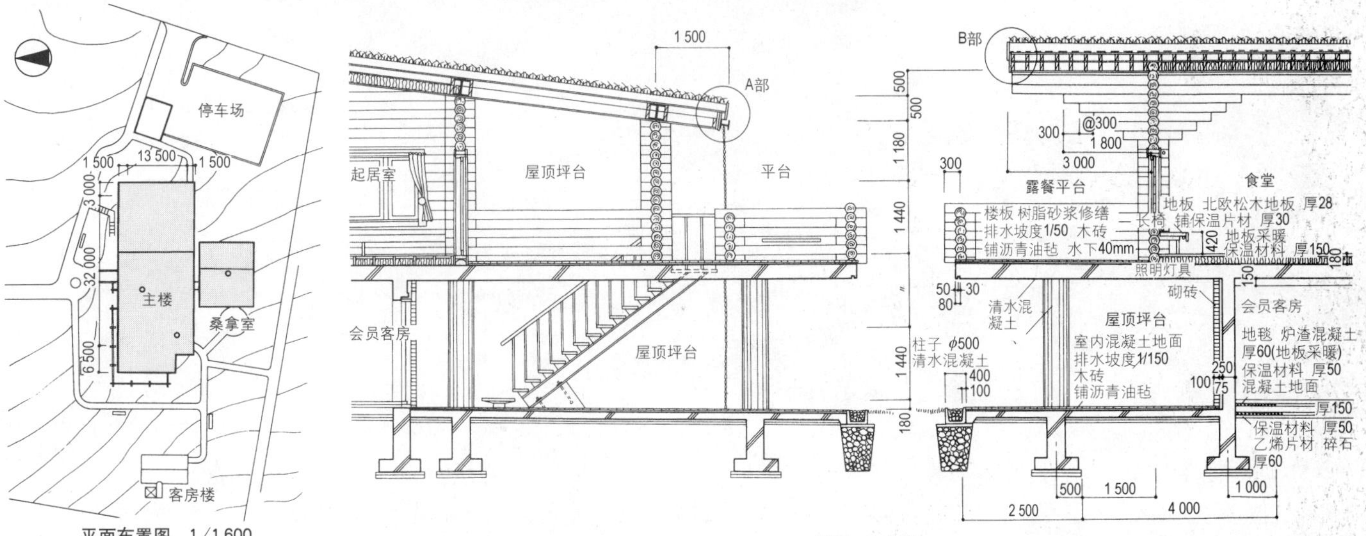


平面布置图　1/1 600

剖面　1/150

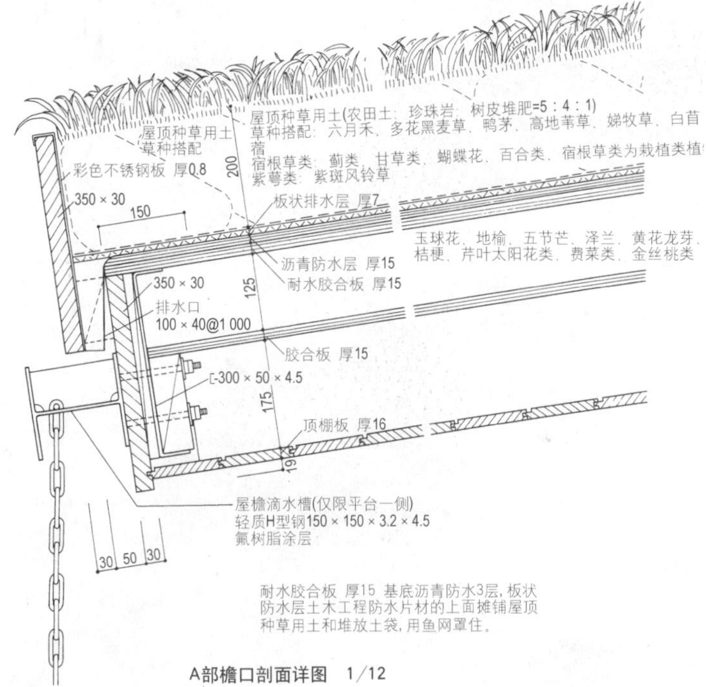


耐水胶合板 厚15 基底沥青防水3层，板状防水层土木工程防水片材的上面摊铺屋顶种草用土和堆放土袋，用鱼网罩住。

A部檐口剖面详图　1/12

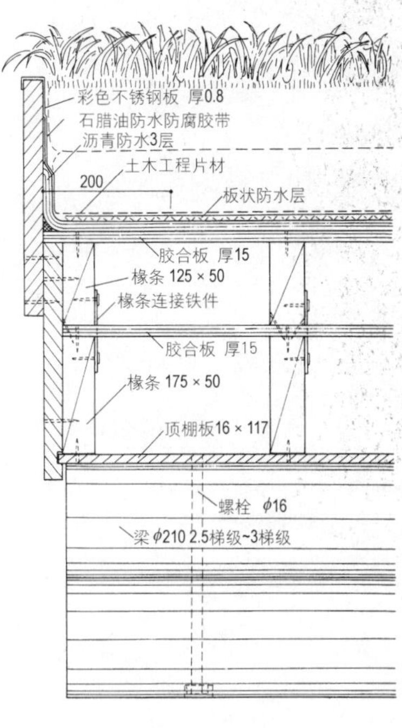


B部山墙面剖面详图　1/12

# III 天然材料在屋顶上的应用

人类诞生以后，最早盖房用的屋顶材料，大概就是草类。其中也有杆茎长得很高、很结实，而且是大量野生的茅草，这是绝好的铺盖屋顶材料。在杉树和柏树等针叶树多的地方，主要是使用树皮做屋顶材料。在树木多的地方，将会随着木材加工技术的发展，铺盖屋顶的材料变为板材。石材在屋顶上的应用，最初也只是把自然开裂的石板和铁平石（安山岩的一种）收集到一起，用作铺盖屋顶的材料。后来，由于劳动工具的发展，坚硬的石材也能开孔了，从此石材得到了广泛推广应用。

这只是人们发现和利用了大自然的恩惠而已。这些材料如果未经加工，也不会得到广泛的应用。所以，使用这些材料的建筑物造形，都带有区域性和地方特性而大放光彩。

# 茅草屋顶

→ P.148

过去，屋顶铺盖茅草是最一般的屋顶。也就是用茅草、苇草、麦秸杆、稻草等铺盖屋顶。本文将以茅草为主进行介绍。

# 木板屋顶・树皮屋顶・竹板屋顶

→ P.156

本文将介绍用木板、树皮、竹片等铺盖的屋顶。木板屋顶主要是使用杉木、花柏、栗木等带有红色部分的心材，铺盖树皮的屋顶，主要是使用扁柏树皮和杉树树皮铺盖屋顶。

# 石板屋顶

→ P.172

石板屋顶的构造方法，可大致分为扁平石板搭扣铺设和使用瓦状加工石板两种。本文将介绍石板瓦、天然石板、大谷石板瓦等。



镀锌钢板的屋脊装饰（山梨・盐山）
摄影：平山忠治

# 茅草屋顶

茅草屋顶是日本农村的本来面貌，是原有的风景。今天的农村建筑屋顶，是以铺瓦屋顶和金属板屋顶为主，取代了原来的茅草屋顶。原因就是茅草屋顶要每隔10～20年，必须翻新一次，铺盖屋顶用的茅草很难得到保障，农村的联合作业习惯（互助组，在冲绳叫“优依玛尔，意为互助组、合作社”）也因人口过于稀少而慢慢地消失了，同时，熟练地掌握屋顶铺茅草技术的人也越来越少了。

但是，茅草屋顶拥有现代屋顶材料无法比拟的优越特性。它不需要特殊的工具，白茅、五节芒、芦苇、麦秸杆、稻草等铺屋顶材料，都是空心草类，重量很轻，含水之后能够增加防水性，铺盖屋顶材料的厚度，可以吸收降雨声音，提高隔热效果，用一种铺盖屋顶的材料，可以达到多种功能的效果。这一点，除茅草屋顶之外，别无其他屋顶材料。



茅草屋顶的村落（岐阜·白川村）
摄影：平山忠治

# 1. 茅草屋顶

用茅草做屋顶的建筑，可以说遍布世界各地，日本也曾是一个用一般茅草铺盖屋顶的国家。原因就是取材方便，材料就在身边；通过联合作业，学习铺盖屋顶的技术容易；屋顶的修补比较容易。除这些实用方面的优越性之外，还有冬暖夏凉，适宜居住方面的优点。茅草屋顶恰似冬雪秋月春花一般，四季美景不断，也许连下雨声都喜欢上了宁静的室内情景。现在，这样的传统型民宅已经很少了，屋顶铺草技术的传承，正处于后继无人，濒于失传的境地。

**·茅草屋顶的材料**：最一般的茅草是五节芒。这种茅草必须到远离村庄的山野里去采集，用作牛马的饲料，所以，有时要用小麦秸秆铺盖屋顶。但现在种小麦的农家在减少，也没有牛马可饲养了，用小麦秸秆铺盖屋顶的建筑几乎没有了。

除此之处，作为茅草屋顶的材料，还有稻草、麻杆等。这些材料主要用于茅草屋顶檐头的加厚部分。稻草被雨水淋湿之后，容易发霉腐烂，但用在檐头加厚上时，不仅柔软而且不易滑动。另外，稻草比五节芒细、软，用在屋脊顶部上防雨，除了耐久性差一点之外，还是一种很好的屋顶材料。麻杆是大麻去皮之后剩下的芯杆，它比五节芒又粗又长，呈白色、不易滑动，非常适宜用作檐口底部的装饰用材料。大麻盛产于日本的东北、关东北部、北陆等地区，常在建筑屋顶上使用，有的地方还把整个屋顶都用麻杆铺盖。

**〈茅草屋顶的铺盖方法〉**

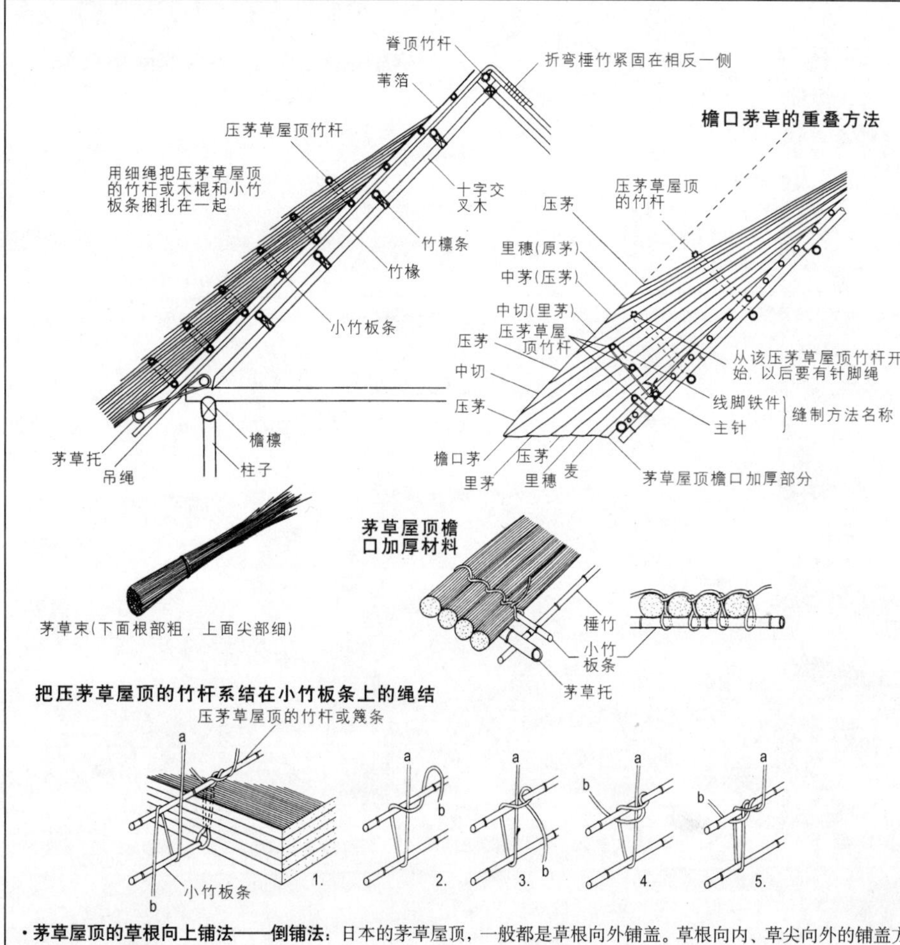


**·茅草屋顶的草根向上铺法——倒铺法**：日本的茅草屋顶，一般都是草根向外铺盖。草根向内、草尖向外的铺盖方法，叫作“倒铺法”。

例如日本福岛县会津盆地和郡山盆地的铺盖毛鱼藤屋顶和奈良盆地的大和屋脊（建筑），都是稻草屋顶采用的稻草倒铺法。毛鱼藤屋顶每年都要补充新的稻草。大和屋脊（建筑）是用茅草作装饰，茅草的铺盖厚度很大，铺盖稻草的倒铺方法，每年都要重新铺盖屋顶。

茅草屋顶的茅草倒铺方法，主要在日本西南诸岛、朝鲜半岛、台湾、菲律宾等国家和地区使用，特点是：

①倒铺法在建筑整体上有圆形、轻柔的感觉，草根向外铺盖，给人以直线、结实的感觉。

②草根向外的茅草屋顶正铺法比倒铺法好，从屋顶表面到缝制固定的部分为止，茅草腐朽速度缓慢，耐久性好。

③倒铺法的茅草根粗部分在茅草铺盖的内侧，随着茅草重叠铺盖的增多，屋面排水坡度就会变陡起来，所以最后就会出现屋顶铺盖茅草厚度变薄。屋顶铺盖材料对排水坡度要求严格，防雨效果好，但耐久性差。另外，如果粗草根向外铺盖屋顶，随重叠铺盖的增多，屋顶铺盖材料的排水坡度就会变得平缓起来，最后茅草铺盖屋顶的茅草厚度就会变厚。

由此看来，草根向外铺盖屋顶，是为了铺盖有耐久性的屋顶，似乎可以说，茅草屋顶是从防寒保温的必要性产生出来的，它比防雨更显重要。

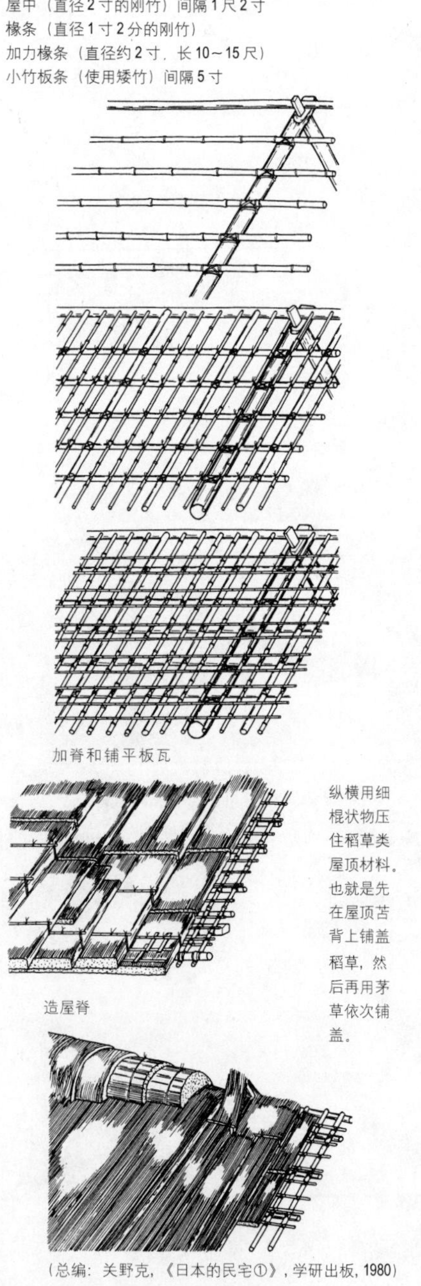


（总编：关野克，《日本的民宅①》，学研出板，1980）

# 2. 茅草屋顶的铺盖方法和作业工具

〈茅草屋顶的铺盖方法和作业工具〉

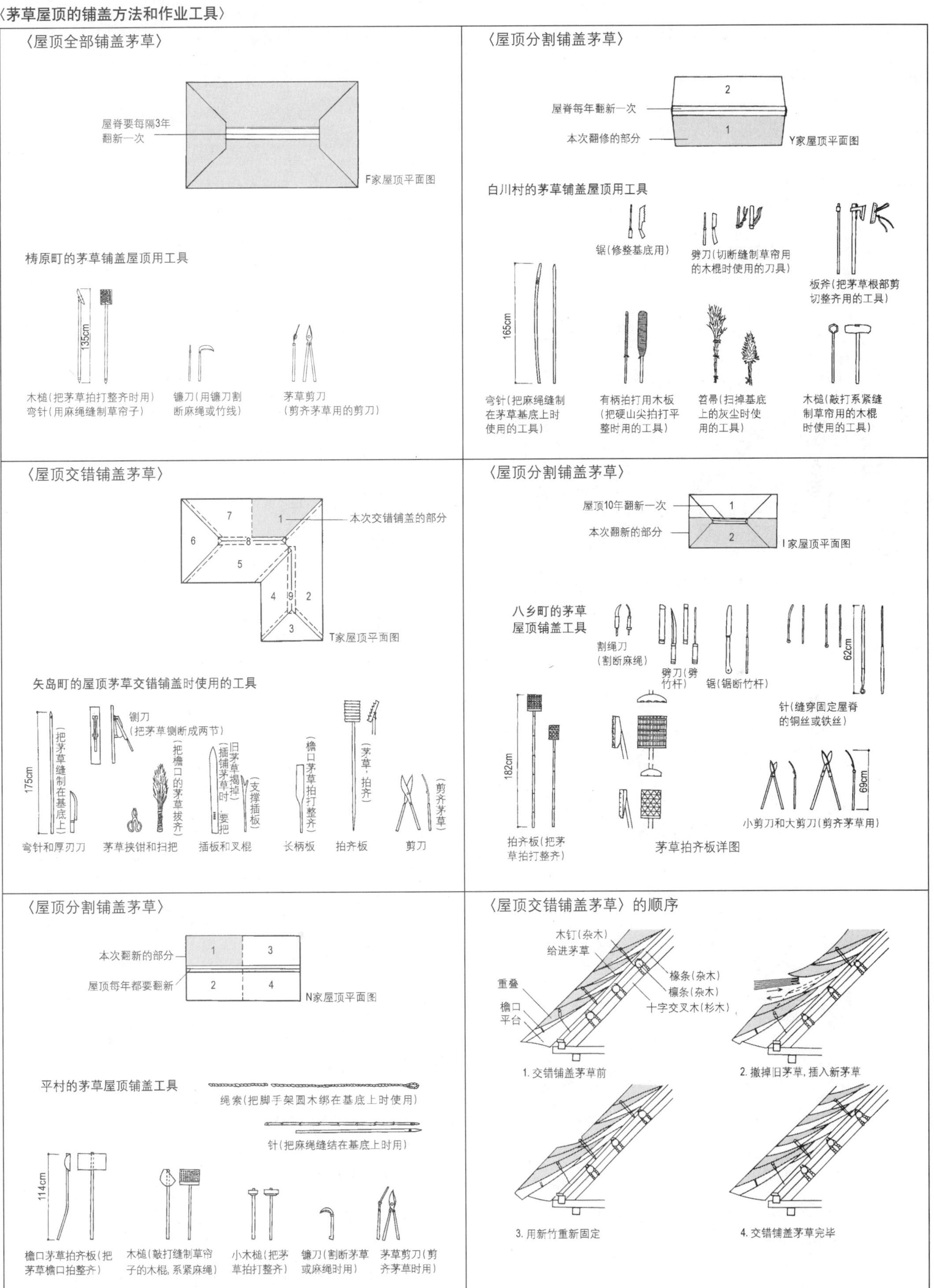


茅草屋顶

# 3. 茅草屋顶构造详图——竹帘卷屋脊

茅草屋顶之美，美在使用天然材料作屋顶和便于施工的屋顶构造详图之妙。屋脊仪表堂堂、轻巧优美，屋脊是屋顶的主要角色，屋顶起拱或翘曲的构图节奏，斜脊的弯曲等等，带有生活感的屋顶造形，充分表现出了檐头的多样性。

在屋顶当中，屋脊是最容易损坏、而且是最显眼的地方。屋脊的修饰不仅有保护屋脊的作用，同时还提高了屋脊的装饰性。屋脊修饰部分的固定方法，大致可分为两种。一是用压重的重物镇压的方法，另一种是绳子等把蓑衣草缝制在下部结构件上的固定方法。前者是十字交叉形屋脊、草皮屋脊、盖瓦屋脊；后者是竹帘卷屋脊、遮盖缝制蓑衣草缝线的屋脊、笄脊等。

**①竹帘卷屋脊**（茨城县八乡町）

卷脊竹帘是把竹片或竹杆编织成竹帘形状，然后用竹帘固定蓑衣草，同时起到保护蓑衣草的作用。为了进一步加强竹帘的功能，还要在竹帘的下边再铺垫一层杉树皮。另外，把竹杆竖向劈成两半之后，与竹片成直角压放在竹帘上，既增加了竹帘强度，又保护了固定竹帘用的结扣儿。通过提高卷脊竹帘的功能，屋脊的装饰性也得到了很好的提升。

只要不是从下面窥视，就基本看不到该建筑屋檐的横断面。因为檐头被修剪得非常整齐，几乎与地面构成水平状态。所以，给人的印象很轻巧，不会明显地感觉到屋顶的厚度。因此，必须让檐头的茅草向外挑出来，可以说，这是一种需要有很高技术的铺草屋顶。

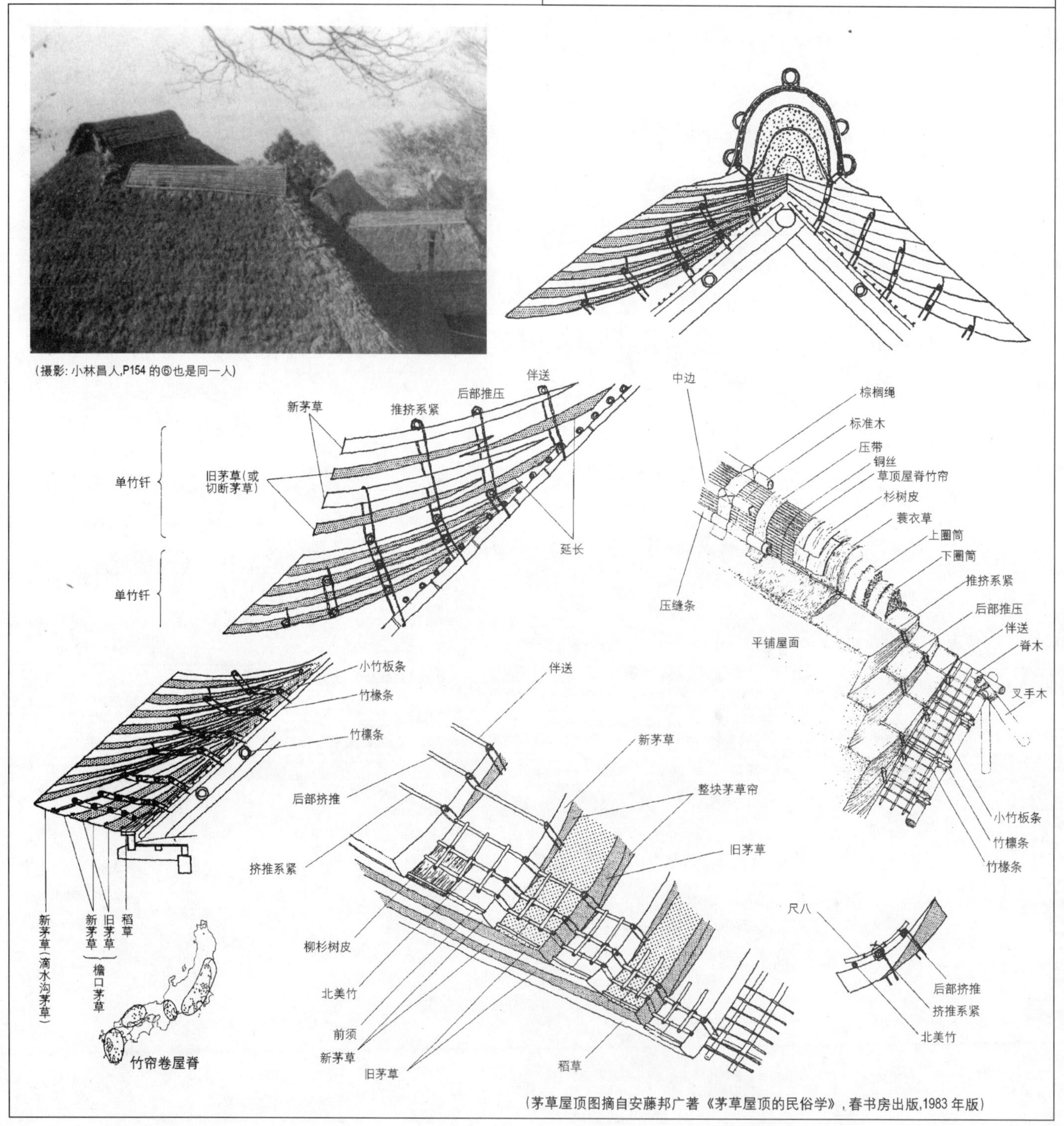

(摄影: 小林昌人,P154 的⑥也是同一人)

(茅草屋顶图摘自安藤邦广著《茅草屋顶的民俗学》，春书房出版,1983 年版)

# 4. 茅草屋顶构造详图——遮盖缝线屋脊和笄脊

## ②遮盖缝线屋脊（高知县梼原町）

为了防止固定蓑衣草的系绳和系绳孔出现腐朽现象，缝制草帘的针线孔要用盖子盖起来，同时起到屋脊的修饰作用。这样的屋脊，除有防雨和保温等功能之外，还有很多其他方面的功能，如漂亮的造形具有很好的装饰性。

（摄影：川岛宙次，本页的③和下页的④、⑤同为一人摄影）

## ③笄脊（岐阜县白川村）

从屋脊的侧面，把叫作笄的竹杆或木棍横插在靠近屋脊的屋面上，然后系绳固定蓑衣草的屋脊叫作笄脊。屋脊系绳的寿命很短，必须经常更换。

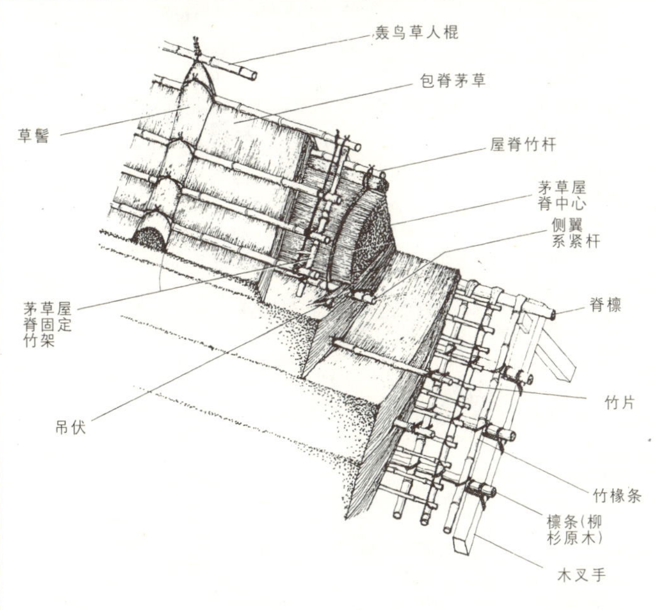


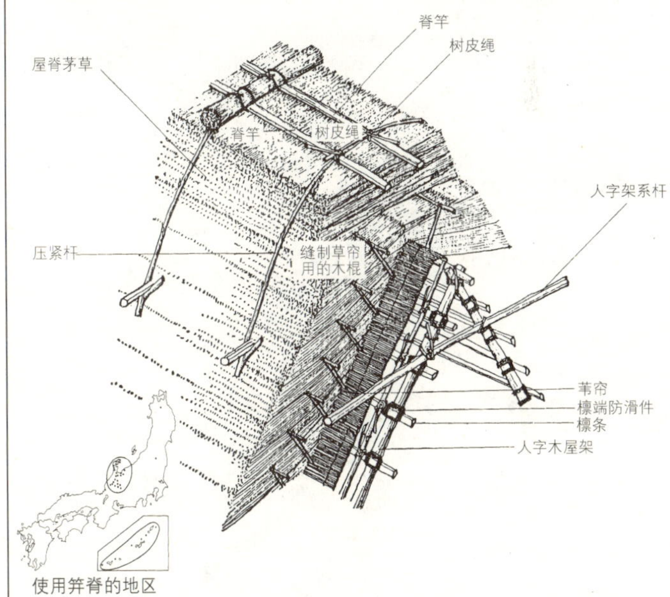


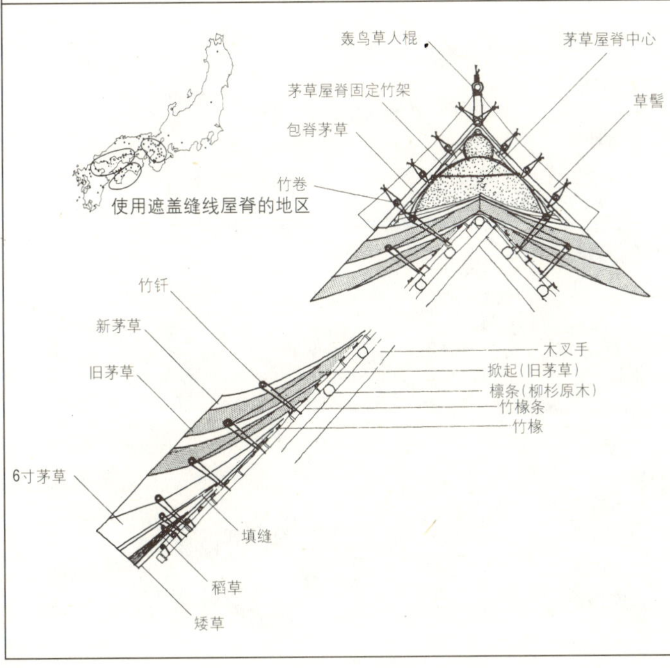


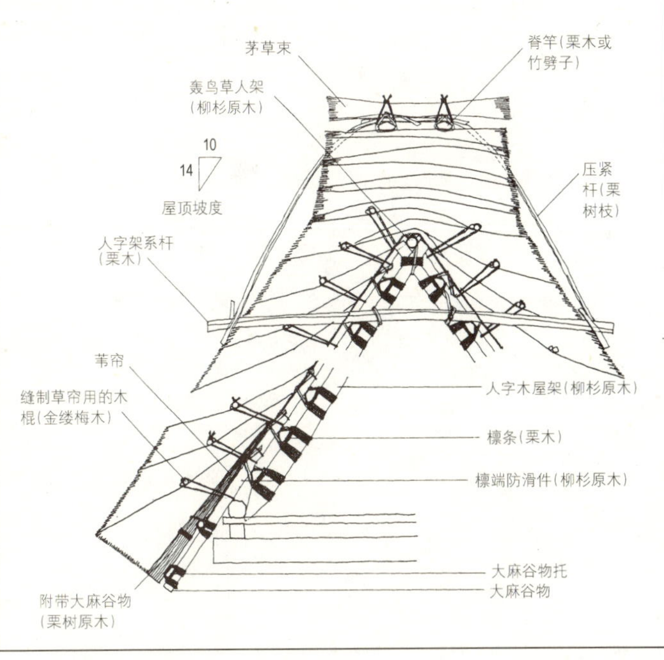

## 5. 茅草屋顶构造详图——草皮屋脊、x交叉形屋脊、盖瓦屋脊

### ④草皮屋脊（秋田县八龙町）

草皮屋脊是用生长野生草的土压放在屋脊茅草上，让草皮的草根与屋脊茅草缠绕在一起，同时起到固定茅草屋脊的作用。这是充分利用自然力量的生态手法。

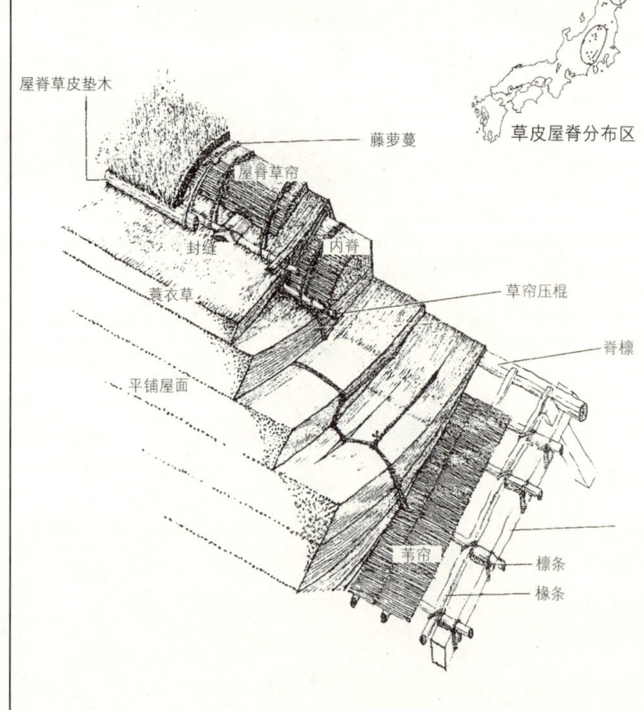


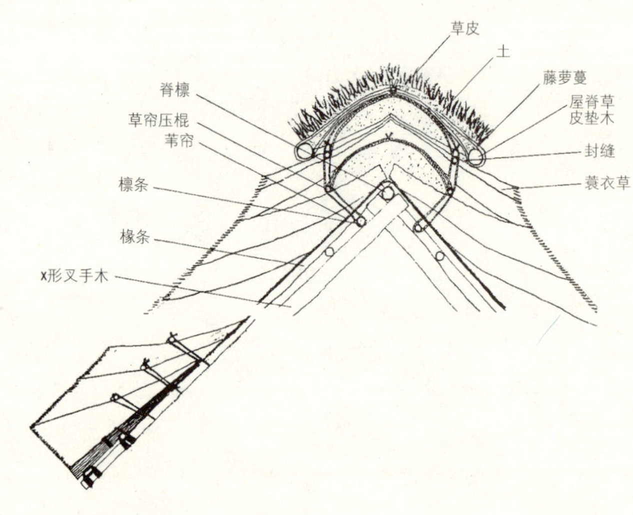


### ⑤屋脊上x形交叉木架（京都府丹波，长野县小谷村）

x形交叉木架结构坐落在屋脊上，利用木架的重量压住屋脊蓑衣草，木架材料主要使用栗子木，木架的数量以奇数为多。

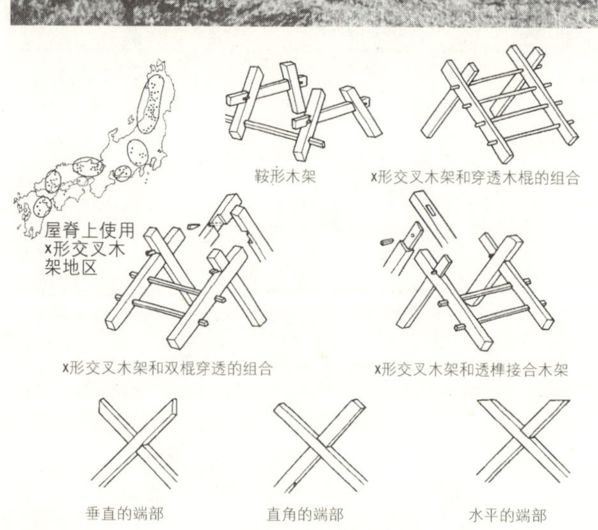


### ⑥盖瓦屋脊（福井县若狭）

用瓦覆盖并保护蓑衣草屋脊，同时用瓦的重量压住屋脊草使之稳固。这种屋脊的做法，据说在明治年代以后很流行，尤其是在经常刮强风的地区更为常见。

# 连栋式四坡顶建筑的茅草屋顶

播磨屋本店圆上店 / 竹中工务店

压脊 盖脊瓦
镀锌管 ϕ30
≒750
柳杉树皮
铜丝
ϕ120
1
1
脊檩180 × 180
草绳
贯松 36 × 120
柏木 椽条 小头 ϕ60
大头 ϕ120 @454.5
笼竹 真竹 ϕ25 @≒200
真竹 篾条 ϕ25—劈为二成槽形
长茅草 $l$=1 500
短茅草 $l$=900
100
松木 240 × 330
檐口顶棚装饰茅草
（外部）棕榈绳
椽上封檐板条，桧木一劈为二

截面图 1/40

篾条 Ⓐ：与第二节笼竹连结
Ⓑ：与第一节笼竹连结
笼竹
椽上封檐板条（把上端削平）
椽条
檐头装饰茅草
屋檐厚度（尺）

檐口部分的接合处理

屋脊瓦 W=750
霍尔曼铜丝
柳杉树皮
镀锌管 ϕ30
椽条

屋脊部分的接合处理

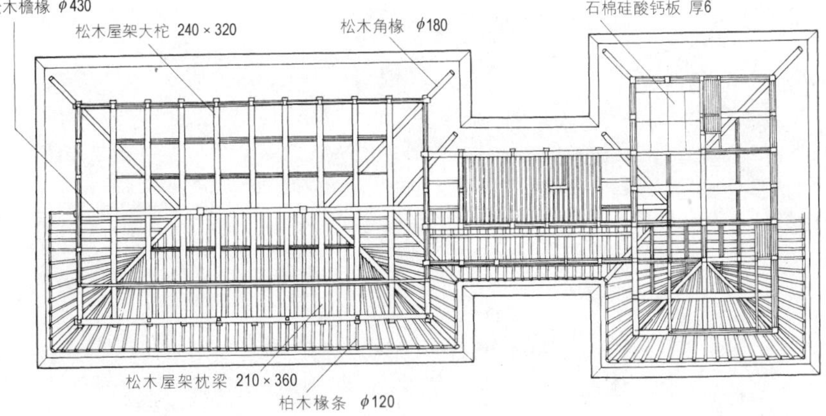


主副房屋顶棚平面图 1/400

茅草屋顶建筑有诸多优越性，例如隔热保温性能好，室内冬暖夏凉，同时在雨天时还能防止下雨声，有益于居住生活。但由于防火问题的存在和生活方式的变化以及屋面材料的缺少等原因，茅草屋顶建筑越来越少了。这种建筑让人们重新认识了茅草屋顶的优越性，让人们想起了记忆中的农村原来风景，同时打算把传统的建筑技术继承下去。

屋顶形状的构成极为简单，只是在连栋式四坡顶建筑上，用盖脊瓦压住茅草屋脊，充分地表现出了茅草屋顶的原材料感和量感。注意了屋顶坡度与周边山脉的协调及当地气候的特性，采用了矩形坡度（10/10）。茅草屋顶的厚度表现出了屋顶的稳重性，所以采用了比标准厚度略厚一些的700～750mm，中央部位约高出其他部位200mm左右。（野田隆史）

# 木板屋顶·树皮屋顶·竹板屋顶

铺屋顶木板和铺屋顶茅草一样，都是日本传统的铺屋顶材料。以前是用一块长板，从屋脊一直向下铺到屋檐的长木板屋顶，后来又有了很多种屋面材料，有用小薄板条的木板瓦屋顶，有在屋顶木板瓦上放置石块的压石木板屋顶。这些屋面材料都具有木材质感的优美和轻快，这是其他屋面材料所没有的特点。

铺屋顶的树皮，主要是柏树皮和柳杉树皮。柏树皮的使用年限可达30～40年，主要用在神社寺院及皇宫等高贵的建筑屋顶上，而柳杉树皮则与之恰恰相反，耐用年限很短，主要用于柳杉木材产地的民房建筑的屋顶上。虽然这两种建筑大相径庭，但却拥有共同的特点，在简朴当中，表示出了强有力感和优美感，让人感觉到了与当时当地风土人情的深厚渊源。

竹板屋顶与茅草屋顶、木板屋顶、树皮屋顶不同，最大的特点是屋面有鲜艳的光泽。将竹杆纵向劈成两半，去掉竹子的竹节内隔膜，把两块竹板的峰和谷相互咬合搭接起来形成的屋面结构形式，可以说这就是屋面瓦的原形。

总之，从把带有地方特色的质朴材料作为铺屋顶材料，如何创造出优秀的建筑屋顶，可以推测出日本人对铺屋顶材料的卓越的感性。



渡边家的压石木板屋顶（新潟·关川町）
摄影：和木 通

# 1. 木板屋顶・树皮屋顶

所谓木板屋顶，就是用木板铺的屋顶。那么日本是从什么时候开始有的木板屋顶呢？在竖向穴居和出土的屋型陶器中没有见到过，弥生时代的仓库，也只是地板和墙壁使用了木板，而屋顶似乎是铺的茅草。周边有森林环绕，木材十分丰富，但没有使用木板。从中可以想像得出，当时要从木材中制造出木板来的技术是何等的艰难，木板是何等贵重的建筑材料。

最早见到记述木板屋面和铺木板屋顶的资料是《日本书记》（643年）一书，书中介绍了皇极天皇的皇宫建筑，屋顶为有泻水沟槽的木板屋顶。在法隆寺的正殿等处看到的大和木板屋顶，都是奈良时代的木板屋顶，在描绘平安京（桓武天皇的首都，现在的京都市——译注）的画卷中也曾有过木板屋顶。

后来，木板屋顶材料随着木工技术的提高与发展，也在从大型木材向着小型木材的方向转变，从厚木板向着薄木板的方向变化，木板瓦屋面正在普及起来。到了明治时代，除了有一部分压石木板屋面还保留着在木板屋顶上放置着石块之外，其他建筑的屋顶上几乎都没有了木板屋顶的踪影。

另外，正如在寝殿式房屋（日本平安时代贵族的住宅建筑形式）和出云大社（岛根县东部的神社）所看到的那样，从很久远的时期就开始使用树皮做屋顶覆盖材料了。总之，只要能够就近获得优质的柏树皮或柳杉树皮，就可以用树皮做铺屋顶材料。

〈木板屋顶部件和施工工具及加工方法〉

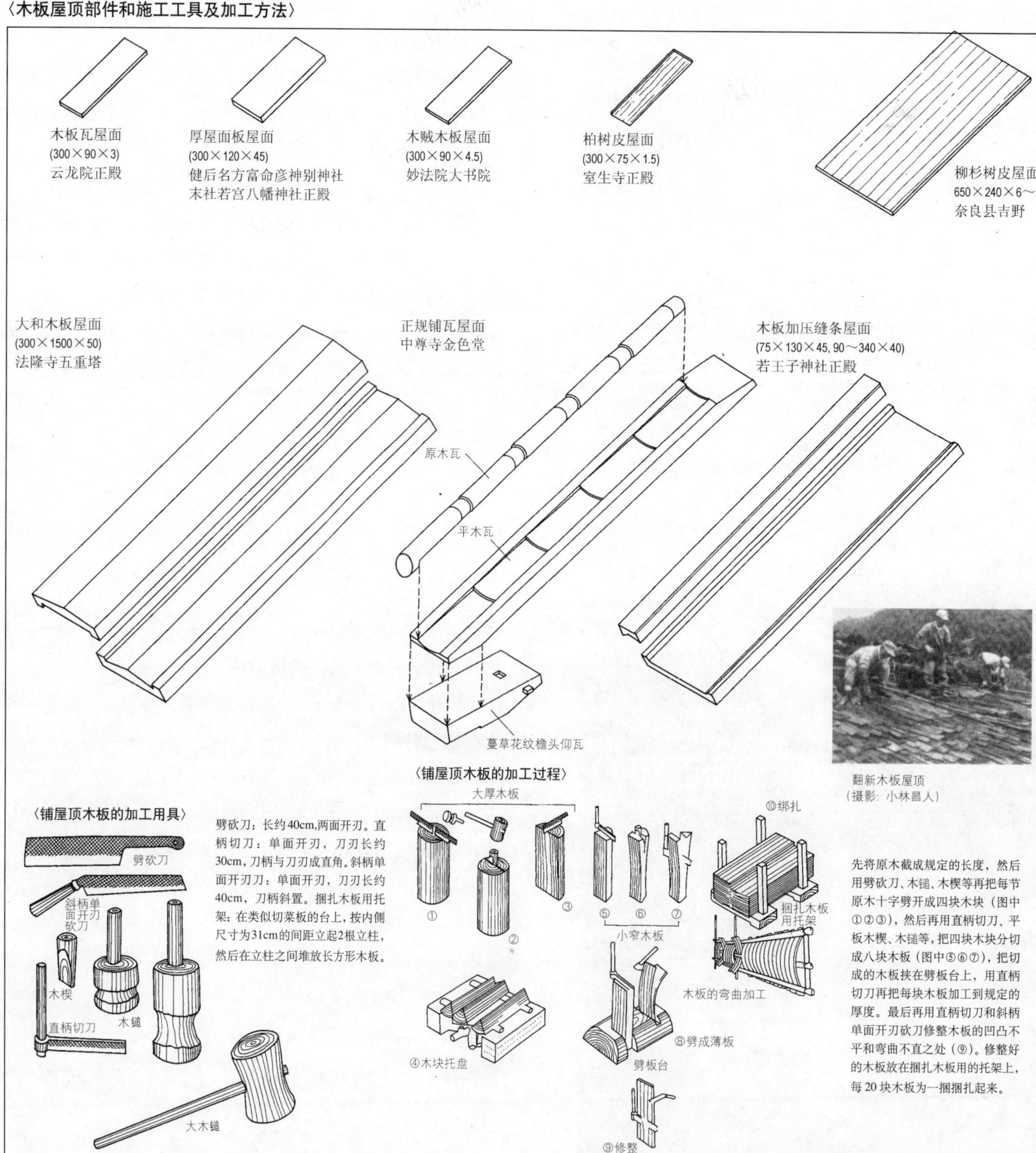

## 2. 木板屋顶·树皮屋顶的实例尺寸

木板屋顶的最大特点是重量轻，但它的缺点是怕风吹、易发生火灾。而且部件的大小要通过人力加工木材，部件的构成要素为长、宽、厚三个方面，但尺寸规格参差不一，差别很大。尺寸和形状、名称也因产地不同而有差异。例如木板瓦屋面类，一般写‘木端’，也有写‘木羽、小端、小羽’的，意思是木屑或薄木片屋顶，还有写‘笹屋根’和‘柾屋’的，前者是长野县上田市的竹板屋顶，后者是青森县津轻的直纹木板屋顶，木板屋顶的种类很多。按木板薄厚排序，分别是木板瓦、木贼板、七叶树木板等，材料厚度逐步加厚。尺寸大小和标准也各不相同。此外，还有长板、厚板、小板、木板瓦、直纹木板等名称。也许是由于人力加工的原因，木板材质以天然特性好的花柏为最多，接下来依次为柳杉、柏木、罗汉柏以及既有耐久性又为木质坚硬的栗木。下表是现存的古建筑和经过修复的建筑物木板屋顶实例尺寸表。从中可以了解到时代和地域的不同特性。

**〈木板屋顶·树皮屋顶的实例尺寸〉**

| 屋顶形式 | 建筑物名称 | 所在地 | 木板材质 | 加工方法 | 长(mm) | 宽(mm) | 厚(mm) | 木板固定点间距(mm) | 屋顶坡度 | 固定钉材质 |
|---|---|---|---|---|---|---|---|---|---|---|
| 木板瓦屋面 | 阿多由太神社正殿 | 岐阜县 | 花柏心材 | 劈开的木材 | 300 | 90 | 3 | 30 | 拉直6寸5分 | 竹 |
| | 云龙院正殿 | 京都府 | 花柏心材 | 劈开的木材 | 300 | 70 | 3 | 80 | 拉直4寸5分 | 竹 |
| | 如庵 | 爱知县 | 花柏心材 | 劈开的木材 | 300 | 90 | 3 | 30 | 4寸<br>2寸5分 | 竹 |
| 厚屋面板屋面 | 延历寺根本中堂回廊 | 滋贺县 | 花柏心材 | 劈开的木材 | 540 | 90 | 24 | 84 | 拉直6寸5分 | 竹 |
| | 健御名方富命彦神别神社末社若宫八幡神社正殿 | 长野县 | 花柏心材 | 成材 | 300 | 120 | 15 | 90 | 拉直4寸4分<br>〃 8寸5分 | 竹、黄铜 |
| | 春日大社投板仓 | 奈良县 | 花柏心材 | 劈开的木材 | 330 | 100 | 9 | 75 | — | 竹 |
| 木贼木板屋面 | 妙法院大书院 | 京都府 | 花柏心材 | 劈开的木材 | 300 | 90 | 4.5 | 30 | 拉直6寸6分 | 竹 |
| | 三千院正殿 | 京都府 | 花柏心材 | 劈开的木材 | 300 | 120 | 4.5 | 30 | 拉直4寸5分<br>〃 6寸<br>〃 7寸 | 竹 |
| | 妙心寺小方丈 | 京都府 | 花柏心材 | 劈开的木材 | 300 | 90 | 4.5 | 30 | 拉直6寸7分 | 竹 |
| 踏步式木板屋面 | 严岛神社摄社大元神社（大元葺） | 广岛县 | 柳杉心材 | 劈开的木材 | 1 080 | 90 | 4.5 | 30 | 拉直5寸 | 竹 |
| 无压缝条木屋面 | 多多神社正殿 | 新潟县 | 柳杉 | 刨木板 | 1 800 | 250~300 | 18 | — | 拉直4寸3分<br>7寸 | — |
| 大和木板屋面 | 法隆寺五重塔（搭扣木板屋面） | 奈良县 | 柏木 | 刨木板 | 806~1 718 | 297~303 | 上板64<br>下板54 | 1718 | 3寸5分 | — |
| | 法隆寺金堂（搭扣木板屋面） | 奈良县 | 柏木 | 〃 | 约2100 | 190~330 | 上板64<br>下板54 | — | — | — |
| 木瓦屋面 | 中尊寺金色堂 | 岩手县 | 柳杉 | 刨木板 | 1 636<br>1 993<br>2 166 | 200（平板） | 75(平板) | 1 363<br>1 781<br>1 873 | 拉直7寸5分 | 铁钉 |
| | 当麻寺正殿 | 奈良县 | 柏木 | 〃 | — | 273 | 76 | — | 3寸5分 | — |
| 重点铺木板屋面 | 若王子神社正殿 | 兵库县 | — | — | — | 90~340 | 40 | — | 1寸1分7厘<br>3寸5分<br>3寸 | — |
| | 阿田木神社正殿 | 和歌山县 | — | — | — | 291~312 | 52 | — | 1寸3分<br>1寸6分 | — |
| 横向铺板屋面 | 福祥寺正殿内殿 | 兵库县 | 罗汉柏心材 | 刨木板 | 2000 | 62 | 6 | 54 | 6寸 | 黄铜 |
| 压石木板屋面 | 曾根原家住宅 | 长野县 | 栗木 | 劈开的木材 | 600~940 | 60~120 | 6 | 90 | 2寸5分 | 不使用钉子的可动屋面木板 |
| | 小仓家住宅 | 石川县 | 栗木 | 〃 | 620 | 120~240 | 18 | 120~185 | 5寸 | 〃 |
| | 渡边家住宅 | 新潟县 | 柳杉心材 | | 360 | 90 | 3 | 75 | 3寸 | 〃 |
| 铺入平板木板屋面 | Y家住宅 | 山梨县 | 落叶松木 | — | 450~480 | 60~150 | 6~7 | 60~70 | 4寸 | 〃 |
| 柏树皮屋面 | 石山寺多宝塔 | 滋贺县 | 柏树树皮 | — | 840 | 90~120 | 1.2 | 12 | 拉直3寸5分<br>〃 4寸5分 | 竹 |
| | 室生寺正殿 | 奈良县 | 柏树树皮 | — | 750 | 150以上 | 1.5~1.8 | 12 | 拉直7寸5分 | 竹 |
| | 善光寺正殿 | 长野县 | 柏树树皮 | — | 750~900 | 150 | 1.5~2.0 | 9 | 拉直8寸5分<br>〃 8寸3分<br>〃 4寸7分 | 竹 |
| 柳杉树皮屋面 | 京都府京北町的民宅 | 京都府 | 柳杉树皮 | 剥皮 | 660 | 以10间（18m）捆成一个单位 | 3~6 | 60 | 5寸 | 5寸钉 |
| | 大和木板屋顶民宅 | 奈良县 | 柳杉树皮 | 剥皮 | 160 | 30 | 15 | 20~23 | 5寸 | — |
| | 吉野民宅 | 奈良县 | 柳杉树皮 | 剥皮 | 1 900 | 250~360 | 6~9 | 1 700 | — | — |

# 3. 木板屋顶的构造详图——木板瓦屋顶和厚屋面板屋顶

## ①木板瓦屋顶（阿多由太神社正殿，1375年前后建成，位于岐阜县）

铺在屋顶上的木板瓦，主要是花柏木板瓦。瓦长1尺（300mm），宽3寸（90mm）以上，厚1分（3mm），铺在屋顶上时的木板瓦搭接长度为1寸（30mm），搭接处用竹钉固定。屋顶边角部分加工成燕尾槽形，与木板瓦搭接部分重合起来。

（文化厅）

〈构造图〉

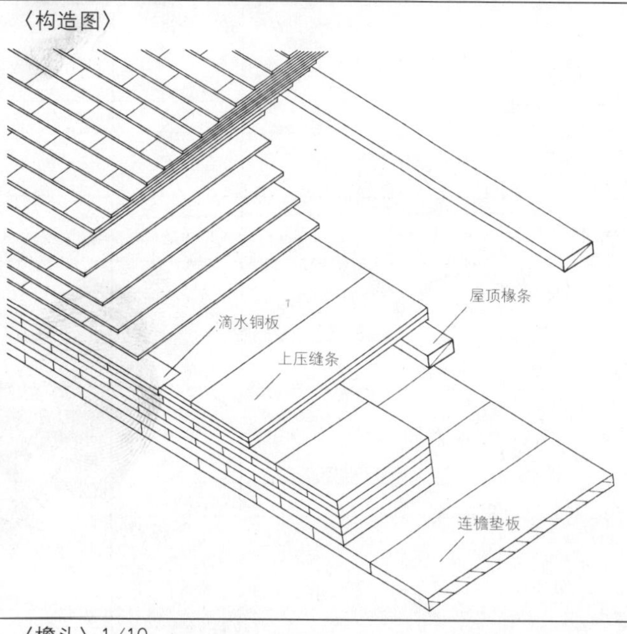


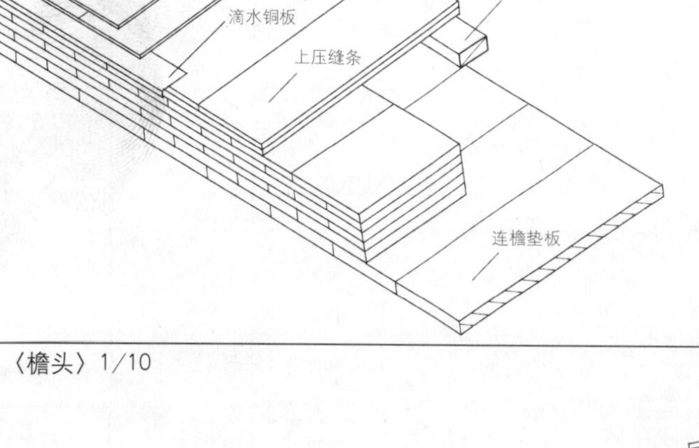

〈檐头〉1/10

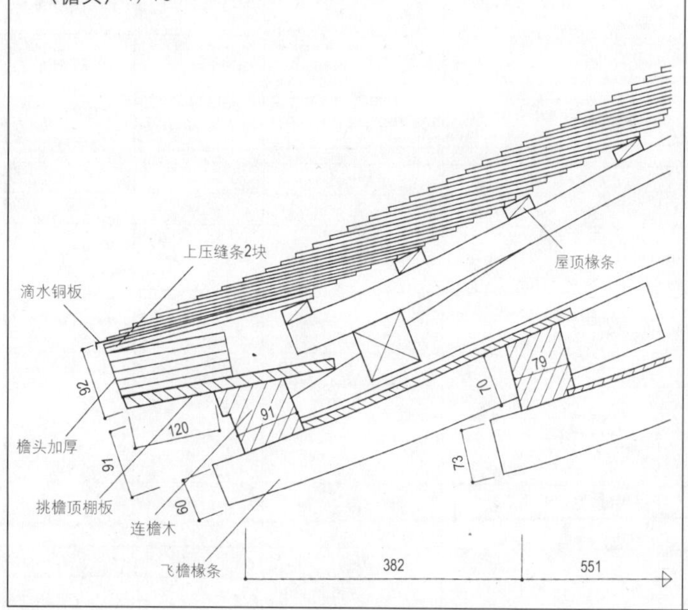


## ②厚屋面板屋顶（延历寺根本中堂回廊，1633年前后建成，位于滋贺县）

两块木板紧贴在一起之后，木板里面很容易渍含水分，而且水分不容易蒸发，木板不容易干燥。于是把长方形木板的末端厚度变薄，使板与板之间产生空隙，然后用竹钉固定住。这样可以使屋顶木板的更换时间，由原来的30年延长到50年左右。

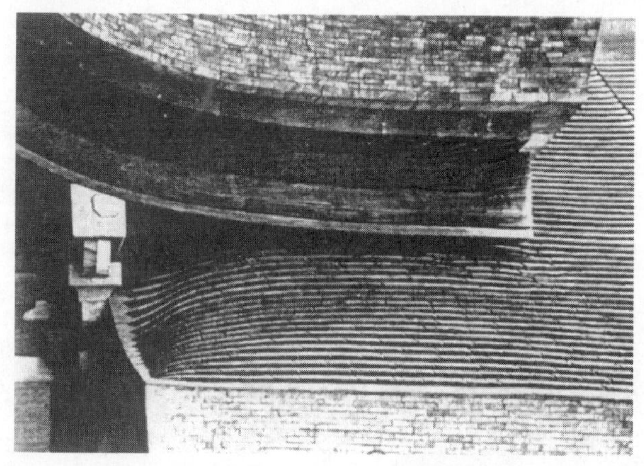

（《传统的屋顶细部》彰国社）

〈构造图〉

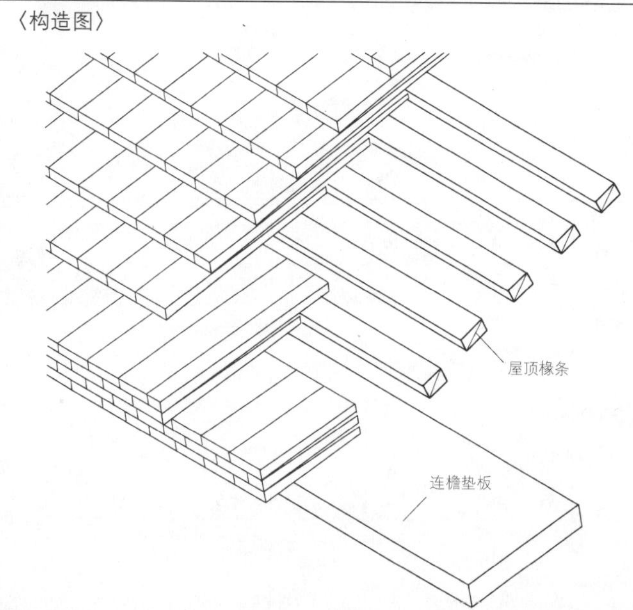


〈檐头〉1/10

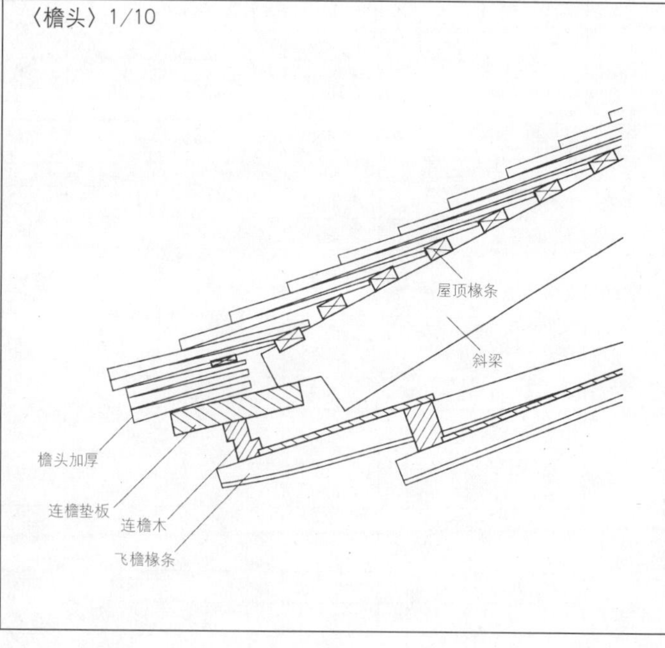

# 4. 木板屋顶的构造详图——大元神社木板屋顶、无接缝压条的木板屋顶

## ③大元神社木板屋顶（严岛神社摄社大元神社神殿，1524年，广岛县）

屋顶木板的每一个搭接错开长度为1寸（30mm），6块木板的重合搭接长度约为8寸（240mm）。屋顶木板的中间部位有一根横置的压板柳杉方木条，用钉子固定在檩条上。压板柳杉方木条的上方用铜板做防腐处理。

（文化厅）

## ④无接缝压条的木板屋顶（多多神社正殿，1600年前后）

这是一种尚未铺钉屋面板的木板屋顶，也可以叫作没有钉压缝条的屋顶。屋面板顺着屋顶的流水坡度严密地贴铺在屋面板垫层上，山墙部分沿着屋顶坡度削整齐。该屋顶的名称大概就是从前坡结构长的屋顶造型产生的。

（古建筑保护技术协会）

〈构造图〉

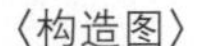

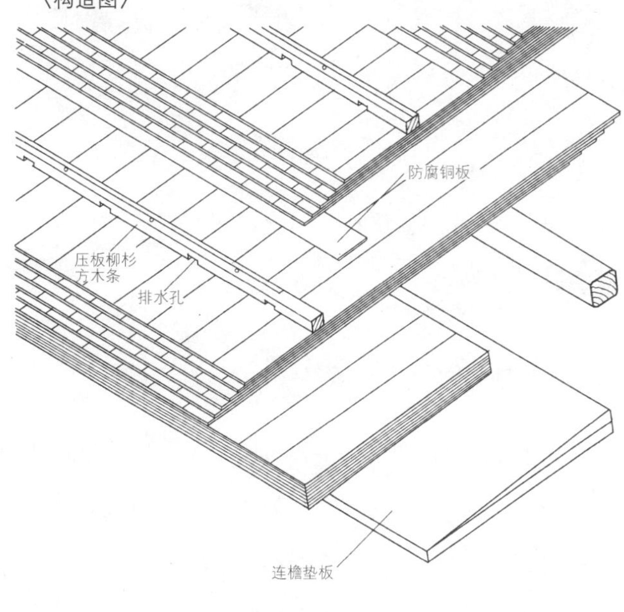


〈剖面大样图〉1/60

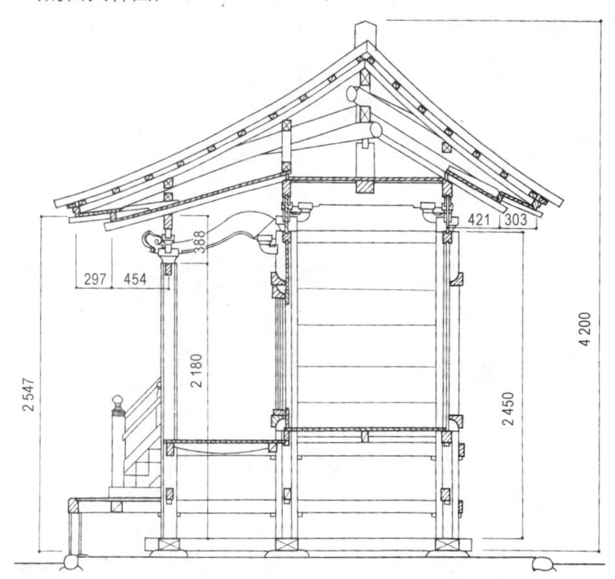


〈檐头〉1/20

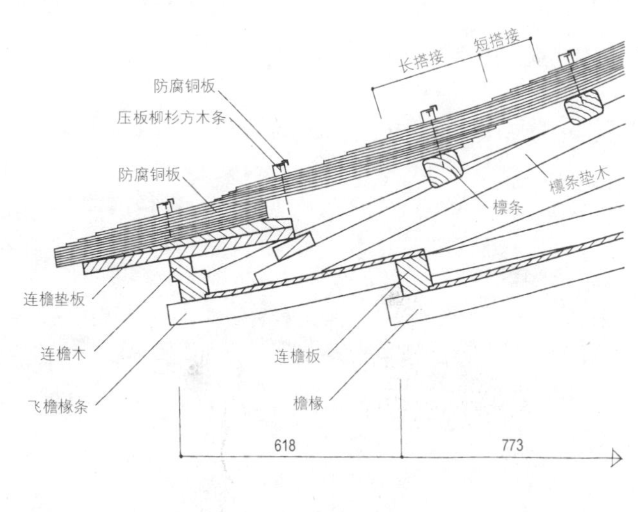


〈檐头〉1/10

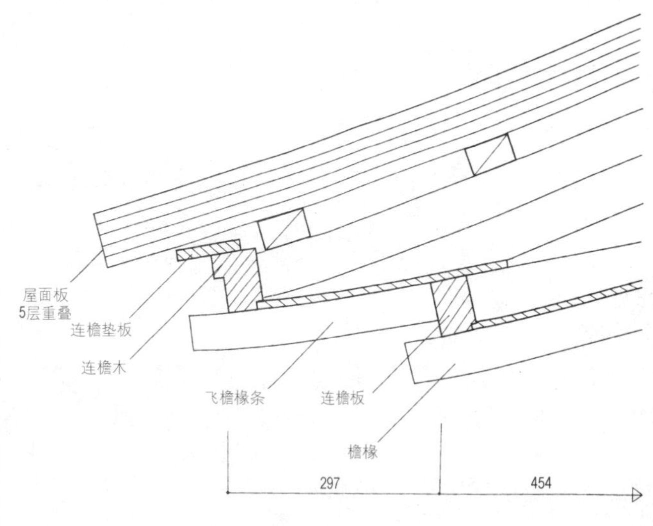

# 5. 木板屋顶的构造详图——大和木板屋顶、木瓦屋顶

## ⑤大和木板屋顶（法隆寺五重塔木板搭扣屋顶，8世纪前期）

这是在屋顶流水坡度的方向上，把一块屋面板的截面加工成雨水流槽的形状，让屋面雨水顺槽流下的屋面铺木板方法。据说当时的木板屋顶在防雨排水上，比铺瓦屋顶的可靠性还要好。大和木板屋顶的优点是在施工方法上，不需要使用椽条，直接把屋面板铺在檩条上。

（《传统的屋顶细部》彰国社）

〈构造图〉

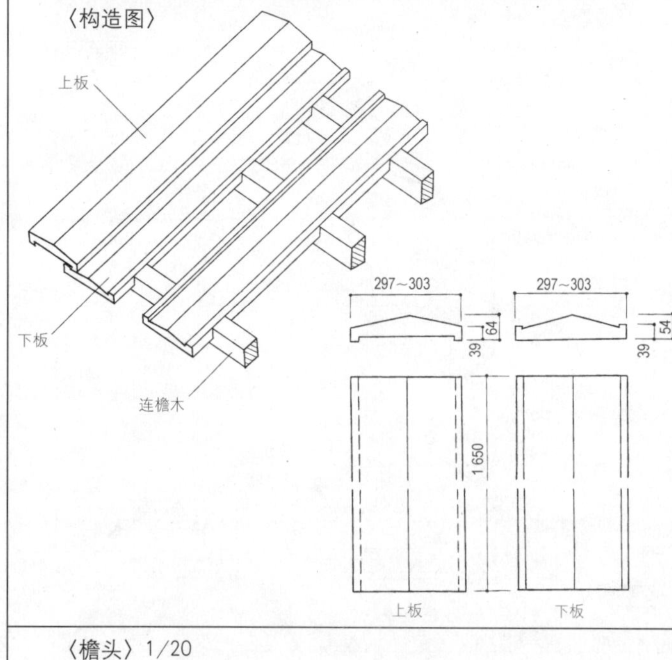


〈檐头〉1/20

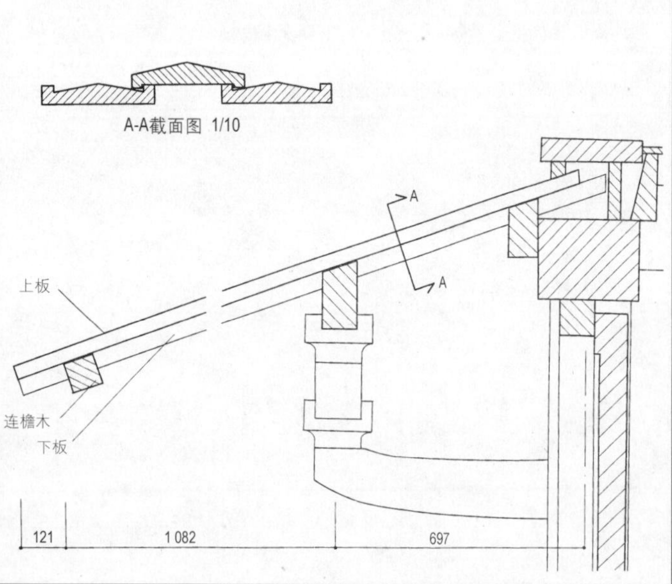


## ⑥木瓦屋顶（中尊寺金色堂，1124年）

木瓦屋顶与大和木板屋顶一样，在屋面流水坡度的方向上，用一块板把屋面木板对接时的竖向接缝覆盖起来，这块覆盖板叫作屋面板的对接盖板。该盖板很像圆筒瓦，屋面泄水板就像嵌入对接盖板即圆筒瓦一样。这种屋面的防雨排水效果虽好，但容易损坏，还要用覆盖的方法保护该建筑屋顶。

〈构造图〉

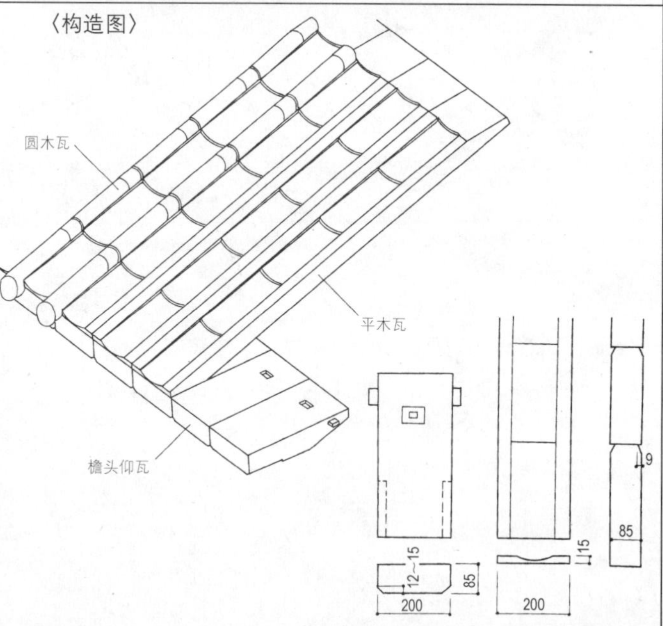


〈檐头〉1/20

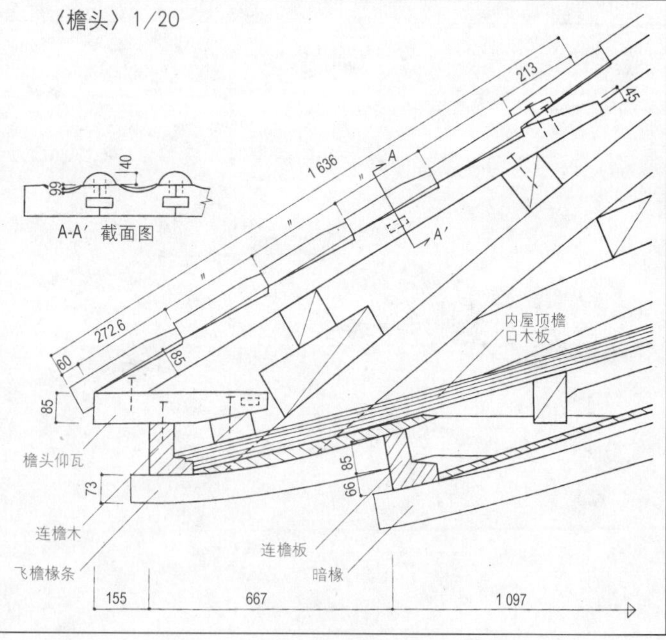

# 6. 木板屋顶的构造详图——压石木板屋顶、加铺平板的木板屋顶

## ⑦压石木板屋顶（曾根原家住宅，17世纪中期）

屋顶木板为栗树木板。该木板取材容易，材质耐久性好，但翘曲变形严重。每隔3~5年就要翻盖一次，把屋面木板从上到下，从表到里全部颠倒过来，以里做面重新排列铺盖，除掉朽坏的木板，插入新的木板。

（安藤邦广等著《住宅的传统技术》）

## ⑧加铺平板的木板屋顶（Y家住宅）

这是每铺数块屋面板，就要在屋面板上加铺一块平板的方法。在放置圆石子的压板条处很容易滞留尘土垃圾脏物和雨水等，至使屋面木板过早地腐朽损坏，但在屋顶的外观上，就像条纹一样很漂亮。

（与⑦相同）

〈构造图〉

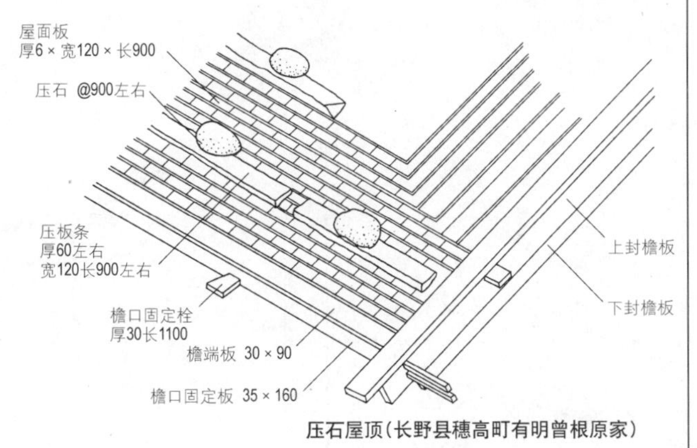


压石屋顶（长野县穗高町有明曾根原家）

檐头及山墙细部构造

〈构造图〉

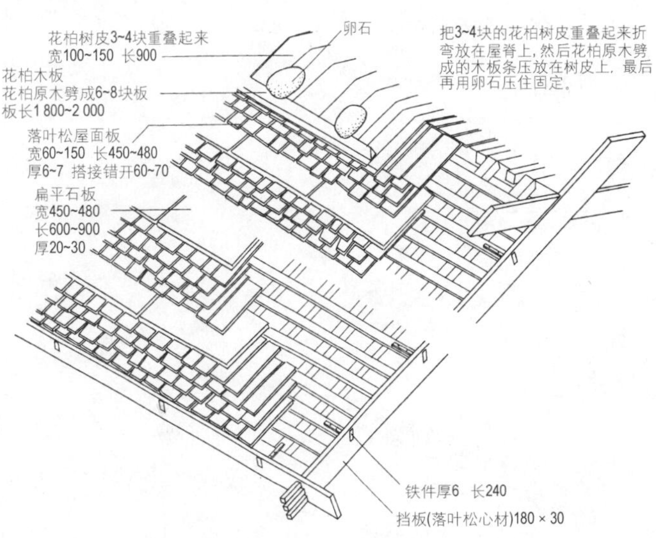


〈檐头〉1/20

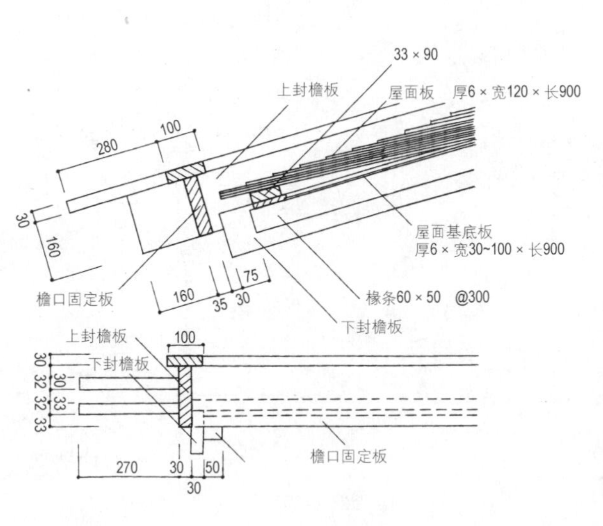


〈檐头〉1/30

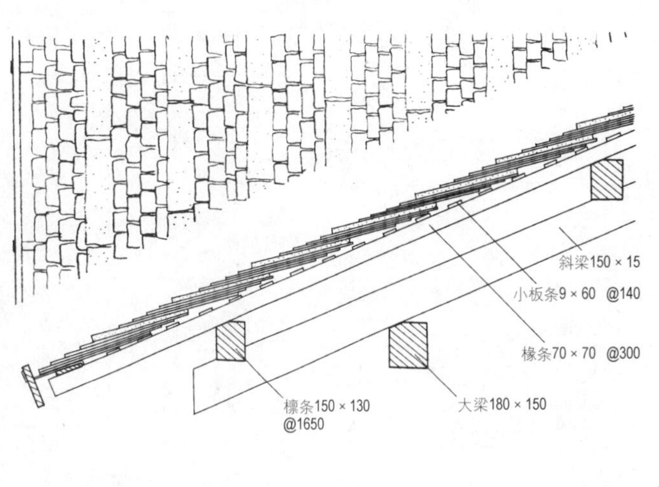

实例—1

## 屋顶前坡长的木板屋顶

**大峰本宫天河大辩才天社／竹中工务店、泷川寺院神社建筑设计事务所**

大峰本宫天河大辩才天社是日本三大辩才天之一（“辩才天”是指佛教“辩才女神”），因“修验道”而建在有名的纪伊山地大峰山的山脚下（“修验道”是以“役小角”为开山祖的密教之一派，在山里修行，以念咒祈祷为主）。这次正殿的重建，是用原来旧神殿的旧材料，改建成一座除污秽与邪恶的禊殿。地点位于清溪流水的天河河畔，周边有柏树和柳杉等高乔木林立，林中充满了神圣的气氛。因此在选择屋顶材料时，考虑了与当地丰富自然环境的协调，要与禊殿的清秀形象融合在一起，认为木板屋顶合适，木板质地温暖且优美。建筑形式采用前坡长、后坡短的屋顶，这是神殿初建时期，也就是平安时代的建筑造形。这种建筑造型和优美的木板屋顶，可以很好地与周边的景观融为一体，让人感到这里自古以来就是人们信仰的神圣之地。

（中村雅由）

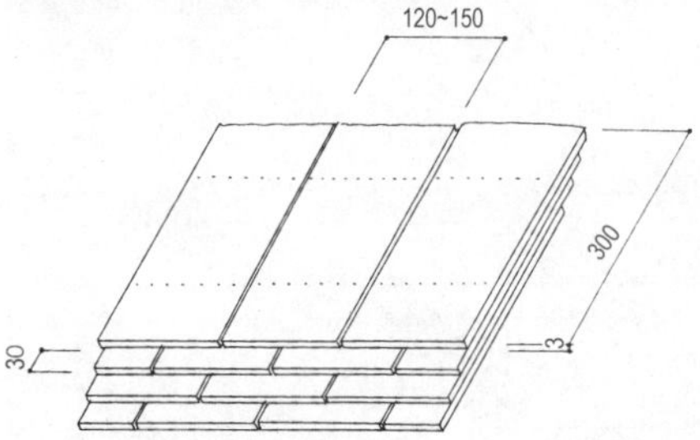

120~150
300
30
3

木板屋顶的铺盖方法 1/15

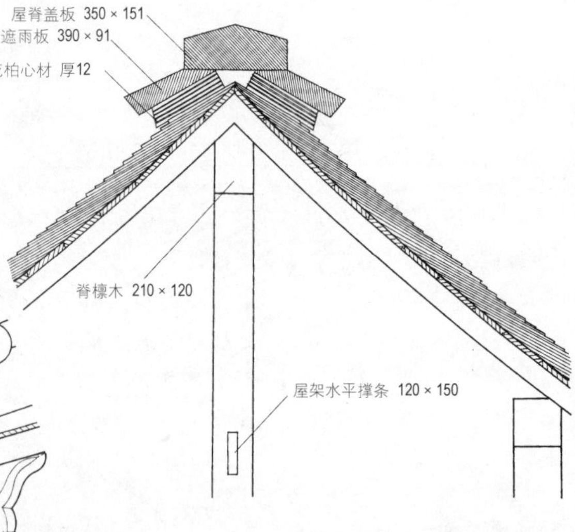

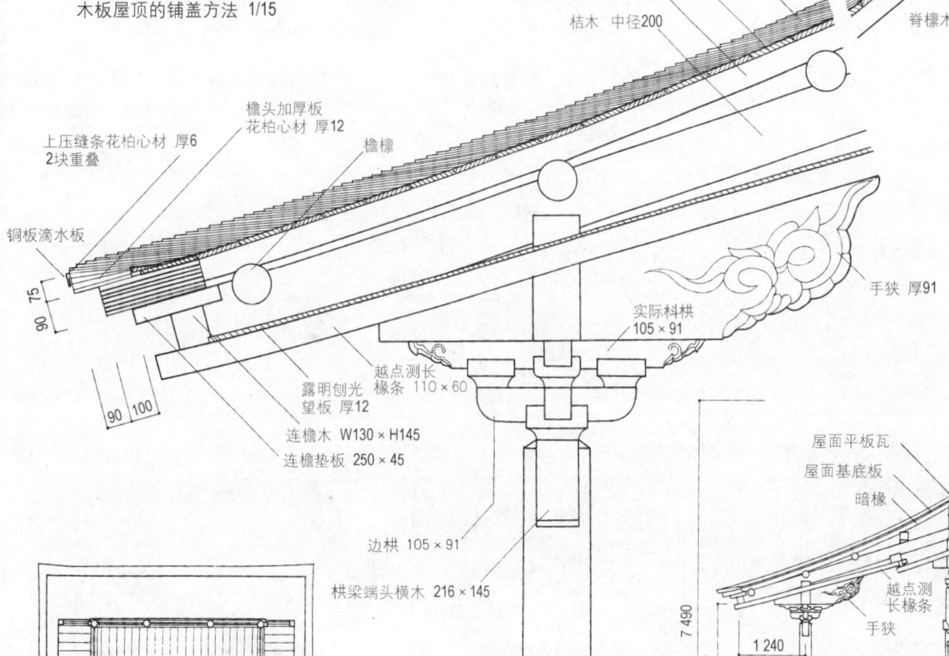

屋脊盖板 350 × 151
遮雨板 390 × 91
脊檐板 花柏心材 厚12
屋面平板瓦 厚3 用竹钉固定
屋面基底板 厚15
暗椽 55 × 45
桔木 中径200
脊檩木 210 × 120
屋架水平撑条 120 × 150
檐头加厚板 花柏心材 厚12
上压缝条花柏心材 厚6 2块重叠
檐檩
铜板滴水板
75
90
手狭 厚91
实际枓栱 105 × 91
越点测长椽条 110 × 60
露明刨光望板 厚12
连檐木 W130 × H145
连檐垫板 250 × 45
90
100
边栱 105 × 91
栱梁端头横木 216 × 145
朝拜厅立柱 230 × 230

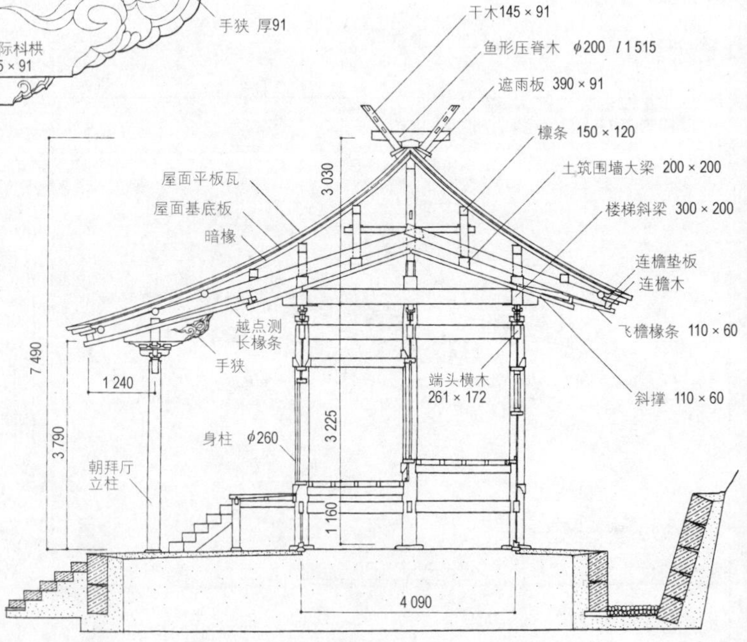

干木145 × 91
鱼形压脊木 φ200 / 1 515
遮雨板 390 × 91
檩条 150 × 120
土筑围墙大梁 200 × 200
楼梯斜梁 300 × 200
连檐垫板
连檐木
飞檐椽条 110 × 60
斜撑 110 × 60
端头横木 261 × 172
屋面平板瓦
屋面基底板
暗椽
越点测长椽条
手狭
身柱 φ260
朝拜厅立柱
3 030
7 490
1 240
3 790
3 225
1 160
4 090

平面图 1/300　　檐头、屋脊详图 1/25　　剖面图 1/150

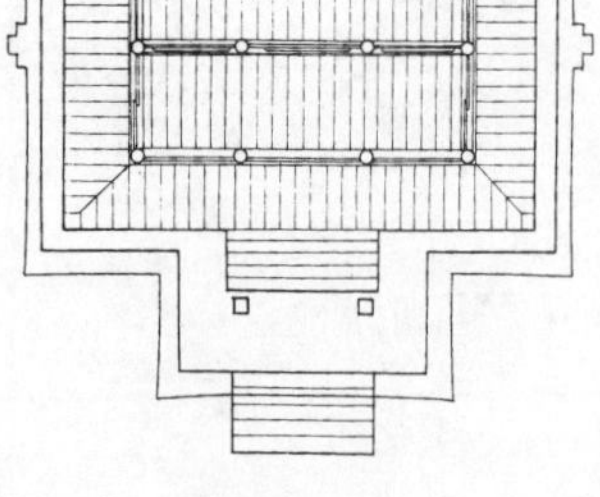

实例—2

# 现代的压石木板屋顶

**石原历史和道路之馆 / 香山寿夫、环境造形研究所**

（摄影：和木 通）

“渡边官邸”是日本的国家重点文物保护单位，“石原历史和道路之馆”与渡边官邸毗连。下面介绍“石原历史和道路之馆”的建筑屋顶详细情况。利用现代的科学技术建造渡边官邸建筑的传统压石厚木板屋顶，提高了屋顶的使用耐久性、强度和经济效果。

“活动屋面”具有良好的遮光、通风和隔热性，腰墙有挡风防雪的作用，同时腰墙上部的缝隙还有往室内进气的作用，从而使室内形成了高质量的收藏环境。为了提高利用传统工艺加工的七叶树木板耐久性，据说每块木板都是工匠用手工加工而成，目的是为了避免木板纤维被切断。

为了避免木板纤维被切断，本次的木板采用了日本国产的柳杉木板，并用机械把原木劈开加工成板材，同时做了CCA防腐处理。用不锈钢钉固定之后，大约用荒川河中游的1万8千个天然大卵石压在木板上，防止木板被风刮起。为了防止石块从屋顶上滚落掉下，又用$\phi$2mm的铜丝把挡卵石的木板条直接固定在下面的椽条上，以确保安全。可以认为，渡边官邸建筑的端头和山墙上的“盖板”及“猴头木”等都有防止石块滚落掉下的功能，据说在充分利用建筑细部的基础上，决定了压顶盖板和山墙封檐板的详细构造。可以说，该建筑屋顶的做法，是传统工艺和现代技术完美结合的优秀典范。

猴头木 90 × 90(50) × 500
900
90
500
屋面基底板缝隙30
黄松屋面基底板90 × 15 14块对接
450
荒川河道卵石
4.2 / 10
改性沥青片材防水层边端部分要有涂料压层
4.35 / 10
檐口垫板 210 × 50(25)
山墙头盖板 100 × 30
椽条 70 × 80
檩檩 120 × 170
斜梁 150 × 180
山墙封檐板 210 × 40
150
18
30 缝隙 100
200 30
1 100

**压石木板屋顶檐头周围构造详图 1/30**

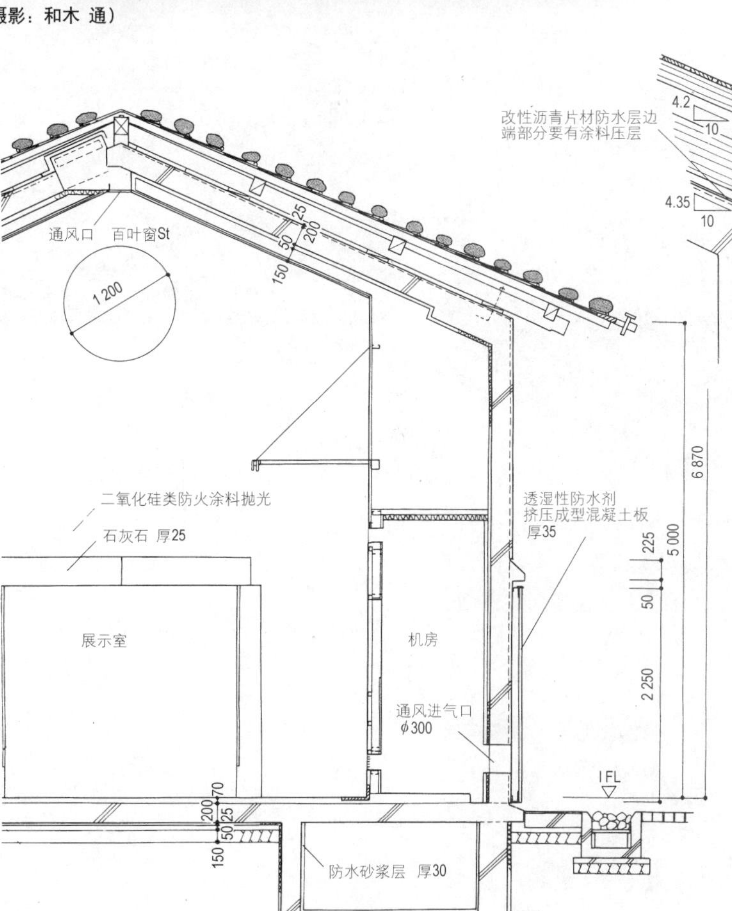


压石木板屋顶

黄松椽条 70 × 80 CCA防腐处理
黄松屋面基底板 90 × 15
杉木板 180 × 450 厚6搭接75CCA防腐处理
30 90
300 300
铜丝2mm
450
75
180
直接用铜丝固定在椽条上
铜丝2mm

木板为杉木板　机械加工成板材，经过CCA防腐处理，用不锈钢钉固定。

压石屋顶　用铜丝把挡石木板条固定在椽条上，然后把卵石块放在木板条上。

# 7. 树皮屋顶（扁柏树皮屋顶）

因为用树皮铺盖屋顶，比把原木加工成板材之后铺盖在屋顶上容易，所以，自古以来就有用扁柏、柳杉、松树、桦树、樱树等树皮铺盖屋顶的做法。平安时代贵族家庭的住宅，即寝殿式房屋，屋顶和屋檐均采用翘曲的曲面形式，十分美观，这就是扁柏树皮屋顶的特点。

### 扁柏树皮的剥取

扁柏树皮屋顶优雅美观，除瓦块屋顶之外，扁柏树皮的耐久性最好，可以使用30~60年。自古以来，扁柏树皮的生产加工，一直是由扁柏树皮师来完成树皮的剥取和加工。扁柏树皮的剥取方法为直接把还在生长着的尚未砍伐的扁柏树皮剥下来，扁柏树的生长期为50~60年（据称理想的生长年数为80~100年）。扁柏树的树皮被剥掉之后，经过8~9年的时间，又可长出并可再次剥下2~2.5mm厚的树皮。剥树皮的顺序为：①用酒和盐水净身之后进山。②在剥扁柏树皮之前，先观察树枝和树节的状态，决定剥树皮的顺序。③在表层树皮与树干之间，有一层被称为“甘肌”的嫩树皮，把树皮刮刀插入到嫩树皮的外表层之后，让表层树皮撬浮起来，然后边向下拉曳边剥下树皮。在剥下4~5m的位置处切断即可。④把剥下的树皮集中起来打捆。⑤把小捆的扁柏树皮捆放在木框上，捆成大捆，决定树皮捆的切断位置，树皮捆的前后两端用绳子捆扎住。⑥在决定用刀切断的地方浇上水，然后用刀砍切断开。⑦用秤称树皮重量，每30kg一捆。⑧最后，开始把树皮裁断成铺盖屋顶材料的尺寸备用。在树上舞刀弄棒是一件十分危险的作业。

### 扁柏树皮的剥取时期

主要是从当年的8月开始到第2年的4月下旬停止，也就是从当年阴历7月15中元节，佛教举行盂兰盆会的前后，到第2年的春季为止，在降雨少的季节里剥取树皮。

### 扁柏树皮的产地

①丹波皮：先把生长了50~60年的老树皮剥取下来，让树重新长出新的树皮，待树皮长到7~8年时剥取下来的第2层树皮为丹波皮。丹波皮的颜色发黑，有光泽，属于上等品。产于京都、兵库、奈良、大阪等地。②木曾皮：现在的木曾皮是从国有树林中采伐下来的原木上剥取下来的树皮。木曾是指日本长野县西南部沿木曾川的溪谷地带。③樱井皮：在京都、大阪、神户地方生长了50~60年的扁柏树皮，而且大部分是老树皮。④高野皮：生长在高野山上的扁柏树皮。现在高野山森林已成为国有森林，不准许砍伐树木和剥取树皮。

### 扁柏树皮的加工

加工扁柏树皮的工作叫作“铺屋顶准备”或“开始铺屋顶工作”，是为提高铺盖屋顶工作的效率而做的准备工作。该项工作有“挑选树皮”和“缝缀树皮”两道工序。

所谓挑选树皮，就是按用途把扁柏的原树皮进行分类的工序。原树皮可依次加工成“正面立面用树皮”、“檐头用树皮”、“长檐用树皮”、“檐头加厚用树皮”、“未加工树皮”、“上面压缝用树皮”、“锚固用树皮”、“天沟用树皮”、“曲线形屋檐表面树皮”、“曲线形屋檐镶嵌用树皮”、“曲线形屋檐正吻座用树皮”、“平板瓦屋面用树皮”。

### 竹钉

在用竹钉固定铺屋顶的树皮时，施工人员往往要把竹钉含在嘴里，用舌头尖的感觉判断竹钉的钉子头和钉子尖，所以，竹钉的加工必须进行仔细的削刮和清洗干净。竹钉被加工成形后，要用大铁锅进行煎炒，除掉竹钉中的湿气水分。

扁柏树皮固定用的竹钉，长4.5cm、3.6cm、3.3cm三种。竹钉的截面形状近似八角形。竹钉的材料以刚竹为主，也有用毛竹和芦竹的。现在，专门从事竹钉加工的人，只有兵库县的石塚芳春先生一人了。

①正在割断树的根部树皮。

②从被割断的地方向下拉扯树皮，把扁柏树皮剥下来。

③树的高处，人要站在脚登子上，用刮刀往下剥树皮。

④把扁柏树皮打成捆，准备切断。切断处要先浇上水，然后用大砍刀把树皮切断。

⑤每捆扁柏树皮重约30kg。

〈剥树皮用的工具〉

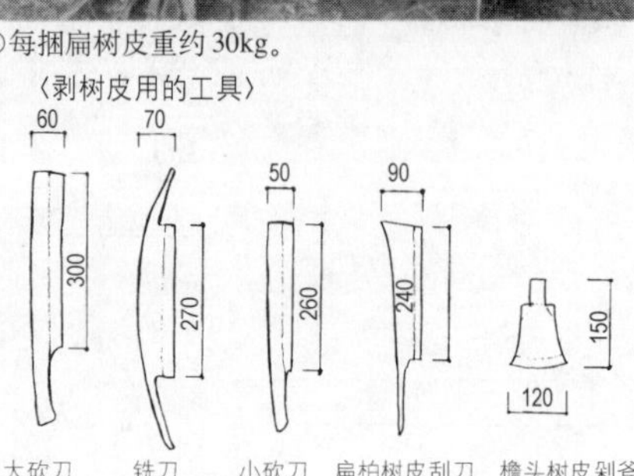


〈采取扁柏树皮的工具〉

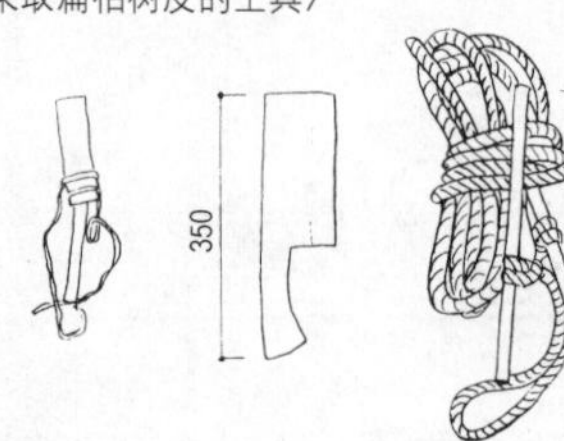


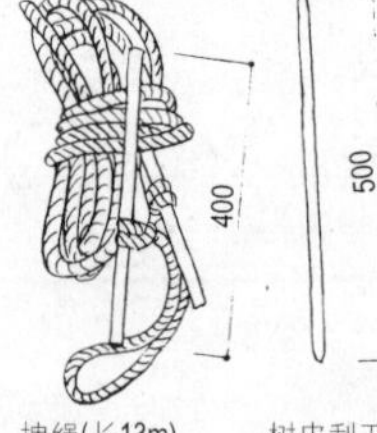

| ①扁柏树皮屋顶（石山寺多宝塔，1194年，滋贺县） | ②檐头加厚的檐口 |
| --- | --- |
| 扁柏树皮是一种薄而富有柔软弹性的屋面材料，可以任意地加工成翘曲或弯曲等曲线形状。屋顶树皮材料的加工尺寸为：长7寸（210mm），宽2寸4分（72mm），厚1寸1分（33mm）。<br> | 檐头加厚时，是把檐口板和衬板放在连檐垫板之上。檐口板的优点在于使渗透的雨水，沿着纵向排列的水平接缝，垂直滴流而下，雨水不会浸入到衬板的截面里面去，衬板的耐久性很好。檐口采用扁柏树皮做成的厚檐口和花柏心材加工成的平木板。<br><br>摘自（谷上伊三郎著《扁柏树皮屋顶的技法》1980年。） |
| 〈构造图〉<br>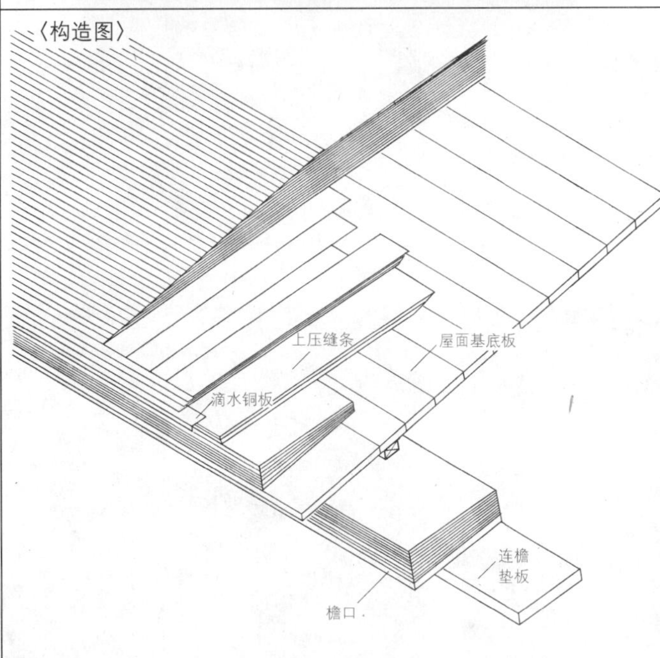<br> | 〈构造图〉<br>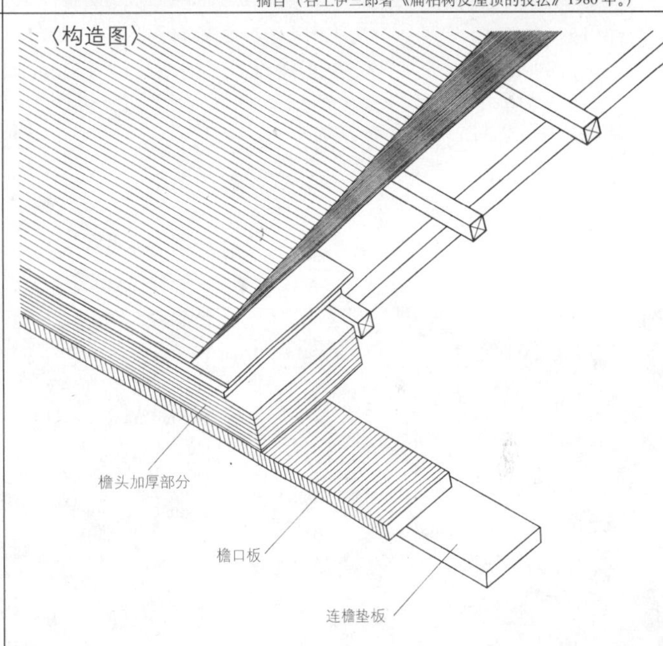<br> |
| 〈檐头〉1/20<br>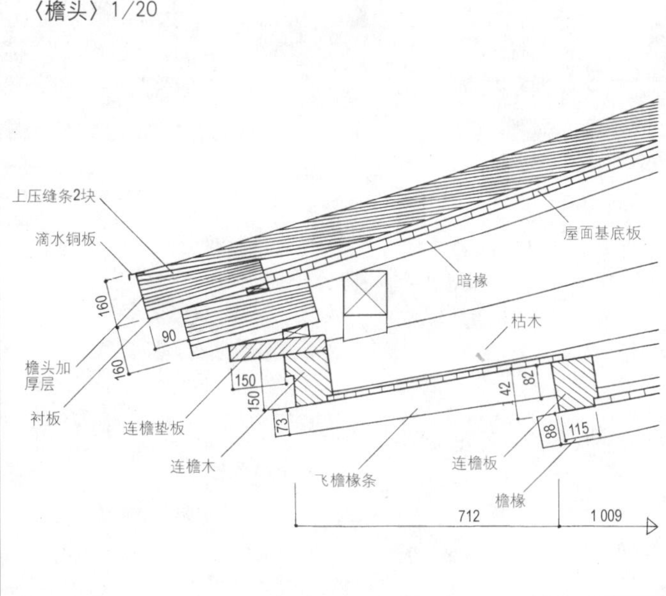<br> | 〈檐头〉<br>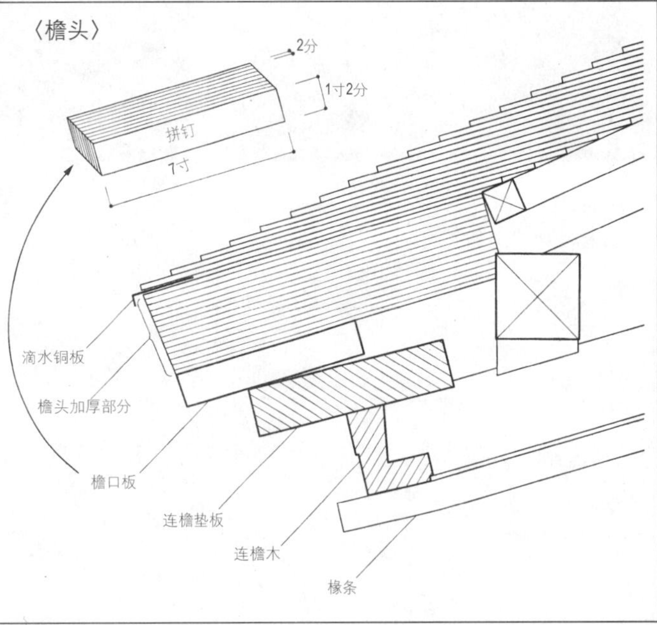<br> |

## 8. 树皮屋顶（柳杉树皮屋顶）

自古以来就有用柳杉树皮作民宅屋顶材料和墙面装修材料的做法。今天，在靠近山区的村落里，依然可以见到使用柳杉树皮的民宅。京都府的丹波地方和奈良县的吉野地方，曾经都是柳杉树皮的产地，几乎家家都使用柳杉树皮铺盖屋顶，但是，现在仅剩下有数的几家还在使用柳杉树皮作屋顶材料。

据说，秋季采取的柳杉树皮最好，春季采取的树皮容易生虫子。在丹波地方。从阴历春分前后的七天到秋分前后的七天之间采取下来的夏季树皮最好，而在吉野地方，则是梅雨季节前的树皮最好。产地的气温和降雨量，以及屋顶的铺盖方法等，均因地区不同而有差异。

丹波地方的铺屋顶树皮尺寸为：长2尺2寸（1尺=0.303m，称之为长皮），厚度为1~2分（1分=3mm），宽度以10间用量为1捆（1间=1.818m），上等品为“梨皮斑点树皮”，有纹理的树皮叫做“节疤树皮”。

吉野地方的铺屋顶树皮尺寸为：长6尺，厚2~3分，宽8寸~1尺2寸，比丹波地方的树皮尺寸略大一号。树皮的品种有“垂下树皮”、“细纹树皮”、“波形树皮”、“脊头树皮”、“防菌树皮”等。据说耐用年限可达20~30年。

### 柳杉树皮的采集

柳杉树皮与扁柏树皮的采集不同，是从砍伐下来的木材上，把树皮剥取下来。①让树冠沿着山坡向上砍倒，在树干与地面之间形成空间空隙。②从倒下的树干根部开始，约到树干的2/3长度为止，把树干上的树枝砍掉。③然后把最有用的树皮剥下来。用树皮刮刀把树皮表面的老皮刮下来，剩下有光泽的、呈现出鲜艳茶褐色的柳杉树皮。④测量出2尺2寸的树皮长度，在上下两端分别用钩镰刀，环绕树干切割出树皮断缝，然后再纵向切开树皮，把树皮刮刀插入断缝，剥下树皮。⑤剥下的树皮，要当天运到晾晒树皮的地方风干。风干的方法是把树皮的外表面向上多层重叠之后，上面压上石块，防止树皮蜷曲，大约放置15天到30天的时间。⑥树皮的状态稳定之后，依然让树皮的外表面朝上，一块一块地摆放在阳光下晒干。⑦一旦树皮被晒干，就会略有波形不平，还要再用石块压放，使之变平整。⑧将2块树皮内面对内面重合起来摆放，摆放长度为横向10间（约18.18m）。出厂时，10间铺一层用的树皮为1捆。现在，由于需要量很少，往往都是3间的用量为1捆出厂。

### 柳杉树皮的铺屋顶方法

用柳杉树皮铺屋顶时，树皮长2尺2寸，两块树皮的重叠搭接长度为2寸，共重叠铺盖11块树皮。每1坪（约3.3m²）屋顶面积铺柳杉树皮4捆（13.2坪）。

除去柳杉树皮的特性和采伐期之外，适宜翻盖屋顶的时间是10月下旬~11月上旬。施工顺序如下。

①搭脚手架，准备铺盖屋顶材料。②翻盖屋顶时，要把旧的屋顶材料全部拆掉。③把还可以使用的旧树皮挑选出来，其中有4成还可以再利用。④檐头加厚部分要全部改用新树皮。⑤平铺屋顶树皮时，要每3块新树皮要加进2块旧树皮。铺旧树皮时，要把原来的铺盖状态上下颠倒铺盖。⑥3块屋脊树皮当中，下面的2块要重复使用。脊梁要重复使用2次。⑦铺盖屋顶树皮要1天完成。根据屋顶面积的大小增减施工人数。

此外，由于还有应急修复工程，所以，铺盖柳杉树皮的屋顶，平时备有20~30捆的树皮。

①伐倒树干，砍掉树枝，然后剥掉树皮。

②测量铺盖屋顶用的柳杉树皮长度，割断树皮。

③沿着树皮的割断裂缝，用树皮刮刀把树皮剥下来。

（照片提供：安藤邦广）

〈采取柳杉树皮用的工具〉

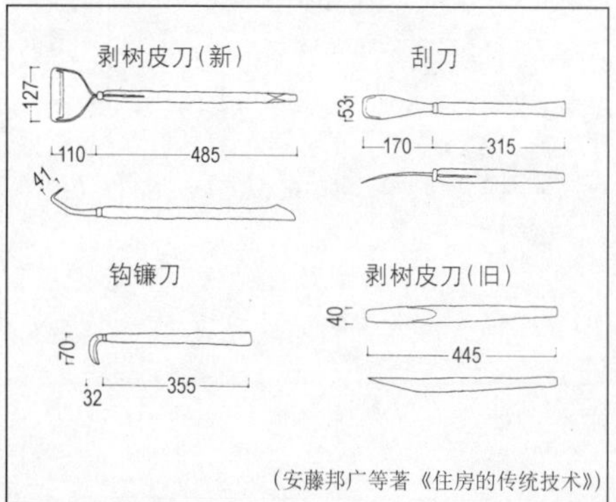


（安藤邦广等著《住房的传统技术》）

〈柳杉树皮屋顶的种类〉

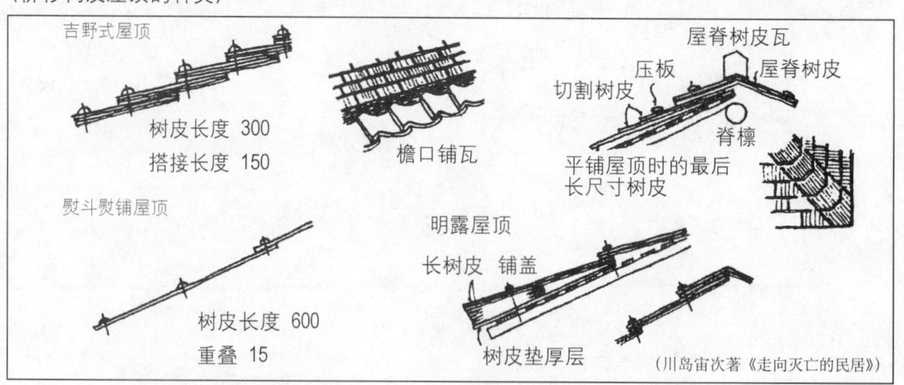


（川岛宙次著《走向灭亡的民居》）

| **柳杉树皮屋顶**（京都府京北町） | **柳杉树皮大和屋顶**（奈良县吉野郡） |
|---|---|
| 正常的铺树皮屋顶，树皮为柳杉树皮，树皮长度为2尺2寸，搭接长度为2寸，共有11块树皮搭接铺设，每坪屋顶面积铺柳杉树皮4捆。树皮使用寿命为30年（扁柏树皮为60年）。 | 大和屋顶用柳杉树皮铺盖，据说〈茶道〉"里千家"流派的不審庵（疑惑庵）的屋顶就是采用这种树皮的铺盖方法。(千宗室等编《茶室》，淡交新社出版)。 |
|  | 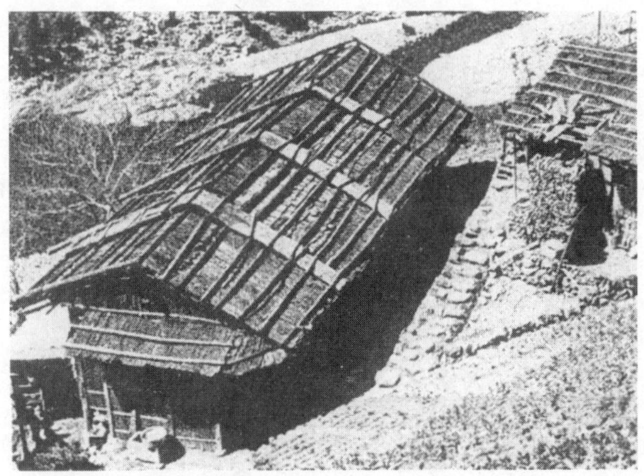 |
| （照片和檐头图摘自安藤邦广等著《住房的传统技术》建筑资料研究社，1995年） | （照片和檐头图摘自川岛宙次著《走向灭亡的民居》，主妇与生活社出版，1973年） |
| 〈构造图〉 | 〈构造图〉 |
| 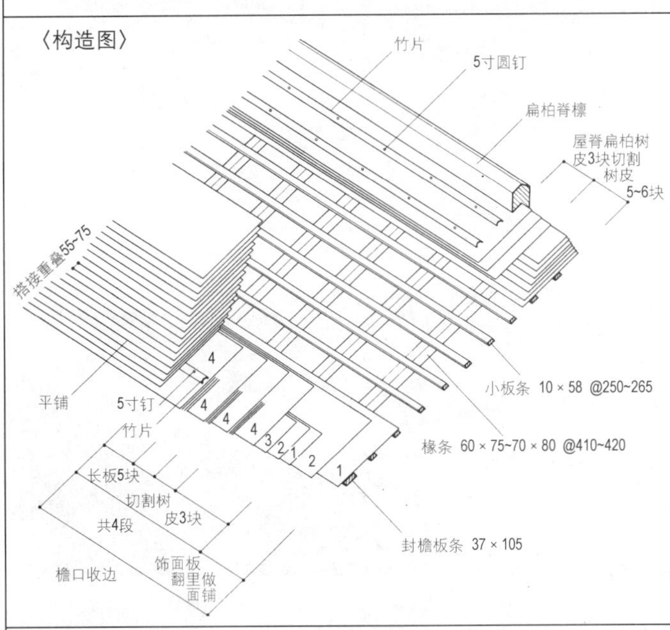 | 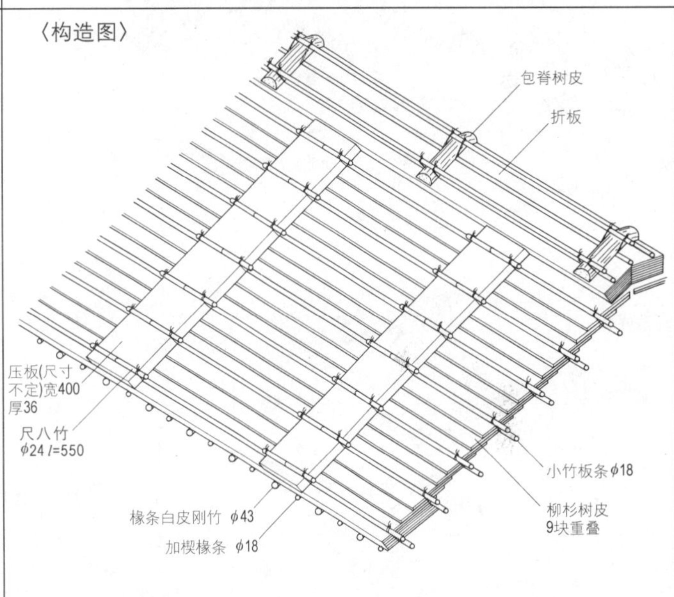 |
| 〈檐头〉 | 〈檐头〉 |
| 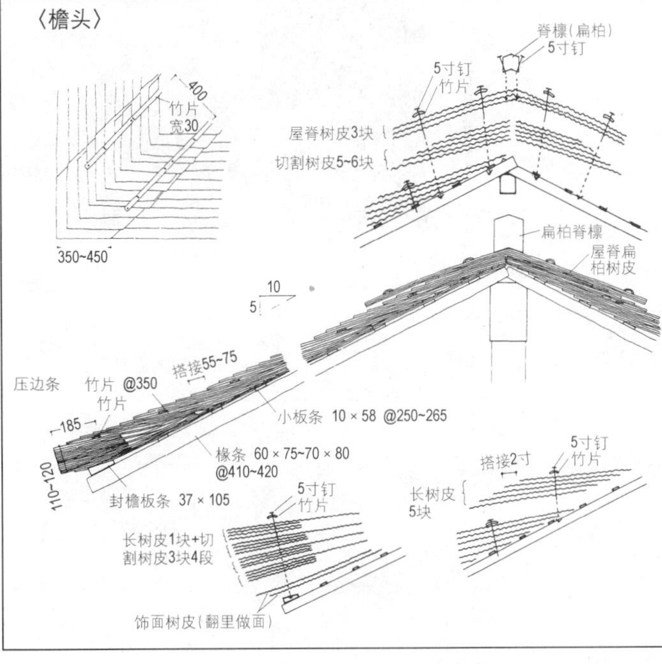 | 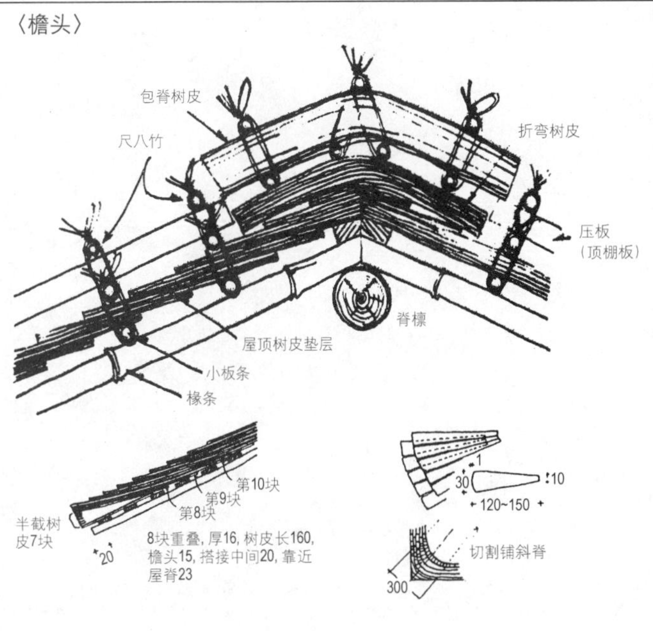 |

木板屋顶・树皮屋顶・竹板屋顶

## 9. 竹板屋顶

印度尼西亚·苏拉威西岛的特拉雅民宅，雄伟高大，屋顶呈马鞍形，屋顶两端高高翘起，地板面高度为3~4m，最高处的顶部高度超过10m，很像出土文物的屋型陶器。屋顶用一分为二的两片竹板相互扣合而成，通过多层垒积重叠形成竹板屋顶。这样的屋顶，在盛产毛竹的东南亚国家，随处可见。在日本的大分、宫崎、熊本和京都的山城等地，也有这样的竹板屋顶建筑。现今，虽然已经见不到全部用竹板铺盖屋顶的住宅建筑，但建筑的屋檐或挑檐，还有用竹板建成的。

据说用竹板铺盖屋顶时，刚竹（也叫“苦竹”或“唐竹”）最好。虽然孟宗竹（也叫“江南竹”或“毛竹”）也可以使用，但使用寿命不如刚竹持久。竹板屋顶，重量轻，造价低廉；铺盖施工时，无需特别的技能和工具，所以，可想而知，曾经有过相当普及的年代。但是，由于竹板屋顶易燃、耐久性差、易生虫子等原因，很快就改为用其他材料代替竹板作屋顶。木材是秋天砍伐，冬天搬运下山，竹子也有砍伐期，所谓“竹八”就是阴历的八月砍伐的竹子，不易生虫子。

竹板屋顶的铺盖方法是先把竹杆劈成两半，然后在竹板的两个端头处各开出一个小槽口，竹板凹槽向上仰放在竹檩条之上，让细竹通过小槽口把竹板系结在下部的竹檩条上。然后将凹槽竹板扣在小槽口上，再用绳子把竹板绑在细竹上。屋顶分为2段或3段压铺。最简单的屋顶是用钢丝固定。屋脊用三根竹子绑成一捆压住。把檐口凹槽竹板的端头修整成圆形，就像屋面瓦一样。

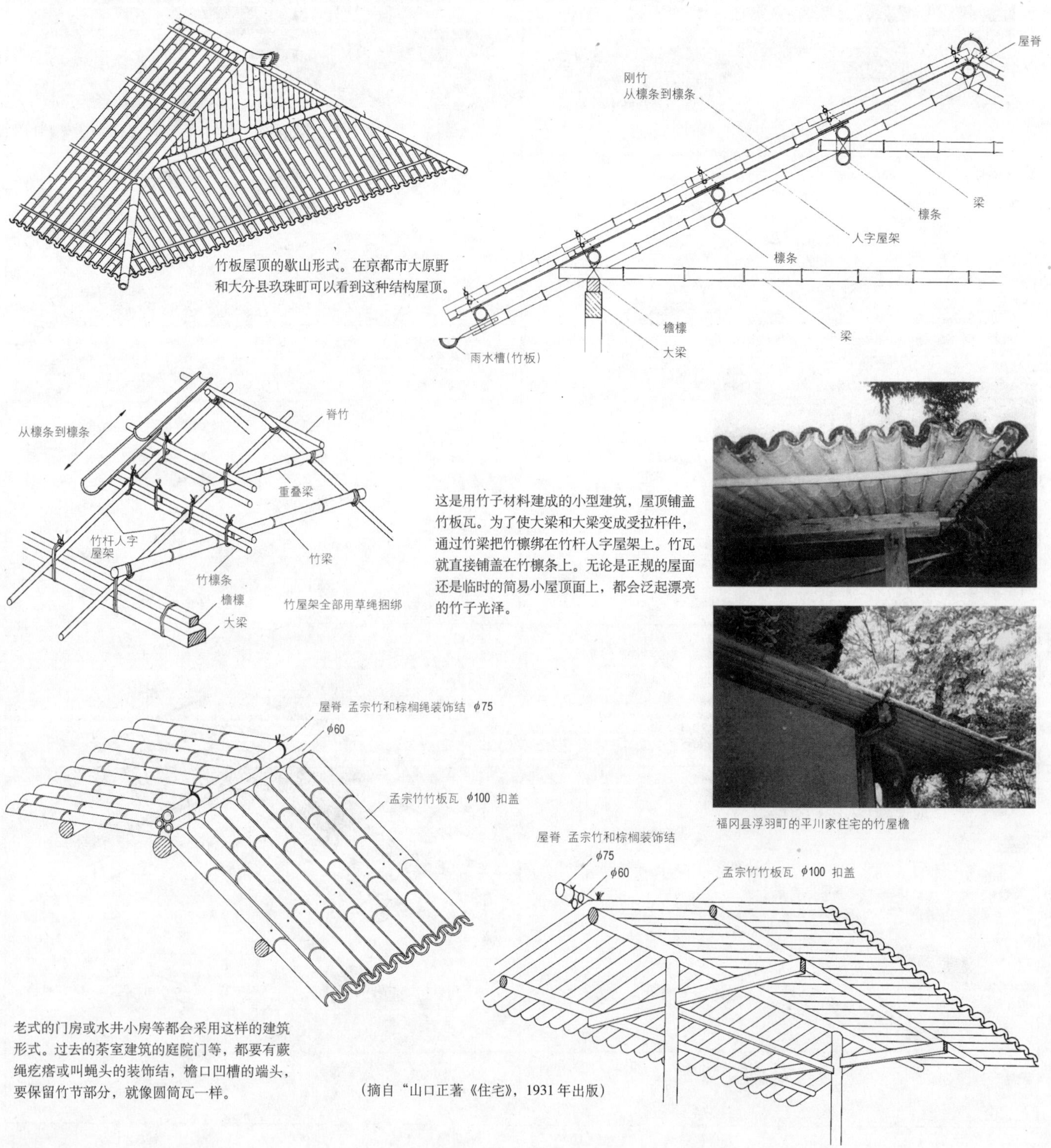


竹板屋顶的歇山形式。在京都市大原野和大分县玖珠町可以看到这种结构屋顶。

竹屋架全部用草绳捆绑

这是用竹子材料建成的小型建筑，屋顶铺盖竹板瓦。为了使大梁和大梁变成受拉杆件，通过竹梁把竹檩绑在竹杆人字屋架上。竹瓦就直接铺盖在竹檩条上。无论是正规的屋面还是临时的简易小屋顶面上，都会泛起漂亮的竹子光泽。

福冈县浮羽町的平川家住宅的竹屋檐

老式的门房或水井小房等都会采用这样的建筑形式。过去的茶室建筑的庭院门等，都要有蕨绳疙瘩或叫蝇头的装饰结，檐口凹槽的端头，要保留竹节部分，就像圆筒瓦一样。

(摘自“山口正著《住宅》，1931 年出版)

大正时代的大分县玖珠郡玖珠镇



〈玖珠镇的竹瓦屋面铺盖方法〉

（渡边源六）

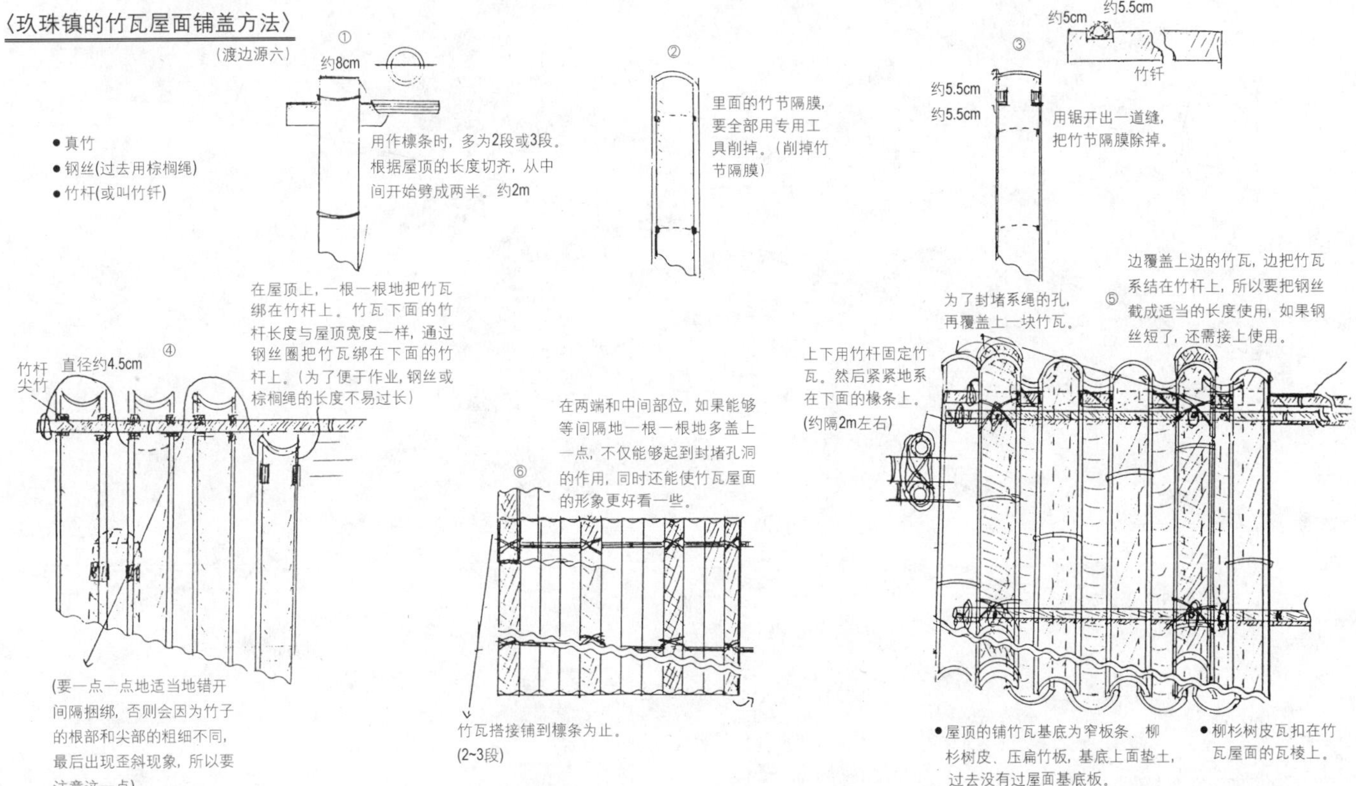


大分县西部的玖珠镇，在开通国铁久大线之前，2/3的民宅屋面都是使用竹瓦。这种独特的村镇街景，在公元20世纪50年代就已消失，现在，仅有民宅的屋檐部分还保留着一点点的痕迹。

大分县的真竹产量，占日本全国产量的40%以上。作为身边的材料，在江户时代的民宅当中，除室外屋顶和室内地板之外，真竹还被大量地应用在日常生活用具上。在大分县丰后地区的旁系诸侯当中，山林诸侯是没有居城的小诸侯。仅这一点，就证明了当时诸侯财政十分拮据，有过诸侯、臣民一起努力勤俭节约的历史。当地的地形有群山环绕，被称之为“台地”。由于地处南国，一年四季在严酷的山区气候中生活。在这种历史环境中，臣民百姓盖房用的屋顶材料，竹瓦是最经济的材料。阴历8月砍伐竹材，无需顾用专业的屋顶施工人员，仅仅依靠自己的双手，即可建成贫民百姓的住房，这是穷人谋生的智慧，从上面的照片就可以看出这种智慧的延续，直到现代为止。

**村松幸彦**（大分县木结构建筑研究会会长）

# 石板屋顶

在日本，屋面使用石板瓦的区域非常广泛。在出产黏土板（石板）、铁平石、页岩、加工容易的砂岩和石灰岩的产地，随处可见使用这些板材的建筑屋顶。

一般石板屋面是指铺石板瓦的屋面，自从明治年代引入西洋建筑以后，石板瓦屋面就开始普及了起来。现在，由于防水材料的发展，不但屋面瓦的基底防水技术提高了，而且屋面瓦形状的限制也减少了。引进的石板瓦，不仅是天然的材料，而且是优质的屋面材料。

石板瓦屋面与草皮屋面、木板屋面、树皮屋面、竹瓦屋面不同，石板瓦造形永久，材质耐久，质地坚硬，形状整齐美观，独特外观形象，是其他材料所没有的魅力。



对马的石板瓦屋面
摄影：永濑　克己

# 1. 石板瓦的性能及其区域分布

用石板瓦铺盖屋顶的作法，其历史已经相当久远。台湾某少数民族居住的大框架石砌结构建筑，从墙体到地板、屋顶都用石材构成，原因就是适合在建筑上使用的优质石材，可以就地取材。布拉休在其著书《人文地理学原理》中指出，“在人类刚一懂得需要定居生活时，就用手中的材料建造了自己的住家。人类受到这些材料的启发”，用土和石、木等材料创造出了建筑的形式。

日本也有用石板瓦铺盖屋顶的习惯，在石板瓦产地周边地区，现在还保留着各有不同特点的建造方法。石板瓦屋顶的构造方法大致有两种，一是把板状生产出来的平石板重叠铺盖的屋顶，二是加工成瓦状铺盖的屋顶。前者有对马岛的页岩（由泥土形成的沉积岩）大型平石板，宫城县天然石板、诹访地方的铁平石等。后者有用新潟浮石质黑云母流纹岩的耐火石建造的瓦屋顶，用福井县的凝灰石加工成石板瓦建造的丸冈城、松平秀康灵庙，用宇都宫大谷石（一种绿凝灰岩）加工建造的石板瓦屋顶等等。此外，在冲绳各地还有用石灰岩建造的屋顶形坟墓，如龟甲墓、屋形墓等。

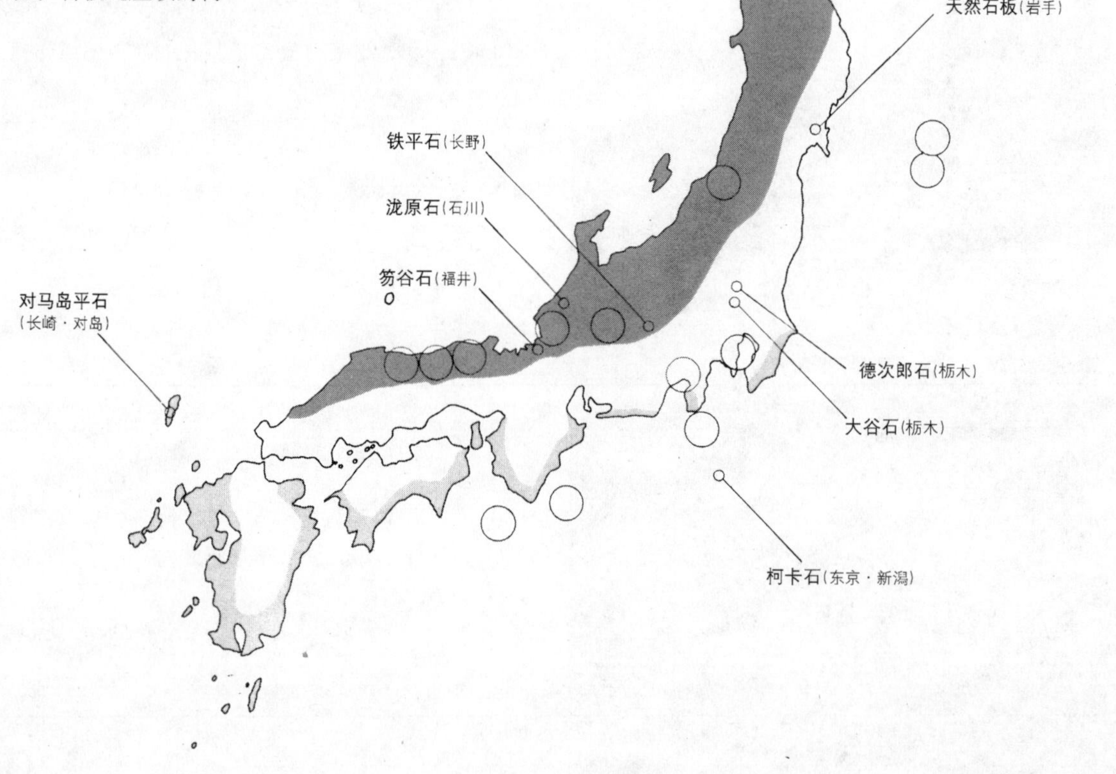


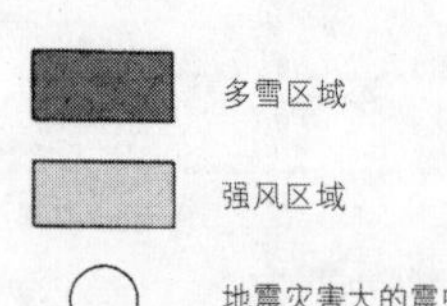


〈石板瓦的性能及其区域分布〉

日本使用石板瓦屋面的区域分布，北从陆前高田市开始，南到冲绳的首里市为止。都是采用当地产的石材，经过加工之后用作铺盖屋面的材料，没有共同的性能和通用的屋面铺盖方法。右边的表格是石材性能对比表，有关石板瓦屋面材料的评价，另有章节介绍。例如，对马岛的石板瓦屋面，只是用在储存谷物的粮仓屋顶上，一般都建在远离住房的位置。在季节风异常强大的地方，采用石板瓦屋面是防止发生火灾和保证安全的象征。

**屋面材料的性能比较**

| 项目<br>种类 | 吸水率<br>(%) | 耐用年限<br>(年) | 屋面重量<br>(kg/m²) |
|---|---|---|---|
| 石板瓦 | 26 | 100 | 140 |
| 黏土瓦 | 20 | 50~100 | 50 |
| 水泥瓦 | 12 | 40~80 | 40 |
| 石棉水泥瓦 | 9 | 10~15 | 35 |
| 金属瓦 | 0 | 10~20 | 20 |

**石板材料的性质**

| 项目<br>种类 | 视比重 | 吸水率<br>(%) | 抗压强度<br>(kgf/cm²) | 抗弯强度<br>(kgf/cm²) |
|---|---|---|---|---|
| 大谷石 | 1.40 | 26.1 | 59 | 23 |
| 德次郎石 | 1.53 | 24.2 | 67 | 28 |
| 笏谷石 | — | 15.7 | 80 | — |
| 泷原石 | 1.81 | 11.7 | 269 | — |

## 2. 石板瓦屋面的细部构造——对马石板

从地理位置上可以清楚地看出，对马岛是一个群岛。据《魏志倭人传》记载，自古以来，对马岛就是连接日本与中国大陆的重要的岛屿群。可以想像得出，日本的建筑技术和石材加工技术，也是从中国大陆和朝鲜半岛传来的。

在对马岛的石板屋顶粮仓上使用石材，是安山岩体系的天然石板状石材，名叫对马岛平石。为了支承住沉重的屋顶，方柱约为300mm见方，在约1500mm的间隔距离上，配置了425mm × 125mm的平柱。在有强风的地方，这种方柱深受欢迎。

**〈对马岛平石屋面〉**（长崎县严原町）

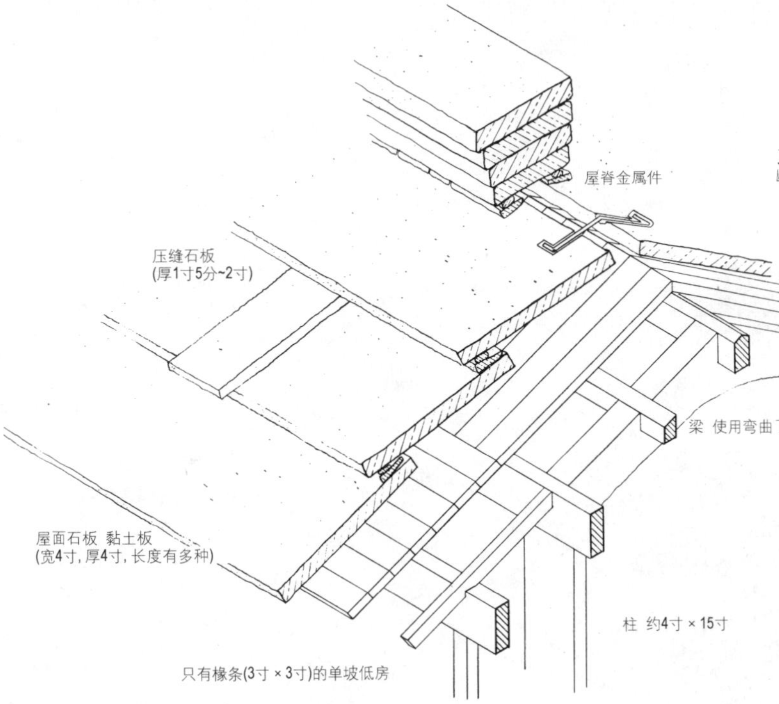

屋脊金属件
压缝石板
(厚1寸5分~2寸)
梁 使用弯曲了的构件
屋面石板 黏土板
(宽4寸，厚4寸，长度有多种)
柱 约4寸 × 15寸
只有椽条(3寸 × 3寸)的单坡低房

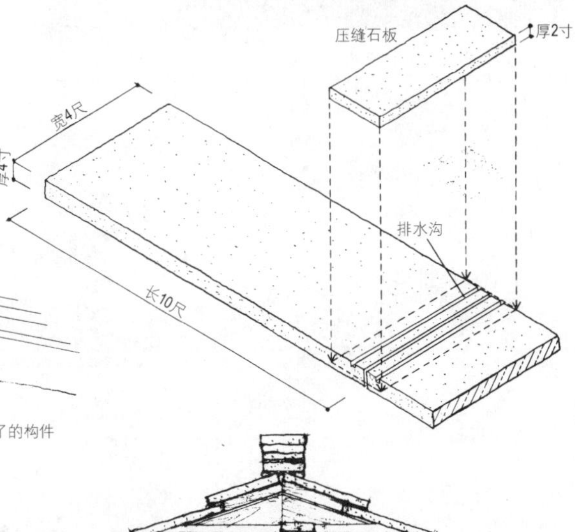

压缝石板
厚2寸
宽4尺
厚4寸
排水沟
长10尺

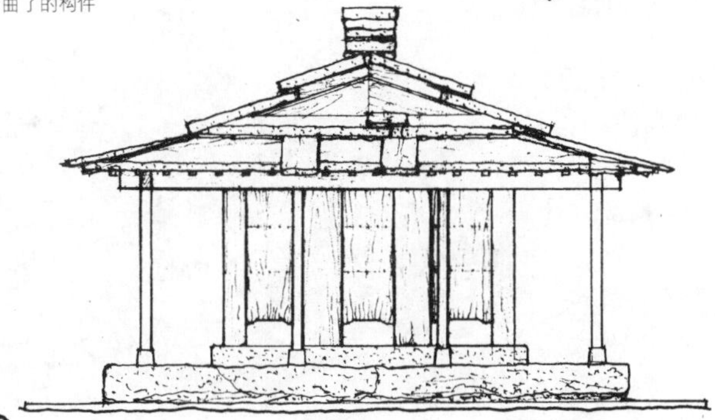

1/100

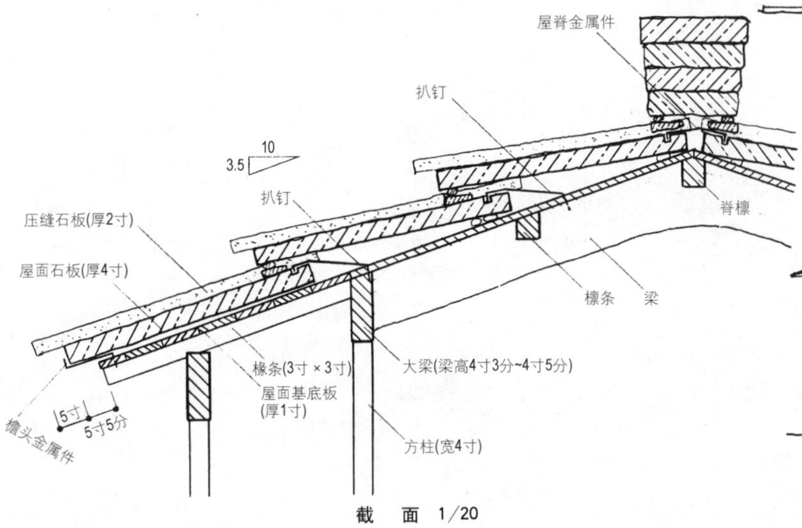

屋脊金属件
扒钉
10
3.5
扒钉
脊檩
压缝石板(厚2寸)
屋面石板(厚4寸)
檩条 梁
椽条(3寸 × 3寸)
大梁(梁高4寸3分~4寸5分)
屋面基底板
(厚1寸)
5寸
5寸5分
檐头金属件
方柱(宽4寸)

截 面 1/20

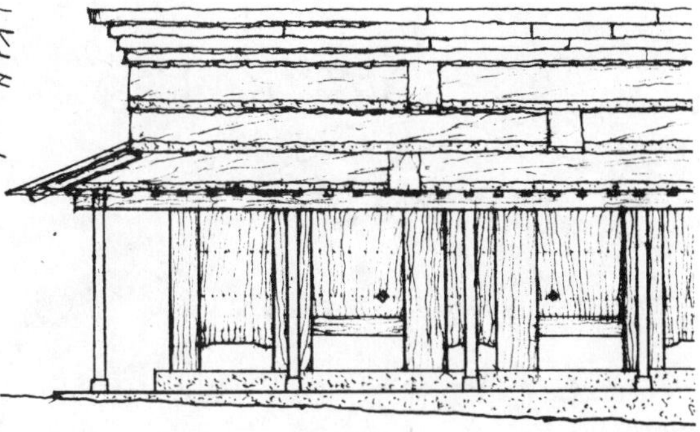

1/100

## 3. 石板瓦屋面的细部构造——天然石板

天然石板是黏土板的一种，主要产于宫城县东北部和岩手县陆前高田市。最早在明治初年就开始用天然石板做屋面材料，昭和30年代（1955年）在民宅上得到了广泛的应用。曾有一段时间，天然石板受到其他材料的冲击，一度出现了需求量减少。最近，又把天然石板作为高级屋面材料，在城市里出现了需求量增加的趋势。

（照片和资料提供人：松留慎一郎）

〈天然石板屋面〉 **陆前高田市 绀野达郎宅邸**（1918年建）

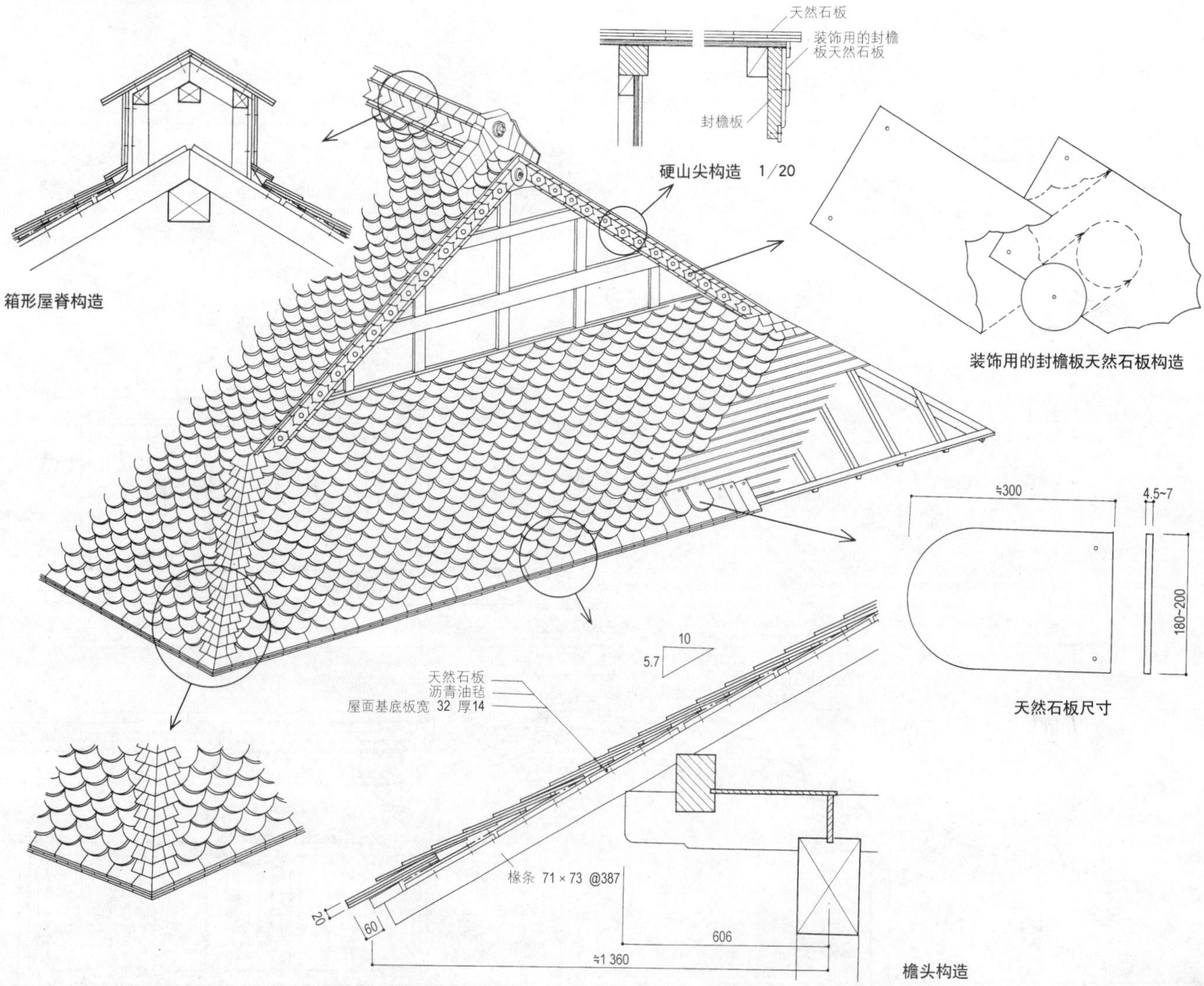

天然石板
装饰用的封檐板天然石板
封檐板
硬山尖构造 1/20

箱形屋脊构造

装饰用的封檐板天然石板构造

≒300
4.5~7
180~200
天然石板尺寸

10
5.7
天然石板
沥青油毡
屋面基底板宽 32 厚14
椽条 71×73 @387
20
60
606
≒1 360
檐头构造

# 4. 石板瓦屋面的细部构造——天然石板（标准件）

现在，除了陆前高田产的黏土板之外，还在普及应用从美国佛蒙特州引进的玄昌石石板。石板的标准尺寸为：长300mm，宽180~200mm，厚7mm，可以改变材料的形状，做成菱形或六角形的石板。

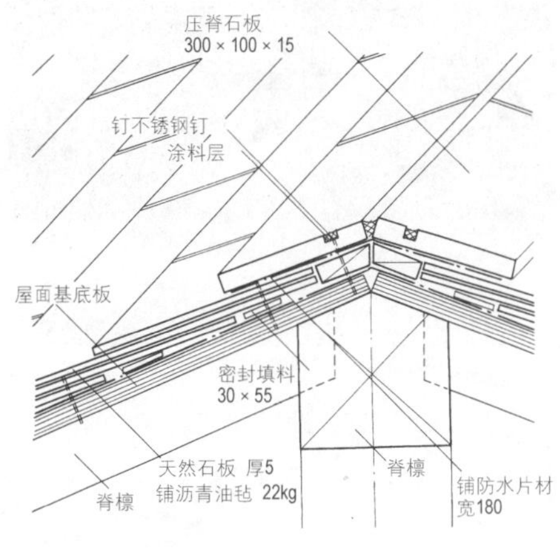


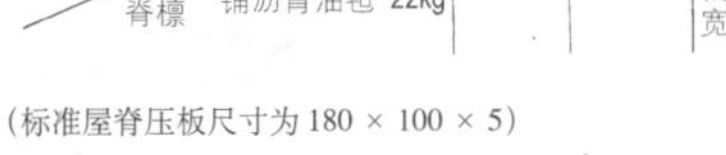
（标准屋脊压板尺寸为 180 × 100 × 5）

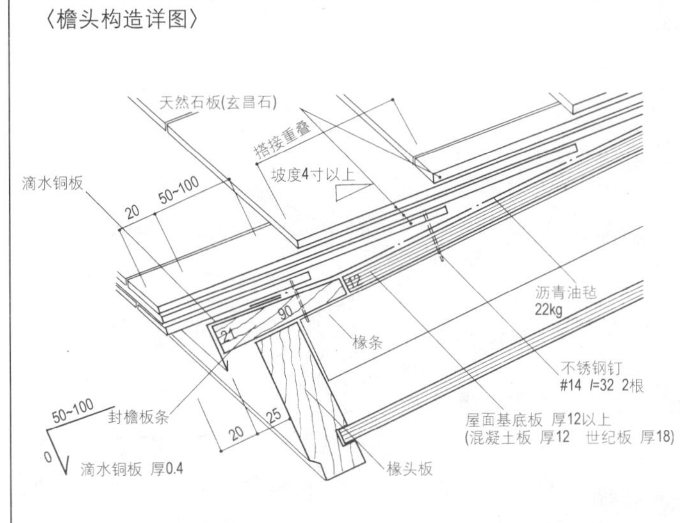


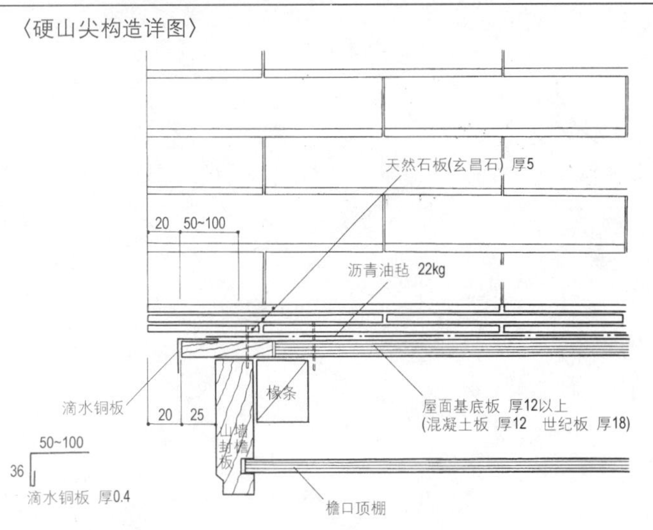


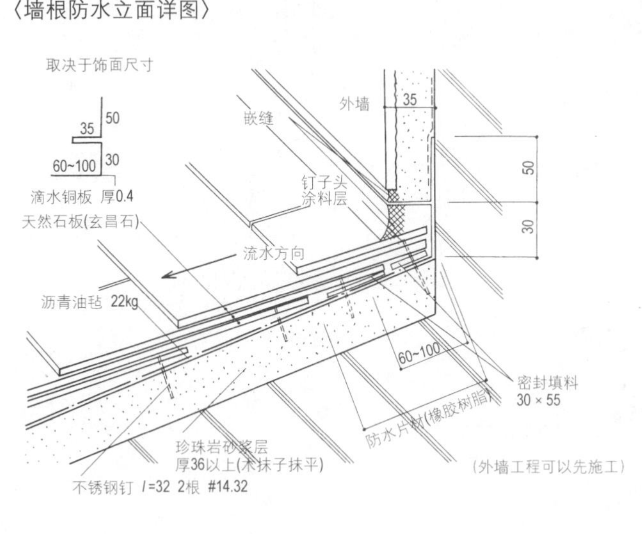


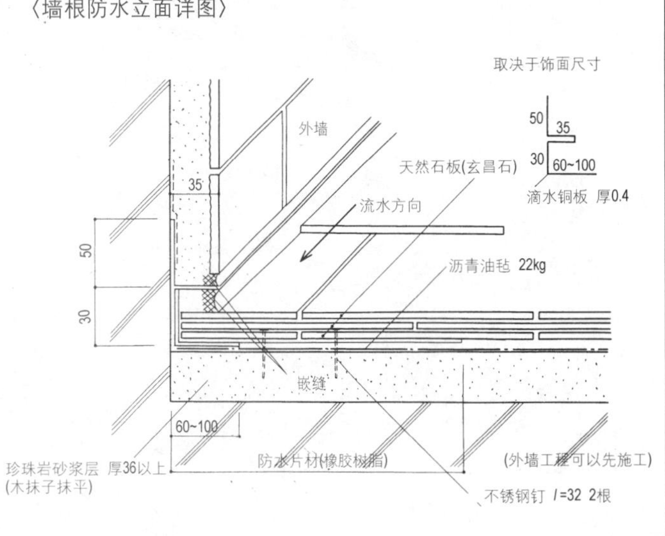

# 5. 石板瓦屋面的细部构造——新岛柯卡石

柯卡石是一种浮石质地的黑云母流纹岩，出产于新岛（东京都）。柯卡石的主要成分是硅酸，其比例占77%，是琥珀琉璃状和纤维化海绵状的熔合体，是在火山爆发时，在岩浆中的瓦斯气体还未跑净的状态下，冷却形成的多孔轻质石材。根据石材的硬度和密度，可以分为轻质性、中质性和硬质性三种石材，石材密度为0．8~1．8。石材作为建筑材料使用的特点是，可加工性极为容易。石材用作屋面材料的标准尺寸为：宽2尺，长2．5尺或3尺，厚2寸5分。

由于该石材的主要成分是硅酸，故耐酸性极强，可耐高温1000~1300℃；由于石材导热率低，所以适宜用作隔热材料和保温材料。同时还具有消声效果（混凝土的13倍）、抗风化、防Z潮性和作为水净化过滤材料的功能。

在十三社神社里面的庭院里可以看到，柯卡石板屋面就像木结构的木板屋面一样，在得到非常细腻地加工了的屋脊和屋面的曲面上，可以看出该石材良好的可加工性特点。除此之外，还可以像薄片瓦一样进行加工，就像平板瓦一样使用。

（照片：东京都新岛本村办事处）

**〈柯卡石板屋面〉**（东京都新岛）

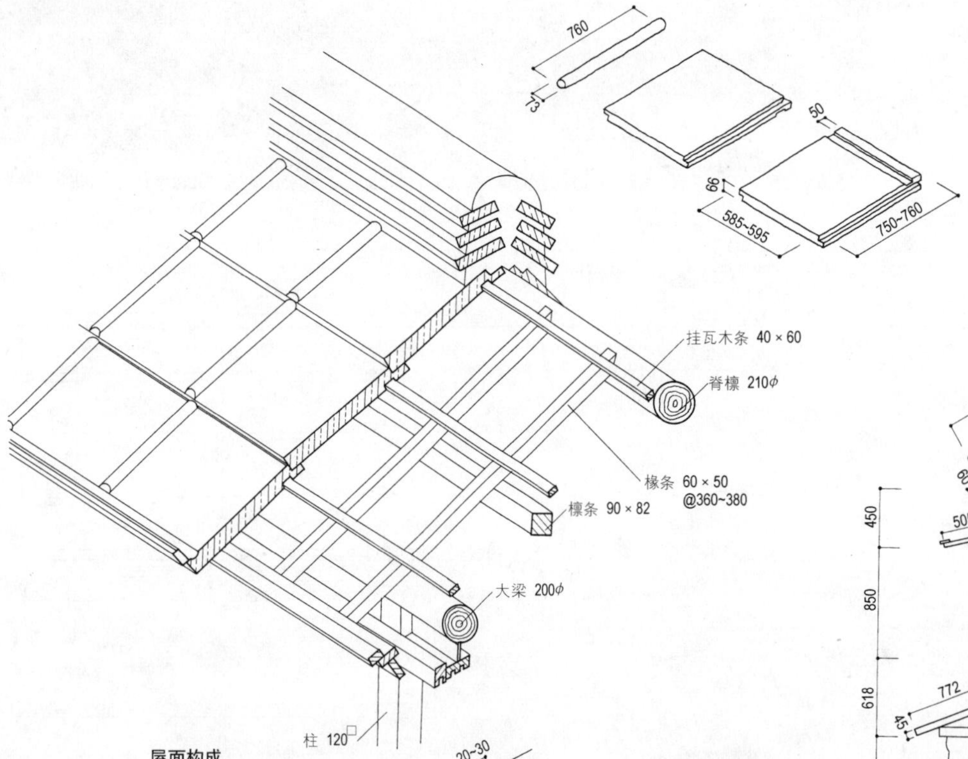

屋面构成

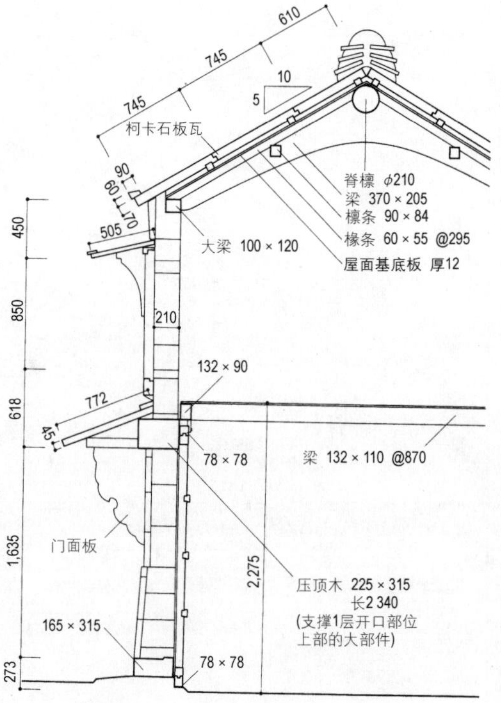

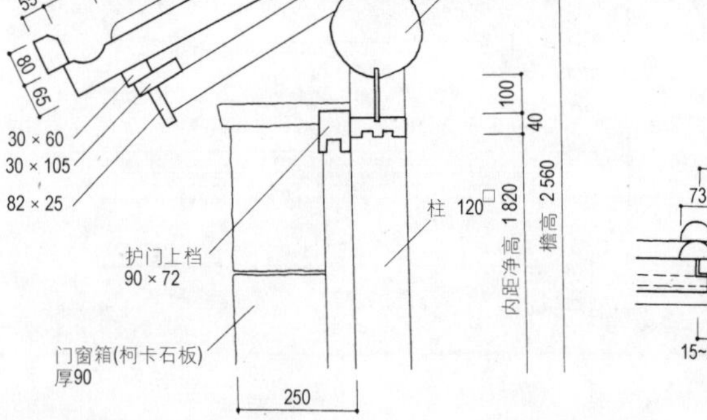

屋顶剖面　1/25

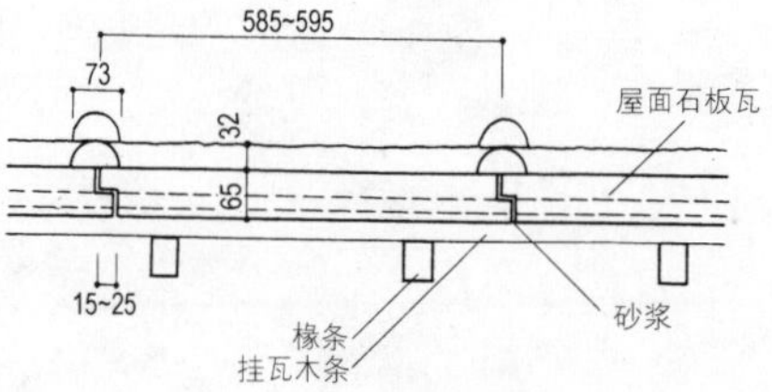

屋顶截面

# 6. 石板瓦屋面的细部构造——扁平石板瓦

一般石板瓦屋面采用1尺2寸（36mm）见方的扁平石板瓦，最低坡度为4~5寸。虽说坡度越陡越好，但如果坡度过陡，石板瓦就有滑落的危险。新屋面铺好之后，大约经过15~20年就要做第一次翻铺，把有裂缝或有裂纹的石板瓦换掉。固定石板瓦的铜丝寿命为30年，所以以后可以每隔30年翻新一次石板瓦屋面。

（安藤邦广等著《住房的传统技术》）

**〈扁平石板瓦屋面〉**（长野县茅野市）

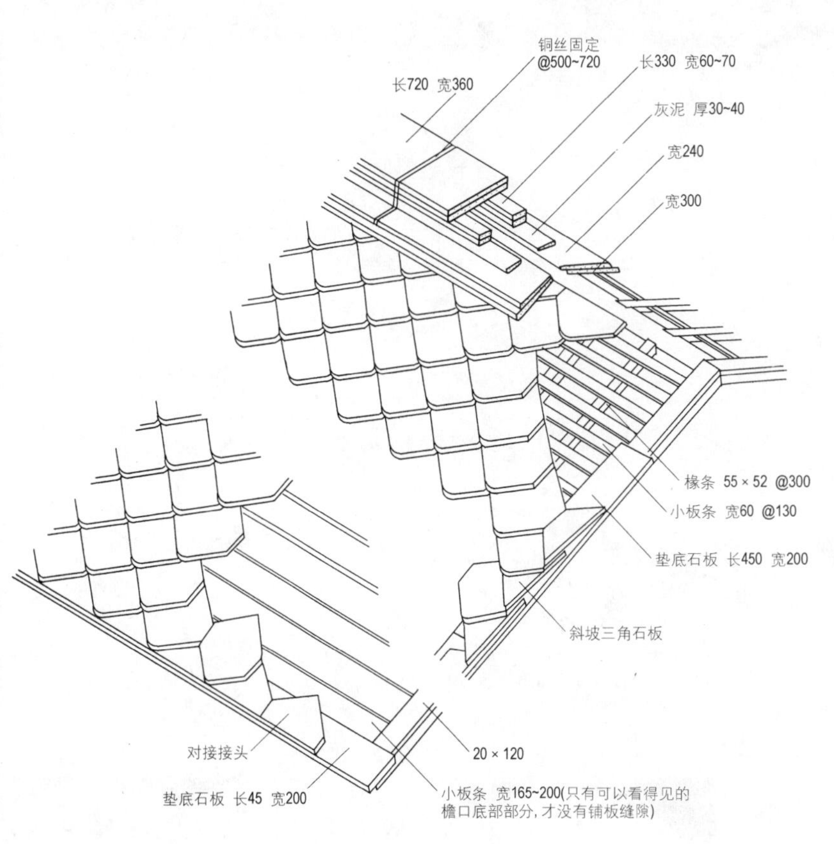


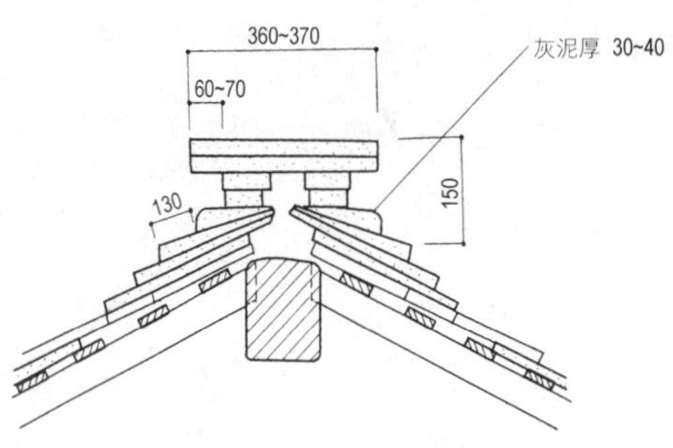


屋脊构造详图

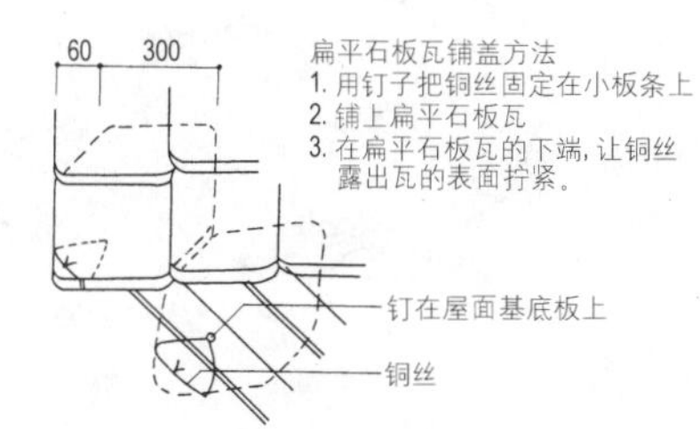


石板屋顶

**铺石板瓦屋面用的工具**（石板瓦屋面只用这两种工具）

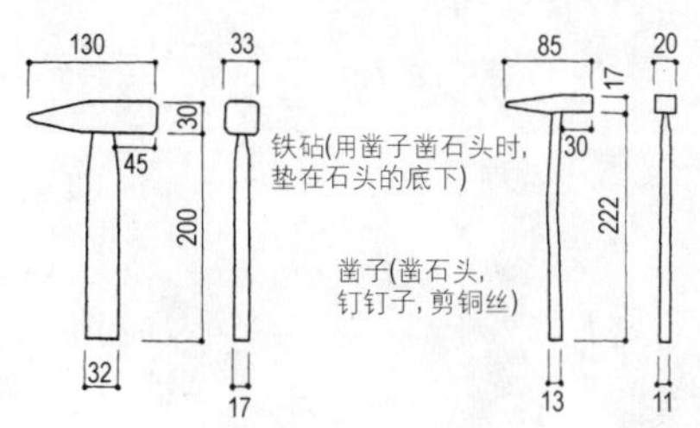


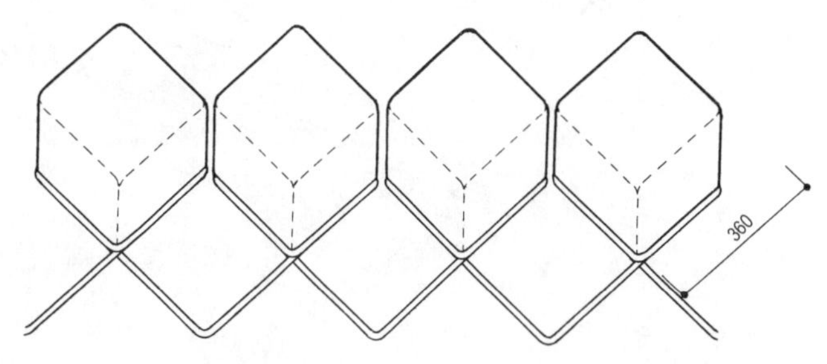


（照片、资料提供：安藤邦广）

## 7. 石板瓦屋面的细部构造——石板瓦

丸冈城的石板瓦，可按瓦的功用，把石料加工成平板瓦、圆筒瓦和檐头封檐瓦、滴水筒瓦等。造瓦用的石料有三种，即，福井县笏谷石、石川县泷原石和竹田石。其中使用最多的是泷原石，抗冻害性能最好。石板瓦的基底是木板瓦的垫土层，用黏土固定石板瓦。石板瓦的潮湿和从固定石板瓦的钉子孔进入的雨水，将会使木板瓦腐朽变质。再有，和歌山县的松平秀康灵庙，之所以使用同一产地的石板瓦，就是因为秀康是当时营造丸冈城的城主。

（摄影：村泽文雄）

**〈石板瓦屋面〉丸冈城望楼**（福井县）

591　306　39

平铺瓦（工作长度470）

756　312　42　79

檐头仰瓦（工作长度606）

561　148

普通筒瓦（工作长度470）

636　148

檐口筒瓦（工作长度606）

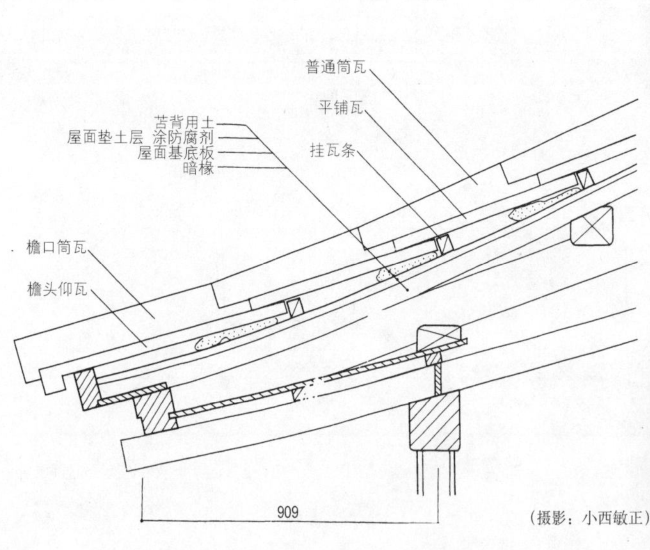

（摄影：小西敏正）

# 8. 石板瓦屋面的细部构造——大谷石板瓦

以宇都宫市为中心，周边的石仓建筑，都是用市中心产的大谷石板瓦和德次郎石板铺盖的屋面。据说石仓建筑是从江户时代中期以后开始有的，现在最古老的石仓建筑，也只是19世纪中期建造的。德次郎石板瓦的最大特点是抗风化和抗冻害性能强，即使使用100年以上的时间，瓦的形状也不会发生变化。石板瓦有上瓦和下瓦两种，先铺下瓦，然后在两块下瓦之间扣盖上瓦。由于石板瓦之间的接合部位很难加工，又由于石板瓦很厚，很难充分地重叠搭接，同时石板瓦的吸水性大，所以，铺石板瓦时，要采用4寸5分~7寸的大坡度。石板瓦屋面的重量是黏土瓦的3倍以上。

（照片、资料提供：小西敏正）

〈**大谷石板瓦屋面**〉（栃木县宇都宫市）

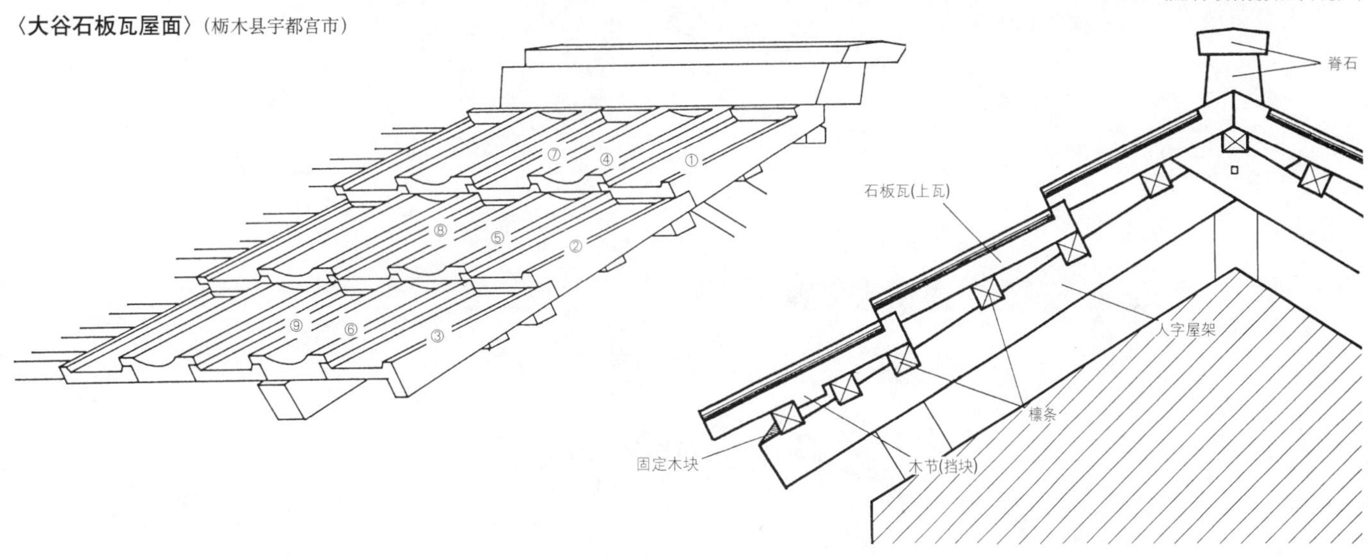


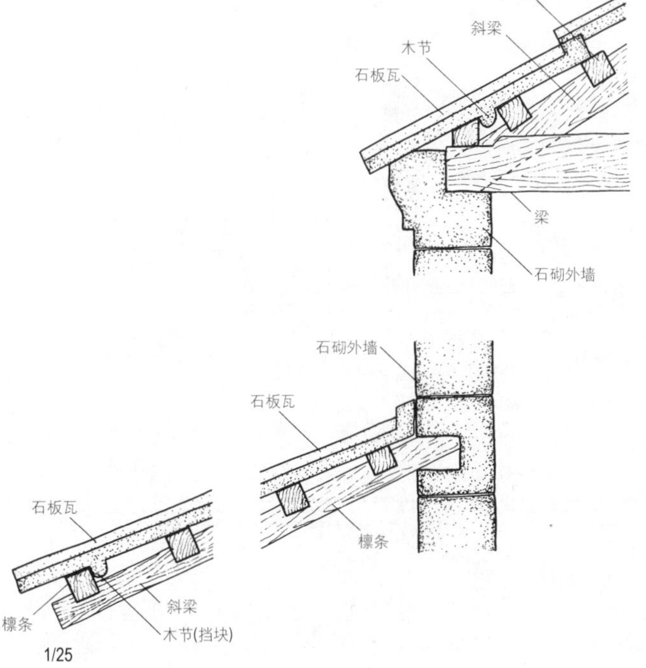


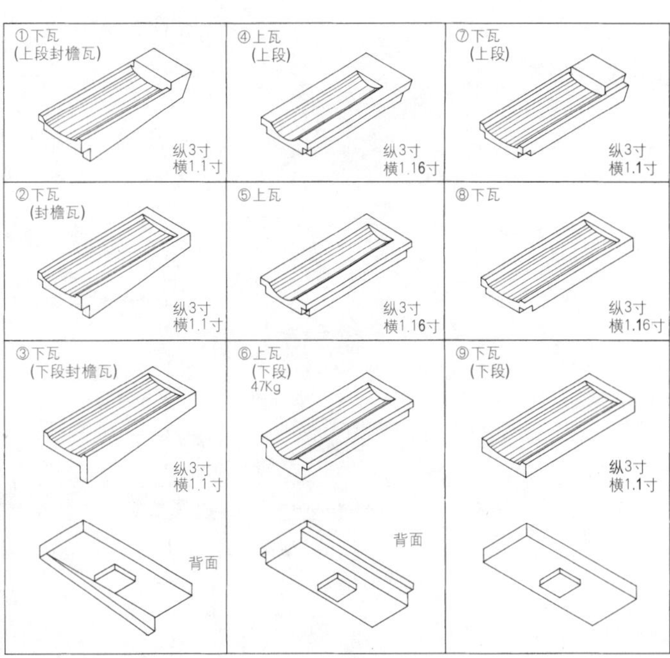

实例—1

# 让蒲公英开花的铁平石石板屋面

**蒲公英建筑物／藤森照信＋内田祥士・司作会**

在建筑屋顶和外墙的结构框架上，用不锈钢材料做石板的基底，用不锈钢丝把铁平石石板固定在基底上。花木种植箱是用冲孔不锈钢板制作而成。箱内放有透明薄膜，目的是为了防止铁平石石板的辐射热使箱内种植土的水分蒸发，透明薄膜的内侧是用透水薄膜材料做的花木种植钵。

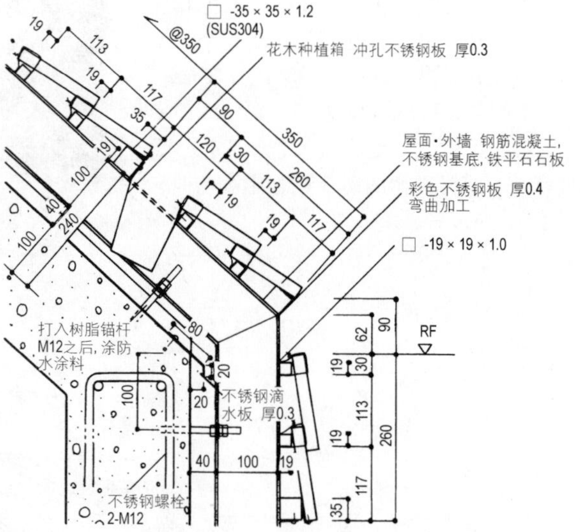

（摄影：和木 通）

屋面
RC片材防水土体防滑铁件
L-100×150@ 600
冲孔不锈钢板 厚1.0
客土(掺加珍珠岩)
植草皮后，不锈钢丝网格

屋面
铁平石石板
不锈钢钢板网
片材防水

封檐板不锈钢
安装件 SUS 150×100×6

方木条固定
后嵌缝

压花玻璃 厚4 FIX

檐口底部 喷涂
彩色涂料

外墙翼墙，侧面墙
麦秸着色白水泥砂浆

封檐板 栗木
饰面 40×120

维修时用的不锈
钢环眼螺栓，共
有8处

固定方木条用的
锚固螺钉，插入固定

排水管
φ50 8处

600

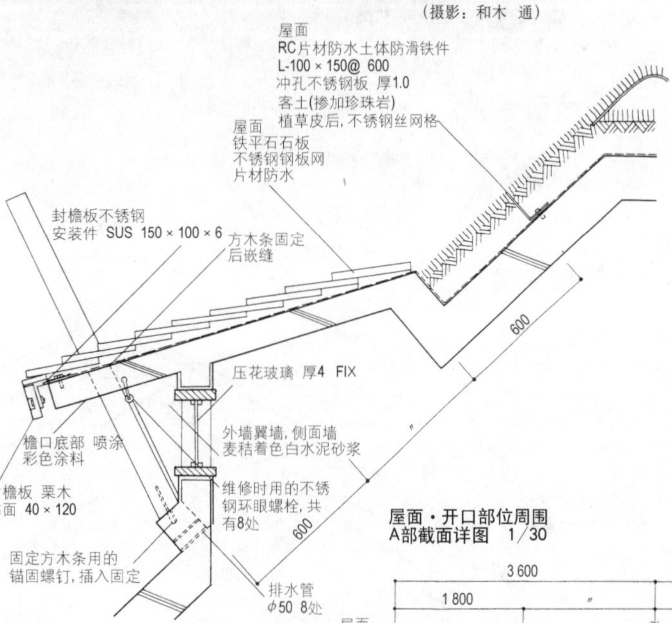

屋面・开口部位周围
A部截面详图 1/30

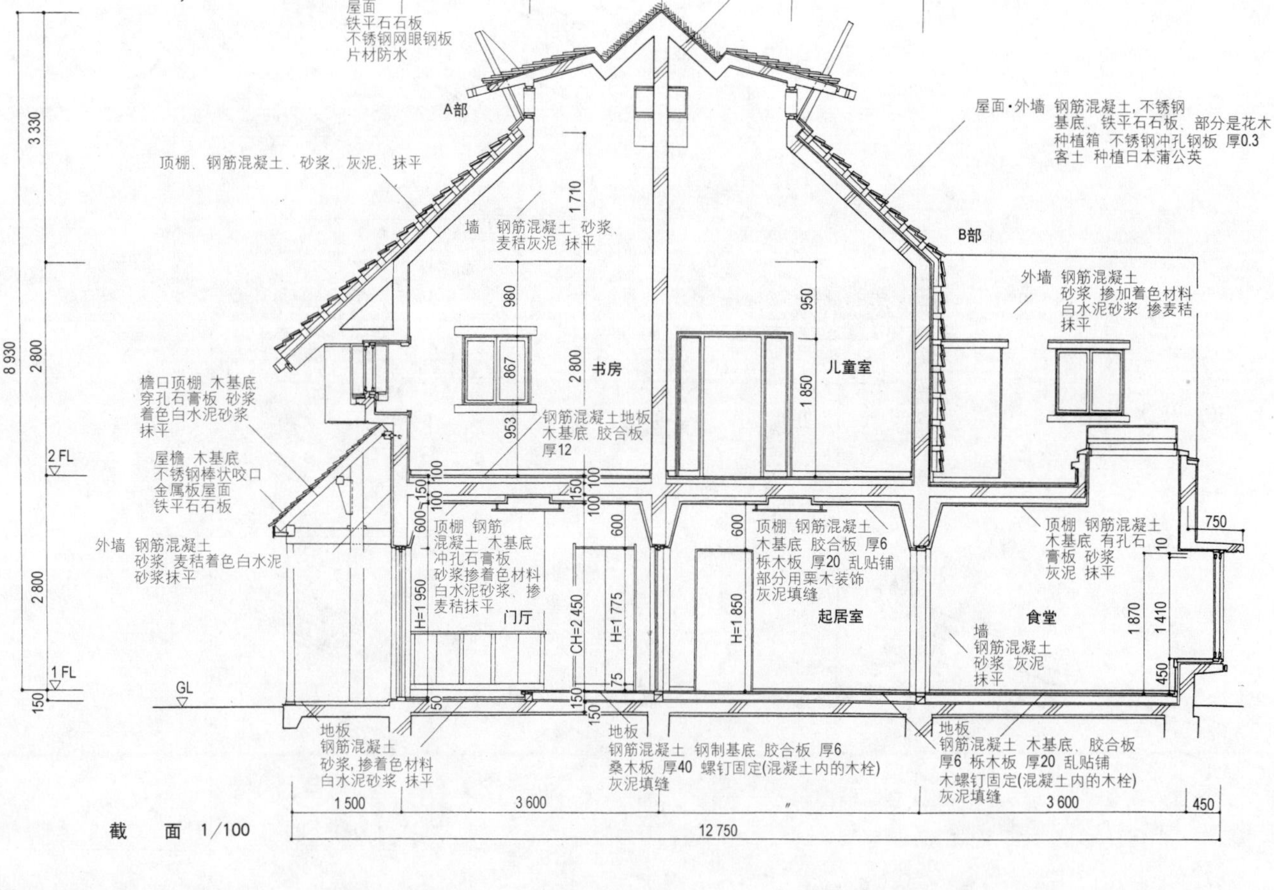

□ -35×35×1.2
(SUS304)

花木种植箱 冲孔不锈钢板 厚0.3

屋面・外墙 钢筋混凝土，
不锈钢基底，铁平石石板

彩色不锈钢板 厚0.4
弯曲加工

□ -19×19×1.0

打入树脂锚杆
M12之后，涂防
水涂料

不锈钢滴
水板 厚0.3

不锈钢螺栓
2-M12

RF

屋面・外墙截面详图 1/12

屋顶
钢筋混凝土 不锈钢基底
铁平石石板 土体防滑铁件 L-100×150 @600
不锈钢冲孔钢板 厚1.0 客土(掺加珍珠岩)
植草皮后，罩上不锈钢钢丝网

屋面
铁平石石板
不锈钢网眼钢板
片材防水

A部

屋面・外墙 钢筋混凝土，不锈钢
基底、铁平石石板、部分是花木
种植箱 不锈钢冲孔钢板 厚0.3
客土 种植日本蒲公英

顶棚、钢筋混凝土、砂浆、灰泥、抹平

墙 钢筋混凝土 砂浆、
麦秸灰泥 抹平

B部

外墙 钢筋混凝土
砂浆 掺加着色材料
白水泥砂浆 掺麦秸
抹平

书房

儿童室

檐口顶棚 木基底
穿孔石膏板 砂浆
着色白水泥砂浆
抹平

钢筋混凝土地板
木基底 胶合板
厚12

屋檐 木基底
不锈钢棒状咬口
金属板屋面
铁平石石板

外墙 钢筋混凝土
砂浆 麦秸着色白水泥
砂浆抹平

顶棚 钢筋
混凝土 木基底
冲孔石膏板
砂浆掺着色材料
白水泥砂浆、掺
麦秸抹平

门厅

顶棚 钢筋混凝土
木基底 胶合板 厚6
栎木板 厚20 乱贴铺
部分用栗木装饰
灰泥填缝

起居室

顶棚 钢筋混凝土
木基底 有孔石
膏板 砂浆
灰泥 抹平

食堂

墙
钢筋混凝土
砂浆 灰泥
抹平

2 FL

1 FL

GL

地板
钢筋混凝土
砂浆，掺着色材料
白水泥砂浆 抹平

地板
钢筋混凝土 钢制基底 胶合板 厚6
桑木板 厚40 螺钉固定(混凝土内的木栓)
灰泥填缝

地板
钢筋混凝土 木基底、胶合板
厚6 栎木板 厚20 乱贴铺
木螺钉固定(混凝土内的木栓)
灰泥填缝

截 面 1/100

# 天然石板屋面的法式田间农舍

B宅邸／菊竹清训建筑设计事务所

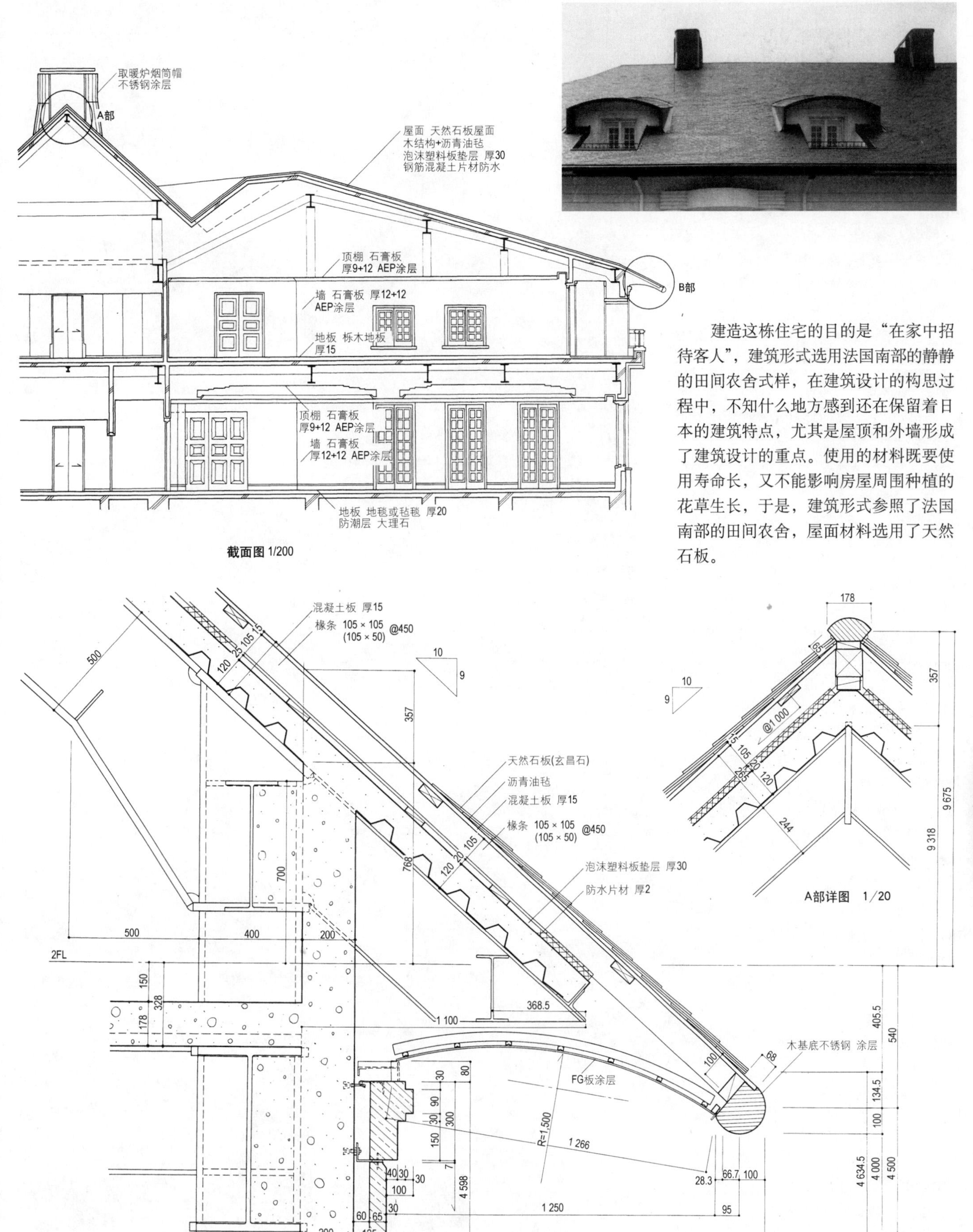


建造这栋住宅的目的是“在家中招待客人”，建筑形式选用法国南部的静静的田间农舍式样，在建筑设计的构思过程中，不知什么地方感到还在保留着日本的建筑特点，尤其是屋顶和外墙形成了建筑设计的重点。使用的材料既要使用寿命长，又不能影响房屋周围种植的花草生长，于是，建筑形式参照了法国南部的田间农舍，屋面材料选用了天然石板。

# 屋面装饰

## 屋脊装饰

日本建筑的魅力之一，在于屋顶的造型和个性化装饰屋顶〈屋顶装饰〉。屋顶装饰有很强的地区特性，具有代表性的屋顶装饰有：〈屋脊装饰〉、〈脊端装饰〉、〈封檐板装饰〉、〈屋顶排烟（气）孔〉等等。

民居调查的先驱今和次郎先生说：“屋脊装饰就如同是女人头上的发髻一样”，从形式和意义上来说，是一样的。发髻是把保护头部的毛发做装饰性的梳理，曾经是表明身份和职业的象征。屋脊装饰就是美化屋脊的部分，是屋脊最容易遭受损伤的部分。

屋脊招风大，容易破损，是容易发生漏雨的地方，而且在外观上也是最引人注意的地方。对于房屋主人来说，屋脊装饰是显露主人房屋特点的最好部位；对于屋脊装饰工匠来说，这里也是显示其手艺的绝好之处。可以说，屋脊设计的结果，在日本取得了独特的发展。

## 脊端装饰

屋顶前后两侧的斜面，向上汇合到一起时形成的棱线叫作屋脊。如果屋脊的两个端头部分，是由四坡顶屋面构成，就会还有另外一个斜坡面在这里汇合形成顶部；如果是人字屋顶，就是屋脊端头截面的形状所表露出来的部分。脊端装饰和屋脊装饰一样，也是最受风雨影响的地方。正因为如此，不仅要处理好脊端的截面形状，同时还可以看到，为了避免遭受风雨的破坏，既有乞求神佛保佑的民族信仰造型，又有抽象化了的动物造型，表示动物具有神奇的力量。

瓦屋顶上的脊头瓦和虎头鱼身的脊端扣瓦，在屋脊装饰用的茅草截面上烧制而成的‘水’字，或在封檐板上起装饰作用的‘鸟类’图案等，都是十分完美、漂亮的脊端装饰。

**屋脊装饰**

①包裹竹杆的稻草捆，以人字形交叉的方式，骑放在屋脊上，既是屋脊装饰，又有覆盖绑扎草垫的针绳缝制孔作用

②人字木屋架上的X形交叉木架装饰

③削尖的竹子插在盖脊草垫顶部的屋脊装饰

④顶部峭立的竹帘盖屋脊

⑤采光玻璃屋脊装饰

⑥屋脊两端有锐角突出的‘民宅’屋顶

⑦住宅屋脊上的大型雀舞造型装饰

⑧屋脊有雀舞造型的诹访平之农家住宅

⑨虎头鱼身的脊端扣瓦。虎的造型模仿了海兽的形象

⑩檐头上的封檐瓦垅金属装饰物

**屋脊装饰**

①兵库·上月町②埼玉·饭能市③福冈·太宰府市④静冈·丰田町⑤北越田园俱乐部建筑/竹中工务店

**脊端装饰**

⑥佐贺·江北町⑦长野·塩尻市⑧长野·汤川村⑨德岛·西祖谷山村⑩冲绳国际会议中心/大谷幸夫

⑪深深的山墙封檐窗口，就象山墙封檐板被剜掉一个洞一样

⑫由方形格子窗和片式悬鱼造型构成的山墙封檐窗口

⑬由斜木条窗和有家徽的正面板构成的山墙封檐窗口

⑭山墙封檐板上的片式悬鱼装饰

⑮由脊头瓦和方形格子窗、拱形封檐板构成的山墙封檐窗口

⑯屋面上的长梳子形排烟口

⑰三角形的屋顶排烟口

⑱瓦屋面的屋脊下的风斗儿

⑲屋脊上的细长形天窗排烟口

⑳民宅屋顶排烟楼台。长长的马鞍形封檐板造型吸引了人们的目光，谁也不会去注意木屋脊的构成

㉑兼作风向标和通风口的现代排烟口

**山墙封檐板装饰**

人字屋顶和歇山屋顶，都是在建筑的侧面呈三角形截面。在三角形的山墙立面上，有遮雨用的屋檐挑出，该屋檐叫作‘山墙挑檐’，屋檐的端头叫作‘硬山尖’。硬山尖就是屋顶的横截面，也就是山墙立面。该处有屋顶脊檩和其他檩条的端头横切面，要用山墙封檐板遮盖起来，防止被风吹雨淋变腐朽。

有歇山时，屋顶是在山墙封檐板的下端，在屋顶上，可以形成三角形的凹穴形状，这叫山墙封檐窗口。民宅的山墙封檐窗口具有排烟和采光窗的功能。但用神社寺庙建筑的建造方法，可以在山墙封檐板顶端的下边，用悬鱼装饰板把脊檩的端头遮挡起来，或者在山墙封檐板上使用拱形曲线封檐板。此外，还有用小方格子构成的山墙封檐窗口，把山墙封檐板装饰得十分漂亮。

**排烟口**

现在的建筑，完全不需要有排烟口。需要排烟的建筑，都是为了做饭和取暖而在室内烧柴草等。为了排除室内烧地炉和烧炉灶时的烟气，必须在屋顶或在山墙上开孔。如果只是单纯地开出个孔洞，在下雨或下雪时，会有雨水或雪水进入到室内，而且在刮风时，烟还会出现倒流。于是，从日常生活的需要出发，经过反复摸索实践，不同的地方，分别诞生出了具有不同地方特色的排烟口，例如排烟楼台和有天窗的屋顶等就是其代表作。

排烟口不是把来自生活的建筑功能作为单纯的功能来处理，而是作为优秀的建筑设计，向把排烟口变为建筑的一部分的先人们表示敬意。直至今天的建筑，仍在有效地应用着排烟口，从中挑选出一部分，介绍在左侧的图中。

**山墙封檐板装饰**

⑪神奈川横滨市 ⑫福井永平寺町 ⑬滋贺余吴村 ⑭长野塩尻市 ⑮明王院书院/武者英二研究室

**排烟口**

⑯岩手盛冈市 ⑰埼玉饭能市 ⑱长野上田市 ⑲群马前桥市 ⑳青森黑石市 ㉑风向标建筑/武者英二研究室

（摄影：①②③④⑥⑦⑨⑪⑫⑬⑭⑯⑰⑱⑲川岛宙次，⑤新建筑摄影部，⑧增田正，⑩㉑大桥富夫，⑮冈本写真工房，⑳城崎俊次）

## 协作者一览表

在编纂本书的过程中，曾得到过众多建筑师、研究人员、社会团体及企业厂家等多方面的指教与合作，为表衷心感谢，下面列出有关的个人、社会团体及企业厂家的名称。

安藤邦廣　伊藤邦明　石井修　岩田康考　潮田和洋　内田祥士　大谷幸夫　岡部憲明　柏木浩一　可世木和人　金出ミチル　川口衞　川島宙次　香山壽夫　小西敏正　小林昌人　筒野貞夫　永瀬克己　西弘道　日塔和彦　増田正　松留慎一郎　三上祐三　村松幸彦　山田水城　渡辺源六

アトリエ・ファイ建築研究所　アルセッド建築研究所　飯吉建築設計事務所　池原義郎建築設計事務所　磯崎新アトリエ　出江建築事務所　伊東豊雄建築設計事務所　内井昭蔵建築設計事務所　鹿島建設　菊竹清訓建築設計事務所　久慈一戸建築事務所　黒川雅之建築設計事務所　白井晟一研究所　仙田満＋環境デザイン研究所　竹中工務店　東京都新島本村役場　長崎県厳原町役場　永田・北野建築研究所　日建設計　日本総合建築事務所　日本設計　文化財建造物保存技術協会　文化庁　槇総合計画事務所　宮本忠長建築設計事務所　U研究室　横河設計工房　吉村順三設計事務所

アイジー工業　浅野スレート　旭硝子　アスカ工業　イーティー　オリエンタルメタル　カナメ　川鉄鋼板　元旦ビューティ工業　クボタ　三晃金属工業　三宝伸銅工業　静岡瀝青工業　新日本製鐵　スカイアルミニウム　住友金属建材　住友軽金属　全国オメガルーフ会　セントラル硝子　タイセイ商工　大同鋼板　太陽工業　大洋製鋼建材　タキロン　田島ルーフィング　タニタハウジングウェア　筒中プラスチック工業　東海鋼業　東長　東邦シートフレーム　東邦レオ　東レグラサル　銅金　東洋鋼鈑　中鋼　ニチアス　日金工　日建板　日新工業　日新製鋼　日本銅箔産業　日本板硝子　日本ルーフ建材　日本冶金工業　福井長尺屋根建設　不二サッシ　藤田兼三工業　古河アルテック　北板金属　松下電工　丸栄陶業　MISUZU　三井金属鉱業　三菱アルミニウム　宮政瓦工業　山内金属　ヤマキ工業　淀川製鋼所

## 参考文献


### Ⅰ 屋面的基础知识

伊藤ていじ「日本の屋根」叢文社，1982
大野敏「民家村の旅（INAX ALBUM 17)」INAX，1993
川口衞・阿部優ほか「建築の絵本　建築構造のしくみ」彰国社，1990
川崎市立日本民家園「川崎市立民家園（ガイドブック)」1993
川島宙次「滅びゆく民家—屋根・外観」主婦と生活社，1973
川島宙次監修「図説・日本の文化をさぐる⑨　民家の事典　北海道から沖縄まで」小峰書店，1991
工藤圭章「古建築入門（岩波グラフィックス 22)」岩波書店，1984
小泉和子・玉井哲雄・黒田日出男編「絵巻物の建築をよむ」東京大学出版会，1996
杉本尚次「日本民家の旅（NHK ブックス 439)」日本放送協会，1983
下嶋敏夫編「文化財ウォッチング建築編」日本交通公社，1987
鈴木嘉吉監修・宮澤智士著「日本の民家」小学館，1985
関野克監修「日本の民家（全 8 巻)」学研，1980～81
中川武「日本建築みどころ事典」東京堂出版，1989
中田清兵衛「日本住宅史の旅——登呂からグラバー邸まで」理工図書，1983
丹生谷章「日本の民家——屋根型の地理」日本移動教室協会，1961
日本建築学会編「近代建築図集」彰国社，1976
日本建築学会編「西洋建築図集」彰国社，1973
日本建築学会編「日本建築図集」彰国社，1980
平井聖「屋根の歴史」東洋経済新報社，1973
藤田元春「日本民家史」刀江書院，1967
文化庁「国宝・重要文化財指定建造物目録」文化庁，1978
堀紫朗「建築構造」丸善，1957
毎日新聞社「国宝・重要文化財案内（増補改訂版)」毎日新聞社，1979
前久夫「社殿のみかた図典」東京美術，1981
増田正「屋根・棟飾」グラフィックス社，1980
宮澤智士「日本列島民家入門/民家の見方・楽しみ方（INAX ALBUM 14)」INAX，1993

### Ⅱ 人造屋顶材料的应用

アスベスト問題研究会・神奈川労災職業病センター編「アスベスト対策をどうするか」日本評論社，1988
宇野英隆・三浦武廣「これだけは知っておきたい　建築家のためのガラスの知識（改訂版)」鹿島出版会，1994
太田博太郎監修・井上新太郎著「本瓦葺の技術」彰国社，1974
建築知識「住宅［屋根・軒先廻り］納まりのポイント（1986・4)」建築知識，1986
建築知識「特集　屋根のデザイン＆ディテール大全（1995・11)」建築知識，1995
輿水肇監修・東京都新宿区編著「都市建築物の緑化手法」彰国社，1994
後藤一雄・武者英二「図解　建築構法」彰国社，1985
小西敏正「知っておきたいインテリア材料の話」彰国社，1993
駒井鋼之助「かわら日本史」雄山閣出版，1972
佐藤日出男「入母屋・寄棟の工法」理工学社，1975
佐藤滋朗「瓦と屋根構造」学芸出版，1982
彰国社編「1999 年度版　デザイナーのための内外装材チェックリスト」彰国社，1999
新建築社企画編集部「幕構造デザインの系譜」新建築社，1990
十代田三郎ほか「建築構法一般」産業図書，1979
十代田三郎編「建築材料一般」産業図書，1970
平良敬一編「木造屋根廻り詳細（住宅建築別冊 7)」建築資料研究社，1971
坪井利弘「これだけは知っておきたい　建築家のための瓦の知識」鹿島出版会，1985
坪井利弘「日本の瓦——住宅と堂宮瓦屋根の設計」新建築社，1987
坪井利弘「日本の瓦屋根」理工学社，1976
寺内伸・本村雅俊「これだけは知っておきたい　建築用プラスチックの知識」鹿島出版会，1988
日経アーキテクチュア編「すぐに役立つ建築設計マニュアル 2　見せる屋根のディテール住宅編　雨漏りしないできれいに納めるツボ」日経 BP 社，1997
日新工業編「アスファルトルーフィングのルーツを探ねて」鹿島出版会，1984
福住治夫「鬼・鬼瓦（INAX BOOKLET)」INAX，1982
Edited by D.A.C.A. Boyne and Lance Wright, “Architects' Working Detailes”, The Architectural Press, London, 1958

### Ⅲ 天然材料在屋顶上的应用

安藤邦廣「茅葺きの民俗学」はる書房，1983
安藤邦廣・乾尚彦・山本浩一「住まいの伝統技術」建築資料研究社，1995
石田潤一郎「スレートと金属屋根（INAX ALBUM 5)」INAX，1992
厳島神社国宝並びに重文建造物修理委員会「厳島神社国宝並びに重文建造物修理報告書」1958
大野登士「大谷石むかし話」地芳社，1980
川島宙次「滅びゆく民家—屋根・外観」主婦と生活社，1973
川島宙次監修「図説・日本の文化をさぐる⑨　民家の事典　北海道から沖縄まで」小峰書店，1991
小林昌人「民家の風貌」相模書房，1994
国宝延暦寺根本中堂及重文根本中堂回廊修理事務所編「国宝延暦寺根本中堂及重文根本中堂回廊修理報告書」1955
国宝中尊寺金色堂保存修理委員会「国宝中尊寺金色堂保存修理報告書」1968
滋賀県教育委員会事務局社会教育課「国宝石山寺本堂修理工事報告書」1961
重文阿太由太神社本殿修理工事委員会「重文阿太由太神社本殿修理工事報告書」1967
谷上伊三郎「檜皮葺の技法」1980
伝統のディテール研究会「伝統のディテール」彰国社，1972
中村昌生「竹と建築（INAX BOOKLET vol.6 no.4)」INAX，1986
文化財建造物保存技術協会「重文多多神社本殿保存修理工事報告書」柏崎市，1977
平山忠治「民家」彰国社，1962
法隆寺国宝保存工事報告書委員会「法隆寺国宝保存工事報告書」1955
松留慎一郎「日本の屋根葺材とその変遷」(「材料開発ジャーナル　バウンダリー」1988・3）コンパス社，1988
和風建築社編「和風建築と竹　造作と意匠」学芸出版社，1997

# 后记

当今的世界，技术发展日新月异。建筑的世界也一样，科学与技术的进步，促进了建筑的发展。近代建筑从格式化的建筑中脱胎出来，走过了100年的时间。在这期间，多次经历了重大的变革阶段。近代建筑的先驱建筑是铁和玻璃的水晶宫（1851年在英国伦敦举办第一届国际博览会的展览馆建筑），还有向建筑高度发起挑战的埃菲尔铁塔（G·埃菲尔，1887~1889年）以及在建筑领域中兴起的新艺术运动，即19世纪末20世纪初期，在法国和比利时兴起的美术、设计、建筑等新样式运动。

在先驱建筑艺术的刺激影响之下，近代建筑师的设计作品，就像雨后春笋一样，大量地涌现、发表了出来。A·贝莱建筑事务所设计的法国巴黎富兰克林大街上的公寓建筑（1903年），美国建筑师F·L·赖特设计的芝加哥统一教会会堂（1906年），德国建筑师P·贝伦斯设计的AEG涡轮机工厂（1908年），德国建筑师W·格罗皮厄斯设计的德绍建筑造型学校（1925年），出生于瑞士的法国籍建筑师勒·柯布西耶设计的萨博住宅（1929~1931年），A·阿阿尔特设计的结核病疗养院（1929~1933年），勒·柯布西耶设计的建筑名称为‘居住单位’的公寓建筑（1947~1952年），出生于德国的美国籍建筑师密斯·凡·德·罗厄设计的纽约西格拉姆大厦（1954~1958年）等等，可以例举出很多很多，不胜枚举。

随着对新建筑空间的获得和表现形式的摸索，这些先驱建筑就是为创造建筑而努力进行技术开发的见证。毫无疑问，通过技术向铁的高度、向玻璃的宽度、向混凝土的强度，然后向预制和预应力混凝土发起挑战的技术，就是向新的空间发起的挑战。第二次世界大战以后，建筑的发展是从技术开始，又以技术告终。薄壳结构和悬索结构的大空间的出现，超高层建筑和新型材料的开发，例如金属钛和不锈钢、不燃木材、超强混凝土、玻璃纤维和各种塑料材料等等，“不可能”这三个字，在创造建筑上消失了。

另一方面，后现代建筑似乎就是超越现代建筑的尝试，而且是朝着超脱后现代建筑的方向，已经走出了纷乱的足迹。但是，建筑并没有因为技术的进步而引起人们的注意。幸亏建筑不能仅仅依靠先进的技术保持继续存在，也可以称之为低技术，如果没有人的手工技术和技术集团，就绝对不会建造出高质量的建筑。其证据就是现在还在使用着的4000年前的瓦和手工建造的木结构建筑。本书以最新的信息为基础，提出了建筑屋顶的创造与技术，包括正在丢失的技术在内，主要介绍了铺盖屋顶的材料和屋顶的铺盖方法。

编辑本书的基础是我们研究室花费10年时间进行调查和研究的结果。虽说内容还不够充分，但也恰如其分地反映出了调查研究的成果。全书的构成共分三大部分，由武者和吉田先生共同完成。第Ⅰ部分和除了瓦屋顶与金属屋顶的第Ⅱ部分，以及第Ⅲ部分的资料收集与制图，均由吉田先生完成；第Ⅱ部分中的瓦屋顶曾在《建筑细部》（86号）上发表过，同样，金属屋顶曾在《建筑细部》（90号）上发表过。在全书的编辑过程中，得到了研究室诸位先生的协助，在此仅向诸位先生表示衷心的感谢。

在整理本书时，转载引用了众多建筑师和研究人员的宝贵作品及研究成果，还有生产厂家的数据等等，尤其是关于茅草屋顶和石板屋顶，还得到了筑波大学的安藤邦广教授和宇都宫大学的小西敏正教授的指点帮助。此外，在绘图和照片的归纳整理上，得到了永濑克己先生的大力帮助。借此机会，深表谢意。最后，对于迟迟没有进展的撰稿，能够耐心地等待陪伴近六年时间的彰国社各位先生，深为感谢。

武者英二<br>1999年3月

## 作者简历

武者英二

1936 年　出生于东京

1960 年　法政大学毕业，师从建筑家菊竹清训

1972 年　法政大学专任教师

现　在　法政大学工学院建筑学系教授，同大学冲绳文化研究所兼职教授
建筑家，武者英二研究室负责人

吉田尚英

1960 年　出生于神奈川

1983 年　法政大学工学院建筑学专业毕业

1983~1993 年　武者英二研究室任职

1990 年　立正大学佛教学院宗教学专业毕业

现　在　日莲宗 不变山 永寿院住持，一级注册建筑师